Beck'sche Reihe
BsR 479

Die Beiträge dieses Lesebuchs geben aus den unterschiedlichsten Blickwinkeln einen umfassenden Einblick in die Glaubens- und Lebenswelt des Islam. Ausgehend von Mohammed, dem „Verkünder des Islam", zeigt der Band, wie die islamischen Gesellschaften des Vorderen Orients, Afrikas und Asiens aus der Verschmelzung lokaler Traditionen mit der neuen Religion entstanden sind. Bis heute wird von den Muslimen nostalgisch die glanzvolle arabisch-islamische Kultur des frühen Mittelalters beschworen. Sie lebte in einem spannungsreichen Verhältnis zum Abendland, wobei Phasen fruchtbaren Austauschs und kriegerischer Konfrontation ineinander übergingen. Das „Feindbild Islam" hat eine lange Tradition, wie Texte aus der Zeit der Kreuzzüge und der Türkenkriege belegen. Europa entpuppte sich mehr und mehr als konkrete Bedrohung der eigenen Unabhängigkeit und der in der islamischen Tradition verwurzelten Identität – Ursache für die bis heute anhaltenden Auseinandersetzungen zwischen den beiden Kulturen.

Maria Haarmann, geb. 1951, studierte Islamwissenschaft und Judaistik in Freiburg, Berlin und Kairo. Sie ist in der Erwachsenenbildung tätig und arbeitet mit Asylbewerbern.

Der Islam

Ein Lesebuch

Herausgegeben von
Maria Haarmann

VERLAG C.H. BECK MÜNCHEN

Mit 11 Abbildungen im Text

Die Deutsche Bibliothek – CIP-Einheitsaufnahme

Der Islam : ein Lesebuch / hrsg. von
Maria Haarmann. – Orig.-Ausg. – München : Beck, 1992
(Beck'sche Reihe ; 479)
ISBN 3 406 34071 7
NE: Haarmann, Maria [Hrsg.]; GT

Originalausgabe
ISBN 3 406 34071 7

Umschlagentwurf: Uwe Göbel, München

Gesamtherstellung: Presse-Druck- und Verlags-GmbH, Augsburg
Printed in Germany

Inhalt

3. Das „Haus des Islam" im Mittelalter

4. Wirtschaft und Gesellschaft

5. Wissenschaft und Kunst

6. Alltag und Lebenszyklus

7. Begegnung mit den Ungläubigen

8. Kreuzzüge, Reconquista, Türkenkriege

9. Das Orientbild des Westens

10. Der Einbruch der Moderne

11. Krisen der Gegenwart

12. Muslime unter uns

Vorwort

Was glaubt ein Muslim, was bewegt ihn, wie sieht sein Alltag aus? Angesichts der Vielfalt islamischer Lebensformen in Geschichte und Gegenwart können die Texte dieses Lesebuchs nur einige mögliche Antworten bieten. „Den" Islam nämlich, als unveränderlich starres System, gibt es nicht und hat es nie gegeben.

Zwischen dem skrupulösen Bagdader Rechtsgelehrten des elften Jahrhunderts (S. 64ff.) und den wenig gesetzesstrengen Dorfbewohnern aus dem heutigen Pakistan (S. 67f.) – beide sind in diesem Band vorgestellt – liegen nicht nur geographische und historische Welten. Dennoch würden sie sich alle als gläubige Muslime verstehen. Eckpfeiler dieses Glaubens sind die Offenbarung und die unauflösliche Einheit von Bekenntnis und rechtem, gottgefälligem Handeln. Hier wird der Leser manche Gemeinsamkeit mit Christentum und Judentum entdecken.

Die islamischen Gesellschaften des Vorderen Orients, Afrikas und Asiens entstanden aus der Verschmelzung lokaler Traditionen mit der neuen Religion. Bis heute wird von den Muslimen nostalgisch die glanzvolle arabisch-islamische Kultur des frühen Mittelalters beschworen. Sie lebte in einem spannungsreichen Verhältnis zum christlichen Abendland, wobei Phasen fruchtbaren Austauschs und kriegerischer Konfrontation ineinander übergingen. Das „Feindbild Islam" hat eine lange Tradition, wie Texte aus der Zeit der Kreuzzüge (S. 226ff.) und der Türkenkriege (S. 255ff.) belegen.

1798, das Jahr der napoleonischen Militärexpedition nach Ägypten, markiert als durchaus nicht unumstrittenes Stichdatum den endgültigen Abschluß des islamischen Mittelalters und den Beginn der bis heute anhaltenden Auseinandersetzung mit Europa. Dieses Europa entpuppte sich einerseits als konkrete Bedrohung der eigenen Unabhängigkeit und in der islamischen Tradition wurzelnden Identität, andererseits wurde es wegen seiner wissenschaftlich-technischen Kultur als nachahmenswertes Vorbild bewundert. Die Versuche der letzten hundert Jahre, mit Hilfe importierter westlicher Modelle wie Liberalismus, Nationalismus und Sozialismus nach der politischen auch die wirtschaftliche Abhängigkeit vom Westen aufzubrechen, waren nur mäßig erfolgreich. Hier liegen die Wurzeln der seit etwa zwei Jahrzehnten zu beobachtenden Bewegungen, die im politischen Islam die alleinige – weil einzig authentische – Lösung für die bedrückenden Probleme der Gegenwart suchen.

Die Texte entstammen einerseits den inzwischen sehr zahlreichen Publikationen des Verlags C. H. Beck speziell zum Thema Islam, andererseits dem breitgefächerten Programm des Verlags zur europäischen Kultur- und Sozialgeschichte. Auch daraus wird deutlich, daß „Orient und Okzident nicht mehr zu trennen" (Goethe, *West-Östlicher Diwan*) sind.

Maria Haarmann

Editorischer Hinweis:
Anmerkungen und Quellenhinweise der Originaltexte wurden für diese Ausgabe gestrichen. Textkürzungen der Herausgeberin sind durch drei Punkte in eckigen Klammern gekennzeichnet. Die bei den einzelnen Autoren verschiedene Schreibweise islamischer Namen und Ausdrücke wurde nicht vereinheitlicht. Die mit Sternchen gekennzeichneten Titel sind Originalüberschriften.

1. Der Prophet und die Offenbarung

Heribert Busse

Der Schauplatz

Der Islam entstand auf der Arabischen Halbinsel in den ersten Jahrzehnten des 7. Jahrhunderts, zu einer Zeit, da sich auf der Bühne der Weltgeschichte entscheidende Veränderungen vollzogen. In Europa waren aus der Unruhe der Völkerwanderung die Reiche der Westgoten und der Franken hervorgegangen, und das römische Reich war durch Justinian kraftvoll erneuert worden. Als Nachfolger des oströmischen Reiches mußte Byzanz sich nach zwei Seiten hin verteidigen, im Osten gegen seinen Erbfeind Persien, im Westen gegen die auf den Balkan drängenden Steppenvölker. Byzanz übernahm die politischen Traditionen Roms, führte die griechisch-hellenistische Kultur fort und verband sie mit dem Christentum, das zur tragenden Idee von Staat und Gesellschaft wurde. In Persien herrschten die Sassaniden, die politisch an das achämenidische Großreich anknüpften und sich als Bewahrer und Erneuerer des zur Staatsreligion erhobenen Zoroastrismus verstanden. Im Norden stand Persien nun in direktem Kontakt mit China, das nach der Einigung unter der Tang-Dynastie seine Macht über ganz Turkestan ausgedehnt hatte. In Südarabien war das überkommene politische System kulturell bedeutsamer Kleinstaaten in der Mitte des 6. Jahrhunderts zusammengebrochen; die Nachfolge trat zunächst Äthiopien an, das die willkommene Gelegenheit benutzte, auf der Arabischen Halbinsel Fuß zu fassen, und auch den Versuch unternahm, seinen Einfluß bis nach Mekka auszudehnen. Dann aber trat Persien auf den Plan und etablierte sich in Südarabien, das als Drehscheibe des Handelsverkehrs mit Indien und Afrika eine wichtige Rolle spielte.

Mekka war ein bedeutender Umschlagplatz an der Handelsstraße, die von Südarabien zum „Fruchtbaren Halbmond“ führte und in Gaza das Mittelmeer erreichte. Die Stadt wurde von den Quraiš beherrscht, mekkanische Kaufleute vermittelten den Handel mit dem angrenzenden Kulturland. Im Koran heißt es darüber: „Daß die Quraiš die [Karawanen-]Reise des Winters und des Sommers zusammenbringen, [zum Dank dafür] sollen sie dem Herrn dieses Hauses [d.h. der Kaaba] dienen, [dem Herrn] der ihnen zu essen gegeben hat, so daß sie nicht zu hungern, und der ihnen Sicherheit gewährt hat, so daß sie sich nicht zu fürchten brauchen“ (Sure 106 „Die Quraiš“).

Den Lebensunterhalt bezog die Wüstenstadt Mekka aus dem Fernhandel, Sicherheit gewährte die Kaaba, das zentrale Heiligtum des heidnischen Arabien, Ziel einer jährlichen Pilgerfahrt mit einem gleichzeitig abgehaltenen, viel besuchten Markt. Das Christentum hatte in Arabien noch kaum Fuß gefaßt. Südlich von Mekka, an der Grenze des heutigen Jemen, lag Nadschran (Najrān), wo es eine große, ethnisch bunt gemischte christliche Gemeinde gab. Christliche Anachoreten hatten sich in der Wüste niedergelassen, vereinzelt lebten Christen auch in den wenigen Städten, und sicherlich besuchten christliche Kaufleute den jährlichen Markt in Mekka. Eine planmäßige Missionierung hatte auf der Arabischen Halbinsel, außerhalb der Grenzen des byzantinischen Reiches, noch nicht stattgefunden. Nur im Norden, in direktem Kontakt mit dem Kulturland, saßen christliche Araberstämme mit einer eigenen kirchlichen Hierarchie. Im arabischen Christentum spiegelten sich die unterschiedlichen Konfessionen der christlichen Kerngebiete, wobei das orientalische Christentum in seinen beiden Hauptformen, dem monophysitischen und nestorianischen Bekenntnis, sicherlich die Oberhand hatte.

Stärker als das Christentum war in Arabien seit Jahrhunderten das Judentum vertreten. Geschlossene jüdische Gemeinden saßen in Jathrib (Medina), etwa 300 km nördlich von Mekka, ferner in der Oase Chaibar (Khaibar), etwa 150 km nördlich von Medina. Über dieses Judentum wissen wir nur wenig; es war stark arabisiert und hatte sich den Lebensgewohnheiten seiner Umwelt, soweit dies religiös zulässig war, weitgehend angeglichen. Ob es ein talmudisches Judentum war, läßt sich nicht mit Sicherheit sagen. Seine Präsenz in Arabien hat jedenfalls bei der Entstehung des Islams eine kaum zu überschätzende Rolle gespielt. Das gleiche gilt vom Christentum mit seinen unterschiedlichen Denominationen. Muḥammad hat aus beiden Quellen geschöpft, wobei er das Judentum naturgemäß auch durch die christliche Brille zu sehen gelernt hat. Wenn auch über den Anteil des jeweiligen Bekenntnisses an der Entstehung und Ausbildung des Islams unterschiedliche Meinungen vertreten werden, kann man doch ohne Einschränkung sagen, daß der Islam ohne die von beiden Religionen auf der Arabischen Halbinsel geleistete Vorarbeit nicht denkbar wäre. Der Zoroastrismus, die Staatsreligion Persiens, war Muḥammad wenigstens dem Namen nach bekannt. Einfluß hat er auf den entstehenden Islam kaum ausgeübt, was auch vom Manichäismus und den im südlichen Zweistromland blühenden Täufersekten gilt.

Sa`di

Lobgedicht auf Muḥammad

Der Mond verblaßt vor der Schönheit Muḥammads,
Auch hat die Zypresse nicht die Anmut Muḥammads.
Das Himmelsgewölbe hat weder Rang noch Voll-
kommenheit,
bemißt man sein Maß mit dem Maße Muḥammads.
Ja, Adam, Noah und Abraham, Moses und Jesus
Erschienen und gingen alle im Schatten Muḥammads.
Gleichwie die Erde, so möchte der Himmel hinknien,

um froh zu küssen die beiden Sandalen Muḥammads.
O Sa'di, magst du auch jung und verliebt sein,
Die Liebe zu Ihm ist genug und zur Sippe Muḥammads!

Gerhard Endreß

Muḥammad – der Verkünder des Islams

Die Lebensgeschichte Muḥammads ist die Geschichte eines Mannes, der Gott sucht und im Erlebnis der Berufung findet; dann die Geschichte des Propheten von Mekka, der eine Gemeinde von Gläubigen um sich sammelt; schließlich die Geschichte des Politikers von Medina, der die islamische Theokratie begründet. Die Geschichte eines Triumphes, aber vor den Jahren der Erfüllung lag ein langer Weg von Konflikten, Rückschlägen und Kämpfen. Die Führer der Quraiš, des in Mekka seßhaft gewordenen und die Stadt beherrschenden Beduinenstammes, aus dem auch Muḥammad selbst stammte, widersetzten sich seinem Ruf, verteidigten ihre Lebensform mit zunehmender Oppression. Auf die glückliche Emigration nach Medina folgte eine lange Reihe von kriegerischen Auseinandersetzungen, folgte die bittere Enttäuschung über die Weigerung der jüdischen Stämme, ihn als Sprecher ihres eigenen Gottes anzuerkennen. Der Koran ist nicht nur Theophanie und Gesetz; er ist auch ein getreulicher Spiegel dieses Weges, der Anfechtungen eines Menschen, der sucht, irrt und verzagt, der mit Gott hadert und von Gott zurechtgewiesen und getröstet wird, der sich korrigiert und rechtfertigt. Die großen Themen des Korans lassen sich als Reflexe dieses Weges verfolgen. [...]

In den Offenbarungstexten des Anfangs zeigt sich Gott als der allmächtige Herr, als gütiger Schöpfer und strenger Richter. [...]

„Wenn die Erde von ihrem Beben erschüttert wird und ihre Lasten (an Toten) von sich gibt und der Mensch sagt: Was ist mit ihr? – an jenem Tag wird sie aussagen, was sie zu berichten hat, da ihr Herr es ihr eingegeben hat. An jenem Tag werden Menschen getrennt hervorkommen, um ihre Werke zu sehen. Wenn dann einer das Gewicht eines Stäubchens an Gutem getan hat, wird er es zu sehen bekommen, und wenn einer das Gewicht eines Stäubchens an Bösem getan hat, wird er es zu sehen bekommen." (Sure 99.)

Nicht nur die Warnung vor dem Gericht, sondern auch Gottes Wohltaten sind Mahnung zu Barmherzigkeit und Fürsorge für den Nächsten.

„Beim Morgen und bei der Nacht, wenn sie still ist! Dein Herr hat dir nicht den Abschied gegeben und verabscheut dich nicht. Das Jenseits ist besser für dich als das Diesseits. Dein Herr wird dir geben, auf daß du zufrieden sein wirst. Hat er dich nicht als Waise gefunden und dich rechtgeleitet, dich bedürftig gefunden und reich gemacht? Gegen die Waise sollst du deshalb nicht gewalttätig sein, und den Bettler sollst du nicht anfahren. Von der Gnade deines Herrn erzähle!" (Sure 93, Vers 1–11.)

Auch die Forderung, Almosen zu geben – später zur Institution der Almosensteuer *(zakat)* erhoben – ist ältester Bestand der Verkündigung.

Selbstbesinnung, genauere Kenntnis der großen Schriftreligionen und die Auseinandersetzung mit dem Unglauben und den Angriffen der heidnischen Mekkaner führen Muḥammad nach seinem öffentlichen Auftreten in Mekka zu einem erhöhten Selbstverständnis seiner Sendung. Er wird seiner Stellung im göttlichen Heilsplan inne, er nimmt Bezug auf die Offenbarungsreligionen und erläutert den monotheistischen Gottesglauben. In der Überzeugung, daß sein Gott identisch sei mit dem der Juden und Christen, proklamiert er den „arabischen Koran", das „deutliche Buch" seiner Offenbarung als Gegenstück zu den Offenbarungsbüchern der anderen „Schriftbesitzer" *(ahl al-kitab).* Zugleich bezieht er die religiösen Überlieferungen seiner Umgebung (im weitesten Sinne) in seine Predigt ein: die biblischen Geschichten von Noah, Abraham, Joseph und Mose, von Jesus die Geburts- und Kindheitsgeschichte, nachbiblische – rabbinische und christliche – Stoffe (wie die Geschichte der Siebenschläfer von Ephesus und Motive aus dem Alexander-Roman) und religiöse Vorstellungen (Gottes Geist und Wort, Engel und Teufel), ja auch in Arabien populäre Spruchweisheit (unter dem Namen des Weisen Luqman). [...]

Der Konflikt mit den Quraiš verschärft sich. Es kommt zu sozialen und wirtschaftlichen Repressalien gegen Muḥammads Clan, die Banu Hašim. Der Rückgriff auf die Heilsgeschichte erhält nun eine neue Dimension: Die biblischen Gestalten, dazu auch altarabische Propheten, stehen im Mittelpunkt exemplarischer Straflegenden, in denen Unglaube und Frevel schrecklich geahndet werden. Zugleich führt der Konflikt zur theologischen Auseinandersetzung mit dem Polytheismus. Die Vorstellung von Allah, dem allmächtigen Schöpfergott, schloß die Existenz anderer Gottheiten zunächst nicht aus; jetzt erst wendet sich der Prophet entschieden und schroff gegen den Kult der (weiblichen) Gottheiten von Mekka und formuliert das Bekenntnis zu dem einen Gott, der keinen „Teilhaber" *(šarik)* hat, der keinen Fürsprecher zuläßt. Schließlich führen Gleichgültigkeit und Weigerung der Mekkaner zu dem Schluß, daß Gott selbst es sei, der ihre Augen und Herzen verschließe vor den Zeichen seiner Schöpfung und dem Wunder seiner Offenbarung: „Er läßt irren, wen er will, und leitet recht, wen er will" (Sure 16, Vers 93). [...]

Die Emigration Muḥammads von Mekka nach Medina, die Hiğra des Jahres 622, war keine Flucht; die Muslime verließen den Stammesverband der Quraiš und wurden von den Aus und Hazrağ in den ihren aufgenommen. Zwang und Gunst der Umstände wirkten zusammen, daß aus „Emigranten" *(muhağirun)* und „Helfern" (*ansar*, den Gläubigen in Medina) die Keimzelle des islamischen Staates wachsen konnte. Mit der Befriedung der von Blutfehden erschütterten Oasensiedlung stellte Muḥammad zum ersten Mal sein politisches Genie unter Beweis; sodann als militärischer Führer in den langen Kämpfen gegen die Wirtschaftsmacht Mekka in wohlüberlegter Provokation, in den Erfolgen und in den Rückschlägen, schließlich in meisterhafter, klug zurückhaltender Diplomatie, die gut sieben Jahre nach der Hiğra zur unblutigen Eroberung Mekkas führte. Auch von diesen Ereignissen zeugt der Koran, von der inneren Einstellung der Menschen zum politischen Geschehen, von der Art und Weise, wie die menschlichen Schicksale auf Gott bezogen werden. [...]

In Medina erhalten die religiösen Institutionen des Islams die Form, welche sie – in den Grundsätzen – bis heute bewahrt haben. Bestimmend für die Entwicklung ist zunächst die Annäherung an das Judentum. Muḥammad kam nach Medina in der Überzeugung, daß die an ihn ergangene Offenbarung identisch sei mit der früher zu den Juden und Christen gekommenen; er erwartete daher, daß ihn die jüdischen Stämme als Gesandten Gottes akzeptieren müßten. Diese Erwartung wurde enttäuscht; aber dem endlichen Bruch voraus geht der Versuch der Versöhnung durch Anpassung: Zum Morgen- und Abendgebet, die bereits in Mekka verrichtet worden waren, tritt ein Mittagsgebet, und der gemeinsame Freitagsgottesdienst mag in Anlehnung an den Sabbat eingerichtet worden sein. Es ergeht die Weisung, beim Gebet das Gesicht nach Jerusalem zu richten, und der Fastentag des jüdischen Versöhnungstages wird auch den Muslimen verbindlich gemacht (das Ašura-Fasten).

Die Weigerung, Muḥammad zu folgen – sie mag ebensowohl politische wie religiöse Gründe gehabt haben –, führt nicht nur zur Vertreibung und Vernichtung der Juden von

Medina (und später derer von Haibar). Sie führt auch zu einer Neuorientierung der koranischen Geschichtstheologie. Schon in den älteren Suren erschien Abraham als Vertreter der wahren Religion und Ahnherr der Mekkaner. Muḥammad kommt nun zu dem Schluß, daß die Juden sich von der Religion Abrahams *(millat Ibrahim)* entfernt haben müßten, daß sie ihren Bund mit Gott gebrochen hätten. Auf der anderen Seite wird Abraham der wichtigste Vorläufer des arabischen Propheten: er habe zusammen mit seinem Sohne Ismael die Kaʿba in Mekka als Heiligtum Allahs und Zentrum der Pilgerfahrt erbaut. Vor Mose und Jesus, vor Judentum und Christentum gestiftet, erhält der Islam Vorrang vor den Religionen der anderen „Schriftbesitzer", welche inzwischen die Offenbarung verfälscht hätten.

So erhält die Kaʿba als Ziel der islamischen Wallfahrt ihren ursprünglichen Sinn zurück. Auch die Gebetsrichtung (die *qibla*) wird nun nach Mekka orientiert, die Zahl der Gebete später auf fünf erweitert. Das Fasten während der Tageszeit wird für die Dauer des Monats Ramadan geboten.

Ob wir Muḥammad als Gesandten Gottes erkennen oder ob wir im Koran den Ausdruck seiner Persönlichkeit sehen – die Schaffung des islamischen Staates und die Einigung Arabiens unter dem Islam sind sein Werk. Das erste bedeutende Zeugnis dieses Wirkens ist ein Dokument, das die Historiker überliefert haben – allem Anschein nach in authentischer Form: die Gemeindeordnung oder Konstitution von Medina. Sie regelte bald nach der Hiğra das Verhältnis der Stämme, der mekkanischen Emigranten und der medinensischen „Helfer", untereinander und faßte sie in eine neue, größere Gemeinschaft zusammen, die nicht auf Verwandtschaft, sondern auf die Religion gegründet war. Über den Stämmen stand hinfort die *umma*, die Gemeinde der Gläubigen unter Gottes Herrschaft und Schutz und unter Muḥammads Führung.

Die letzten Jahre des Propheten waren der Ausbreitung des Islams nach außen und der Rechtsordnung der *umma* im Innern gewidmet. In der Moschee (*masğid* „Ort der Niederwerfung" vor Gott) erhielt sie einen Mittelpunkt: Ort des gemeinsamen Gebets, zugleich soziales Zentrum. Die Solidarität der Gläubigen gab dem Gemeinwesen Bestand. Festgesetzte und freiwillige Abgaben (die als Steuer erhobene *zakat* und das fromme Werk der *sadaqa*) sicherten seine finanzielle Grundlage. Die gemeinsame „Anstrengung auf dem Wege Gottes" *(ğihad)*, der Krieg gegen die Ungläubigen, diente der Verteidigung und der Ausbreitung des Islams.

Das Sicherheitssystem blieb auf das Prinzip der Blutrache begründet; aber die koranische Reform ersetzte die Sanktion der Stammesehre durch das göttliche Gebot und den Richterspruch des Propheten. Das Prinzip der Verhältnismäßigkeit der Vergeltung und das Verbot, dem Rächer aufs neue eine Blutschuld anzulasten, verhütete die verheerenden Blutfehden der Vergangenheit; die Empfehlung, statt der Vergeltung ein Blutgeld anzunehmen, bahnte einer humaneren Praxis den Weg. Der Zeugenbeweis wurde zur Grundlage des Vertrags- und Prozeßrechts erhoben.

Das soziale System benutzte die individualistischen Tendenzen, welche vorher die Auflösung der alten Ordnung gefördert hatten, zum Aufbau einer neuen Ordnung von Ehe, Familie und Erbgang; eine Ordnung, die auch die Frau als Individuum behandelte und ihr wie den Nachkommen soziale Sicherheit garantierte. Die gesetzlich geregelte Polygamie war ein bedeutender Fortschritt gegenüber den verschiedenen losen Verbindungen, die vordem möglich und üblich waren; erst damit (sanktioniert durch die harte Ahndung des Ehebruchs) wurde die Familie, die Zelle der seßhaften Gesellschaft, konstituiert.

Die großen Verwandtschaftsgruppen des Beduinentums, Stämme und Clans, spielten noch lange eine bedeutende Rolle in der islamischen Gemeinschaft. Aber so wie die Religion des Islams Anbetung Gottes durch den einzelnen ist, so regeln das soziale System und die Ethik des Islams das

Zusammenleben von Individuen; jeder einzelne wird dereinst für seine Werke zur Verantwortung gezogen werden. Nicht der Bestand des Kollektivs gibt dem Leben des Menschen Sinn, sondern die Bewährung für das ewige Heil. Der Staat kann daher nur Mittel zu diesem Zweck sein; er ist religiöse Institution mit der Obliegenheit, den Gottesdienst, die Rechtspflege und die Verbreitung des Glaubens unter seine Obhut zu nehmen.

Von der Parteien Gunst und Haß verwirrt, ist das Bild Muḥammads in der Geschichte nicht leicht zu erkennen. Vorbild und Weisung des Propheten wurden in der muslimischen Tradition von der Legende überhöht, in frommer und unfrommer Absicht gefälscht, im Streit um die Nachfolge und Vormacht im islamischen Staat mißbraucht. So sagen uns die Kommentare des Korans und die Biographien des Propheten oft mehr über die Ausleger und Tradenten als über den ursprünglichen Sinn und Hergang. Auf der anderen Seite hat die europäische Kritik allzuoft Begriffe und Maßstäbe an die Persönlichkeit Muḥammads gelegt, die seiner Zeit und seinem Milieu nicht angemessen sind. Allzu lange auch ist der Prophet dem Politiker Muḥammad gegenübergestellt worden, als ob es zwei Personen seien; ist doch eine Trennung zwischen religiösem und politischem Handeln weder im Alten Orient noch über die Dauer der islamischen Geschichte zu erkennen. Indem er den Menschen seiner Zeit und Umgebung mit einer neuen Religion auch eine neue Ordnung des Zusammenlebens brachte, schuf er die Voraussetzung, daß der Islam zur Weltreligion und zur Ordnung eines Weltreichs wachsen konnte.

Albrecht Noth

Die Hiğra als Zeitenwende

Als der Kalif ʿUmar, das zweite politische Oberhaupt der Muslime nach dem Tode des Propheten Muḥammad (634–644), die Notwendigkeit gegeben sah, für seine Korrespondenz eine spezifisch muslimische Datierung einzuführen, entschied er sich – nach Beratung mit seiner Umgebung – für die Übersiedlung Muḥammads von Mekka nach Medina *(hiğra)* als Epochendatum. Diese Festlegung scheint seinerzeit kaum kontrovers gewesen zu sein; ein Alternativvorschlag war noch die „Aussendung" Muḥammads (durch Gott). Die offenbar überzeugende Festlegung auf die Hiğra Muḥammads (622) ist so begründet worden: Muḥammad habe damals „das Territorium des Polytheismus *(širk)* hinter sich gelassen" oder auch, „seine Auswanderung habe die (endgültige) Scheidung von (im weitesten Sinne) Richtig *(ḥaqq)* und Falsch *(bāṭil)* bedeutet"; beide Begründungen, die nicht zeitgenössisch sein müssen, besagen, daß mit der Hiğra etwas grundlegend Neues begann, ein Epochendatum im wahrsten Sinne des Wortes. Die Muslime haben diesen entscheidenden Einschnitt in ihrer Geschichte denn auch auf die Offenbarungen Gottes an ihren Propheten übertragen: Bei den Bemühungen, die Suren des Koran historisch einzuordnen, ist die Unterscheidung nach Suren aus der Zeit *vor* der Hiğra („mekkanisch") und aus der Periode *nach* der Hiğra („medinensisch") ein grundlegendes Kriterium gewesen. Die vom Kalifen ʿUmar nur wenige Jahre nach dem Tode des Propheten institutionalisierte Hiğra-Datierung ist dann für die Zukunft unangefochten verbindlich geblieben und wird bekanntlich auch heute noch – neuerdings wieder zunehmend demonstrativ – verwendet.

Die Tatsache, daß die Muslime selbst der Umsiedlung Muḥammads und seiner Anhänger von Mekka nach Medina bereits in frühester Zeit eine derart hohe und grundlegende Bedeutung beimaßen, daß sie ihre Zeitrechnung damit begannen, könnte allein schon Grund genug sein, eine Geschichte der islamischen Araber mit der Hiğra zu beginnen. Doch es lassen sich noch weitere Gründe ins Feld führen, von denen der wichtigste vielleicht so formuliert werden könnte: Bis zur Auswanderung nach Medina waren Muḥammad und seine Anhänger *Objekt* – aus muslimischer Sicht auch: Opfer – eines historischen Kontextes gewesen, den sie zwar verändern wollten, aber nicht konnten, mit der Hiğra begannen sie zum bestimmenden *Subjekt* in historischen Entwicklungen zu werden, die zunächst in ihrer näheren und weiteren Umgebung gänzlich neue Maßstäbe setzten und schließlich welthistorische Dimensionen annehmen sollten. Nehmen wir also die Hiğra als Wendepunkt, als „Krisis“, und versuchen wir rückblickend und vorschauend die wesentlichen Komponenten in Umrissen zu charakterisieren, die die Hiğra in ihrer Bedeutung verständlich machen, ebenso aber auch in der weiteren Entwicklung der Anhängerschaft Muḥammads bestimmende Faktoren darstellen sollten. Die Hiğra läßt hier als „Bruchstelle“, wie sich vielleicht zeigen wird, diese Komponenten als solche und in ihrer Beziehung zueinander besonders deutlich sichtbar werden.

Tilman Nagel

Der Koran – das Wort Gottes

Sure 96, Vers 1 bis 5: 1 Rezitiere: Im Namen deines Herrn, der geschaffen hat, 2 geschaffen hat den Menschen aus einem Blutklumpen! 3 Rezitiere: Dein Herr ist der edelmütigste, 4 der durch das Schreibrohr gelehrt hat, 5 den Menschen gelehrt hat, was er nicht wußte!

Muḥammad erhält in diesen Versen die Aufforderung, das ihm übermittelte göttliche Wissen herzusagen und seinen Mitmenschen kundzugeben: Der Schöpfer weist den Propheten auf die Kreatürlichkeit des Menschen hin, und dies ist das Kernthema der göttlichen Botschaft, deren Urschrift nach islamischer Vorstellung auf einer „wohlverwahrten Tafel" (Sure 85, Vers 22) im Himmel aufgezeichnet ist. Der Koran gilt darum als das ewig gültige, noch vor der Schaffung der Welt aufgeschriebene Gotteswort, das durch die Rezitation stets aufs neue den Menschen ins Gedächtnis gerufen werden soll. Denn nur so werden sie des heilswichtigen Wissens inne, das in diesem Gotteswort liegt.

Die Sprache des Korans ist das Hocharabische, die lingua franca des damaligen Arabien. Er weicht nur in einigen grammatischen und stilistischen Eigentümlichkeiten, die man gemeinhin als Einsprengsel der hedschasischen Heimatmundart Muḥammads deutet, von diesem Idiom ab. Das Hocharabische ist uns in der altarabischen Poesie reichlich bezeugt. Während der Pilgerfeste und Markttage, die im Laufe des Jahres an bestimmten Orten der Arabischen Halbinsel veranstaltet und von vielen Stämmen besucht wurden, pflegten Dichter aufzutreten. Die Verse, die bei derartigen Zusammenkünften vorgetragen wurden, mußten gemeinverständlich sein. „Arabisch", das heißt eigentlich „Sprache der nomadisierenden Steppenbewohner (al-ʿarab)", nannte man damals jene überregionale Sprachform. Zur Kennzeichnung der Sprache der Offenbarung kommt das Adjektiv „arabisch" auch im Koran vor (z. B. in Sure 12, Vers 2). Erst etwas später wird dieses Adjektiv auch für die Benennung eines Angehörigen des Volkes der Halbinsel verwendet, das sich in der Zeit, als der Islam entstand, zu einer aus Stämmen zusammengefügten Einheit zu formen beginnt. Das Bewußtsein, daß die arabische Hochsprache das wichtigste Merkmal sei, welches die „Araber" eine, ist bis auf den heutigen Tag lebendig geblieben. Im Koran ist darüber hinaus mit dem Hinweis auf den arabischen Charakter der Offenbarung eine ganz bestimmte religionsgeschichtliche Vorstellung verbunden, wie in anderem Zusammenhang darzulegen ist.

In der heute gebräuchlichen Form ist das heilige Buch des Islams in 114 Abschnitte von sehr unterschiedlicher Länge eingeteilt. Diese Abschnitte heißen „Suren". Die Suren ihrerseits gliedern sich in Verse, im Arabischen „ājāt" genannt, d.h. „Wunderzeichen". Diese Verse bestehen aus unterschiedlich vielen Wörtern und sind in bewegten, visionären Teilen des Korans meist sehr kurz, in den lehrhaften, erzählenden oder gesetzliche Bestimmungen darlegenden Abschnitten dagegen länger und mitunter unübersichtlich. Die Verseinteilung der Suren ergibt sich in der Regel ohne Schwierigkeiten aus den Reimen, die je eine Einheit von Wörtern – den Vers – abschließen.

Denn der ganze Koran ist in Reimprosa abgefaßt: Mehrere Verse enden auf einen bestimmten Reim, sie sind jedoch nicht nach metrischen Schemata aufgebaut, wie sie etwa in der altarabischen Poesie benutzt werden. So ist die koranische Reimprosa eine Art von Dichtung, die in stark rhythmisierter Sprache vorzutragen ist. Die Zahl der Silben eines Verses oder auch die Anzahl der rhythmischen Hervorhebungen ist nicht festgelegt. Dagegen treten Wort- und Satzakzent stark in den Vordergrund. Beim Vortrag der Reimprosa werden manche Wörter oder Silben sehr in die Länge gezogen. Der Zwang, jeden Vers mit einem Endreim abzuschließen, hat im Satzbau und in der Wortwahl zu einigen Abweichungen von der Norm geführt, die nicht immer eindeutig geklärt werden können. Es finden sich meist Folgen von mehr als zwei Versen, die auf den gleichen Reim ausgehen. Um dem deutschen Leser einen ungefähren Eindruck von der koranischen Reimprosa zu geben, sei hier ein Teil der 53. Sure in der Übertragung von Friedrich Rückert zitiert, dessen Nachdichtungen die Form des Originals wiederzugeben beabsichtigen:

1 Beim Stern, der flirrt! 2 Nicht euer Genosse tört

noch irrt, 3 spricht nicht aus eigner Begierd', 4 es ist,
was offenbar ihm wird. 5 Ihn lehrte ein hochstreben-
der 6 gewaltiger, stätschwebender, 7 am Himmel hoch
sich hebender, 8 dann naht er sich und kam hernie-
der, 9 und war zwei Ellen weit und minder, 10 und
offenbarte seinem Knecht, was er ihm offenbarte; 11
nicht log das Herz, was das Auge gewahrte. 12 Wollet
ihr abstreiten ihm, was er gewahrte? 13 Dann sah er ihn
das andremal 14 beim Sidrabaum am Grenzepfahl, 15
wo der Wohngarten sich erstreckt; 16 da hat den Sidra-
baum bedeckt, was ihn bedeckt. 17 Es wankte nicht und
irrte nicht sein Blick erschreckt. 18 Von Zeichen seines
Herrn sah er das große.

Alle 114 Suren des Korans tragen eine oder mehrere Überschriften, die häufig auf die Kernthemen hinweisen, die in der jeweiligen Sure behandelt werden. So hat die 12. Sure den Titel „Josef“, weil sie ausführlich von dessen Schicksal erzählt. [...]

Die Einteilung des Muḥammad geoffenbarten Gotteswortes in Suren und die Verszählung, die Reihenfolge der Suren und deren Benennung, all dies ist das Ergebnis einer umfangreichen redaktionellen Tätigkeit, die schon bald nach Muḥammads Tod einsetzte. [...]

Die Verlagerung der politischen Macht in die neu gewonnenen Randzonen der Arabischen Halbinsel ist nun auch für die Geschichte des Korans von großer Tragweite. Es kamen dort Koranrezensionen in Gebrauch, die in vielen Einzelheiten voneinander abwichen und daher zu einer Quelle von Streitigkeiten wurden. Der Kalif ʿUṯmān rief deshalb ein Gremium ins Leben, dem auch Zaid b. Ṯābit angehörte, und beauftragte die Mitglieder, die Koranblätter, die sich im Besitz der Ḥafṣa, der Tochter ʿUmars, befanden, auf die Sprache hin zu überprüfen und gegebenenfalls unter Zugrundelegung des Sprachgebrauchs der Quraiš, des mekkanischen Stammes, dem der Prophet angehörte, zu berichtigen. Nachdem diese Arbeit beendet worden war, ließ

ʿUṯmān mehrere Kopien dieser Rezension ausfertigen und in die Heerlagerstädte schicken. Die dort in Gebrauch befindlichen Koranexemplare wurden eingezogen und vernichtet. So lautet die gängige Fassung der islamischen Geschichtsschreibung über die Erarbeitung eines allgemein verbindlichen Korans. Sie stellt zwischen Zaids erster, durch Abū Bakr angeregter Version und der ʿuṯmānschen insofern eine Verbindung her, als sie behauptet, jenes erste Exemplar des Zaid sei von Abū Bakr seinem Nachfolger ʿUmar vererbt worden; nach dessen Tod habe Ḥafṣa es erhalten. Zaids erste Fassung sei mithin, von einigen sprachlichen Berichtigungen abgesehen, unverändert zur bis jetzt gültigen erhoben worden. [...]

Die im ʿuṯmānschen Koran vorgenommene Aufteilung des Inhalts ist zumindest für denjenigen, der sich einen Überblick über die Geschichte der islamischen Offenbarung und die Entwicklung des prophetischen Bewußtseins Muḥammads verschaffen möchte, außerordentlich unzweckmäßig. Auch die islamische Theologie und die Rechtswissenschaft, die zur Auslegung einer bestimmten Stelle oft fragen mußten, wann und unter welchen Umständen sie Muḥammad eingegeben worden sei, sahen sich veranlaßt, Aufschluß über die historische Abfolge der Herabsendung der Koranverse zu suchen. Zu Beginn dieses Kapitels wurde darauf hingewiesen, daß Länge und Ausdrucksweise der Koranverse sehr verschiedenartig sind. In diesen stilistischen Unterschieden liegt der erste und wichtigste Schlüssel für eine Antwort auf die Frage nach der zeitlichen Abfolge der Einzeloffenbarungen. Als Faustregel kann gelten, daß die Suren, die der frühesten Zeit des mekkanischen Wirkens des Propheten zuzuschreiben sind, nur wenige Verse umfassen und daß diese Verse zudem recht kurz sind. Die medinensischen Suren sind dagegen in der Regel viel länger, und ihre Verse enthalten häufig verwickelte Satzperioden. Dies ist nicht zuletzt durch den Inhalt bedingt, der als ein weiteres Kriterium hinzukommt, sobald man die Grundzüge der religiösen Entwicklung erkannt hat, die Muḥammad während der über zwanzig Jahre seiner Prophetenschaft durchgemacht hat. In der frühen mekkanischen Phase steht er ganz unter dem Eindruck des erschütternden Erlebnisses eines unvermittelten Einbruchs des Heiligen in sein Leben. In Medina dagegen wirkt er als der Führer eines auf religiöser Grundlage beruhenden Gemeinwesens; in den Offenbarungen treten nunmehr gesetzliche Bestimmungen im weitesten Sinn in den Vordergrund. Zwischen dem Ausgangs- und dem Endpunkt der sprachlichen Entwicklung des Korans liegen naturgemäß viele Schattierungen und Übergangsstufen. Es lassen sich beispielsweise die gegen Ende seines Aufenthalts in Mekka auftauchenden Erzählungen von den früheren Propheten stilistisch und inhaltlich als eine spezifische Textgruppe innerhalb des Korans begreifen, die sich allmählich aus wenigen ganz allgemeinen Bemerkungen, die in die ältesten Suren eingestreut sind, entfaltet.

Albrecht Noth

„Und geht mit ihnen in rechtlicher Weise um" – die Frau im Koran

Entscheidend neue Akzente haben göttliche Vorschriften ferner in dem so wesentlichen Lebensbereich des gegenseitigen Verhältnisses von Mann und Frau gesetzt, obgleich auch hier wiederum vorislamische Grundmuster nicht „abgeschafft" und durch ein gänzlich neues Konzept ersetzt wurden. Unangetastet blieb vor allem die weit überlegene Rechtsstellung des Mannes, etwa sein Initiativrecht auf Anbahnung und Auflösung eines Eheverhältnisses, seine – auch finanzielle – Dominanz innerhalb der Ehe, sein Recht auf mehrere Frauen, sei es im Rahmen einer Ehe, sei es –

auch gleichzeitig – im Rahmen des (legalen) Konkubinats (mit Sklavinnen). Immerhin wird einem Mißbrauch dieser unbestrittenen Herrschaft des öfteren empfehlend und warnend Einhalt geboten, die Herrschaft damit eher in die Nähe von Verantwortlichkeit gerückt.

Eine wesentliche „atmosphärische" Veränderung im Verhältnis der Geschlechter zueinander bedeutete es zudem, daß Mann und Frau in ihrer Eigenschaft als Gläubige als prinzipiell absolut gleichberechtigt angesehen wurden; eine Ebene, auf der ein solcher grundsätzlicher Ausgleich des Gefälles zwischen den Geschlechtern hätte stattfinden können, war bis dahin nicht existent, ihre Schaffung kann man mit gewissem Recht als revolutionär bezeichnen. Einmal davon abgesehen, daß Musliminnen auf dieser Basis ganz allgemein unter günstigeren Rahmenbedingungen leben konnten als ihre „heidnischen" Geschlechtsgenossinnen, hatte diese religiöse Gleichberechtigung zur Folge, daß sich Frauen in einem wichtigen Lebensbereich die gleichen Verdienste wie Männer erwerben konnten, so etwa auch später als Trägerinnen religiösen Wissens eine nicht unbedeutende Rolle im spezifisch islamischen Wissenschaftsbetrieb zu spielen vermochten.

Über diese grundsätzliche Aufwertung des Frauenbildes hinaus und gewiß davon ausgehend kam es dann durch koranische Offenbarungen auch zu sehr konkreten Einschränkungen der traditionellen männlichen Dominanz. Dies geschah – entscheidend – vor allem über finanzielle Regulative. So wird die Brautgabe des Mannes nach Vollzug der Ehe Eigentum der Frau (nicht mehr Eigentum ihrer Familie, genauer: des männlichen Teils dieser Familie), wie sie auch allgemein in der Ehe Vermögen erwerben und über dieses – bei strikter Gütertrennung! – verfügen kann. Wenn auch mit geringerem Anteil als die männlichen Berechtigten, so kann sie doch überhaupt (das ist das Entscheidende!) Verwandte, auch ihren Mann, beerben. Als Geschiedene oder Witwe ist sie zudem – ihre neue finanzielle Eigenständigkeit gab dazu überhaupt erst die Möglichkeit – jeder männlichen Verfügungsgewalt entzogen: weder ihre noch die Verwandten ihres Mannes haben gegen ihren Willen Zugang zu ihrem Vermögen oder das Recht, sie wieder zu verheiraten.

Ebenfalls eindeutig zugunsten des weiblichen Bestandteils der muslimischen *umma* regeln göttliche Offenbarungen die traditionelle Erscheinungsform der Polygamie. Gewiß nicht der Gesichtspunkt einer Erweiterung der Möglichkeiten des sexuellen Genusses, sondern eindeutig der Aspekt der – gerade auch finanziellen – Fürsorgepflicht des Mannes steht bestimmend im Vordergrund: Allenfalls vier Frauen sind gleichzeitig gestattet, und dann nur, wenn der Mann in der Lage ist, auf der Basis der Gleichheit seiner Frauen die materielle Versorgung und die emotionale Zuwendung zu gewährleisten; die entsprechenden Offenbarungen scheinen im übrigen gewiß nicht den Charakter einer Ermunterung zur Polygamie zu haben, sie erwecken eher den Eindruck einer Warnung vor den damit verbundenen Belastungen und Risiken, geben eher Verhaltensratschläge für den Fall ihrer Unvermeidbarkeit.

Gewiß ist das Bild, welches sich aus all diesen koranischen Vorschriften und Regeln für das Verhältnis der Geschlechter zueinander ergibt, von einer „Gleichberechtigung" im Sinne heutiger Vorstellungen und Forderungen meilenweit entfernt. Der einzig zulässige Vergleich, nämlich derjenige mit der Situation auf der Arabischen Halbinsel zur Zeit Muḥammads, muß jedoch zu dem Urteil führen, daß hier grundlegend neue Akzentsetzungen vorgenommen worden sind, die sich vielleicht so zusammenfassen lassen: Innerhalb einer eindeutig von Männern dominierten Gesellschaft verliert die Muslimin den nahezu ausschließlichen Objekt-Charakter ihrer heidnischen Geschlechtsgenossin, ihr werden vergleichsweise bedeutsame Möglichkeiten – sowohl in materieller als auch in ideeller Hinsicht – eröffnet, auch als handelndes Subjekt aufzutreten.

2. *Glaube und Recht*

Johann Wolfgang von Goethe

Islam

Närrisch, daß jeder in seinem Falle
Seine besondere Meinung preist!
Wenn *Islam* Gott ergeben heißt,
Im Islam leben und sterben wir alle.

Stefano Bianca

Die Kaaba als Mittelpunkt des Universums

Das zentrale und in gewissem Sinne einzige islamische Heiligtum ist die Kaaba in Mekka, ein einfacher gemauerter ‚Würfel', wie der Name ganz nüchtern sagt, in dessen eine Kante ein Meteorit, der verehrte schwarze Stein, eingeschlossen ist, der, vom Himmel gefallen, die Sünden der Welt auf sich genommen haben soll. Seit dem 3. islamischen Jahrhundert, wahrscheinlich aber schon früher, wurde der Würfel mit einem Umhang (Kiswa) versehen, der jährlich erneuert wird, doch sonst hat der Bau seinen archaischen Charakter erhalten, der der urtümlichen Symbolik des Ortes entspricht. Seine sakrale Macht beruht darauf, daß er die kosmische Geometrie, die das geistige Kraftfeld der islamischen Welt beherrscht, unmittelbar zum Ausdruck bringt. Er ist gleichsam die unbewegliche Mitte, um die sich das Rad der Gläubigen dreht: Auf ihn richten sich die Gebete aller Muslime von jedem geographischen Standort aus, und von ihm geht die spirituelle Energie aus, die jeden Platz der Welt durch bloße Ausrichtung darauf mittelbar zu einem geheiligten Ort macht.

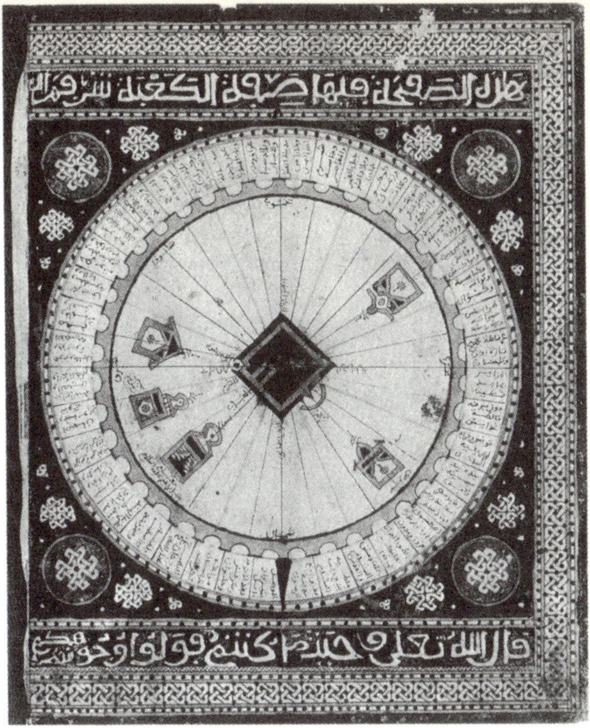

Abb. 1. Die Kaaba in Mekka als kosmischer und geographischer Mittelpunkt der islamischen Welt (aus einem tunesischen Manuskript des 11. Jahrhunderts).

Die Kaaba, auf arabisch auch Haus Gottes (‚Bait Allah‘) genannt, bezeichnet nicht nur den Mittelpunkt des Erdkreises, sondern ebenso seinen Schnittpunkt mit der vertikalen Achse, welche die sichtbare und die unsichtbare Welt verbindet und um die nach der Legende die Heerscharen der Engel kreisen, überragt vom Thron des Allmächtigen. Dieses kosmische Bild wird gestisch erfüllt durch den islamischen Ritus des ‚Tawâf‘, die siebenmalige Umkreisung der

Kaaba, die der Pilger beim Eintritt in das Heiligtum vollzieht, nach dem Vorbild des Propheten auf seiner letzten Wallfahrt nach Mekka.

Untrennbar mit der räumlich-geometrischen Symbolik der Kaaba verbunden ist das islamische Gebetsritual, das einen vom Propheten genau vorgezeichneten körperlichen Bewegungsablauf umfaßt, bei dem Suren aus dem Koran rezitiert werden. Wo immer das Gebet ausgeführt wird, muß der Gläubige in Richtung zur Kaaba blicken. Dadurch wird es zu einem Ritual, das mehrmals täglich die dem Islam eigentümliche Zentrierung des geistigen Kosmos wiederholt und bekräftigt. Die Ausrichtung nach der ‚Qibla' (der Richtung nach Mekka) ist also das Haupterfordernis für einen islamischen Gebetsplatz. [...]

Mit der geographischen Ausdehnung des Islam in alle Weltrichtungen hat das Kraftfeld Kaaba eine gewaltige Dimension angenommen, was das Erlebnis seiner geometrischen Symbolik noch verstärkt hat: Ein aus der Ferne Betender erlebt die Ausrichtung auf die Kaaba vorerst nur in seiner Vorstellung, als symbolisches Bild, und die konvergierenden Qibla-Linien müssen ihm an seinem entfernten Wohnort als Parallelen erscheinen. Auf der Wallfahrt aber durchschreitet er dieses in Gedanken durchmessene Kraftfeld in körperlicher Annäherung an die Mitte, was in früheren Zeiten eine monate-, oft jahrelange Unternehmung war. Am Ursprung angelangt, wo sich alle Speichen des kosmischen Rades treffen, erlebt er plötzlich körperlich die Konvergenz der Strahlen als eine Ballung der spirituellen Energien, die sich in der kreisförmigen Anordnung der die Kaaba umringenden und anbetenden Gläubigen ausdrückt. Damit ist seine volle Integration in den islamischen Kosmos vollzogen.

Es hat einen tieferen Sinn, daß die Kaaba kein ‚Monument' im architektonischen Sinn ist, denn dies würde ihre archetypische Qualität und damit ihre zeitlose Ausstrahlungskraft durch zeitgebundene Ausdrucksformen mindern.

Im Islam ist die Erscheinung des Göttlichen nicht an bestimmte architektonische Formen gekettet. Nach einem Wort des Propheten hat Gott den Menschen das Antlitz der Erde als Gotteshaus gegeben. Die Welt als Ganzes ist also ein potentielles Heiligtum, und das Sakrale kann durch Hinwendung zum Zentrum überall vergegenwärtigt werden, sei es im Haus, in der Moschee oder in freier Landschaft.

Heinrich und Marie Simon

Göttliche Allmacht und menschliche Freiheit

Vom 8. Jahrhundert an entwickelten sich innerhalb des Islams Bestrebungen, die bis dahin weitgehend unreflektierten religiösen Vorstellungen geistig zu durchdringen. Diese Tendenzen werden insgesamt als Kalam (Gespräch) bezeichnet, und es wird darunter die verstandesmäßige Diskussion von Glaubenssätzen gefaßt. Im Mittelpunkt dieser Erörterungen stehen zwei Fragen, die der Einheit Gottes und die seiner Gerechtigkeit. Diejenigen Gelehrten, die diese Behauptung der göttlichen Einheit und Gerechtigkeit zum Kern ihrer Ansichten machten, werden als Mutaziliten (sich Absondernde) bezeichnet. Später bedienten sich auch ihre Gegner der gleichen Methoden, um den traditionellen Standpunkt aufrechtzuerhalten, so daß sowohl die rationalistische islamische Theologie als auch die Argumentation der Traditionalisten als Kalam bezeichnet wird. Diese Problematik, die mit einem großen Aufwand an Scharfsinn und Spitzfindigkeit diskutiert wurde, ist keineswegs so fern von gesellschaftlichen Bezügen, wie das auf den ersten Blick zu sein scheint. Sicher ging es den islamischen Gelehrten, die diese Diskussion initiierten, auch darum, einer von Anthropomorphismen gereinigten Gottesvorstellung Geltung zu verschaffen, und zwar gegenüber einer Orthodoxie, die die Lehren des Korans völlig wörtlich nahm. Jedoch sind die behandelten Fragen hinsichtlich ihres Entstehens und auch in bezug auf ihre Konsequenzen eng mit der gesellschaftlichen Situation verknüpft. Die Behauptung der absoluten Gerechtigkeit Gottes führt zur Beschränkung göttlicher Allmacht. Gott kann nicht anders als gerecht handeln, seine Handlungen zielen notwendig auf das Heil des Menschen, auf die Belohnung des Guten und auf die Bestrafung des Bösen ab. Demgegenüber wird die Freiheit des menschlichen Willens betont, denn nur unter der Voraussetzung, daß der Mensch frei über seine Handlungen entscheiden kann, entspricht der göttliche Lohn bzw. die göttliche Strafe, die der Mensch erfährt, den Anforderungen der Gerechtigkeit. Wäre alles vorherbestimmt, dann dürfte Gott den Menschen nicht für seine Taten verantwortlich machen. Bereits vor dem Aufkommen des Kalam hat die Frage der Prädestination bzw. der menschlichen Eigenverantwortlichkeit innerhalb des Islams eine Rolle gespielt, als die Herrschaft der Omaijaden ihrem Ende entgegenging und der Staat sich in seiner Struktur änderte, indem er von einem arabischen zu einem islamischen Reich wurde, in dem die Bekenner des Islams, unabhängig von ihrer völkischen Zugehörigkeit, die führende Position einnahmen und den bis dahin herrschenden arabischen Blutadel ablösten. Die omaijadischen Kalifen sahen ihren Herrschaftsanspruch als durch die göttliche Vorherbestimmung legitimiert; dieser von Gott sanktionierten politischen Ordnung sollten sich die Untertanen zu fügen haben. Es entbehrte daher nicht der politischen Brisanz, wenn in der ausgehenden Omaijadenzeit Theologen auftraten, die gegenüber der Prädestination die Verantwortung des Menschen für sein Handeln, die „Schöpfung der Taten“ betonten.

Werner Ende

Die Ursprünge der Zwölferschia

Etwa 10 bis 15% der muslimischen Weltbevölkerung der Gegenwart gehören zur schiitischen Konfessionsgemeinschaft des Islams. Deren zahlenmäßig bei weitem bedeutendste Gruppe ist die der Zwölferschia (arab. *ithnā ʿasharīya*). Ihre Hochburgen hat sie seit Jahrhunderten im Süd-Irak, in Iran und in einigen Regionen des indo-pakistanischen Subkontinents (z.B. Lucknow). Bedeutende, religiös-politisch z.T. recht aktive zwölferschiitische Minderheiten gibt es in Afghanistan, im Libanon, im ehemals sowjetischen Zentralasien, in der Türkei, auf Bahrain und in den Küstenregionen der arabischen Golfländer....

Ausgangspunkt der Entstehung der schiitischen Konfession im Islam ist der Streit in der frühislamischen Gemeinde nach dem Tode Muḥammads – der selbst keine ihn überlebenden Söhne hatte – um die Leitung der Gemeinde. Es scheint, daß Muḥammad keine eindeutige Verfügung hinsichtlich dieser Frage getroffen hatte. Jedenfalls ist dies bis heute die Ansicht der Sunniten. In Abwesenheit ʿAlīs, der sich der Überlieferung zufolge um die Vorbereitung der Beerdigung des Propheten kümmerte, einigte man sich auf Abū Bakr, einen der frühesten Anhänger Muḥammads. Die tatsächlichen Ereignisse jener Zeit sind für die heutige historisch-kritische Forschung schwer festzustellen. Es geht im folgenden im wesentlichen darum darzulegen, was die Zwölferschiiten für die historische Wahrheit halten.

Das schiitische Geschichtsbild

Die Zwölferschia ist mit den anderen (z.T. untergegangenen) schiitischen Strömungen und Schulen durch die Überzeugung verbunden, daß ʿAlī ibn Abī Ṭālib nach dem Willen Gottes der erste Nachfolger (Kalif, von arab. *khalīfa*, vgl. z.B. Koran 2:30 und 38:26) des Propheten in der Leitung der Gemeinde (d.h. aus späterer Sicht: des Staates) hätte sein sollen. Besonders wichtig für die schiitische Argumentation in dieser Sache sind Äußerungen, die Muḥammad auf dem Wege nach Medina, bei der Rückkehr von seiner letzten Wallfahrt nach Mekka, im März 632 n. Chr. am Teich von Khumm (arab. *ghadīr Khumm*) mit Bezug auf ʿAlī getan haben soll. Es geht hier vor allem um den Satz: „Der, dessen Herr [arab. *maulā*] ich bin, dessen Herr ist auch ʿAlī." Zur Erinnerung an dieses, für das schiitische Geschichtsverständnis äußerst wichtige Ereignis wird bei den Zwölferschiiten alljährlich das Ghadir-Fest *(ʿīd al-ghadīr)* – in Iran seit Jahrhunderten als offizieller Feiertag – begangen. Neben denen vom *ghadīr Khumm* kennt die schiitische Überlieferung noch zahlreiche andere Aussprüche des Propheten (Hadithe), in denen ʿAlī und die späteren Imame als Leiter der Gemeinde und höchste Autoritäten der islamischen Glaubenslehre nach Muḥammad bezeichnet werden, z.B. „Oh ihr Menschen! Ich hinterlasse euch zwei Kleinodien; an sie haltet euch, dann werdet ihr nach meinem Tode nicht irregehen: das Buch Gottes und meine Nachkommenschaft, die Familie des Hauses [arab. *ahl al-bait*]." Daß mit der „Familie des Hauses" ʿAlī und seine Nachkommen gemeint sind, ergibt sich nach schiitischer Überzeugung eindeutig aus einer Reihe von Koranversen, so besonders 33:33 und 42:23. Die daran anschließende historisch-theologische Rechtfertigung ist das Ergebnis späterer, jahrhundertelanger Entwicklung.

Die Sunniten geben den von den Schiiten als Beweise herangezogenen Koranversen und den entsprechenden Hadithen (soweit sie sie, wie die vom *ghadīr Khumm*, als authentisch anerkennen) eine andere, den Anspruch der Schia negierende Auslegung. Sowohl unter Abū Bakr (reg. 632–634) als auch unter ʿUmar (reg. 634–644 n. Chr.) scheint ʿAlī weder militärische noch (mit einer Ausnahme unter ʿUmar) zivile Posten übernommen zu haben. Die Zahl seiner Anhänger hinsichtlich des Kalifatsanspruchs war – auch und gerade nach schiitischer Überzeugung – sehr klein. Von der arabischen Bezeichnung für diese Parteigänger ʿAlīs, *shīʿat ʿAlī* (Partei ʿAlīs), sind die Termini Schia, Schiit etc. abgeleitet. Auch hier hat die spätere schiitische Lehre es verstanden, den Koran zur Rechtfertigung ihres Standpunktes bzw. ihres Geschichtsverständnisses heranzuziehen: Der Koranvers 37:83, in dem das Wort *shīʿa* vorkommt („Von seiner [d.h. im Zusammenhang: Noahs] Art [od. Partei, *shīʿa*] war auch Abraham") wird als Beweis für den besonderen Platz dieser, der wahren Gemeinde des Islams in der göttlichen Vorsehung, ja als Beweis für ihre Existenz vor dem Auftreten Muḥammads und für ihre Beziehung zu den Patriarchen (nach muslimischer Auffassung: Propheten) des Alten Testaments gewertet.

Ein typisches Beispiel dafür ist z.B. die Deutung, die einem Koranvers gegeben wird, der dem strengen Monotheismus des Islams zu widersprechen scheint und daher die Theologen immer wieder beschäftigt hat: In Koran 2:34 heißt es, Gott habe den Engeln befohlen, sich vor Adam niederzuwerfen. Dieser Vers erhält in der schiitischen Überlieferung dadurch einen tieferen, alle Zweifel auflösenden Sinn, daß er mit Hadithen über die Prä-Existenz Muḥammads, ʿAlīs, Fāṭimas, Ḥasans und Ḥusains, d.h. ihre Erschaffung lange Zeit vor Adam, in Verbindung gebracht wird: Als Gott Adam schuf, setzte er diese fünf in dessen Lenden. Der Befehl an die Engel, sich vor Adam niederzuwerfen, war also eine Prüfung ihres Gehorsams gegenüber Gott und zugleich ein Zeichen ihrer Ehrerbietung vor Muḥammad, Fāṭima und den drei ersten Imamen.

Einer der bekanntesten schiitischen Hadithe ist der, wonach ʿAlī bei Muḥammad den gleichen Rang habe wie Aaron bei seinem Bruder Moses (vgl. Koran 25:35 und 2. Mose 4, 14–16).

Hinsichtlich der Frage, welchen Nachkommen ʿAlīs nach ihm die Leitung der Gemeinde hätte zufallen sollen bzw. tatsächlich zugefallen ist, welche besonderen, mehr oder weniger übermenschlichen Eigenschaften diese Leiter und theologischen Autoritäten besaßen, gingen die Meinungen im innerschiitischen Milieu sehr bald auseinander. Gemeinsam ist allen schiitischen Gruppen die Überzeugung, daß Gott selbst entschieden und durch Muḥammad der frühen Gemeinde verkündet hat, wer erster Nachfolger des Propheten in der Leitung der Gemeinde sein sollte – nämlich ʿAlī. Die Wahl Abū Bakrs ist somit nichtig; der bei sunnitischen Theoretikern in der Gegenwart beliebte Hinweis auf den demokratischen Charakter der Herrscher-Findung im frühen Islam, nämlich durch Beratung (arab. *shūrā*), ist, sofern er auf die Imamats-Würde ʿAlīs bezogen wird, aus schiitischer Sicht absurd.

Da die Mehrzahl der Prophetengefährten ʿAlīs Anspruch nicht unterstützt, also Gottes Willen mißachtet hat, hat sie sich nach schiitischer Auffassung schwer versündigt. Schriften über die Missetaten dieser Prophetengefährten einschließlich einiger Gattinnen des Propheten bilden einen nicht unbedeutenden Teil der schiitischen Literatur. In späteren Jahrhunderten wurde es üblich, auf die schriftliche oder mündliche Nennung ihrer Namen eine Fluchformel folgen zu lassen. Dieser Brauch ist durch schiitische Dynastien als demagogisches Mittel im Kampf gegen sunnitische Gemeinschaften bzw. Staaten bewußt gefördert (bzw. initiiert) worden, so etwa von den Safawiden in ihrer Auseinandersetzung mit den Osmanen. Desgleichen wurde – entgegen der Praxis in den ersten Jahrhunderten des Islams – vermieden, schiitischen Kindern die Namen dieser „abtrünnigen" Prophetengefährten zu geben, also Mädchen z.B. den Namen ʿĀ'isha (die Witwe des Propheten, die diesen Namen trug, war im „ersten Bürgerkrieg" des Islams gegen ʿAlī in den Krieg gezogen) und Jungen die Namen Abū Bakr, ʿUmar, ʿUthmān etc. Während schiitische Modernisten heute die Verwendung jener Fluchformeln im allgemeinen vermeiden bzw. sich eindeutig gegen diesen Brauch aussprechen, kommen die Namen der „abtrünnigen" Prophetengefährten bei Schiiten auch in der Gegenwart nicht vor.

Zu den wenigen Prophetengefährten, die nach schiitischer Überzeugung ʿAlī – und damit dem wahren Islam – die Treue gehalten haben, gehören Abū Dharr al-Ghifārī, ʿAmmār ibn Yāsir, Salmān al-Fārisī und Miqdād ibn ʿAmr. Besonders die drei Erstgenannten spielen im Bewußtsein der Masse der schiitischen Gläubigen bis heute eine erhebliche Rolle: Abū Dharr gilt als tapferer Vorkämpfer des Prinzips der sozialen Gerechtigkeit , ʿAmmār wird als historischer Zeuge für die Rechtfertigung der *taqīya* genannt, und Salmān al-Fārisī, ein Mann aus Iran, der als Sklave nach Medina und in das Haus des Propheten gekommen sein soll und Muslim wurde, gilt insbesondere frommen Persern als Beweis für die frühe Verbindung ihrer Nation mit dem Islam.

Die Sunniten akzeptieren den schiitischen Vorwurf gegen die Mehrheit der Prophetengefährten nicht. Sie sehen in ʿAlī einen der verdienstvollsten Mitstreiter Muḥammads und den vierten und letzten der von ihnen hoch verehrten „rechtgeleiteten" Kalifen, nach dessen Tod mit der erblichen Herrschaft der Omaiyaden auch nach sunnitischer Mehrheitsmeinung ein in religiöser Hinsicht kritikwürdiges (wenn auch nicht, wie die Schiiten behaupten, weitgehend unislamisches) Regime einsetzt.

Historisch gesehen ist die Gleichstellung ʿAlīs mit den drei ersten Kalifen das Ergebnis einer gewissen „Schiitisierung" des sunnitischen Geschichtsbildes. Freilich können die Sunniten keinesfalls die zwölferschiitische Auffassung akzeptieren, ʿAlīs drei Vorgänger seien letztlich Usurpatoren gewesen. Schiiten und Sunniten haben ein unterschiedliches Bild von der frühislamischen Geschichte und deren religiöser Bedeutung. Völlige Übereinstimmung wird sich ungeachtet aller Bemühungen um Annäherung nicht herstellen lassen.

Der Streit um die religiös-politische Leitung der Gemeinde, der der konfessionellen Trennung zwischen Schiiten und Sunniten zugrunde liegt, hat in der Folgezeit zu mehr oder weniger unterschiedlichen Entwicklungen ihres jeweiligen Rechtssystems (bes. im Ehe- und Erbrecht) und zu unterschiedlichen Ausprägungen ihres Glaubenslebens geführt. Aber auch innerhalb der religiös-politischen Strömung, die die Leitung der islamischen Gesamtgemeinde *(umma)* bei der Familie des Prophentenhauses sehen wollte, hat es schon bald nach dem Tode ʿAlīs (661 n. Chr.) Spaltungen gegeben. Diese haben ihrerseits zu weiteren Sonderentwicklungen im religiösen Recht und im Glaubensleben geführt. Ausgangspunkt jener innerschiitischen Spaltungen war zunächst die Frage, wer zu den Angehörigen des Prophetenhauses *(ahl al-bait)* zu zählen sei. Ursprünglich scheint die Ansicht weit verbreitet gewesen zu sein, daß potentiell jeder Abkömmling ʿAlīs einen Anspruch auf das Imamat erheben konnte. Die Abstammung aus der Ehe mit Fāṭima (nach deren Tod ʿAlī aus seiner Verbindung mit einer Frau vom Stamme der Banū Ḥanīfa einen Sohn hatte, der nach dem Tode Ḥusains vielen Gläubigen als rechtmäßiger Imam galt) war keineswegs so bedeutsam, wie sie im nachhinein (aus zwölferschiitischer Sicht) erscheint.

Werner Ende

Volksfrömmigkeit bei den Schiiten

Im zwölferschiitischen Volksglauben und in der entsprechenden Literatur spielt die Verehrung für Fāṭima eine Rolle, die in mancher Hinsicht an die Marien-Verehrung im christlich-katholischen Bereich erinnert. Nicht selten wird sie direkt mit Maryam (Maria), der Mutter Jesu, verglichen.

In den Passionsspielen im Monat *Muḥarram*, in denen die Leidensgeschichte der Imame (auch hier wieder besonders Kampf und Tod Ḥusain ibn ʿAlīs bei Kerbela) und der anderen Märtyrer der Schia theatralisch dargestellt wird, spielt Fāṭima eine wesentliche Rolle.

Diese Passionsspiele enthalten eine große Zahl von Legenden und phantastischen Ausschmückungen, einschließlich frei erfundener Hadithe. Viele der orthodoxen Theologen der Zwölferschia beurteilen die Passionsspiele und die ihnen vorangehenden bzw. folgenden Prozessionen mit Skepsis oder gar eindeutiger Ablehnung. Sie haben es aber nicht vermocht (und auch nicht entschieden versucht), diese Spiele zu unterbinden oder im Sinne der orthodoxen Lehre zu reformieren. Dies gilt auch für ihre ambivalente Haltung gegenüber den Selbstgeißelungen und Selbstverletzungen mit Ketten bzw. Schwertern (als Zeichen der Trauer um die Märtyrer-Imame), die seit Jahrhunderten einen festen Bestandteil der *Muḥarram*-Feierlichkeiten darstellen. Die religiöse Erregung, in die alljährlich in den Trauer-Veranstaltungen des *Muḥarram (taʿziya)* Hunderttausende schiitischer Gläubiger geraten, hat sich als äußerst wirksames Mittel erwiesen, schiitische Vorstellungen in der Masse des Volkes zu verbreiten bzw. wachzuhalten und diese Menschen gegen angebliche oder tatsächliche Feinde des schiitischen Islams zu mobilisieren. In der iranischen Revolution von 1978–79 hat sich dies eindrucksvoll erwiesen. Freilich kann diese Erregung der Frommen überall dort, wo die *taʿziya*-Veranstaltungen in der Nachbarschaft von Sunniten stattfinden, auch zu Zwischenfällen führen, die den *ʿulamāʾ* in der Regel unerwünscht sind. So gibt es z.B. in Indien und Pakistan immer wieder einmal inter-konfessionelle Zusammenstöße, wenn Sunniten sich durch die bei den *Muḥarram*-Prozessionen da und dort allzu laut werdende Verfluchung von Prophetengefährten herausgefordert fühlen.

Nach zwölferschiitischer Lehre ist nur der ein wahrer Gläubiger, der den Imam seiner Zeit (seit 874 n. Chr. also den zwölften, verborgenen) kennt und anerkennt. Die Imame können bei Gott für die Mitglieder ihrer Gemeinde Fürsprache einlegen. Der Besuch ihrer Gräber ist ein verdienstvolles, segenverheißendes Werk. Die Ablehnung des Gräberkults (bis hin zur Zerstörung von Grabkuppeln), die in weiten Bereichen der sunnitischen Welt unter dem Einfluß der *Salafīya*-Bewegungen Anhänger gewonnen hat, ist für die Zwölferschiiten unannehmbar. Die Zerstörung der Kuppeln über den Gräbern der Imame in Medina durch die Wahhabiten im Jahre 1926 (wie bereits schon einmal 1806) ist bis in die Gegenwart in der schiitischen Welt unvergessen und immer wieder einmal Anlaß für schiitische Würdenträger, bei der saudi-arabischen Regierung für eine zumindest partielle Restaurierung zu plädieren. Ein Besuch *(ziyāra)* bei den Gräbern der Imame (z. B. bei ʿAlī ar-Riḍā in Meschhed, dem einzigen Imam der Zwölfer, der auf dem Boden Irans begraben liegt) enthebt nach orthodox-zwölferschiitischer Auffassung nicht von der Pflicht zur Pilgerfahrt *(ḥajj)* nach Mekka, gilt aber dem Bewußtsein der frommen Masse als etwas zumindest Vergleichbares. Auch die Gräber der zahllosen Abkömmlinge der Imame (pers. *imām-zādah*) sind Gegenstand der Verehrung. Im Iran sind dies vor allem die folgenden: das Grab der Schwester des achten Imams ʿAlī ar-Riḍā, Fāṭima, genannt Ḥaḍrat-i Maʿṣūma (etwa: die Sündlose), in Qum (einem frühen Zentrum der Schia in Iran); Ḥaḍrat-i ʿAbd al-ʿAẓīm bei Teheran; Shāh Čirāgh in Schiras und Shāh Niʿmatullāh Walī bei Kerman.

Die meisten schiitischen Mekka-Pilger schließen an ihre Pilgerfahrt einen Besuch auf dem Friedhof Baqīʿ al-Gharqad in Medina an, um die Gräber der dort bestatteten vier Imame und anderer Angehöriger des Hauses des Propheten zu besuchen. Vor allem die Pilger aus Iran verbinden ihre Hin- oder Rückreise nach Möglichkeit auch mit einer *ziyāra* zu den Imam-Gräbern im Irak. Um die Gräber der dort bestatteten Imame sind bedeutende Wallfahrtsorte entstanden.

Besonders Kerbela und Nadschaf sind von weitläufigen Friedhöfen umgeben: Seit Jahrhunderten sind die Leichname frommer Schiiten, die im Tode ʿAlī und Ḥusain nahe sein wollten, dorthin überführt worden. Außerdem geschieht es häufig, daß Schiiten sich in höherem Alter in einem der Wallfahrtsorte niederlassen, um die letzten Jahre ihres Lebens in der „Nachbarschaft" *(mujāwara)* eines Imams zu verbringen und dort beerdigt zu werden.

Gerhard Endreß

Askese und Mystik

Wie im Judentum und im Christentum, so hat auch im Islam die Furcht vor dem gerechten Gott Menschen in Askese, Weltflucht und quälende Gewissensnot geführt. Und auch hier haben einzelne in einsamer Meditation Erleuchtung von Gott und Begegnung, ja spirituelle Vereinigung mit Gott gesucht. Die Frömmigkeit der Sufis baut nicht auf die Garantien der kollektiven Religionsgemeinschaft, der öffentlichen Religion – ein so charakteristisches, ja konstituierendes Moment des offiziellen Islams –, sondern sucht in Abkehr und Widerspruch persönliche Heilsgewißheit. Aber auch das Vorbild des Propheten ließ sich für den Weg der Sufis geltend machen: Auch er war als Einsamer, in asketischem Rückzug vor den Weltmenschen und nach inbrünstiger Gottsuche der Theophanie teilhaftig geworden; die Schrecken des Gerichts und die Mahnung zur Umkehr hatten zum ersten und eindringlichsten Inhalt seiner Botschaft gehört.

Als Nachfolge des Propheten läßt sich die Frömmigkeit und die Warnpredigt der frühen Asketen begreifen, beispielhaft im überlieferten Werk des Hasan von Basra (gest.

728). In der skrupulösen Gewissensbefragung des Muhasibi (gest. 857) geht die Absage an Besitz und Streben der Welt einher mit der subtilen Dialektik des Kalam. Sein Zeitgenosse Ǧunaid (gest. 910) schließlich gehörte zu den Wegbereitern der eigentlichen Mystik im Streben nach liebegetragener Gottesvereinigung. [...] Im Paradigma der Liebe, der Selbstidentifikation des Liebenden mit dem geliebten Gegenstand – „Ich bin du", ein Grundmotiv sufischer Dichtung – überwinden die Mystiker die Entfremdung zwischen der Religion des Gesetzes, der rationalen Erkenntnis *(ilm)* und der Religion der intuitiven Gnosis *(maʿrifa)*.

Von dorther öffneten sich verschiedene Wege mystischen Denkens und Tuns, nüchterne Praxis der selbstverneinenden Askese und rauschhafte Steigerung der Kontemplation. In der „trunkenen" Mystik des Abu Yazid al-Bistami (gest. 874?) und des Hallaǧ (hingerichtet 922) erhielt die Unio Mystica den Anschein der Blasphemie: das ekstatische „Ich bin Gott" des Hallaǧ brachte ihn ans Kreuz. Seine Nachfolger haben mit den Metaphern gnostischer Philosophie (schon Plotin ist unter ihren Lehrern) das Skandalon der Selbstvergottung vermieden. Aber auch Suhrawardi, der Verkünder mystischer Illumination, wurde als Ketzer hingerichtet (1191), und Ibn Arabi (1165–1240), der große Theoretiker des sufischen Monismus und Pantheismus – Liebender, Geliebter und Liebe, Gott, Mensch und Welt fallen in eins zusammen –, blieb auch unter denen umstritten, die sich von der Tiefe und Aufrichtigkeit seines Denkens angezogen fühlten. Umstritten, der Häresie verdächtig waren viele Mystiker auch deshalb, weil die Auflehnung des Gottseligen gegen die beschränkende Pflichtenlehre des Gesetzes zum Leitbild antiautoritärer Volksbewegungen wurde.

Die Sufiya wurde das geistige Band neuer Formen religiöser Gemeinschaft, von esoterischen Zirkeln bis hinunter zum proletarischen Vagantentum im Asketengewand des „Armen" (arab. *faqir*, pers. *darwiš*); Kreise, die in neuen Formen ritualisierten Gottesdienstes, in gemeinsamer Rezitation (*dikr*, die unaufhörliche „Nennung" des Gottesnamens) und in Oratoriengesang, Musik und Reigentanz (*sama*, das „Anhören" solcher Darbietungen) Inspiration beim Aufstieg zu den Stationen *(maqamat)* des mystischen Weges, zur Entwerdung *(fana)* und zum Einswerden mit der Gottheit suchten. Die Sufiya beeinflußte das Gemeinschaftsleben in den Grenzfesten der Glaubenskämpfer *(gazi)* am Rande der islamischen Welt ebenso wie die städtischen Solidaritätsbünde der Futuwa. Bruderschaften, organisierte Orden entstehen. Die Adepten *(murid)* sammeln sich um einen Meister (arab. *šaih*, pers. *pir*) des mystischen Pfades, erhalten von ihm in Riten der Initiation die Kutte *(hirqa)* der Eingeweihten. Mit der Entstehung der Orden, seit dem Ende des 10. Jahrhunderts, erhält die sufische Bewegung ihre höchste soziale und politische Bedeutung. In ihnen wird der Individualismus der Mystiker gemeinschaftsbildend.

Roy Mottahedeh

„Du wirst das Licht sehen"

Nicht lange nach dem Frühgebet mit Maraschi fragte Ali seinen Vater, ob er bei einem „Führer" – so heißen die Lehrer der Mystik – Unterricht in der Mystik nehmen könne. Sein Vater empfahl einen Lehrer, der die vorgeschriebenen Texte unterrichtete, bei dem Ali aber noch keinen Unterricht gehabt hatte. Am Freitag, dem Tag der Ruhe, ging Ali zu der vom Vater empfohlenen Stunde zum Haus dieses Lehrers. [...] Er stellte Ali einfache Fragen: Wie sehen Sie die Menschen? Wie sehen Sie die Imame? Was denken Sie über Gott? Ali fühlte sich zum Reden ermutigt, und der Lehrer schien ihm durch gelegentliches Kopfnicken und eingestreute Worte zu verstehen zu geben, daß er gerne zuhörte. [...]

Der Lehrer steckte den Koran in eine Innentasche seines Mantels und begann zu sprechen. „Grundlegend für *ʿerfān* ist, daß du in jedem Menschen ein Zeichen Gottes siehst. Verrichte deine nächtlichen Gebete. Immer wenn du dich beim Gebet niederwirfst, verharre so, bis du Gott um die geistigen Eigenschaften gebeten hast, die du dir wünschst. Schlafe Donnerstag abends nicht mehr nach Mitternacht; erst nach dem Frühgebet darfst du wieder schlafen. Sprich jetzt vierzig Tage lang unaufhörlich zu dir selbst: ‚Es gibt keine Macht noch Kraft außer in Gott.' Alles, wirklich alles, was du gesehen hast oder noch sehen wirst, ist leer, unbeschrieben und aller Eigenschaften ledig außer der einen: daß es da ist; und Dasein ist Gott. Wenn du dahin gelangst, daß du alles als reines Dasein siehst, dann wirst du alles Dasein achten, wie du Gott achtest, und schließlich alles Dasein lieben, wie du Gott liebst. Sei ganz aufmerksam und halte Ausschau nach Gott! Halte Ausschau! Halte Ausschau!"

Ali wußte, daß er nun gehen sollte. Er stand auf, verbeugte sich ehrerbietig, die Hand auf der Brust, und nahm seine Schuhe, die neben der Tür standen. Er hielt sich an das, was er gehört hatte. In jedem wachen Augenblick sagte er: „Es gibt keine Macht noch Kraft außer in Gott"; Ausnahmen waren nur die Zeiten, wenn er seine Stunden vorbereitete oder sich an einem öffentlichen Ort aufhielt – ja, er merkte, daß er diesen Satz auch beim Studieren zwischen seine Gedanken einschieben konnte, ohne sich abzulenken. [...]

Als er am nächsten Freitag wieder seinen Lehrer der Mystik aufsuchte, begann dieser, ihm mystische Dichtung vorzulesen. An manchen Stellen erläuterte der Lehrer die Bedeutung; dann wieder las er einfach weiter und wiederholte nach einer Weile ein Wort oder eine Zeile. An diesem und allen folgenden Freitagen trug er gegen Ende der Stunde die berühmten Verse des Moulana vor:

Ich starb als Mineral und wurde zur Pflanze,
ich starb als Pflanze und erhob mich als Tier,
ich starb als Tier und bin nun Mensch.
Was fürchte ich? Hab ich beim Sterben je verloren?
Doch werde als Mensch ich wieder sterben,
um mit den seligen Engeln aufzufahren;
doch auch aus der Schar der Engel muß ich weiterziehn:
„Alles vergeht außer Gottes Angesicht."
Wenn ich die engelhafte Seele hingegeben,
dann werd' ich, was kein Geist noch je erdachte.
O laß mich nicht mehr sein! Denn horch: Das
Nicht-Sein verheißt in Orgeltönen: „Zu Ihm gehn wir zurück."

Nach jedem Vortrag wiederholte der Lehrer mehrmals die beiden Koranzitate des Gedichts und verharrte dann einige Minuten in Stille. Ali fühlte dann jedes Mal ein starkes Bedürfnis, zu sprechen; zum wenigsten diese Sätze selbst zu wiederholen oder laut den Satz zu sagen, den er nach Anleitung des Lehrers zu sich selbst gesprochen hatte. Nach einer Stille sprach der Lehrer selbst dreimal langsam Alis Satz; ganz erleichtert fiel Ali ein und murmelte den Satz zusammen mit dem Lehrer. Diesmal beendete der Lehrer die Sitzung mit den Worten: „Gib acht! Gib acht! Du wirst das Licht sehen."

Ali wußte, daß das Schauen des Lichts ein wichtiger Bestandteil im Einüben von *ʿerfān* war. Er wußte auch, daß er bisher wohl schon eine Menge gefühlt, aber noch nichts gesehen hatte. Bei der letzten Sitzung vor Ablauf der vierzig Tage sagte der Lehrer: „Während der nächsten vierzig Tage wirst du dir fortwährend vorsprechen: ‚O Er, o er ist Er, o er ist nichts als Er!'" Ali begriff die Aussage, die dieser Satz betonte: daß jede Person, ja jedes Einzelwesen letztlich Er – Gott – war. Doch war er auf dem Heimweg etwas entmutigt; denn was er gehört hatte, erinnerte ihn zu sehr an die singende, tanzende Sufi-Mystik der Derwische, die seine Mullah-Lehrer so verachteten. Er war so sehr entmutigt, daß er fast einen halben Tag nicht daran dachte, den alten Satz über die Macht Gottes zu sagen.

Am einundvierzigsten Tag wachte er zwei Stunden vor der Morgendämmerung auf. Er vollzog seine Waschungen zu Hause in dem Teich im Mittelpunkt des Gartens und verrichtete dann das Nachtgebet unter einem niedrigen Maulbeerbaum. Er spürte in sich ein neues Interesse an dem, was er tat, denn er wußte, daß er sich von jetzt an den neuen Satz „O Er, o er ist Er, o er ist nichts als Er!" vergegenwärtigen würde. Ali fing an, den Satz zu sprechen, da geschah es: er sah das Licht. Es war kein langsam zunehmendes Licht wie das Tageslicht; es war auch kein isoliertes Licht wie beim Mond oder bei einem Scheinwerfer; es war überall, es war tatsächlich alles. Der Teich strahlte im Licht, die Gartenbeete strahlten, der Himmel strahlte, ja die Mauern und Bögen um den Innenhof waren aus Licht. Er schaute zum Maulbeerbaum auf: der Stamm, die Äste, Zweige, Blätter und Blüten waren aus Licht. Da die Gegenstände selbst aus Licht waren, ließen sich die Abstände zwischen ihnen nicht durch Abstufungen oder Schattierungen bestimmen – das erkannte er gleich: jeder Gegenstand erstrahlte in gleicher Deutlichkeit. Und dann merkte er, daß das Licht auch in ihm selbst war und er seinen eigenen Abstand zu den Gegenständen nicht mehr bestimmen konnte.

Eine rötlich-gelbe Morgendämmerung ließ das strahlende Licht langsam in eine gewohntere Beleuchtung übergehen, die den Dingen Schatten und Abstände gab und allmählich auch das Licht in Ali selbst ablöste. Aber die Erfahrung des Lichtes blieb als leises Summen, als leichtes Vibrieren bestehen, das für den Rest des Tages alle Teile seines Körpers durchzitterte.

Nagib Machfus

Im Haus des Sufi-Scheichs

Schon von weitem sah er die Tür, die wie immer offenstand. So weit er zurückdenken konnte, war das so gewesen. Langsam durch die Bergstraße bummelnd, kam er näher und näher. Hier im Darasa-Viertel, das von den Ausläufern der Moqattam-Bergkette eingeschlossen wurde, verband sich alles mit Erinnerungen. Die vielen Kinder, der Sand, die Tiere ... Müdigkeit und Erregung nahmen ihm den Atem. Er blieb einen Moment stehen und sah wehmütig den spielenden Mädchen zu. [...]

Der Scheich, selbstvergessen vor sich hinmurmelnd, saß mit gekreuzten Beinen auf dem Gebetsteppich. Es war noch genau das gleiche Zimmer und kaum verändert. Nur die Matten waren wohl als Dankeszeichen seiner Jünger erneuert worden. An der rechten Wand stand noch immer das harte, grobe Bett. Durch ein winziges Fenster drangen die Strahlen der Sonne ein und fielen auf seine Füße. An den anderen Wänden standen halbhohe Regale voller Buchbände. Schwer lag der Geruch von Weihrauch im Raum, als wäre hier seit mindestens zehn Jahren nicht gelüftet worden. Said legte sein Gepäck nieder und trat näher.

„Friede sei mit Ihnen, mein Herr und Gebieter."

Der Scheich beendete murmelnd einen Satz und hob den Kopf. Sein Gesicht war schmal und ausgemergelt, aber voller Leben. Der weiße Bart umschloß es wie ein Heiligenschein. Auf dem Kopf trug er eine weiße Baumwollkappe, die tief in das silbernschimmernde Haar gedrückt war. Er sah ihn an. Sein Blick war der eines Achtzigjährigen, der das Jenseits schon sieht. Der Glanz seiner Augen aber hatte noch nichts von seiner Anziehungskraft, seiner Eindringlichkeit, seinem Zauber eingebüßt. Said konnte nicht anders, er stürzte auf ihn zu und küßte seine Hand. Zu sehr war hier alles mit Erinnerungen verbunden, die seinen Vater, all seine Hoffnungen und Träume aus weit zurückliegender Zeit heraufbeschworen.

„Und mit dir sei Friede und die Barmherzigkeit Allahs."

Die Stimme aus alten Zeiten! Hörst du jetzt nicht auch den Vater? Said sah ihn vor sich, sah, wie er beim Sprechen die Lippen bewegte. Aber da war die Stimme schon wieder verstummt.

Wo aber waren die Schüler, wo die Freunde der nächtlichen Gebetsübungen? [...]

„Schlaf ein", sagte der Scheich, „für einen wie dich ist der Schlaf fast schon Gottesdienst."

Er antwortete nicht. Leise sagte der Scheich „Allah!". Said wartete, daß der Gebetsruf ertönte und der Milchverkäufer sich mit lauter Stimme ankündigte.

Daß er geschlafen hatte, bemerkte er erst, als er aus einem Alptraum erwachte.

Er öffnete die Augen und sah mattes Licht, das wie Nebel im Raum hing. [...] Er hörte draußen Stimmen und wunderte sich. Auf allen vieren schlich er zur angelehnten Tür und lugte durch den Spalt. Erstaunt sah er, daß die Betfreunde Matten auslegten. Einer der Diener zündete die Gaslampe über der Außentür an. [...]

Draußen klatschte jemand in die Hände, die Männerstimmen verstummten. Schweigen trat ein. Scheich Ali al-Djunaidi rief dreimal „Allah", und die anderen wiederholten den Ruf. Der Tonfall brachte ihm die tanzenden Bewegungen der Gebetsrituale in Erinnerung. „Allah ... Allah ... Allah ..." Der Rhythmus wurde schneller, die Stimmen schwollen an. Je dichter die Rufe aufeinanderfolgten, desto abgehackter wurden sie, wie Geräusche eines Zuges in voller Fahrt. So ging es eine ganze Weile weiter, bis die Stimmen allmählich schwächer wurden, der Rhythmus sich verlangsamte, taumelte und schließlich im Schweigen versank. Da erhob sich eine weiche Stimme in getragenem Singsang.

„O Jammer, die Zeit ging dahin, und Ihr, mit denen ich so gerne zusammentraf, habt mich nicht aufgerüttelt.
Wann endlich wird Ruhe für den zu erhoffen sein,
der im Leben nur zwei Tage kannte, den der Feindseligkeit
und den des Alleinseins."

Von allen Seiten Seufzer. Eine andere Stimme begann zu rezitieren: „Wie stark ist das Verlangen, in Liebe ergeben zu sein.

Die ganze Sehnsucht liegt noch vor mir, das Urteil schon hinter mir."

Wiederum wurde die Nacht von Stöhnen durchbrochen. Der Gesang ging weiter, bis Händeklatschen zu einer neuen Gebetsrunde aufforderte und der Name Allahs ununterbrochen wiederholt wurde. Gebannt hörte er zu, die Nacht floß dahin.

Erinnerungen ballten sich in ihm wie Wolken zu Bergen. Der Vater, Amm Muhran, der sich im Kreis der Betenden wiegte. Der Junge, der dabeisaß und mit weit aufgerissenen Augen das Schauspiel beobachtete. Aus der Dunkelheit brachen Visionen von der Unsterblichkeit im Schutz des Erlösers hervor. Schauer glückbringender Hoffnungen deckten alles mit dem Staub des Vergessens zu.

Heinz Halm

Heilige Männer

Der Begriff „Heiliger" hat im islamischen Kontext ganz andere Konnotationen als im christlichen. Der islamische Heilige heißt arabisch *walī Allāh*, der „Intimus Gottes", „Gottnahe" oder „Gottesfreund". (Die Ismailiten haben, wie wir sahen, diesen Namen für sich allein reklamiert.) Der Gottnahe lebt die Tugenden des guten Muslims – oft ins Übermäßige gesteigert – exemplarisch vor; er schätzt die Welt gering, entäußert sich seines Reichtums oder macht allenfalls wohltätigen Gebrauch davon, denn er kann durchaus wohlhabend sein; der schon erwähnte Stoffhändler ʿAbdarraḥīm war „Eigentümer von 17000 Ölbäumen und dennoch der vollkommenste Asket seiner Zeit". Ist der Heilige aber arm und auf die Gaben anderer angewiesen, so achtet er skrupulös darauf, kein Geld und keine Geschenke anzunehmen, wenn er nicht sicher ist, daß sie aus rechtmäßigem Eigentum und ehrlichem Erwerb stammen; Geschenke des Fürsten und seiner Höflinge meidet er wie die Pest.

Die Männer, die der *Garten der Seelen* als Muster heiligmäßigen Lebens vorführt, dienen dem Nächsten: sie speisen die Armen und pflegen die Aussätzigen, sie waschen und begraben die verstorbenen Fremden; stellvertretend für Frauen, Mittellose oder Kranke vollziehen sie die kostspielige und strapaziöse Pilgerfahrt nach Mekka. Und sie dulden standhaft, denn „Gott ist mit den Duldern" (Koran 2:153): ein frommer Gelehrter, der mit einer Frau verheiratet ist, die Haare auf den Zähnen hat, begreift sein Los als Prüfung; als sie mit ihm keift, weil er mit seinem Dienstmädchen, einer Sklavin, die Nacht verbracht hat, raten ihm seine Studenten zur Scheidung und erbieten sich sogar, die Rückzahlung der Mitgift für ihn zu übernehmen, doch er verzichtet aus schierer Nächstenliebe auf diese bequeme Lösung, da er fürchtet, „ein anderer Muslim könne mit ihr gestraft werden". Manche Asketen leben als Einsiedler im Ǧabal Zaġwān (Zaghouan) oder führen ein unstetes Wanderleben. Viele verdienen ihren bescheidenen Lebensunterhalt selbst, als Ziegelmacher, Müller oder Bäcker, als Halfagrasflechter oder als Heizer im Hammam, wo das Lodern der Flammen den Gedanken an das Höllenfeuer wachhält. Sexuelle Enthaltsamkeit wird zwar hoch geachtet, ist aber keineswegs obligatorisch. Einer der Heiligen, die uns al-Mālikī präsentiert, „hat alle Begierden dieser Welt abgetötet außer der nach den Frauen"; einem anderen rühmt man nach, er habe sein Leben lang allnächtlich dreimal aus dem Koran rezitiert und nach jeder dieser Rezitationen seinen ehelichen Pflichten genügt; „Gott hab dich selig“, sagt die Witwe an seinem Grabe, „du hast deinen Herrgott befriedigt, indem du deine Frau befriedigt hast!“ Einer der großen Asketen, Muḥammad, der Sohn des Mālikiten Saḥnūn, besitzt neben seinen legitimen Ehefrauen neun Konkubinen; als er allerdings einmal eine zur Nacht bestellt, vergißt er über seinen Büchern sie samt den beiden Hähnchen, die sie zubereitet hat.

Das Verdienst, das die „Gottnahen“ erwerben, wird ihnen von Gott durch Erhörung ihrer Gebete vergolten. So sucht man sie auf, wenn der Regen ausbleibt; man bringt ihnen Blinde und Lahme; sie deuten Träume und exorzisieren böse Dschinnen, sie trotzen den Versuchungen des Satans *(Iblīs*, von griech. *diábolos)*, der sich ihnen gleisnerisch als falscher Lehrer zeigt, um sich, sobald er durchschaut ist, in Rauch aufzulösen, oder sich in Gestalt einer Ziege naht, um sie zur Sodomie zu verführen.

Bernd Radtke

Islamische Rechtsquellen

Durch das Wirken des Shāfiʿī (gest. 820) setzte sich eine Normierung der Rechtsquellen durch. Die von Shāfiʿī entwickelte Lehre von den *uṣūl al-fiqh*, den Wurzeln oder Grundlagen des Rechts, intendierte eine Zurückdrängung der persönlichen Entscheidung, des *raʾy*, zugunsten „objektiver“ Kriterien. Die vier von Shāfiʿī geforderten Wurzeln des Rechts waren 1. der Koran, 2. die *sunna*, 3. der *„consensus doctorum“* (arab. *ijmāʿ*) und 4. der Analogieschluß (arab. *qiyās*). Die persönliche Meinung, der *raʾy*, hatte in diesem System also keinen Platz mehr. Zudem erhielt der Begriff *sunna* durch Shāfiʿī eine neue Bedeutung. Hatte man bis zu Shāfiʿī als *sunna* den Rechtsbrauch bzw. die Rechtstradition der lokalen Rechtsschule verstanden, so erhob dieser nun die Forderung, daß jede *sunna* nur dann anzuerkennen sei, wenn sie als gesichert tradierte *sunna* des Propheten zu belegen sei. Durch und nach Shāfiʿī wurde die *sunna* einer Stadt bzw. lokalen Rechtsschule zur *sunna* des Propheten, die jetzt auch als göttlich inspiriert galt. Die *sunna* des Propheten erhielt den Charakter der ewigen, zeitlosen Norm, während z.B. im 8. Jahrhundert noch Rechtsentscheidungen getroffen wurden, die bewußt im Widerspruch zu Entscheidungen der *sunna* des Propheten standen.

Eine *sunna* des Propheten galt als normativ, wenn sie durch eine gesicherte Kette von Gewährsmännern, die bis zum Propheten zurückreichen mußte, tradiert wurde. Eine Handlungen, Ansprüche oder Lehren des Propheten wiedergebende Tradition heißt *ḥadīth*. Ein Hadith muß aus zwei Teilen bestehen: dem *isnād*, der bis zum Propheten zurückreichenden Gewährsmännerkette, und dem *matn*, der berichteten *sunna* des Propheten. Echtheitskriterium ist nicht der Inhalt, der *matn* des Hadith, sondern der *isnād*, der nur unbescholtene Gewährsmänner enthalten durfte und ohne chronologische Widersprüche sein mußte. Aus der *isnād*-Literatur entwickelte sich die sehr umfangreiche biographische Literatur arabischer Sprache.

Die als echt angesehenen Traditionen über Lehren und Handeln des Propheten wurden im 9. Jahrhundert in sechs als kanonisch geltenden Sammlungen zusammengefaßt. Die beiden wichtigsten sind die des Bukhārī (gest. 870) und des Muslim (gest. 875). Das den westlichen Forscher interessierende Problem der historischen Echtheit der kanonischen Sammlungen – handelt es sich bei den Hadithen nur um Projektionen des 9. Jahrhunderts auf Muḥammad, oder haben wir wirklich authentische Berichte, zumindest teilweise, über Muḥammad vor uns? – ist eines der schwierigsten der Islamwissenschaft und bisher nicht entschieden.

Die Forderung nach einem lückenlosen *isnād* bis auf den Propheten bedingte ein Weiteres: die Anerkennung aller Prophetengenossen *(ṣaḥāba)* als Autoritäten, was wiederum die Anerkennung aller ersten vier Kalifen, Abū Bakr, ʿUmar, ʿUthmān und ʿAlī, als rechtgeleitet *(rāshidūn)* nach sich zog. Ihr Rang untereinander wurde nach ihrem zeitlichen Auftreten bewertet. Beide Anschauungen bildeten und bilden noch immer einen scharfen Gegensatz zur schiitischen Lehre. Unannehmbar für die Schia ist, alle Prophetengenossen als Übermittler der auch von den Schiiten als heilig angesehenen *sunna* zu akzeptieren, da sich viele Prophetengenossen in den Augen der Schiiten durch ihre Hintansetzung ʿAlīs schwer vergangen und versündigt haben; unannehmbar für die Schia ist auch die Voranstellung von Abū Bakr vor ʿAlī. Beide Fakten, die Anerkennung aller Prophetengenossen und die Anerkennung der vier ersten Kalifen als rechtgeleitet, begegnen in den Glaubensbekenntnissen der Gemäßigten des 9. Jahrhunderts als wesentliche Punkte. [...]

Es hieße die islamische Wirklichkeit gründlich mißverstehen, wenn unerwähnt bliebe, daß das islamische Recht, die *sharīʿa,* um den gebräuchlichen Terminus zu benutzen, zu keiner Zeit absolute Anwendung gefunden hat. Die Spannung zwischen idealtypischer *sharīʿa* und materieller Rechtswirklichkeit ist eines der Hauptprobleme islamischer Geschichte. Die Schwäche der *sharīʿa* bei der Bewältigung der Rechtswirklichkeit ist nicht zuletzt in der Erstarrung der Formen der Rechtsfindung im 9. Jahrhundert begründet, als die Sammlung der Rechtsquellen für abgeschlossen erklärt und ihrem Inhalt sakrosankter Charakter zugesprochen wurde. Die Schwäche der *sharīʿa* resultiert jedoch auch aus der angreifbaren Stellung ihrer Träger in der Öffentlichkeit, die immer der Willkür der Machthaber ausgeliefert, oft auch nur allzu schnell bereit waren, den Forderungen der Machthaber nachzukommen. Ausnahmen wie Aḥmad ibn Ḥanbal und Ibn Taimīya waren selten.

Tilman Nagel

Ist Schachspielen religiös zulässig?

Ein Fetwa im neuen, fachspezifischen Sinn ist nicht eine Auskunft, die die persönliche Beurteilung eines Problems wiedergibt, es ist eine den Rechtsquellen unter Befolgung einer bestimmten Methode abgewonnene Aussage, ein der wissenschaftlichen Überprüfung zugängliches Gutachten etwa.

Wie sieht es in der Praxis aus? Ein willkürlich ausgewähltes Beispiel soll dies verdeutlichen. As-Subkīs Vater erhielt einmal die folgende Anfrage: „Was sagt ihr über das Schachspiel? Ist es erlaubt oder verboten? Freilich fragen wir euch nicht nach der bekannten Ansicht eurer Rechtsschule, nämlich daß es nicht verboten ist. Vorurteilslos zu prüfen ist vielmehr der Beweis hierfür, und das Fetwa hernach erkläre, inwiefern ihr (mit eurer Antwort) den Herrn der Welten verehrt! Wir bitten um ausführliche Beantwortung und um Darlegung, ob man unter den Gefährten des Propheten und in der Nachfolgegeneration Schach spielte. Es wird ja überliefert, daß Abū Huraira und andere von ihnen Schach spielten." – Es geht um die Gottgefälligkeit dieses Zeitvertreibs, ein Problem, das die Rechtsprechung nichts angeht, das aber für den Gläubigen, der um die Vermehrung seiner Gehorsamsleistungen ringt, von brennendem Interesse ist. Der alte as-Subkī gab die Anfrage an seinen Sohn weiter, der sie, gleichsam als Übung, bearbeiten sollte und das Ergebnis später stolz in einem seiner Werke zur Geschichte der schafiitischen Rechtsschule zitiert.

As-Subkī junior stellt die nach seiner Ansicht richtige Entscheidung an den Anfang seines Gutachtens: Das Schachspiel ist weder ausdrücklich verboten noch erlaubt; es ist zu verabscheuen. Dann folgt die Begründung: Wer dieses Spiel für erlaubt hält, stützt sich offenbar darauf, daß es schon in der Frühzeit des Islams betrieben wurde. Die diesbezüglichen Nachrichten entnimmt as-Subkī einer Schrift, die der Literat aṣ-Ṣūlī (gest. 946) verfaßt hat. Auch der uns bekannte al-Baihaqī, der Verteidiger der verfolgten Aschʿariten, wird mit Überlieferungen zitiert; in einer berichtet aš-Šāfiʿī, daß Saʿīd b. Ǧubair diese Kunst „hinter dem Rücken", d.h. „blind" beherrscht habe. As-Subkī spricht diesen Ḥadīṯen ihre Beweiskraft ab, indem er die Überliefererketten bemängelt; insonderheit diejenige, unter der al-Baihaqī über Saʿīd berichtet, sei derart, daß sogar „ein Besessener aufwacht, wenn sie ihm vorgetragen wird". Nach den Befürwortern des Schachspiels kommen die Gegner an die Reihe. Sie führen Aussprüche ʿAlī b. abī Ṭālibs ins Feld: Schach sei dem – im Koran verbotenen – Glücksspiel zu vergleichen. „Was sind das für Bildwerke, mit denen ihr euch so eifrig abgebt?" fragt Gott die Götzendiener in Sure 23,52. Könnten nicht auch die Schachfiguren gemeint sein? Diese Äußerungen enthalten bei genauerem Hinsehen kein Verbot, sondern nur eine Zurechtweisung. Man nimmt Anstoß daran, daß „Fußsoldaten", „Pferde", „Elefanten", die den Bauern, Springern und Türmen des heutigen Spiels entsprechen, Geschöpfen Gottes nachgebildet sind, und hierin spürt man eine Beleidigung des Schöpfers. Schon aṣ-Ṣūlī hatte diesem Tadel die Spitze nehmen wollen, indem er hervorhob, daß man mittlerweile abstrakte Figuren verwende. Einen weiteren gewichtigen Grund bringen die Gegner des Schachspiels bei; mit dem Hinweis auf eine Änderung der Figuren ist er nicht zu entkräften: Der Prophetengenosse ʿAbdallāh b. ʿUmar soll gesagt haben: „Schach ist noch übler als Trick-Track!" As-Subkī bleibt gelassen: Trotz dieses barschen Wortes wissen wir nicht, wie Ibn ʿUmar über das Trick-Track dachte; vielleicht hielt er es sogar für erlaubt! Bei der Frage, ob man Schachspielen dürfe, handelt es sich offensichtlich um ein Problem, das mit eigener Anstrengung zu lösen ist, eben weil ein verbindlicher Quellentext fehlt. Wenn Ibn ʿUmar zum Verbot neigte, so stehen dieser Entscheidung auch gegenteilige Aussagen von Prophetengenossen gegenüber. Laut aš-Šāfiʿī kann bei solcher Lage der Quellen kein Ausspruch eines Gefährten als beweiskräftig gelten. Im übrigen enthält der Vergleich Ibn ʿUmars kein Tertium comparationis und ist deshalb nie dem äußeren Wortsinne nach zu verstehen; er bedarf immer einer Interpretation, also taugt er nicht als Beweis. Schließlich nennen die Gegner ein Wort Muḥammads: „Wenn du bei diesen Leuten vorbeikommst, die Pfeile losen, Schach und Trick-Track spielen, entbiete ihnen nicht den Friedensgruß." Hier ist es wieder die schlechte Überliefererkette, die as-Subkī veranlaßt, es nicht weiter in Erwägung zu ziehen. – Befürworter und Gegner des Schachspiels haben keine Argumente – oder besser: keine Textzeugen –, die nach kritischer Prüfung ein sicheres Urteil ermöglichen. Also ist das Schachspiel zulässig. Da es aber auch nicht eindeutig erlaubt ist und zudem manche Aspekte aufweist, die es mit islamischen Glaubenslehren in Widerstreit bringen können – Verbot des Glücksspiels, Scheu vor der figürlichen Darstellung der göttlichen Schöpfung –, sollte man es meiden, wenn man sich von allem fernhalten möchte, was einen bei Gott in Mißkredit bringen könnte. Sollte man dem Spiel freilich derart verfallen sein, daß man darüber die kultischen Pflichten vernachlässigt, dann ist es in jedem Fall verboten.

Tilman Nagel

Ein gesetzesstrenges Elternhaus

ʿAbdallāh b. Jūsufs Lebensführung war mustergültig für einen Muslim, der sich sein ganzes Dasein, bis in die kleinste Kleinigkeit, einzig und allein unter dem Eindruck des drohenden Endgerichts formte. Da bewohnte er in Nischapur ein Haus, das, wie im Orient üblich, die Seitenwände mit den Anwesen der Nachbarn zur Rechten und zur Linken gemeinsam hatte: ʿAbdallāh b. Jūsuf wagte es nicht, sich gegen diese Seitenwände zu lehnen oder in sie einen Nagel einzuschlagen – er hätte sich damit ja irgendwie einen Vorteil aus einer Sache verschaffen können, die ihm nicht allein gehörte, und das wäre unrechtmäßig erworbenes Gut gewesen, und das wiederum ist, wie der Koran an vielen Stellen einschärft, eines der sichersten Mittel, in die Hölle zu kommen! Die jedem Muslim auferlegte jährliche Zakāt-Abgabe entrichtete ʿAbdallāh b. Jūsuf aus Vorsicht zweimal – sie könnte doch jemandem zufallen, der nach der Scharia keinen Anspruch auf sie hat – oder er, ʿAbdallāh b. Jūsuf, hatte sie womöglich gezahlt, ohne zuvor ganz bewußt eine Absichtserklärung zu formulieren, und ohne die wäre doch die Erfüllung der Pflicht nicht auf das Register der guten Taten anrechenbar!

Dies ist das Milieu, in das ʿAbd al-Malik al-Ǧuwainī am 17. Februar 1028 hineingeboren wurde. Noch als seine Mutter mit ihm schwanger war, hatte sein Vater für sie nur Speisen gekauft, für die er das Geld „mit der Arbeit seiner Hände“, wie die Quellen sagen, verdient hatte. Die Nahrung sollte gänzlich und gewiß frei sein von jedem Hauch des Verdachts, auf unerlaubte Weise erworben zu sein. Und seine Einkünfte aus Lehr- und Gutachtertätigkeit waren zwar ohne Frage beachtlich, aber sie waren auch bedenklich. Einst, zur Zeit des Propheten, hatten einige arme Leute von jemandem die heilige Offenbarung und den liturgischen Vortrag des Korans gelernt und schenkten ihrem Lehrer zum Dank, da sie nichts anderes hatten, einen Bogen. „Dies ist ja kein Geld“, dachte sich der Mann, „ich will ihn benutzen, um für die Sache Gottes zu kämpfen. Erst aber will ich zum Gottesgesandten gehen und ihn fragen!“ „Nur wenn du willst, daß man dir dereinst einen Reifen von Feuer um den Hals legt, dann nimm ihn an!“ warnte der Prophet. –

„Nie hat jemand eine bessere Speise genossen als die, die er durch seiner Hände Arbeit erwarb! Schon der Prophet David hat sich von der Arbeit seiner Hände ernährt." Auch dies ist ein Wort Muḥammads. – Einmal widerfuhr es al-Ǧuwainī, daß er während einer Disputation zu stammeln begann. Besorgt fragte man ihn, ob ihm etwas fehle, da man dergleichen bei ihm noch nie bemerkt hatte. „Dies sind bestimmt die Folgen des Restes von jenem Schlückchen!" antwortete er und erklärte: „Ich war noch ein Säugling; da war meine Mutter eines Tages dabei, meinem Vater Essen zuzubereiten. Nun fing ich an zu weinen. Es war eine Magd zugegen, die bei unseren Nachbarn als Amme diente. Sie ließ mich ein oder zwei Schlückchen von ihrer Milch trinken. Da trat mein Vater ein und mißbilligte das, denn jene Magd war nicht unser Eigentum, konnte nicht über ihre Muttermilch frei verfügen, und ihre Herren hatten ihr dies nicht erlaubt. Und der Vater drehte mich kopfüber und ließ mich erbrechen, bis ich meinen ganzen Mageninhalt von mir gegeben hatte." Das Stammeln sei auf die geringen in ihm verbliebenen Reste jener nach der Scharia unrechtmäßig erworbenen Nahrung zurückzuführen. „Betrachte diesen merkwürdigen Vorfall und diesen erstaunlichen Mann: Er rechtet mit sich selber wegen einer Winzigkeit, die ihm im Säuglingsalter unterlief, in dem es noch gar keine ‚Belastung' mit der Scharia gibt!" mahnt al-Ǧuwainīs Biograph den Leser.

Es wird uns nicht mehr wundern, wenn wir lesen, daß al-Ǧuwainīs Vater jeglichem Scherz gänzlich abgeneigt war. Ständig verbreitete er um sich eine Atmosphäre des Ernstes und redete allein über das heilbringende Wissen von Gottes Scharia und von der Theologie, über die Kunst der Askese und über die Notwendigkeit des Studiums.

Oskar Weggel

Dorfislam in Pakistan

Zia, der sich als „Soldat des Islam" auszuweisen suchte, verkündete am 10. Februar 1979 die „Einführung des Islamischen Systems". Mit sofortiger Wirkung sollten die in der Shariah vorgesehenen Strafen für Alkoholgenuß, Diebstahl und Ehebruch in Kraft gesetzt werden. Ferner wurde die Einführung des Zakkat (Armensteuer), des Ushr (Zehnten), des zinsfreien Banksystems und eines Bundes-Shariah-Gerichts angekündigt, welch letzteres für die Entscheidung über Beschwerden gegen die Unvereinbarkeit staatlicher Maßnahmen mit islamischen Gesetzen zuständig sein sollte. [...] Auf den Dörfern freilich kümmerte man sich kaum um das „Islamisierungsgerede", wie der Anthropologe Richard Kurin im 1400-Seelen-Dorf Chakpur (Panjab) aufgrund einer sich über sechs Jahre hin erstreckenden Feldstudie feststellen konnte. Die meisten Einwohner dieses Dorfes wandten sich entschieden gegen zwei der drei wichtigsten Neuerungen Zias, nämlich gegen das Opiumverbot sowie gegen die Einführung des Zakkat und des Ushr, deren Erträge am Ende ja doch nur in dunklen Kanälen versickerten. Andererseits befolgten sie mit heller Begeisterung die dritte große Anordnung, nämlich den Auf- und Ausbau von Dorfmoscheen – also ein frommes Werk, für das jedermann gern Zeit und Geld opferte und bei dessen Durchführung das Gefühl „brüderlicher" Gemeinschaft aufkam. Ansonsten nahmen es die Dörfler von Chakpur mit islamischen Institutionen und Moralgeboten nicht allzu wörtlich. Beispielsweise zeigten sie wenig Respekt für den „Dorf-Sayyed" (Abkömmling des Propheten), der über den Moscheelautsprecher die Gläubigen zum Gebet aufrief und geistliche Sermone abhielt; auch der Dorflehrer, der den Koranunterricht leitete und, wie es hieß, „für all diesen Allah-Stoff" zuständig war, genoß wenig Respekt. Nur die wenigsten Dörfler auch hielten sich an die fünf Grundgebote des Islam. Nur vier oder fünf Personen beispielsweise hielten die fünf Tagesandachten ein; auch „milde Gaben“ (Zakkat) wurden kaum gegeben; sogar die Fastenregeln wurden nur von einer Handvoll von Leuten beachtet. Kein einziger hatte überdies bisher die Pilgerfahrt nach Mekka unternommen – von einer Teilnahme am „Heiligen Krieg“ ganz zu schweigen. Kam es zu alltäglichen Konflikten, so konsultierte man keineswegs die heiligen Shariah-Vorschriften, sondern brachte die Angelegenheit vor einen Clanführer oder einen Bruderschaftsvorsitzenden, der eine informelle Entscheidung traf. Auch die meisten „Hadood“-Vorschriften wurden als zu hart und unverträglich mit der „heißen“ menschlichen Natur empfunden, vor allem dann, wenn es um sexuelle Verbote ging. Und doch verstanden sich alle als echte und begeisterte Mohammedaner, die an der Legitimität der islamischen Einrichtungen und Glaubenssätze nicht den geringsten Zweifel hegten. Für die Chakpuris ist der Islam ein Symbol des Guten, des Richtigen, des Moralischen und des Rechten. Gilt jemand als guter Mensch, so ist er qua definitione ein guter Muslim. Der Islam ist mit anderen Worten das einzige Symbol der Moralität, der Gerechtigkeit und der Wahrheit.

Konrad Dilger

Islamische Strafjustiz

Das islamische Strafrecht bildet kein in sich geschlossenes Ganzes, sondern gibt nur Antworten auf Einzelfragen, die an den Propheten Muḥammad herangetragen worden sind. Von der Rechtswissenschaft ist es gedanklich mangelhaft durchgearbeitet worden. Die allgemeinen Lehren sind daher wenig entwickelt.

Die wichtigste Einteilung der Straftaten erfolgt nach den über sie verhängten Strafen: Eine Reihe von Straftaten, die im Koran genannt werden, unterliegen einer (im Koran oder durch die Tradition festgesetzten) bestimmten Strafe, die auf arabisch *ḥadd* (pl.: *ḥudūd*) genannt wird. Es handelt sich dabei um folgende fünf Delikte:

1. Unzucht *(zinā')*: Täter, die einmal in legaler Ehe Geschlechtsverkehr gehabt haben *(muḥṣan)*, sind nach der Tradition *(sunna)* wie im Judentum mit Steinigung *(rajm)* zu bestrafen. Täter, die niemals verheiratet waren, haben nach koranischer Weisung nur 100 Geißelhiebe *(ḍarb)* verwirkt (Koran 24: 1–5 [2]).

2. Verleumdung wegen angeblicher Unzucht *(qadhf)*: Sie ist mit 80 Geißelhieben zu bestrafen (Koran 24: 4).

3. Weintrinken *(shurb al-khamr)*: Die Strafe für Weintrinken, dem der Genuß anderer berauschender Getränke gleichgestellt wird, unterliegt nach der Tradition *(sunna)* einer Strafe von 40 bzw. 80 Geißelhieben je nach Rechtsschule *(madhhab)* (vgl. Koran 5: 30f.).

4. Diebstahl *(sariqa)*: Nach dem Koran und einigen ergänzenden Überlieferungen ist im Fall eines Diebstahls beim ersten Mal die rechte Hand, im Wiederholungsfall der linke Fuß abzuschlagen *(qaṭ')* (Koran 5: 38–39). Die *ḥadd*-Strafe ist jedoch nur verwirkt, wenn sich der entwendete Gegenstand in angemessener Verwahrung *(ḥirz)* befunden hat, so daß der Dieb ihn heimlich stehlen mußte, was bei Übertölpelung *(ikhtilās)* wie Taschendiebstahl nicht der Fall ist. Der gestohlene Gegenstand muß einen gewissen Mindestwert *(niṣāb)* gehabt haben. Außerdem liegt kein Diebstahl im Sinn des islamischen Rechts vor, wenn der Täter auf die weggenommene Sache irgendein Anrecht hat, sei es der Gegenstand eines schuldrechtlichen Anspruchs, sei es ein Stück der Kriegsbeute, von der er einen gewissen Anteil bekommen muß, oder ein Gegenstand, der – wie Gerät-

schaften in der Moschee – zum gemeinsamen Nutzen für alle Muslime bestimmt ist. Die Wegnahme von Dingen, an denen Eigentum ausgeschlossen ist, weil sie verpönt sind (Wein, Musikinstrumente) oder von Sachen, die herrenlos sind, bedeutet ebenfalls keinen Diebstahl im Sinn des islamischen Rechts. Der Familiendiebstahl findet unter Verwandten in gerader Linie keine Bestrafung.

5. Straßenraub *(qaṭʿ aṭ-ṭarīq)*: Dabei unterscheidet man vier Arten: Hat ein Schuldiger nur einfach außerhalb von Ortschaften die öffentlichen Wege unsicher gemacht, dann wird er gefangengesetzt. Hat er dabei einen Raub *(nahb)* begangen, der auch die Voraussetzungen des Diebstahls erfüllt außer dessen Heimlichkeit, dann werden ihm die rechte Hand und der linke Fuß abgeschnitten, im Wiederholungsfall auch die linke Hand und der rechte Fuß. Hat ein Täter als Wegelagerer jemanden vorsätzlich umgebracht, dann wird er aufgrund des Strafausspruchs im Koran getötet, selbst wenn die Familie des Opfers mit einem Blutpreis zufrieden wäre. Hat schließlich der Straßenräuber sowohl Raub als auch Totschlag begangen, ist Hinrichtung und Kreuzigung *(ṣalb)* die Strafe (vgl. dazu Koran 5: 33–34).

Der Totschlag gehört nicht zu den mit einer *ḥadd*-Strafe bedrohten Straftaten. Seine Ahndung erfolgt – in Fortführung altarabischer Rechtsvorstellungen – aufgrund der Wiedervergeltung *(qiṣāṣ)*, die im Islam in wesentlicher Weise begrenzt worden ist. Das Prinzip der *talio* gibt dem nächsten männlichen Verwandten *(walī ad-dam)* bei vorsätzlicher rechtswidriger Tötung das Recht, nach gerichtlicher Schuldfeststellung den Täter unter Aufsicht des Richters mit dem Schwert eigenhändig zu töten, sowie im Fall einer Körperverletzung das Recht, dem Täter die genau gleiche Verletzung beizubringen (vgl. Koran 17: 33 und 2: 178–179).

Der Gedanke, daß Gleiches mit Gleichem zu vergelten ist *(mumāthala)*, wird zwecks Einschränkung der Blutrache so strikt durchgeführt, daß die *talio* dann entfällt, wenn Täter und Opfer nicht gleichwertig sind. Keine Gleichwertigkeit besteht zwischen Frau und Mann, zwischen Sklave und Freiem (vgl. Koran 2: 178). Die Wiedervergeltung entfällt auch dann, wenn der Täter ein Aszendent des Opfers ist. Dagegen stehen Nichtmuslime nach hanafitischer Sicht den Muslimen gleich.

Ist die Wiedervergeltung unzulässig oder verzichtet der Berechtigte darauf, so ist vom Täter bzw. – im Fall nicht vorsätzlichen Handelns – von den männlichen Verwandten *(ʿaṣabāt)* seiner Sippe *(ʿāqila)* der Familie des Opfers ein Blutpreis *(diya)* zu zahlen, der nach der Überlieferung hundert Kamele beträgt. Nach einem kriminologischen Report aus Saudi-Arabien gelten heute in der nördlichen Region fünfzig Kamele oder fünfzig Gewehre als Blutgeld.

Außerdem ist im Fall der Tötung der Täter Gott gegenüber zur Freilassung eines Sklaven oder zu zweimonatigem Fasten als religiöse Sühne *(kaffāra)* verpflichtet (vgl. Koran 4: 94), soweit die Tötung eine Sünde darstellt. Bei einer Körperverletzung ist eine gesetzlich bestimmte Entschädigung *(arsh)* oder eine vom Richter festzusetzende Buße *(ḥukūma)* zu zahlen.

Der Abfall vom Islam *(irtidād)* unterliegt, ohne daß dies als *ḥadd*-Strafe gilt, der Todesstrafe, sofern sich die Rückkehr zum Islam als ausgeschlossen erweist.

Bei abstrakter Betrachtung wirken die Strafen des islamischen Strafrechts außerordentlich grausam. Ihre praktische Anwendung ist jedoch schon von jeher durch das Prozeßrecht ganz wesentlich eingeschränkt worden: Das Verbrechen der Unzucht kann nur durch vier männliche, vollwertige – d.h. ehrbare und muslimische – Zeugen bewiesen werden, die auch über sämtliche Einzelheiten genaue Aussagen machen müssen. In allen übrigen Fällen muß der Beweis durch zwei geeignete Zeugen erbracht werden.

Sonst ist eine Verurteilung nur aufgrund eines Geständnisses *(iqrār)* zulässig. Ein Widerruf *(rujūʿ)* des Geständnisses ist jederzeit möglich und soll dem Angeklagten vom Richter nahegelegt werden, da Gott gegenüber den Menschen nachsichtig und barmherzig ist und ihre Sünden zudeckt, wenn der Sünder sie selbst auch verborgen hält. Darüber hinaus gilt es als verdienstlich, nach Möglichkeit die Strafe von dem Schuldigen abzuwenden.

Persönliches Wissen darf der Richter dann, wenn ein Recht Gottes *(ḥaqq Allāh)* verletzt worden ist, nicht heranziehen. Alle mit *ḥadd*-Strafen bedrohten Delikte außer der Verleumdung wegen Unzucht stellen eine Verletzung eines Rechts Gottes dar. Dagegen steht bei Tötung, Körperverletzung und Sachbeschädigung das menschliche Recht *(ḥaqq ādamī)* im Vordergrund. Soweit die Strafe einen Rechtsanspruch Gottes betrifft, darf auf die Bestrafung nicht verzichtet werden, dafür befreit jedoch tätige Reue *(tauba)* von der Strafe. Im Gegensatz dazu kann ein geschädigter Mensch den Täter durch Verzicht *(ʿafw)* oder Vergleich *(ṣulḥ)* von der Strafe freistellen, während die tätige Reue dem Täter bei einer Verletzung menschlichen Rechts nichts hilft.

Die Unterscheidung zwischen Rechten Gottes und menschlichen Rechten hat zu einigen Ungereimtheiten geführt. Bereut ein Mörder seine Tat, bevor er gefaßt wird, so entgeht er nicht der *talio*, während der Wegelagerer im gleichen Fall straflos ausgeht, weil seine Tat ein Recht Gottes verletzt hat und darauf eine *ḥadd*-Strafe steht. Andererseits ist bei Tötung eine Verzeihung möglich, nicht aber im Fall von Ehebruch und Diebstahl. So muß im schlimmsten Fall ein Ehebrecher gesteinigt werden, während ein Mörder mit Fasten und Zahlung eines Blutpreises davonkommt.

Vor dem Hintergrund der prozeßrechtlichen Gegebenheiten wird ersichtlich, daß die Verhängung einer *ḥadd*-Strafe besonders im Fall der Unzucht eigentlich nur dann vorkommen wird, wenn der Täter ein Geständnis ablegt und daran festhält. Dafür sorgen auch die äußerst kurzen Verjährungsfristen, die im allgemeinen nur einen Monat betragen. Weintrinken kann nur während des Genusses und der Trunkenheit verfolgt werden. Außer bei Wegelagerei gibt es nach dem klassischen islamischen Recht keine Ermittlung und Verfolgung von Amts wegen, ebensowenig wie eine Anklagebehörde.

Eine Reihe anderer Vergehen führen zu einer „Züchtigung" *(taʿzīr)*, die im Ermessen des Richters liegt. Herkömmlicherweise gehören dazu Urkundenfälschung, Betrug, Erpressung, Falschaussage, widernatürliche Unzucht u.a. sowie vor allem auch die mit *ḥadd*-Strafe bedrohten Delikte, sofern die erforderlichen Voraussetzungen nicht vollständig gegeben sind (z.B. Diebstahl einer geringerwertigen Sache). Die eigentlichen Religionsvergehen (wie z.B. auch der Meineid) gehören nicht hierzu, da sie keiner menschlichen Strafe unterworfen sind. Ihre Ahndung erfolgt allein durch Gott. Bei Festsetzung der Strafe hat der Richter einen weiten Spielraum. Der Strafrahmen reicht von einer Ermahnung über Gefängnis bis hin zu Geißelung und Verbannung. Der Richter kann jede ihm gut erscheinende Maßnahme anordnen. Grundsätzlich darf die als *taʿzīr* auferlegte Strafe allerdings nie ebenso schwer sein wie die entsprechende *ḥadd*-Strafe, was im einzelnen umstritten ist. Der Richter kann im Rahmen des *taʿzīr* auch ganz von Strafe absehen; vorausgesetzt, daß ausschließlich ein Recht Gottes verletzt ist und nicht zugleich ein Muslim geschädigt wurde.

Das umfassende Ermessen des Richters hinsichtlich aller Vergehen, die nicht mit einer *ḥadd*-Strafe bedroht sind, bildet die entscheidende Einbruchstelle für strafrechtliche Neuerungen.

3. Das „Haus des Islam“ im Mittelalter

Albrecht Noth

Die arabisch-islamische Expansion*

Als charakteristisch für die arabisch-islamische Expansion sind immer wieder ihre ungewöhnliche Schnelligkeit ebenso wie ihre anscheinend unaufhaltsame Stetigkeit hervorgehoben worden. [...]

Es ist verständlich, daß man sich immer wieder um Erklärungsmodelle für diese frappierend schnellen und weiträumigen Eroberungserfolge der Muslime im ersten islamischen Jahrhundert bemüht hat. Diese Suche nach den Ursachen hat m. E. bisher vor allem zweierlei ergeben: Zum einen sind alle Deutungsversuche wenig überzeugend, die die Rolle des Islam als neue Lebens- und (in weitestem Sinne) politische Ordnungsform dabei minimieren oder als Faktor gar ausklammern wollen, zum anderen wird man sich von eher monokausalen Erklärungen weg auf die Annahme und in vielem noch zu leistende Erforschung einer – alles andere als unkomplizierten – Polykausalität hin zu bewegen haben. [...]

Die historischen Voraussetzungen für die ersten – so entscheidenden – Erfolge muslimischer tribaler Gruppen außerhalb der Arabischen Halbinsel waren in den dreißiger Jahren des siebten Jahrhunderts ohne Zweifel äußerst günstig. Im Norden und Nordosten, wo im übrigen geopraphische Barrieren (zumindest für Araber) nicht vorhanden waren, befanden sich weitestgehend unbefestigte und immer schon durchlässige Randgebiete von entfernten Provinzen der beiden Großreiche (Byzanz, Iran der Sassaniden-Dynastie), die schließlich – ersteres in wesentlichen Teilen, letzteres insgesamt – der muslimischen Eroberung zum Opfer fielen. Diese beiden seit langem konkurrierenden Imperien hatten zudem bis kurz vor dem Erscheinen muslimischer Formationen auf ihrem Territorium im Kampf um die

Herrschaft über Syrien erschöpfende Kriege miteinander geführt und waren im hier entscheidenden Zeitraum auch innenpolitisch alles andere als stabil. Ernsthafte – und vor allem schnelle – Reaktionen auf die ersten lokalen Erfolge der Muslime mögen gerade auch aus diesen Gründen nicht erfolgt sein. Wesentlicher allerdings scheint eine Fehleinschätzung (Unterschätzung) des Gegners gewesen zu sein, die jedoch den seinerzeit Verantwortlichen kaum anzulasten ist: An ephemere Überfälle arabischer tribaler Gruppen auf die jeweiligen Randzonen im Süden (Byzanz) und Osten/ Südosten (Iran) war man seit langer Zeit gewöhnt, sie waren lästig, stellten aber keine essentielle Gefahr dar. Die ersten muslimischen Angriffe hatten nun – gerade auch aus der Ferne gesehen – den traditionellen „Razzia"-Charakter; daß sie im Zusammenhang mit einer gänzlich neuen politischen Konzeption standen, war nicht sofort zu erkennen; als die Gefahr dann in ihrem ganzen Ausmaß deutlich wurde und die beiden Großreiche mit massiven Aufgeboten reagierten – die beiden schon kurz erwähnten Schlachten am Yarmūk und bei Qādisiyya (wohl 636) markieren hier den Höhepunkt und aufgrund der muslimischen Siege auch schon den Anfang vom Ende –, war der entscheidende Zeitpunkt für eine erfolgreiche Abwehr bereits verpaßt, zu fest schon hatten sich die Muslime in ihren Zielregionen etablieren können.

Wenn wir die muslimische Seite der ersten *futūḥ*-Erfolge betrachten, so erscheint zunächst als wesentlicher Faktor die Tatsache, daß es im Rahmen und/oder nach Abschluß der *ridda*-Kämpfe offenbar gelang, tribale Gruppen in den Randzonen für eine – zunächst wohl nur als lokal und zeitlich begrenzt gedachte – Zusammenarbeit zu gewinnen, für gemeinsame Aktionen also, deren Ziele nicht genau festgelegt waren, die aber den miteinander Verbündeten aufgrund der wechselseitigen Stärkung erfolgversprechend erschienen (und ja auch erfolgreich waren) und bei denen muslimischerseits das Bekenntnis der Partner zum Islam nicht unbedingt als Voraussetzung für die Zusammenarbeit verlangt wurde [...]

Die Abmachungen zwischen den muslimischen Eroberern, welch letztere man sich – zumindest in den ersten Jahrzehnten – nicht so sehr als geordnete Heere, sondern eher als eine Vielzahl von recht selbständig agierenden tribalen Einheiten vorzustellen hat, und Stammesgruppierungen in den Grenzregionen mit dem Ziel gemeinsamer Unternehmungen, ohne daß von den Muslimen das (sofortige) Bekenntnis der Kooperationswilligen zum Islam eingefordert wurde, lassen bereits in den Anfängen eine Verhaltensweise der Eroberer erkennen, die außerordentlich weitreichende Konsequenzen haben sollte: ihre Bereitschaft (und Fähigkeit) zum Kompromiß und Arrangement. Eine muslimische Ökumene – so läßt sich hier schon generalisierend feststellen – ist wesentlich durch Vereinbarungen und Verträge zustandegekommen und nicht durch eine praktizierte Missionskriegs-Mentalität. Den Muslimen ist anscheinend sehr schnell deutlich geworden, daß die autochthone Bevölkerung in den Regionen ihrer ersten Vorstöße zu großen Teilen wenig Grund und Neigung zur Loyalität gegenüber den Repräsentanten der jeweiligen politischen Ordnungen hatte, in die sie eingebunden war, daher auch keine großen Anstrengungen unternahm, diese ernsthaft zu verteidigen. Der Grund hierfür ist vor allem in bereits seit langer Zeit schwelenden und zum Teil erbittert ausgetragenen Religionskonflikten zwischen Provinzbevölkerung und herrschender Staatsgewalt zu suchen; dies gilt vornehmlich für die byzantinischen Gebiete, trifft aber zum Teil auch auf das sassanidische Iran zu. Die Christen in Syrien/Palästina und Ägypten (Kopten) gehörten überwiegend monophysitischen Glaubensrichtungen des Christentums an, waren damit im Sinne der „orthodoxen“ (chalkedonischen) byzantinischen Staatskirche Häretiker und seit langem erheblichen Pressionen ausgesetzt; im westlichen Iran gab es große Gruppen von (nestorianischen) Christen und von Anhängern anderer Religionsgemeinschaften, die mit dem staatstragenden Zoroastrismus nicht in Einklang standen. Eine politische Neuorientierung, möglicherweise ein Wechsel in der Herrschaft, konnten daher großen Teilen der autochthonen Provinzbevölkerung in Syrien/Palästina und im Irak durchaus als attraktiv erscheinen, falls sie sich unter Voraussetzungen vollzogen, die eine Verbesserung ihrer Lebensumstände versprachen.

In dieser Situation war es nun von höchster Bedeutung, daß die allmählich vordringenden Muslime von der eingesessenen Bevölkerung in den Provinzen der Großreiche durchweg Unterwerfung, nicht aber Konversion zum Islam verlangten; zwar erging muslimischerseits in der Regel eine Aufforderung zur Islam-Annahme *(daʿwa)*, aber die Konsequenzen einer Ablehnung waren nun eben nicht muslimische Versuche, einen Religionswechsel mit kriegerischen Mitteln zu erzwingen. Man hatte es nämlich während der *futūḥ* vornehmlich mit „Schriftbesitzern“ im oben beschriebenen Sinne zu tun. Mit „Schriftbesitzer“-Gruppen auf der Arabischen Halbinsel hatte sich bereits der Prophet verschiedentlich vertraglich geeinigt, und in Sure 9,29 war offenbart worden, daß diese zu bekämpfen seien, *bis* sie eine Abgabe *(ǧizya)* entrichten; und diese war in Art und Höhe nicht festgelegt, somit gab es weiten Verhandlungsspielraum. Da nun die Muslime schon sehr bald über die distanzierte bis feindselige Haltung der ihnen begegnenden Provinzbevölkerung gegenüber ihren Staatsgewalten informiert gewesen sein dürften (entsprechende Hinweise scheinen z. T. von Repräsentanten der Bevölkerung selbst gekommen zu sein), bestimmte zunehmend mehr die *ǧizya*-Alternative der koranischen Offenbarung ihr Verhalten, während die dort viel stärker betonte Aufforderung zum Kampf – *ǧizya* eher als „ultima ratio“! – in den Hintergrund rückte. Es entwickelte sich die für die muslimischen Eroberungen so typische und für ihren Erfolg so entscheidende Vertragspraxis der Eroberer, der bei aller Verschiedenheit der Abmachungen das einfache Schema zugrunde lag: Die Muslime erhalten Abgaben (eben: *ǧizya*) – ihre Vertragspartner erhalten Schutz *(ḏimma)*, dies bei wechselseitiger Abhängigkeit der Konditionen. Die ausgehandelten Abgaben – häufig noch ergänzt durch nichtmaterielle Verpflichtungen – variierten anfangs in Qualität und Quantität beträchtlich (hier spielte die jeweilige Verhandlungsposition der Partner eine entscheidende Rolle), später mündeten sie in eine regelrechte Besteuerung ein. Der muslimischerseits gewährte Schutz bezog sich vor allem auf Leben, mobilen und immobilen Besitz, ferner Kultstätten und Religionsausübung der jeweiligen „Schriftbesitzer"; in diesem Sinne zu schützen waren die Vertragspartner nicht nur vor Übergriffen von Muslimen, sondern vor Angriffen jeglicher Art, also auch von seiten potentieller Feinde der Muslime – das umfassende tribalistische Schutz/*ḏimma*-Konzept liegt hier zugrunde.

Die Muslime auf der Basis derartiger Verträge, die wohl fast durchweg schriftlich fixiert worden sind, als neue Oberherren zu akzeptieren, fiel großen Teilen der betroffenen Bevölkerung offensichtlich nicht allzu schwer, zumal nachdem abzusehen war, daß die Muslime Herr der Lage bleiben würden und Sanktionen der möglicherweise zurückkehrenden früheren Staatsgewalten kaum mehr zu befürchten waren: Die ausgehandelten Abgaben dürften des öfteren niedriger als die vordem abzuführenden Steuern gewesen sein, die anfängliche Unerfahrenheit der Muslime in diesen Dingen erwies sich hier als günstig. Wesentlicher aber war die muslimische Schutzgarantie für die freie Religionsausübung, eine Garantie, an die sich die Eroberer fast durchweg strikt hielten, auf Einschränkungen nur dort insistierten, wo die praktische Ausübung des Fremdkultus der eigenen Religionspraxis störend oder belästigend in den Weg trat. Religionsfreiheit hatte aus den eben genannten Gründen für viele der von der muslimischen Eroberung betroffenen Untertanen der beiden zentralistischen Großreiche bis dato nicht bestanden, der Herrschaftswechsel brachte somit in einem wesentlichen Bereich erhebliche Vorteile, ja die muslimischen Eroberer wurden mitunter regelrecht als Befreier begrüßt. Es verwundert daher auch nicht, daß die Muslime in der autochthonen Bevölkerung immer wieder auf Bereitschaft stießen, ihnen bei der Errichtung, Erhaltung und dem Ausbau ihrer Herrschaft behilflich zu sein.

Die muslimische Vertragsbereitschaft und Vertragspraxis, legitimiert durch prophetische Präzedenz und göttliche Offenbarung, darf man wohl als die entscheidende Basis betrachten, auf der die *futūḥ* überhaupt erst möglich wurden. Ohne Unterstützung durch die jeweilige lokale Bevölkerung, zumindest aber ohne deren wohlwollende Neutralität, die nur durch entsprechende Zugeständnisse zu erreichen waren, hätte sich muslimische Herrschaft außerhalb der Arabischen Halbinsel kaum über längere Zeit halten können.

Steven Runciman

Der Patriarch und der Kalif

An einem Februartag im Jahr des Herrn 638 ritt der Kalif Omar auf einem weißen Kamel in Jerusalem ein. Er war in zerschlissene und schmutzstarrende Gewänder gekleidet, und das Heer, das ihm folgte, war grobschlächtig und verwahrlost, aber von untadeliger Disziplin. Ihm zur Seite befand sich der Patriarch Sophronios als Oberhaupt der unterworfenen Stadt. Omar ritt geradeswegs zur Stätte des Tempels Salomonis, von wo sein Freund Mohammed zum Himmel aufgestiegen war. Indes er ihn beobachtete, wie er dort stand, gedachte der Patriarch der Worte Christi und murmelte in seine Tränen hinein: „Siehe den Greuel der Verwüstung, davon gesagt ist durch den Propheten Daniel."

Sodann verlangte der Kalif die geheiligten Stätten der

Christen zu sehen. Der Patriarch führte ihn zur Heiligen Grabeskirche und zeigte ihm alles, was dort zu sehen war. Während sie sich in der Kirche befanden, nahte die mohammedanische Gebetsstunde. Der Kalif fragte, wo er seinen Gebetsteppich ausbreiten dürfe. Sophronios bat ihn zu bleiben, wo er sich befand; aber Omar begab sich hinaus, in die Vorhalle des Martyriums, da er befürchtete, wie er sagte, seine eifernden Anhänger würden den Ort, an dem er gebetet, für den Islam in Anspruch nehmen. Und so verhielt es sich in der Tat. Die Vorhalle wurde von den Mohammedanern übernommen, aber die Kirche selbst blieb, was sie gewesen – die heiligste Stätte der Christenheit.

Dies entsprach den Bedingungen zur Übergabe der Stadt. Der Prophet selbst hatte verfügt, daß den Heiden nur die Wahl zwischen Bekehrung und Tod zu lassen sei, daß aber dem Volk des Buches, den Christen und Juden (unter die er aus höflichem Entgegenkommen auch die Zoroastrier einschloß), gestattet sein solle, ihre Andachtsstätten zu behalten und sie unbehindert weiter zu benutzen; freilich durften sie ihre Zahl nicht vermehren, auch keine Waffen tragen oder zu Pferde reiten, und hatten überdies eine besondere Kopfsteuer, die *Dschizia,* zu entrichten. Sophronios kann schwerlich auf bessere Bedingungen gehofft haben, als er unter sicherem Geleit auf seinem Esel hinausritt, um mit dem Kalifen auf dem Ölberg zusammenzutreffen, nachdem er es abgelehnt hatte, seine Stadt irgend jemand von geringerer Machtbefugnis zu überantworten. Jerusalem wurde bereits seit mehr als Jahresfrist belagert; die Araber, die im Belagerungskrieg unerfahren und schlecht für ihn gerüstet waren, hatten gegen die neu instand gesetzten Befestigungen nichts ausrichten können. In der Stadt selbst jedoch waren die Vorräte im Schwinden; und auf Entsatz bestand keine Hoffnung mehr. Das umliegende Land befand sich in den Händen der Araber, und die Städte Syriens und Palästinas hatten sich ihnen eine nach der anderen ergeben.

Rifāʿa al-Ṭahṭāwī

Arabische Tugenden

Und von Anas ibn Mālik – Gott habe Wohlgefallen an ihm – wird überliefert:

Eines Tages kam ein Ägypter zu ʿUmar ibn al-Ḫaṭṭāb und hub an, sich über ʿAmr ibn al-ʿĀṣ zu beschweren. „Beherrscher der Gläubigen", sprach er, „ich bin hier, deinen Schutz zu suchen!" – „Der Schutz ist dir gewährt", erwiderte ʿUmar, „worum handelt es sich?" Da berichtete der Mann: „Ich ritt mit dem Sohn von ʿAmr ibn al-ʿĀṣ um die Wette und schlug ihn im Rennen. Darauf fiel dieser mit einer Peitsche in der Hand über mich her und begann damit auf mich einzuschlagen, wobei er ausrief: ‚Ich bin der Sohn hochedler Eltern!' Der Vorfall kam ʿAmr ibn al-ʿĀṣ zu Ohren, und da dieser fürchtete, ich könnte zu dir gehen und mich über seinen Sohn beklagen, ließ er mich einsperren. Ich aber entkam aus dem Gefängnis, und so siehst du mich hier bei dir."

Daraufhin schrieb der Kalif einen Brief. ‚ʿUmar ibn al-Ḫaṭṭāb an ʿAmr ibn al-ʿĀṣ. Nach Erhalt dieses meines Schreibens wirst du dich mit deinem Sohne zur Zeit der Pilgerfahrt bei mir einfinden!' Sodann wandte er sich an den Ägypter und sprach: „Geh jetzt und warte, bis dein Gegner hier ist."

Nachdem ʿAmr ibn al-ʿĀṣ und sein Sohn sich zur Wallfahrt eingestellt hatten, empfing sie ʿUmar ibn al-Ḫaṭṭāb in Audienz, und als sie alle vor ihm Platz genommen hatten, trug der Ägypter seine Klage wie beim ersten Male vor. Hierauf winkte ʿUmar ibn al-Ḫaṭṭāb mit der Hand und befahl dem Ägypter: „Nimm diese Peitsche und verprügle ihn damit!"

Und der Ägypter ging hin zu ʿAmrs Sohn und ließ ihn die Peitsche schmecken.

Weiter heißt es bei Anas:

Und weiß Gott, er schlug ihn! – wir selber hatten das Verlangen, ihn zu verhauen – und schlug und schlug, bis wir wünschten, er würde ihn nicht weiter schlagen, so sehr prügelte er auf ihn ein! Und ʿUmar – Gott habe Wohlgefallen an ihm – ermunterte ihn dieweil: „Gib's dem ‚Sohn hochedler Eltern'!"

Schließlich sagte ʿAmr ibn al-ʿĀṣ: „Nun hast du deine Vergeltung, Beherrscher der Gläubigen." Doch ʿUmar ibn al-Ḫaṭṭāb sprach zu dem Ägypter: „Nimm ʿAmrs Turban ab und laß die Peitsche auf seiner Glatze tanzen!" Aber davor scheute sich der Ägypter: „Ich habe den geschlagen, der mich geschlagen hat, Beherrscher der Gläubigen. Warum sollte ich den schlagen, der mich nicht geschlagen hat?" Worauf ʿUmar – Gott habe Wohlgefallen an ihm – erwiderte: „Weiß Gott, kein Mensch hätte dich gehindert, wenn du's getan hättest!"

Dann wandte sich ʿUmar an ʿAmr ibn al-ʿĀṣ: „Seit wann machst du Leute zu Knechten, die von ihren Müttern als Freie zur Welt gebracht wurden?"

Daraus ersieht man, daß auch die Freiheitsliebe schon von alters her ein Wesenszug der Araber ist.

Tilman Nagel

Bagdad und die Kultur des Islams*

Militärherrschaft, Verfall der Macht und des Ansehens des Kalifen, Zerstörung der wirtschaftlichen Grundlagen, Auflösung des Reiches in regionale Machtzentren mit unklarer

Beziehung zum Kalifen, religiöse Zerwürfnisse, die sich nicht selten in Tumulten des Pöbels entluden – man könnte meinen, daß die Ergebnisse von zwei Jahrhunderten abbasidischer Herrschaft nur verhängnisvoll, nur schädlich gewesen seien. Gewiß, auf politischem Gebiet blieb von den hochgemuten Plänen und Unternehmungen eines al-Ma'mūn nichts zurück, und die militärischen Maßnahmen al-Mu'taṣims führten in ein ungeahntes Chaos. Doch schon für die Muslime des zehnten Jahrhunderts hatte sich jene Zeit, in der Bagdad in Blüte gestanden hatte – jene wenigen Jahrzehnte vor dem schicksalhaften Bürgerkrieg zwischen al-Amīn und al-Ma'mūn – zum Höhepunkt der islamischen Geschichte verklärt. Die Probleme der Chorasan-Politik, der heraufziehende Streit zwischen Rationalismus und sunnitischer Gläubigkeit, ja selbst die Anstrengungen, die schließlich zu großen Siegen gegen Byzanz führten, all dies war im islamischen Geschichtsbewußtsein in den Hintergrund getreten, wenn nicht ganz überdeckt worden. Nicht als Inbegriff militärischer Stärke und politischer Machtentfaltung leuchtete Bagdad in der wehmütigen Erinnerung auf, sondern als die Metropolis der die ganze wahrgenommene Welt einigenden Kultur, als der Mittelpunkt der menschlichen Zivilisation, die auf islamischen Grundwerten ruhte. [...]

Daß das Bagdad der Blütezeit der Brennpunkt des islamischen Geisteslebens war, galt der späteren Überlieferung als unbezweifelbar. Wenn auch das Kalifat nur in begrenztem Maß und nur unter ganz bestimmtem Blickwinkel die Theologie und die Rechtswissenschaft förderte, so bewirkten allein schon diese Anregungen, daß in der Hauptstadt die Verfechter der unterschiedlichsten Lehren zusammenströmten. Ganz anders, als es das Damaskus der Umayyaden je gewesen war, war Bagdad der Kampfplatz der Ideen und Meinungen. Unter al-Mahdī beherrschten die Gefechte gegen die Zindiqen die intellektuelle Szenerie. Mit Zindiqen bezeichnete man die Anhänger der dualistischen Glaubensformen Irans. Doch ging es damals nicht nur um einige religiöse Streitfragen. Die Zindiqen hatten den Islam mit seinem Verständnis vom Wirken eines persönlichen Schöpfergottes zum Ziel ihrer Kritik und ihres Spottes genommen. Was manche Stellen des Korans von diesem Gott aussagten, empfanden sie als lächerlich und peinlich. Und als kleinkariert betrachteten sie das islamische Weinverbot, die Verpönung von Musik und Gesang, kurz, viele Dinge, die dem Leben Heiterkeit verleihen – bis hin zur Frivolität – und die den Menschen einen Augenblick vergessen machen, daß er stets gemäß dem Gesetz seines Schöpfers zu reden und zu handeln hat. Auf der Ebene des Dogmas wurde das Zindiqentum bald bezwungen. Unter Verfolgungen schmolz die Zahl der an iranischen Glaubenstraditionen Festhaltenden schnell dahin. Für die im Entstehen begriffene rationalistische Theologie des Islams war die geistige Auseinandersetzung mit dem dualistischen Gedankengut eine hervorragende Schulung. Ohne sie wäre die Hochblüte der Muʿtazila im frühen neunten Jahrhundert undenkbar. Was aber blieb, war die verfeinerte, bisweilen für den Frömmler anstößige Lebensart, die es mit den islamischen Verboten nicht ganz so genau nahm. Sie prägte den Stil der Hofgesellschaften und der Reichen – und einer großen Zahl von Schmarotzern. Ein solcher Schmarotzer erblickte eines Tages eine Schar von Zindiqen, deren feine äußere Erscheinung darauf hinzudeuten schien, daß sie zu einem Gastmahl unterwegs waren; in Wirklichkeit wurden sie aber zur Hinrichtung gebracht, so heißt es in einem bekannten Schwank. Nichtsahnend schleicht sich der Schmarotzer zwischen sie und bemerkt seinen furchtbaren Irrtum zu spät. Der Scharfrichter schenkt seiner Erklärung keinen Glauben, worauf der Arme fleht, man solle ihm mit dem Schwert nicht den Hals, sondern den Bauch durchtrennen „denn er ist es, der mich in diese Klemme gebracht hat!" Da lachte der Polizeipräfekt, und als er in Erfahrung bringt, daß es sich tatsächlich um einen berüchtigten Nassauer handelt, läßt er ihn des Weges ziehen.

Abū Nuwās (ca. 140/756–195/810) ist der große Poet dieses Lebensgefühls des Schwelgens und der Leichtfertigkeit, des Genusses, ja der Ausschweifung und Obszönität, der Freiheit von Verboten und Tabus bis hin zur Verruchtheit, er ist der Dichter, der selbst mit den geheiligtsten Grundsätzen des islamischen Glaubens und mit der Terminologie der Theologie und Sunna-Wissenschaft seinen Spott treibt. Zusammen mit Hārūn ar-Rašīd und Ǧaʿfar al-Barmakī bildet er das Dreigestirn, das in der Erinnerung den Zenit Bagdads markiert. [...] Dem weltstädtischen Glanz des gesellschaftlichen und kulturellen Lebens des alten Bagdads trauerte man in der islamischen Literatur lange nach, ohne sich recht bewußt zu werden, wie geschichtsmächtig und prägend das Werk der frühen abbasidischen Kalifen trotz allen politischen Scheiterns war. Denn jenseits jeglicher Idealisierung und literarischen Stilisierung jener Epoche muß man sich vor Augen führen, daß erst im Streit gegen die Zindiqen und in der Auseinandersetzung mit fremdem religiösen Gedankengut von den Muslimen selber richtig erfaßt wurde, was der Kern ihres Glaubens sei, wie er der Vernunft gemäß beschrieben und gegen andere Religionen verteidigt werden könne und in welchem Verhältnis die innerislamischen Glaubensrichtungen zueinander stünden. Erst jetzt, als sich der Blick geweitet hatte, erkannte man das Problem, das in dem Anspruch des Islams lag, die allumfassende gottgewollte Ordnung zu sein, und bemühte sich, sowohl in theoretischer Spekulation als auch in vergleichender Beurteilung der Überlieferung eine tragfähige und auch allgemein anerkannte Grundlage für das islamische Gemeinwesen zu schaffen. Das Ziel des Kalifats, sich auf dogmatischem und juristischem Gebiet als alleinbestimmende Macht durchzusetzen, wurde verfehlt, doch befruchtete dieser Versuch die weitere Entwicklung entscheidend. Um die Wende zum zehnten Jahrhundert gewinnt der sunnitische Islam als die Glaubensform der breiten Masse Gestalt.

Die islamische Kultur gewann in jenen Jahrhunderten ihren kosmopolitischen Charakter. Von Nordafrika bis an die Grenzen Indiens und bis nach Innerasien reichte der islamische Einfluß, und die Handelsbeziehungen erstreckten sich weit nach Schwarzafrika hinein, im Osten bis nach China. Im 4./10. Jahrhundert wurden auch das im Entstehen begriffene russische Reich und das Reich der Chazaren an der Wolga den muslimischen Kaufleuten zugänglich. Bagdad und Alexandrien waren nun die Zentren des Austausches aller begehrten Güter, für die es sich lohnte, die Risiken einer weiten Reise zu Wasser oder zu Lande auf sich zu nehmen. Ibn an-Nadīm, ein Bagdader Buchhändler des zehnten Jahrhunderts, hat uns ein wertvolles Verzeichnis der arabischen Werke hinterlassen, die ihm während seiner Tätigkeit bekannt geworden sind. Dieses Verzeichnis leitet er mit einer Darstellung aller ihm bekannt gewordenen Schriftsysteme ein. Er beschreibt nicht nur die damals noch gebräuchlichen Alphabete semitischer und iranischer Sprachen, nennt ausführlich die griechische Schrift, diejenige der Franken, Langobarden und Sachsen, sondern weiß sogar von den chinesischen Schriftzeichen zu berichten. Im Mittelpunkt der islamischen Welt finden wir natürlich die Völker, die sich diesem Glauben unterworfen haben, die Araber, Perser, Türken, die Berber und die Neger. Sie alle haben nun Anteil an der islamischen Kultur, und man bemüht sich, sie genauer kennenzulernen und ihre Vorzüge gegeneinander abzuwägen. Al-Ǧāḥiẓ, beredter Anhänger der von al-Ma'mūn eingeführten Kalifatsideologie und vielleicht geistvollster Literat der damals die Gunst der Herrscher genießenden Intelligenz, schreibt ein Werk über die Vorzüge der Schwarzen gegenüber den Weißen. In einem anderen Werk lobt er die vortrefflichen Eigenschaften der Türken. Die Bedeutung der iranischen Kultur konnte ohnehin nicht geleugnet werden.

Selbstverständlich ging es bei dieser Thematik nicht ganz ohne Polemik ab. Die Tugenden und kulturellen Leistungen der vielen Völker *(šuʿūb)*, die nach den arabischen Eroberungszügen den Islam angenommen hatten, waren nach Ansicht mancher Leute viel höher einzuschätzen als die der Araber, die Gott – befremdlicherweise – durch das Prophetentum auszeichnete. Den gleichen Rang aller islamischen Völker forderte daher eine Šuʿūbiyya genannte literarische Richtung; manche ihrer Vertreter schossen weit über das Ziel hinaus und meinten sogar, außer dem Prophetentum hätten die Araber nichts vorzuweisen, sie seien mithin Barbaren gewesen, und die islamische Kultur nähre sich ganz aus anderen Quellen. Ein im frühen neunten Jahrhundert gestorbener Literat aus Basra sammelte alle Gehässigkeiten, die über die Araber in Umlauf waren, in einem aufsehenerregenden Buch. Ein oder zwei Generationen später bemerkte ein anderer Schriftsteller, Ibn Qutayba (st. 276/889), zu diesem Pamphlet, nur Emporkömmlinge seien versucht, voreinander mit ihrer Volkszugehörigkeit zu prahlen; wer von wirklich vornehmer Herkunft sei, der verzichte auf derlei Torheiten. „Das richtige Urteil über den angeborenen Rang lautet: Die Menschen stammen von einem Vater und einer Mutter ab. Sie wurden aus Staub geschaffen und werden wieder zu Staub. Durch die Harnröhre floß ihr Same, im Kot sind sie im Mutterleib zusammengekauert. Dies ist ihre vornehmste Genealogie, die alle Verständigen davon abhält, ihre Herkunft hochzuschätzen und stolz zu sein. Dann, später, kehren sie zu Gott zurück, und alle Genealogie bricht ab, alle Ehren werden nichtig, es sei denn, jemandes Ehre habe in der Gottesfurcht bestanden und sein Ansehen im Gehorsam gegen Gott."

Die Verschmelzung Angehöriger verschiedenster Völker zu einer Gemeinschaft der Gläubigen, in der allerdings das Arabische, als die *eine* überregionale Kultursprache eine Sonderstellung behauptete, ist das erstaunliche Ergebnis der ersten drei Jahrhunderte abbasidischer Herrschaft. Es entwickelte sich ein vom Islam bestimmtes Zusammengehörigkeitsgefühl, dessen Nachwirkungen bis in die Gegenwart spürbar sind.

Ibn Qayyim al-Ǧauziyya

Die geistreiche Maḥbūba

Der Dichter ʿAli Ibn al-Ǧahm berichtet folgende Begebenheit: Als das Kalifat dem Ǧaʿfar al-Mutawakkil übertragen worden war, verehrte ihm Ibn Ṭāhir aus Ḫurāsān ein prächtiges Geschenk, zu dem auch einige Gesangssklavinnen gehörten. Darunter befand sich eine Sklavin, die man Maḥbūba nannte und die in aṭ-Ṭā'if ausgebildet worden war. Dort hatte sie einen Schutzbefohlenen gefunden, der auf sie große Mühe verwandt hatte, so daß sie auf allen Gebieten der schönen Bildung mit prächtigen Leistungen hervortrat. Ganz besonders gut beherrschte sie die Dichtkunst. Sie war eine geistreiche Erzählerin und eine begnadete Sängerin. Bald erwarb sie sich die Zuneigung von al-Mutawakkil, und schnell hatte sie sein ganzes Herz für sich gewonnen. Eines Tages suchte mich al-Mutawakkil in meinem Hause auf und sprach: „Mein lieber ʿAli! Ich komme gerade von einer Gesangssklavin, die mit Moschus auf eine ihrer Wangen ‚Ǧaʿfar' geschrieben hatte. Etwas Schöneres als sie habe ich meinen Lebtag noch nicht gesehen. Verfasse also für mich schnellstens ein paar Verse auf sie!"

Also nahm ich Papier und Tinte zur Hand und dachte angestrengt nach, so als ob ich noch nie einen Vers gemacht hätte. Deswegen sagte ich zum Kalifen: „O Fürst der Gläubigen! Es wäre gut, wenn du der Maḥbūba erlauben würdest, einige Verse zu sagen, die mich vielleicht meinerseits zu Versen inspirieren könnten!" Da gebot al-Mutawakkil der Maḥbūba, einige Verse zu dichten. Tatsächlich gelang ihr dies in kürzester Frist. Sie nahm die Laute zur Hand, glitt mit den Fingern über die Saiten und komponierte aus dem Stegreif eine Melodie zu diesen Versen. Ohne zu zögern sang sie:

O du, die du mit Moschus auf die Wange
　　‚Ǧaʿfar' hast geschrieben!
In meiner Seele ist die Moschusschrift
　　für alle Ewigkeit geblieben!
Wenn eine Zeile sie von Moschus
　　ihrer Wange anvertraut,
so sind's der Zeilen viele, die
　　von Liebe in mein Herz geschaut!
Bewundre drum dies Mädchen, dessen Herr
　　und einziger Gebieter
ihm seine Huld vergönnt im Glück
　　und Unglück, immer wieder!

Johann Christoph Bürgel

Die Mächtigkeit der Frau in der arabisch-islamischen Dichtung

Gazelle mit tötenden Blicken

Spürbarer noch als in der Sakralisierung der Frau kommt deren Mächtigkeit da zum Ausdruck, wo von ihren Wirkungen auf den Liebenden die Rede ist. Zentrale Motive sind hier das steinerne Herz und die tötenden Blicke als Symbol ihrer auf den Liebenden, der nicht erhört wird, verheerenden, ja zerstörerischen Wirkung. Das Motiv der tötenden Blicke verbindet sich nun besonders oft mit dem Gazellenvergleich. d. h. die Geliebte wird als eine Gazelle mit tödlichen Blicken beschrieben, zweifellos ein paradoxes Bild, in dem aber Schwäche und Mächtigkeit der Frau auf einleuchtende Weise zum Ausdruck kommen.

Der Vergleich der Frau mit einer Gazelle ist alt und findet sich schon in vorislamischer Dichtung. So vergleicht etwa

Imra' al-Qais im 6. Jahrhundert den Hals der Geliebten mit dem einer jungen Gazelle. ʿUmar ibn abi Rabiʿa fühlt sich durch eine Gazelle, die auf einer Wiese zwischen Hügeln weidet, an eine seiner Angebeteten erinnert. Ebenso ergeht es Madschnun, doch nicht genug damit, er muß erleben, daß die ihn an Laila erinnernde Gazelle von einem Wolf angefallen und aufgefressen wird, worauf er den Wolf erlegt, die Gazellenreste aus seinem Bauch herausholt und begräbt – eine geradezu Freudsche Symbolik, wenn man daran denkt, daß seine Laila einem andern Mann verheiratet wurde, dem kämpferisch zu begegnen sich der friedfertige Dichter allerdings der Überlieferung nach geweigert hat.

Der Umayyaden-Kalif Walid ibn Yazid (707–744), ausschweifender Zecher und Lebemann, war doch feinfühlig genug, auf der Jagd eine Gazelle zu schonen, die ihn an seine Geliebte Salma erinnerte, wovon der begabte Dichter in folgenden Versen berichtet:

Ich hatte eine Gazelle gejagt
und wollte sie schlachten; sie bot sich mir dar.
Da hob sie den Blick und schaute mich an.
Ich täuschte mich nicht: Wie gleich sie dir war!
Da schonte ich sie, um der Liebe zu dir;
sonst wäre sie, glaub mir's, geschlachtet, fürwahr!
Spring fort, o Gazelle, sei sicher und frei,
dich tummelnd in deiner Gazellenschar!

Hier kündigt sich das später so häufige Motiv des Jägers an, der zur Beute seines Jagdwilds wird. So sang der blinde Baschschar ibn Burd (um 715–783):

Gazellen geh'n in die Falle.
Doch sie ist vor Netzen gefeit.
Es verfehlt sie mein Pfeil, wenn ich schieße.
Sie ist eine Schützin voll Kunst.
So trifft mich, hat sie geschossen,
ins Herz ihr verläßlicher Pfeil.

Die Pfeilmetapher, mit der der Dichter, hier noch ohne bildliches Substrat, die „Mächtigkeit“ der Frau umschreibt, wird später, vor allem in persischer Dichtung, bildlich abgestützt: Es sind die Bögen der Brauen, aus denen die oder der Geliebte die Pfeile der Wimpern abschießt. Eine andere Möglichkeit, die Gejagte zur Jägerin zu machen, besteht, wie bereits gesagt, darin, der Gazelle tödliche Blicke zuzuschreiben. So singt einmal der schon erwähnte ʿAbbas:

> Ein Gazellenjunges zielte auf mich mit seinen Augen,
> Jagd machend auf mein Herz (...)

Und Ibn al-Muʿtazz, der dichtende Kalif, beginnt eines seiner Gedichte:

> Gazelle im Tal! Bei meiner Seele, du hast
> die Nacht der Trennung nicht so verbracht wie ich!
> Es ließen mich deine Augen nicht heil entkommen,
> darum zählt man mich nun zu denen, die du getötet hast!

Beide Bilder, das von der Gazelle mit tödlichen Blicken und die Doppelmetapher von den Brauenbögen und Wimpernpfeilen, finden sich später auch nebeneinander, so in einem Gedicht Dschalaluddin Rumis (1207–1273) auf seinen Freund Schams-i Tabriz:

> Mit den Blicken von Gazellen bringt Er Löwen
> zum Erliegen.
> Sinnt Er nun auf mich zu schnellen das Geschoß,
> wird's mich besiegen!
> Denn die Bögen seiner Brauen und die Pfeile seiner
> Wimpern
> sind des Zeuge, daß er ist ein Fürst, dem sich die
> Seelen fügen.

Vielleicht leben hier alte magische Vorstellungen weiter, denn das vorislamische Arabien hat offenbar neben andern

Tiergottheiten auch göttlich verehrte Gazellen gekannt. Auf jeden Fall traten Dämonen in Gazellengestalt auf, und Muḥammad ist vielleicht einer solchen Gazellendämonin begegnet; die fromme Tradition weiß jedenfalls zu berichten, daß er einmal einer gefangenen Gazelle auf deren Bitte hin zunächst dazu verhalf, ihre Jungen zu säugen, und ihr dann die Freiheit verschaffte, worauf sie sich zum Islam bekehrte.

Ein anderes, immer wiederkehrendes Machtsymbol der Frau in der Dichtung sind ihre Locken, mit denen sie den Geliebten in Fesseln legt. Es sind wohl wiederum die Perser, die in ihrem Drang, oft Zwang, alle poetischen Bilder in paralogischen Beziehungen zu vernetzen, dazu die folgende Begründung erfunden haben: Der Liebende ist infolge seiner Trennung von der Geliebten wahnsinnig wie Madschnun. Wahnsinnige aber müssen in Ketten gelegt werden, wurden es auch im islamischen Mittelalter, wenn sie um sich schlugen. Diese Ketten aber liefert die Geliebte mit ihren Locken. Hafis singt:

> Wüßte der Verstand, wie wohl es dem Herzen in
> den Fesseln ihrer/seiner Locken ist,
> Die Verständigen würden wahnsinnig um unserer
> Ketten willen!

Das bringt uns zum Topos der Liebeskrankheit.

Liebeskrankheit und Liebestod

Die tiefgreifendste Auswirkung der Mächtigkeit der Frau zeigt sich, wenn der Mann aus Liebe zu ihr krank wird, dahinsiecht, stirbt. Den oben erwähnten ʿUdhriten wurde nachgesagt, daß es bei ihren Jünglingen gang und gäbe sei, aus Liebe zu sterben. Heinrich Heine erfuhr von dieser Überlieferung und schrieb sein Gedicht *Der Asra,* das in der Zeile gipfelt: „jene Asra, welche sterben, wenn sie lieben".

Das hört sich masochistisch-pathologisch an und ist wohl dem ironischen, oft auch zynischen Deutschen so erschienen. Erforscht man aber die überlieferten Biographien der berühmtesten ʿUdhriten im großen *Buch der Lieder*, so zeigt sich, daß ihrer „platonisch" bleibenden Liebe in der Regel jeweils ein gesellschaftliches Problem zugrunde lag: Die Familie des Mädchens akzeptierte den in sie verliebten Mann nicht, weil dessen Sippe sozial nicht ebenbürtig, d.h. ärmer als sie selber war. Aus der sozialen Situation erwächst nun die ʿudhritische Haltung. Statt nach einer anderen Ausschau zu halten, bleiben die ʿUdhriten – vergebens sucht der Vater eines dieser Jünglinge ihn mit dem Argument „Frauen sind ersetzbar!" zur Einsicht zu bringen – der einen Unerreichbaren treu bis in den Tod.

Das führt zu Krankheit, Melancholie, Geistesverwirrung, Auszehrung, Tod. Diese Haltung wirkt ganz und gar unislamisch, wenn wir – neben allem über die koranischen Ehegesetze Gesagten – daran denken, daß Muḥammad das Zölibat offenbar ablehnte mit dem Satz: „Kein Mönchtum im Islam!" und die Mehrehe vorgelebt hat. Darüber hinaus widersprach diese selbstzerstörerische Liebe auch dem im Koran ausgesprochenen Suizid-Verbot. So ermahnt ein anderer Vater seinen liebeskranken Sohn offensichtlich in Anspielung an den erwähnten Koranvers: „Was bezweckst du damit, dich zu töten und (damit) gegen deinen Herrn dich zu versündigen?"

Dennoch bedurfte sichtlich auch die ʿudhritische Liebe in ihrer extremen Form, d.h. mit tragischem Ausgang, der Sakralisierung und erhielt sie in dem folgenden Hadith: „Wer liebt und keusch bleibt und stirbt, ist ein Märtyrer!" Es dürfte kaum echt sein; doch seine Unechtheit läßt sich natürlich ebensowenig beweisen.

In den arabischen Handbüchern über Liebe werden im übrigen auch jeweils einige Apophthegmen aus der griechischen Antike zitiert, so etwa ein Ausspruch des Palladius, der lautet: „Die Liebe ist eine Krankheit, die im Gehirn entsteht aus dem Schweifen der Gedanken, dem häufigen Denken an den Geliebten und dem Hinblicken auf ihn". Einleuchtender, aber ausschließlich auf die männliche Seite bezogen, war die medizinische Analyse, die Galen für diese seltsame Krankheit gegeben hatte: Die *retentio seminis* führe zu einer Fäulnis des Sekrets, der verrottete Stoff steige auf in den Kopf und störe die Hirnfunktion.

Mochte nun diese Krankheit auch aus dem Altertum stammen, so scheint sie doch in islamischer Zeit besonders grassiert zu haben oder machte jedenfalls ständig von sich reden. Die Handbücher über Liebe behandeln sie, in *Tausendundeiner Nacht* ist sie in mehreren kurzen und rührenden Erzählungen vertreten. Manche Autoren spezialisierten sich aber auch auf dieses Motiv, Bücher über an Liebe Verstorbene entstanden, darunter das reichhaltige Werk *Die tödlichen Heimsuchungen der Liebenden (Maṣāriʾ al-ʿuššāq)* von as-Sarradsch (1026–1106). Heilbar war die Krankheit in der Regel nicht, d. h. die sozialen Verhältnisse, aus denen sie entsprang, ließen sich nicht ändern. „Mein Heilmittel ist's, das mich krank macht", so bringt diesen Sachverhalt Ibn Hazm auf die kürzeste Formel. Dennoch wurden Ärzte natürlich immer wieder deshalb konsultiert und die Pulsdiagnose Liebeskranker, welche die wahre Ursache ihres Leidens nicht preisgeben wollten bzw. auch nicht konnten, ohne die geliebte Person zu gefährden – das Verfahren war schon im Altertum berühmt und mit dem Namen des Erasisthratos verknüpft –, setzte sich auch in islamischer Zeit fort.

Heinrich Heine

Der Asra*

Täglich ging die wunderschöne
Sultanstochter auf und nieder
um die Abendzeit am Springbrunn,
wo die weißen Wasser plätschern.

Täglich stand der junge Sklave
um die Abendzeit am Springbrunn,
wo die weißen Wasser plätschern;
täglich ward er bleich und bleicher.

Eines Abends trat die Fürstin
auf ihn zu mit raschen Worten:
„Deinen Namen will ich wissen,
deine Heimat, deine Sippschaft!"

Und der Sklave sprach: „Ich heiße
Mohammed, ich bin aus Yemen,
und mein Stamm sind jene Asra,
welche sterben, wenn sie lieben."

Otto Jastrow

Der Siegeszug der arabischen Sprache

Die arabisch-islamische Kultur des Mittelalters entwickelte eine enorme Sogwirkung, die nicht auf die religiöse Sphäre beschränkt blieb, sondern die Sprachen der islamisierten Völker tiefgreifend beeinflußt hat. Ein beträchtlicher Teil der für den Islam gewonnenen Gebiete wurde ohnehin auch in sprachlicher Hinsicht völlig arabisiert. Man möge bedenken, daß bis zur Entstehung des Islams die arabische Sprache auf die Arabische Halbinsel und die angrenzenden Gebiete Syriens und des Irak, also die Ränder des sog. Fruchtbaren Halbmonds, beschränkt war; das restliche Syrien und Mesopotamien, Ägypten und Nordafrika wurden erst im Zuge der Islamisierung zu Gebieten arabischer Sprache. Wenn auch die übrigen islamischen Kulturräume – der iranische, der indische, der indonesische, der türkische und der schwarzafrikanische – von einem völligen Aufgehen im Arabischen bewahrt blieben, so hat nichtsdestoweniger das Arabische auch auf diese Sprachgruppen einen tiefgreifenden Einfluß ausgeübt.

Das zeigt sich bereits darin, daß die wichtigsten Sprachen aller dieser islamischen Kulturräume das arabische Schriftsystem übernahmen – ohne Rücksicht auf etwa bereits bestehende Schrifttraditionen und ohne Rücksicht darauf, daß das arabische Alphabet sich zur Wiedergabe etwa des Türkischen, Urdu oder Haussa mehr schlecht als recht eignete und oft durch Zusatzzeichen mühsam an das Lautsystem der betreffenden Sprachen angepaßt werden mußte. Namentlich die defektive Vokalschreibung des Arabischen wirkte sich für all diese Sprachen als sehr hinderlich aus. Dennoch wurde das arabische Alphabet für die meisten Islamsprachen erst im 20. Jahrhundert abgeschafft und durch das lateinische Alphabet ersetzt, so beim Türkischen, beim Suaheli (Swahili) und Indonesischen (Malaiischen); für die in der Sowjetunion gesprochenen Turksprachen (wie Aserbeidschanisch, Usbekisch, Turkmenisch, Tatarisch etc.) wurde ein modifiziertes kyrillisches Alphabet eingeführt. Neben dem Arabischen selbst haben jedoch Persisch, Urdu und Paschto, eine der nationalen Sprachen Afghanistans, bis heute an der arabischen Schrift festgehalten. Die Ablösung des arabischen Alphabets hatte neben dem reinen Zweckmäßigkeitsgedanken meist auch einen nationalistischen und – wie z. B. im Falle der Türkei – laizistischen Zug; deshalb stieß die Einführung der Lateinschrift in der Türkei auch auf die feindselige Ablehnung weiter muslimischer Kreise, eine Ablehnung, die noch heute, mehr als 50 Jahre nach der Schriftreform, bei einzelnen Gruppen fortbesteht.

Neben der arabischen Schrift war es vor allem der arabische Wortschatz, der massiv in die Sprachen der islamisierten Völker eindrang. Beginnend bei den Ausdrücken des religiösen Lebens über das islamische Recht bis hin zur Sprache der Philologie, der Philosophie, der Medizin und der Naturwissenschaften, ja darüber hinaus bis in die Alltagssprache drangen zahllose Ausdrücke des Arabischen in die übrigen Islamsprachen ein. Für die Sprachen des türkischen und indischen Raumes wirkte dabei das Persische als Vermittler, d.h. diese Sprachen schöpften nicht direkt aus dem Arabischen, sondern übernahmen die Ausdrücke aus dem Persischen, das für den türkischen und indischen Raum jahrhundertelang die überragende Kultursprache darstellte. [...]

Im Bereich des afrikanischen Islams fehlt eine vermittelnde Sprache wie das Persische im Osten; die afrikanischen Sprachen haben ihre arabischen Elemente vielmehr überwiegend direkt aus dem Arabischen selbst entlehnt. Dennoch haben einzelne der bedeutenderen afrikanischen Islamsprachen in einem kleineren geographischen Rahmen als Vermittler arabischen Wortguts gewirkt, so namentlich Haussa und Suaheli sowie Tamasheq, die südlichste Berbersprache. [...]

Das Eindringen arabischen Lehnguts in die Islamsprachen ist nicht als zeitlich begrenzter einmaliger Vorgang zu sehen, vielmehr handelt es sich um einen lange andauernden Prozeß der fortschreitenden Anreicherung. Das Arabische wurde ja nicht nur von der Schicht der religiösen Gelehrten weiter gepflegt, sondern gehörte zum Bildungsgut des akademisch erzogenen Muslims. Ähnlich wie das Latein für die Sprachen Europas stellte das Arabische einen Fundus dar, aus dem immer wieder neue Fremdwörter für den wissenschaftlichen, aber auch für den administrativen Gebrauch geschöpft werden konnten. Dabei wurde es, ähnlich wie das mittelalterliche Latein, von den nichtarabischen Benutzern weiterentwickelt, so daß wir im Persischen und Türkischen nicht selten arabische Neubildungen finden, die im Arabischen selber gar nicht vorkommen; ebenso können arabische Termini neue Bedeutungen erhalten, die sie im Arabischen selbst nie gehabt haben.

Moses I. Finley/Denis Mack Smith/
Christopher Duggan

Sizilien unter arabischer Herrschaft

Palermo, die arabische Hauptstadt, wuchs zu einer Großstadt heran. Bereits im 9. Jahrhundert fand Theodosius die Stadt großartig – dabei hatte er noch das griechische Syrakus gekannt. Besucher Palermos waren davon beeindruckt, eine Bevölkerung vorzufinden, zu der Griechen, Lombarden, Juden, Slaven, Berber, Perser, Tartaren und Schwarze aus Afrika gehörten; Araber kamen aus Spanien, Syrien und Ägypten. Ibn Hauqal, ein fatimidischer Missionar aus Bagdad, bewunderte die Handelsgärtnereien und die Hunderte von Moscheen in Palermo, mehr als er je in einer Stadt – Cordoba ausgenommen – gesehen hatte; er kritisierte die Schmutzigkeit der Leute und ihren übermäßigen Verzehr von Zwiebeln. Und doch war dieses Palermo zweifellos dabei, eine der großen Städte der Welt zu werden, zwar immer noch übertroffen von Bagdad, doch kaum von einer anderen Stadt. Seine Bevölkerungszahl ist schwer zu schätzen, doch lag sie wahrscheinlich höher als die jeder christlichen Stadt mit Ausnahme von Konstantinopel.

Durch Ibn Hauqal und spätere moslemische Autoren erfahren wir auch von den reichen Quellen und dem hervorragenden Bewässerungssystem der Region. Die Araber hatten die lebenswichtige Bedeutung der Bewässerung – und sei es auch nur ein von einem Maultier oder einem Bach betriebenes Schöpfrad – in der Wüste kennengelernt; sie brachten manche hydraulische Technik aus Persien mit sich und müssen auch von der Kenntnis der Reste des römischen Wasserbaus in Nordafrika profitiert haben. Mit ihrer neuen Technologie konnten sie Zitronen und Bitterorangen anpflanzen; sie brachten auch das Wissen mit, wie Zuckerrohr anzubauen und in Mühlen zu verarbeiten war. Soweit wir wissen, führten sie die ersten Baumwollsamen ein, die ersten Maulbeerbäume und Seidenraupen, Dattelpalmen, Sumach zum Gerben und Färben, Papyrus, Pistazien und Melonen.

Zweifellos lag in den arabischen Beschreibungen von Sizilien als einem Gartenparadies eine gewisse Übertreibung, doch läßt sich ein gewisses Maß an wirtschaftlichem Fortschritt nicht bestreiten. Reservoirs und Wassertürme aus jener Zeit blieben viele Jahrhunderte in Gebrauch und lassen sich noch heute finden. Außerhalb der Landwirtschaft gab es eine lebhafte Fischindustrie, vielleicht auch eine völlig neue, kunstvolle Methode, Thunfisch zu fangen. Silber, Blei, Quecksilber, Schwefel, Naphtha, Vitriol, Antimon und Alaun wurden gewonnen, das beim Ätna gefundene Salmiaksalz nach Spanien exportiert. Die Kunst der Seidenherstellung und -weberei sollte bald eine wichtige Rolle im Wirtschaftsleben der Insel spielen.

Nicht alles jedoch war ein Gewinn. Die arabische Eroberung Siziliens verursachte umfangreiche Schäden, ebenso die anschließenden Streitigkeiten um Land und Ausbeute. [...]

Die Zerrüttung und Verwüstung durch die Eroberung ist nicht der einzige Eintrag auf der Negativseite einer Bilanz der arabischen Herrschaft: Während ihrer Invasion und beim Prozeß der Landräumung zu Siedlungszwecken ließen die Araber offenbar Erntefelder und Wälder in Brand stekken. Holz wurde in großer Menge nach Afrika ausgeführt, dem eigene Hartholzressourcen fehlten, und der umfangreiche Schiffbau, der für die Aufrechterhaltung der Seeherrschaft im Mittelmeer notwendig war, führte dazu, daß die leichter zugänglichen Waldgebiete Siziliens abgeholzt wurden. Irgendwann zwischen 400 und 900 wurde überdies der Olivenanbau weitgehend aufgegeben; Öl, das einst eine so wichtige Quelle des Reichtums der Insel dargestellt hatte, wurde nun in Nordafrika hergestellt. [...]

Der Beitrag der sarazenischen Araber zur sizilianischen Geschichte ist nicht leicht einzuschätzen. Ihre Besetzung dauerte mehr als zwei Jahrhunderte. Mit sich brachten sie ihre Religion und Gesetze, Literatur, Künste und Wissenschaften und machten Sizilien dadurch zum Teilhaber einer glanzvollen Kultur. Wie die Griechen vor ihnen kamen sie nicht nur als Beherrscher und Ausbeuter, sondern als Siedler; ja wahrscheinlich erschienen sie in größerer Zahl als jede anderen Eroberer der Insel vor und nach ihnen. Sie siedelten sich vorwiegend in den westlichen und südöstlichen Regionen an, doch muß es auch in den anderen Gebieten eine beträchtliche Zuwanderung und seitens der Sizilianer zahlreiche Übertritte zum Islam gegeben haben. Diese Wiederbevölkerung des sizilianischen Landes bleibt ein wichtiges historisches Faktum jener Zeit. [...]

Als Regierungssprache erwies sich das Arabische als sehr langlebig; es überdauerte noch mehr als ein Jahrhundert nach der normannischen Eroberung. Sein Einfluß war so groß, daß noch heute viele Spuren in der Sprache zu beobachten sind: So sind in der Topographie Siziliens die Namensbestandteile „Gibel“ und „Calta“ bekannte arabische Bildungen; und von den vielen Änderungen von Ortsnamen sei auf Enna verwiesen, das arabisch zu Kasryanni (und von daher zu Castrogiovanni) wurde, und auf Lilybaion, das zu Marsala (Hafen Allahs oder Alis) wurde. Noch heute, neun Jahrhunderte nach jener Zeit, werden einige hundert arabische Wörter verwendet, und wären ab 1060 nicht lateinischsprachige Eroberer erschienen, spräche man heute in Sizilien wohl eher wie auf Malta oder in Nordafrika.

Friedrich-Karl Kienitz

Korsaren im Mittelmeer

Etwa in den gleichen Jahren, als die Spanier sich anschickten, an der Südküste des Mittelmeers Fuß zu fassen, erschienen in diesen Gewässern einzeln oder in kleinen Gruppen schnelle leichte Fahrzeuge, die nicht an den Küsten des Westens zu Hause waren. Meist handelte es sich um sogenannte Galeoten, im Prinzip den in allen Flotten der Mittelmeerländer nach wie vor benutzten Kriegsgaleeren nahe verwandt; das heißt, es waren Ruderfahrzeuge, die nur auf dem Marsch, nicht im Gefecht gesegelt wurden. Sie waren jedoch kleiner, wendiger und schneller als jene, verfügten oft auch nur über einen einzigen Mast, und die Männer, die an den Riemen saßen, waren auf diesen Fahrzeugen in der Regel keine angeketteten Sklaven oder Sträflinge, die nur unter der Peitsche der Aufseher ihre harte Arbeit verrichteten, sondern gehörten mit zur eigentlichen Besatzung. Diese Galeoten und ihre Männer stammten meist von den Inseln und den Küsten der Ägäis, jener uralten Heimat tüchtiger Seeleute. Auch Abenteurer aus Italien oder Gott-weiß-woher waren an Bord dieser Schiffe zu finden. Alle diese Männer bekannten sich zur Religion des Islam, oft nicht von Jugend auf, sondern als Renegaten christlicher oder auch jüdischer Herkunft. Doch mit der Kriegsflotte des Sultans der Osmanen, eines Bajesid II. (1481–1512 n. Chr.) oder eines Selim ‚des Gestrengen' (1512–1520 n. Chr.), hatten diese Schiffe und ihre Besatzungen nichts zu tun. Die Macht und die Organisation eines Staates stand nicht hinter ihnen, auf eigene Faust waren sie in die Gewässer des Westens gekommen. Sie fanden Unterschlupf in abgelegenen Buchten der Küsten Tunesiens und Algeriens, gelegentlich auf den Inseln Lampedusa, Linosa und Pantelleria südwestlich von Sizilien, mitunter auch schon an den menschenleeren Küsten Sardiniens. Mancher maurische Flüchtling, der mit seiner spanischen Heimat alle Habe und oft genug seine Angehörigen verloren hatte, schloß sich den Seeleuten aus der Ägäis an. Wilder, aber nur allzu berechtigter Durst nach Rache beseelte solche Mauren, Abenteuerlust, Hoffnung auf reiche Beute, aber auch das alte Ethos des islamischen Grenzkämpfers steckte in den Seeleuten aus dem Osten. Sie kämpften als Piraten, verwegen und wild, aber sie waren doch mehr als nur Seeräuber. Sie führten den Kampf gegen die neue Weltmacht des Westens, deren Unduldsamkeit gegen jedes andere religiöse Bekenntnis als das christlich-katholische alles überstieg, was die Welt an harter Intoleranz Andersgläubigen gegenüber jemals erlebt hatte. Es war ein ungleicher Kampf, der Kampf einiger verwegener Scharen auf Schiffsplanken gegen die größte Militär- und Flottenmacht des Abendlandes, die eben damals dem Höhepunkt ihrer Geschichte entgegenging.

Christine von Kohl

Die Muslime Bosniens

Seit im 15. Jahrhundert die Türken weite Teile des heutigen Bosnien eroberten, nahmen die Bogumilen, von denen noch die Rede sein wird, außerdem eine große Zahl von Serben und eine kleinere Zahl von Kroaten, die hier lebten, den muselmanischen Glauben an. Damit aber paßten sie auch im

Laufe der fünfhundert Jahre, die das „türkische Joch" währte, ihre Lebensgewohnheiten den Vorschriften und Regeln des Islam an. Sie wurden mit anderen Worten eine muselmanische Enklave zwischen serbisch-orthodoxen und römisch-katholischen Nachbarn mit einer eigenen Lebensform und Kultur. [...]

Die bosnischen Muselmanen sind stolz darauf, daß große Begs aus Bosnien hohe Posten bei der Pforte erreichen konnten, daß sie in Ausübung ihrer Pflichten, die ihnen der Sultan in ihrer Heimat aufgetragen hatte, dort unvergeßliche, sogar unvergängliche Werke hinterließen. Zahlreiche Brücken zum Beispiel, die damals von unschätzbarer Bedeutung für das tägliche Leben der Einwohner und für die Entwicklung der wirtschaftlichen und sozialen Beziehungen waren – für die Infrastruktur, sagen wir heute. Für uns Besucher sind die Brücken – in Mostar über die Drina, über die kleine Žepa bei Trebinje und noch viele andere – großartige ästhetische Erlebnisse. Generationen von Dichtern wurden von dem „Mythos der Brücken" inspiriert. Überall in Bosnien gibt es eine große Zahl von Moscheen, von denen mehrere in der islamischen Welt für ihre Architektur und künstlerische Austattung berühmt sind. Die Gazi-Husrev-Beg-Moschee in Sarajevo gilt als eine der größten auf dem Balkan und wurde 1898 als erste mit elektrischem Licht versehen. Die „Bunte Moschee" in dem winzigen Städtchen Foča an der Drina gehört in diese Reihe. Auch soziale Einrichtungen, die von den einheimischen Begs geschaffen wurden, zum Beispiel die öffentlichen Badehäuser (Hamam), blieben oft jahrhundertelang bestehen, ebenso eine Reihe von Koran-Schulen („Medresen"). Einer der berühmtesten dieser Begs, eben Gazi Husrev (gest. 1541), hinterließ in Sarajevo unter vielen anderen wichtigen Bauten eine Art Armenküche (Imaret), die täglich aus eigener Küche und Bäckerei an die eigenen Angestellten, an die Schüler der nahe gelegenen Medresa, an Alte, Bedürftige und an mittellose Reisende Speisen verteilte.

Adam Olearius

Audienz beim Safawidenschah

[16. August 1637: Erste Audienz beim Persischen König.]
... Hinter dem Brunnen an der Wand saß der König an der Erden auff einem seiden Küssen, und hatte die Beine, als andere gemeine Perser über einander geschlagen, war ein Herr von 27. Jahren, wolgestalt, weiß und frisch von Angesichte, hatte, wie die Perser fast alle, eine erhabene habicht Nase, und einen kleinen schwartzen Knebel-Bart. Sein Habit, so von gülden Stück, war auch von der gemeinen art nicht abgesondert, ohne daß Er auff dem Mendil oder Kopffbund ein schön Kleinod mit einer Kranichsfeder trug, und über dem Kürdi oder über-Röckichen so sie ohne Ermel tragen, vom Halß herunter ein paar schwartze Zobeln hangen hatte, wiewol wir auch hernach bey andern grossen Herrn dergleichen Kürdi gesehn haben. Sein Sebel an der seiten funckelte von Gold und Edelgesteinen, hinter ihm lagen Bogen und Pfeil. Zur Rechten stunden 20. schöne junge Knaben, seine Pagen, sollen meist der Chanen und Sulthanen, so in den Provincien zu Gubernatoren gesetzt, Kinder, und theils verschnittene seyn, Deren einer sehr zart von Angesicht hatte einen Fecher oder Windweddel, so von einem Meerthiere, Maheri Kutâs genant, und auß Indien gebracht wird, sihet fast als ein Pferdeschwantz, mit welchem Er dem Könige die Lufft kühlete. Neben den Pagen befand sich der Meheter oder Cammerdiener. Vor dem Könige stunden von ferne der Eischik agasi baschi oder groß-Marschall, hielt einen mit Golde gantz überzogenen Stab, so oben einen grossen runden Knopff hatte, in der Hand. Zur Lincken des Königes ohngefehr 4. Schritte saß der ReichsCanceler, welchen sie Ehtemad döwlet nennen; und dann die Chanen oder Fürsten des Königes Beysitzer nach einander. Forn im Eintritt dieses Saals sassen zur Lincken Arabische Gesandten,

und neben diesen der Russische Poßlanik, Alexei Sawinowitz, besser hinunter aber die Musicanten.

Als unsere Gesandten von etlichen genötiget hinauff tratten, giengen der Fürst Tzanichan Kurtzibaschi, dessen oben im Sijaret gedacht worden, und Aliculibek, Diwanbeki jhnen entgegen, ergrieffen sie bey den Armen, und führten einen nach den andern zum Könige. Dieses Armgrieffen, so die Führer mit beyden Händen verrichten, und bey allen Gesandten daselbst üblich, sol neben erweisung hoher Ehre gegen die Gesandten auch zur versicherung des Königes gemeinet seyn, wenn etwa, wie zur Zeit Schach Abas in einer Türckischen Legation sol geschehen seyn, eine Conspiration obhanden were. Ich halte daß umb ebenmessiger Ursach der König jhm nicht die Hände, sondern frembden Herrn das Knie, und den Unterthanen den Fuß zu küssen darreichet.

Unsere Gesandten in dem sie vor dem König kamen, neigten sich mit gebürender Reverentz: Der König hingegen gab jhnen mit frölichen Gebärden einen freundlichen Winck. Darauff wurden sie alsbald zur seiten geführet, und neben den Chanen oder Fürsten auff niedrige Stüle gesetzet. Funffzehn der fürnembsten des Comitats wurden auch auff selbigem Saal zusitzen genötiget, die Pagen aber unnd andere Völcker ausserhalb des Gemaches, neben 13. köstlich außgeputzten Täntzerinnen, so mit offenen Angesichtern auff Tapeten sassen. Diese sollen nicht, wie etliche der unserigen vermeinten, und auffgezeichnet hatten, des Königes bestelte Täntzerinnen, sondern gemeine, aber die fürnembsten Huren der Stadt gewesen seyn, welche dem Könige jährlichen Tribut geben und auffwarten müssen, die zwo jüngsten, welche die schönsten, solten, wie sie sagten, jegliche umb einen Nachtdienst vor einen Tumain, zuerhandeln gewesen seyn. Als die Gesandten ein wenig gesessen, ließ der König durch den Marschall nach den Namen des Herrn, der Sie außgeschickt, und was ihr Begehren were fragen, Als sie gebürender massen in Antwort sich darauff vernehmen lassen, erhoben sie sich beyde neben den Dolmetsch, zu dem Könige, überreichten mit einen kurtzen Sermon, weil es nicht der Gebrauch für dem Könige lange zu perorïren, J. H. F. Gn. Credential Schreiben, welche der ReichsCanceler entgegen nam, darauff wurden sie wieder zusitzen genötiget, und durch den Wakaae nuis oder Cammer-Secretarium berichtet; Daß der Schach die Credential Schreiben wolle übersetzen lassen, und nach der Gesandten beliebung anderweit fernere Audientz ertheilen, jtzo solten sie sich nur lustig erzeigen. Darauff wurden die Praesenten nach einander vorgetragen, und in die SchatzCammer, so im Eingehen zur rechten Hand des Diwanchanae, gesetzet. Mitlerweile wurde die Taffel, welche war der gantze Saal ringsherumb für allen Gästen mit Confect und Obst besetzet. [...]

Die Malzeit wurde in aller stille ohne Discourse zugebracht. Der König selbst redete nur 3. oder 4. mahl mit dem Ehhtemad döwlet, und zwar wenig. In folgenden Audientien und Taffelhalten aber hatte der König sich mit unsern Gesandten in gar freundliche und lieberale Gespräche eingelassen. Sie hatten gleichwol unter der Malzeit sonst ihre Lust an der Music und etlichen Schawspielen. Die Instrumente in der Königlichen Music waren Handpaucken, Pfeiffen, heimliche Schalmeyen, Lauten, und Geigen, darein sang der Handpaucker in unsern Ohren gar einen jämmerlichen Thon. Die obgedachte Täntzerinnen sprungen auff eine seltzame manier lustig herumb. Item etliche wolgeübte Ringer liessen ihre Kunst und Behendigkeit gleich denen zu Kaßwin mit feinen lectionen sehen.

In dem dieses alles vorgieng, hatten sie hinter den Gesandten in einer Thür, so in ein absonderlich Gemach gieng, und mit einer Gardine behänget war, einen Perser, welcher der Portugalischen und Italienischen Sprache kündig, verstecket, umb zuhören was doch die Gesandten unter sich und mit ihrem Dolmetsch redeten, und was ihr judicium von den Persern. Dann unser Dolmetsch war ein Portugalischer Augustiner Münch Namens Pater Joseph â Rosario, (sonst ein frommer, verständiger, williger und freundlicher Mann, seines Alters von 40. Jahren) welcher durch 24. jährige Conversation unter den Persern, dero Natur, humor, Leben und Thun wolerlernet hatte, und daher uns gute Dienste leisten kunte. Dieser redete mit den Gesandten L. Crusio in Lateinischer, und mit Herrn Brügman in Portugesischer Sprache. Als ohngefehr bey anderthalb Stunden das Essen gestanden, wurde die Taffel auffgehaben, und warm Wasser zum Handwaschen auß einer Schenckkannen herumb gegeben. Dann rieff der GroßMarschall auff Türkisch:

> Sufre Hakine, Schahe dövvletine,
> Kasiler kuvvetine, Alla dielum.

Ist so viel gesaget:

> Gott vergelte diese Malzeit, vermehre des
> Königes Güter, und mache starck dessen Soldaten
> (oder Diener) Gott, ich begehre (oder wündsche) es.

Darauff fiengen die andern alle an. Alla, Alla, Gott, Gott (gebe es).

Heinrich Bergstresser/Sibylle Pohly-Bergstresser

Islamische Reiche südlich der Sahara

Lange bevor die Botschaft des Propheten Mohammed im 7. Jh. die nordafrikanische Mittelmeerküste erreicht hatte und die Araber die Atlantikküste eroberten, blühten in der Region des Tschadsee die südlichsten Marktzentren des Transsahara-Handels. Die Karawanen, beladen mit Kolanüssen und Elfenbein, zogen schon damals nordwärts durch den Fezzan nach Tripolis und ostwärts durch das Darfur nach Nubien und Ägypten. Von dort aus kamen Pferde,

Kupfer und Salz zu den Märkten im Nordosten Nigerias. Aus diesen Handelszentren am Tschadsee entwickelte sich im 9. Jh. das Reich Kanem-Borno, das in einer rund 800jährigen Expansionsphase die Geschicke dieser Region bestimmte und die wirtschaftlichen und kulturellen Beziehungen zu den Völkern am östlichen Mittelmeer und am Nil förderte.

Die Herrscher von Kanem-Borno waren die ersten, die im 11. Jh. zum Islam übertraten. Sie spielten damit eine wichtige Rolle für die Verbreitung dieser Religion in Nigeria und der Tschadsee-Region. Die Karawanen im Transsahara-Handel versorgten aber nicht nur die Märkte mit Gütern, sondern brachten auch Gelehrte, die in den Handelszentren den Islam predigten. Immer mehr Herrscher traten dieser neuen Religion bei, die nicht nur das Seelenheil versprach, sondern sich auch so vorzüglich zur Organisation von Staat, Gesellschaft und Diplomatie eignete, ohne die kulturelle Identität der Menschen zu zerstören.

Westlich des Reiches von Kanem-Borno waren zwischen dem 11. Jh. und 14. Jh. die Hausa-Staaten entstanden, kleine souveräne Einheiten mit Stadt- und Handelszentren. Kano, Katsina, Daura, Zaria und Gobir waren eingebunden in den Transsahara-Handel mit Kanem-Borno, Mali und Marokko und nahmen zugleich eine Schlüsselposition im Handel mit Südnigeria ein. Eine ähnliche Rolle spielten auch die im Middle Belt gelegenen Reiche der Jukun, Borgu, Igala und Nupe.

Der nordafrikanische Handelsreisende Hassan Ibn Muhammed, uns besser bekannt als Leo Africanus, hat bereits zu Beginn des 16. Jh.s ausführlich über Menschen, Märkte und islamische Zentren in den geschäftigen Hausa-Staaten berichtet.

Wirtschaftliche Macht und politischer Einfluß der einzelnen Hausa-Staaten wechselten in den folgenden Jahrhunderten. Interne Machtkämpfe und gegensätzliche Interessen im Handel und in den Beziehungen zu den Nachbarstaaten ließen allerdings nie die Entstehung eines einzigen mächtigen Hausa-Reiches zu. Dennoch blieben die Hausa-Staaten mit ihrer kreativen, produktiven Stadtkultur und dem landwirtschaftlich genutzten Hinterland lebendige und stabile Zentren im politischen und wirtschaftlichen Kräftespiel der Macht zwischen Savanne und Wüste.

Ibn Baṭṭūṭa

Reise nach Mālī

Als ich beschlossen hatte, nach Mālī zu reisen, das von Īwālātin 24 gute Tagereisen entfernt ist, warb ich einen Führer unter den Massūfa an. Es besteht keinerlei Notwendigkeit, in Gruppen zu reisen, weil diese Route sicher ist. Ich brach mit drei Gefährten auf. [...]

So setzte ich, als ich zu dem erwähnten Fluß kam, mit der Fähre über, ohne daß mich jemand daran gehindert hätte, und kam in der Stadt Mālī an, in der der König der Schwarzen residiert. Ich stieg beim Friedhof ab, ging ins Viertel, das von den Weißen bewohnt wird, und wandte mich an Muḥammad al-Faqīh, der für mich ein Haus gemietet hatte gegenüber dem seinen. Dorthin begab ich mich. [...]

Der Herrscher von Mālī ist Mansa Sulaymān. Mansa bedeutet Sultan und Sulaymān ist sein Name. [...]

Nach dieser gastlichen Aufnahme wohnte ich zwei Monate in Mālī, ohne daß eine Botschaft von seiten des Sultans mich erreichte. Es begann der Monat Ramaḍān. In dieser Zeit ging ich häufig zum Ort der Ratsversammlung, grüßte den Sultan und setzte mich zum Richter und zum Prediger. Dabei sprach ich mit Dūghā, dem Dolmetscher. Der sagte mir: „Sprich mit ihm und ich werde das Notwendige erklären." Im ersten Ramaḍān-Drittel hielt der Herrscher nun eine Sitzung. Ich erhob mich vor ihm und sagte zu ihm: „Ich habe die Länder der Welt bereist und ihre Könige aufgesucht. Jetzt bin ich schon seit vier Monaten in Deinen Ländern, und Du hast mich nicht gastlich behandelt und mir nichts geschenkt. Was soll ich den [anderen] Königen erzählen?" Er antwortete: „Ich habe Dich nicht gesehen und nichts von Dir erfahren." Da erhoben sich der Richter und ibn al-Faqīh und erwiderten ihm: „Er hat Dich gegrüßt, und Du hast ihm Lebensmittel geschickt." Darauf befahl der Sultan, mir ein Haus zur Verfügung zu stellen, in dem ich wohnen könne, und für meinen Lebensunterhalt zu sorgen. In der Nacht des 27. Ramaḍān verteilte der Sultan an den Richter, den Prediger und die Rechtsgelehrten Geld, das sie als az-Zakāt bezeichnen. Er gab mir, ebenso wie ihnen, 33⅓ Mithqāl sowie bei meiner Abreise noch einmal 100 Mithqāl Gold.

4. Wirtschaft und Gesellschaft

Johannes Reissner

Zinsverbot und Armensteuer

Der Koran (2:275) spricht ein ausdrückliches Zinsverbot aus. Daß dennoch in der muslimischen Gesellschaft die Praxis des Zinsnehmens, sei es durch Anwendung von Rechtskniffen (arab. *ḥiyal* von sing. *ḥīla*) oder dadurch, daß nichtmuslimische Minderheiten die Zinsgeschäfte führten, geübt wurde, ist bekannt. Zur Frage der Gültigkeit von Zinsen im modernen Bankwesen gibt es zwei Positionen. Liberale Muslime wie etwa der Pakistaner Fazlur Rahman meinen, daß mit dem koranischen Terminus *ribā* nicht die relativ geringen Zinsen heutiger Banken, sondern nur der Wucher gemeint sei. Doch die überwiegende Ansicht, die gerade in den letzten Jahren an Boden gewonnen hat, ist, daß mit *ribā* jegliche Art von Zins gemeint ist. Seit einigen Jahren bestehen einige wenige islamische, d. h. ohne Zinsen arbeitende Banken, von denen die Islamische Entwicklungsbank die größte und bekannteste ist. An die Stelle von Zinsnahme tritt bei den islamischen Banken die Regelung, daß der Geldgeber an Gewinn und Verlust wirtschaftlicher Unternehmen, in die die Bank investiert, gleichermaßen beteiligt wird.

Interessant ist, daß die von der Botschaft der Islamischen Republik Iran in Bonn herausgegebene deutsche Übersetzung der neuen Verfassung in den entsprechenden Artikeln (43,5 und 49), die von der unrechtmäßigen Aneignung handeln, nicht von Zins, sondern von Wucher spricht. Im Zusammenhang mit der Gründung einer islamischen Bank in Teheran im Winter 1979 zeigt dies, daß man sich wohl den Weg für beide Arten von Banken offen halten will. [...]

Zu einem weiteren wichtigen Aspekt kapitalistischen Wirtschaftens, dem Versicherungswesen, besteht bei heutigen Theoretikern islamischer Wirtschaftslehre kaum Einigkeit. Was Versicherungsverträge in den Augen der Muslime suspekt erscheinen läßt, sind ihre Ähnlichkeit mit Zinsnahme, bewußtem Eingehen eines Risikos oder dem Glücksspiel sowie ihre Unvereinbarkeit mit der Glaubensforderung des Gottvertrauens (arab. *tawakkul*). Taqī ad-Dīn an-Nabhānī hat in seinem Werk *Die Wirtschaftsordnung im Islam* Versicherungsverträge jeglicher Art für verboten erklärt, weil sie nicht den Erfordernissen, die die *sharīʿa* an einen Vertrag stellt, entsprächen. Muṣṭafā az-Zarqā hingegen, ein ehemals führendes Mitglied der Muslimbrüder Syriens und im Jahre 1956 syrischer Justizminister, soll einer Artikelserie über das Versicherungswesen in der libanesischen Zeitschrift *al-Īmān* im Frühjahr 1979 zufolge Versicherungen als erlaubt erklärt haben, da es Verträge der gegenseitigen Hilfe und der Solidarität seien, dies aber vom islamischen Recht ausdrücklich gefordert werde. Der Autor der Artikelserie läßt dieses Argument jedoch nicht gelten, erklärt aber Sozialversicherungen in den Ländern, wo sie Pflicht seien, als rechtmäßig, da der Muslim der Obrigkeit zu gehorchen habe. Hier äußert sich der Widerstreit zwischen einer exakten Befolgung der *sharīʿa* und der Anerkennung der Tatsache, daß einige der von Europa übernommenen Praktiken den der *sharīʿa* unterstellten Geist und ihre Ziele bis zu einem gewissen Maß besser erfüllen als die buchstabengetreue Anwendung ihrer Regeln.

Den Verboten bestimmter Praktiken kapitalistischen Wirtschaftens stehen eine Reihe von Geboten gegenüber, von denen das wichtigste das der *zakāt* ist, die zu den fünf grundlegenden Pflichten eines jeden Muslims gehört. Es überwiegt die Ansicht, daß sie nicht nur ein Almosen, sondern eine jährlich zu entrichtende Steuer sei, deren Zahlung zu den *ʿibādāt,* d. h. den Pflichten Gott gegenüber, gehört und von jedem Muslim zu leisten ist *(farḍ al-ʿain).* Nur über die Frage, ob sie auch von Geisteskranken zu entrichten sei, besteht bei den einzelnen Rechtsschulen ein Meinungsunterschied. Nach islamischem Recht hat der Muslim für Feldfrüchte, Trauben und Datteln zehn Prozent, im Falle künstlicher Bewässerung fünf Prozent *zakāt* zu zahlen; für Kamele, Ziegen und Schafe bestehen recht komplizierte Regeln, für Gold, Silber und Handelsware werden zweieinhalb Prozent an *zakāt* erhoben. Die Staatskasse (arab. *bait al-māl*) verwaltet das eingenommene Geld, auf das laut Koran (9:60) folgende Personenkreise Anspruch haben: (1.) Die Armen und Bedürftigen. Damit sind diejenigen gemeint, die überhaupt kein Einkommen haben, und diejenigen, deren Einkommen nicht ausreicht. (2.) Diejenigen, die die *zakāt* einsammeln und verwalten. (3.) Zur „Gewinnung der Herzen", womit sowohl gemeint ist, Geld von der *zakāt* an Ungläubige zu geben, um ihnen ihren Übertritt zum Islam zu erleichtern, als auch, es an Muslime zu geben, damit sie sich in ihrer Religion bessern. (4.) Zum Freikauf von Gefangenen oder Sklaven. (5.) Verschuldete, die zur Bezahlung ihrer Schulden nicht in der Lage sind, und zwar vor allem aufgrund von Unglücksfällen oder Naturkatastrophen. (6.) Die für den Islam streiten, und (7.) Reisende, denen Schutz und Unterstützung gewährt werden muß.

Einige dieser Kategorien sind sehr weitgehend interpretiert worden. Nicht nur die Vorwegnahme eines modernen Sozialstaates haben muslimische Apologeten in ihr gesehen, sondern sie geradezu als Inkarnation des Ideals sozialer Gerechtigkeit, die der Islam verwirkliche, gepriesen. Doch dies ist nur Rhetorik, wie das Beispiel Saudi-Arabien zeigt, wo die *zakāt* gesetzlich vorgeschrieben ist. Die Diskussion um die Wiedereinführung der *zakāt* in Pakistan hat deutlich gemacht, daß die einzelnen *zakāt*-Bestimmungen nur in den allgemeinen Darstellungen islamischer Wirtschaftslehre klar und eindeutig sind. Außerdem bedeutet eine Wiedereinführung der *zakāt* eine Hervorhebung des Unterschieds von Muslimen und Nichtmuslimen, da *zakāt* nur von Muslimen gezahlt werden kann.

Neben der rechtlichen Pflicht zur Zahlung der *zakāt* besteht noch die religiös-moralische Pflicht zur Vergabe von Almosen (arab. *ṣadaqa*). Vers 177 der zweiten Sure des Korans macht deutlich, daß den Verwandten, Waisen, Armen, Reisenden und denen, die darum bitten, Geld zu geben ebenso zur Frömmigkeit des Muslim gehöre wie der Glaube an Gott, das Jüngste Gericht, die Engel und den Koran sowie die Verrichtung des Gebets und die Zahlung der *zakāt*. Auch das Almosen wurde als wesentlicher sozialer Zug des Islams angepriesen, und viele, die von einem „islamischen Sozialismus" sprachen, haben sich den Vorwurf des „Almosensozialismus" gefallen lassen müssen.

zakāt und Almosen werden von Muḥammad al-Mubārak wie schon zuvor von Muṣṭafā as-Sibāʿī als Institutionen der „gegenseitigen sozialen Verantwortung" *(at-takāful al-iǧtimāʿī)* behandelt. Auch die frommen Stiftungen rechnet er dazu und hebt die Stiftungen zu Errichtung von Schulen, Kranken- und Waisenhäusern hervor. Ferner wird die *kaffāra*, d. h. die Ausgleichszahlung für eine Sünde, bei der keine andere Person einen Rechtsanspruch hat (wie z. B. beim Fastenbrechen) und welche zumeist in der Speisung von Armen besteht, als soziale Einrichtung des Islams beschrieben. Schließlich wurde in diesem Sinn auch das islamische Erbrecht interpretiert – es sei erlaubt, ein Drittel des Besitzes für gute Werke zu vererben, schreibt Muṣṭafā as-Sibāʿī – und die koranische Bestimmung, daß von der Kriegsbeute ein Fünftel an den Propheten und die Waisen und Armen zu geben sei, wurde als einzigartig in der Welt hervorgehoben.

Edgar Hösch

Wirtschaft und Handel auf dem Balkan in osmanischer Zeit

Die gängige Vorstellung von einem ruinösen Umbruch in der gesellschaftlichen und wirtschaftlichen Entwicklung der

Balkanvölker paßt heute nicht mehr in das Bild, das die moderne Forschung von den Auswirkungen der Türkenherrschaft in Südosteuropa gewonnen hat. Den osmanischen Herrschern mangelte es durchaus nicht an Einsicht in globale wirtschaftliche Zusammenhänge. Schon aus fiskalischen Rücksichtnahmen mußte ihnen an einer Erhaltung und Förderung der Wirtschaftskräfte des Landes gelegen sein. Die verfügbaren demographischen Daten signalisieren in der Tat noch für das 15. Jahrhundert einen kontinuierlichen Anstieg der städtischen Bevölkerung, an dem die christlichen Untertanen in gleicher Weise beteiligt waren wie die Moslems. Im Verlaufe des 16. Jahrhunderts verdoppelte sich die Einwohnerzahl der osmanischen Balkanstädte. Dieser Vorgang, der auf eine gezielte Siedlungspolitik und eine wachsende Prosperität von Handel und Gewerbe hindeutet, war begleitet von einem prozentualen Anstieg des muslimischen Bevölkerungsanteils vornehmlich in den größeren und strategisch wichtigen Ansiedlungen. Nur in Ausnahmefällen bildete sich ein rein muslimischer Stadttyp heraus (so das 1462 gegründete Sarajevo). Selbst in der Reichshauptstadt Istanbul, die durch den Exodus der christlichen Bewohner unmittelbar nach der osmanischen Eroberung weitgehend entvölkert war, hielten sich Muslime und Christen bzw. Juden schon zu Ende des 15. Jahrhunderts wieder nahezu die Waage. [...] Trotz einer teilweise forcierten Ansiedlungspolitik zugunsten türkischer Bevölkerungselemente blieben die Muslime in den einzelnen Provinzen der Balkanhalbinsel bis zum Zusammenbruch des Osmanischen Reiches in der Minderheit. [...]

Der Sieg des Islam in Südosteuropa hat vornehmlich den traditionellen Führungsschichten der christlichen Balkanvölker – dem Adel – die Existenzgrundlage entzogen. Sie hatten auf den zahlreichen Schlachtfeldern einen hohen Blutzoll zu entrichten. Unter den Überlebenden zogen viele die Flucht über die Grenzen einem ungewissen Schicksal im Machtbereich des Sultans vor. Von Renegaten abgesehen fanden sie im islamischen Militärsystem nur in Ausnahmefällen während der Übergangszeit als christliche Spahis einen angemessenen Platz.

Die christliche Landbevölkerung und insbesondere die städtischen Handwerker und Händler waren in ihrer Umstellung auf die neuen machtpolitischen Gegebenheiten weniger durch vergleichbare Anpassungsschwierigkeiten belastet. Die veränderten Rahmenbedingungen eines Herrschaftsverbundes, der einen Großteil der Balkanhalbinsel zu einem einheitlichen Wirtschaftsraum zusammenschloß, blieben nicht ohne günstige Auswirkungen auf das ökonomische Gesamtgefüge. Handel und Gewerbe profitierten von den großräumigen Verbindungen der einzelnen Wirtschaftsregionen und von dem Nachfragestoß, der vom Sultanshof und den vielfältigen Bedürfnissen einer wachsenden städtischen Bevölkerung ausging. Dabei sahen sich die Zentralbehörden schon aus praktischen Erwägungen heraus, um die Finanz- und Wehrkraft des Reiches und die schwierige Versorgung der großen städtischen Zentren dauerhaft zu sichern, zu weitgehenden Eingriffen in das Marktgeschehen veranlaßt. Von seiner theokratischen Struktur her war der osmanische Staat von Anfang an auf eine starke Zentralisierung und Bürokratisierung hin angelegt. Das Ergebnis war eine kleinliche Reglementierung sämtlicher relevanter Vorgänge im Wirtschaftsgeschehen des Reiches bis hin zu zunftmäßigen Organisationen einzelner Gewerbezweige, strengen Preisvorschriften und Staatsmonopolen bei wichtigen Handelsgütern (z. B. Salz). [...]

Die aktive Förderung von Handel und Gewerbe, die Zurückdrängung unbequemer ausländischer Konkurrenz (insbesondere die schrittweise Auflösung des von den italienischen Seestädten aufgebauten Handelsimperiums), die räumliche Erweiterung des Binnenmarktes und die von äußeren Eingriffen weithin ungestörte wirtschaftliche Gesamtentwicklung, die der osmanische Militärstaat in den Anfangsjahren garantierte, ermunterten die christlichen Balkanvölker zu eigenen Aktivitäten. Die sich bietenden Möglichkeiten sind in den einzelnen Regionen unterschiedlich genutzt worden. Im günstigsten Falle ergaben sich tragfähige Grundlagen für die wirtschaftliche Prosperität kleinerer gesellschaftlicher Gruppen und Anstöße für soziale Differenzierungsprozesse mit weitreichenden Konsequenzen. Herausragende Beispiele wirtschaftlichen Unternehmungsgeistes unter den Balkanvölkern in osmanischer Zeit sind jene griechischen Reeder- und Unternehmerfamilien auf den küstennahen Ägäisinseln, die mit diplomatischem Geschick und Geschäftssinn die sich im ost-westlichen Seeverkehr anbietenden Gewinnchancen zu nutzen wußten und eigene Handelsflotten ausrüsteten. Nach einer Aufstellung vom Jahre 1764 verfügten die Ägäisinseln über insgesamt 615 Schiffe mit einer Gesamttonnage von 153 580 Tonnen und einer Besatzung von 37 526 Mann. Hauptbasen dieser griechischen Schiffe, die im 18. Jahrhundert zumeist unter fremder (russischer) Flagge segelten, waren die „Schifferinseln" Hydra, Spetsai und Psara, die Kykladeninseln Andros, Skopelos, Thera und Mykonos stellten davon 129 Schiffe. Auf dem Festland gewannen ebenfalls im 18. Jahrhundert überregionale wirtschaftliche Bedeutung die Textilstädte Westmazedoniens (Naoussa) und Thessaliens, allen voran Ambelakia, das mit seiner begehrten „Türkisch-Garn"-Produktion und Spezialerzeugnissen der Türkischrot-Färberei die gesamte Mittelmeerwelt und europäische Abnehmer belieferte. Die Bewohner hatten für Erzeugung, Verarbeitung und Vertrieb ihrer Textilerzeugnisse vielbeachtete Organisationsformen auf genossenschaftlicher Basis entwickelt, die das doch erhebliche finanzielle Risiko einzelner Unternehmerfamilien auf mehrere Schultern verteilten. Noch heute sind prachtvolle, architektonisch aufwendig gestaltete Bürgerhäuser in Ambelakia, Kastoria, Kozane, Siatista, Veroia u. a. aus dem 17. und 18. Jahrhundert beredte Zeugnisse einer vergangenen wirtschaftlichen Blütezeit dieser Region.

Pierre Vilar

Das Gold des Orients

Das Gold des Westens war schon zur Zeit der Blüte des Römischen Reiches durch den Kauf kostbarer Güter (Seide, Gewürze) nach Osten abgeflossen. Die Schätze der Ptolemäer und der Seleukiden, die von Rom geraubt worden waren, gelangten so auf dem Handelsweg in ihr Ursprungsland zurück.

Auf ähnliche Weise wurde Byzanz vom Perserreich der Sassaniden geschröpft, die das Gold horteten und das Silber in Umlauf brachten.

Während das Gold von den orientalischen Städten gehortet wird, kann Byzanz, jedenfalls solange es Kleinasien und Ägypten beherrscht, dank der Minen von Nubien (Oberägypten) den Goldsolidus in seinem ursprünglichen Wert von 72 *solidi* auf ein Pfund Gold beibehalten. Der *solidus* bleibt im Griechischen das *nomisma,* d. h. die Münze schlechthin.

Dann setzte im Jahre 640 die moslemische Invasion ein, die nacheinander Persien, Syrien, Ägypten und Mesopotamien erreicht, später den Maghreb, Spanien und Süditalien. Der Kalif Abd-el-Malik läßt 694 Goldmünzen nach dem Vorbild des *solidus* fertigen, aber mit islamischen Inschriften: Suren aus dem Koran.

Dieser moslemische Gold-Dinar mit seiner Untereinheit aus Silber, dem Dirhem, tritt von nun an in Konkurrenz zum Besant, wie der byzantinische *solidus* im Westen hieß. Aber im Westen wird der ‚Dinar' häufig *mancus* genannt, ein Wort, dessen Ursprung umstritten ist, das aber von *mangoucha* zu kommen scheint, einer Münze, die in schönen Prägungen geschlagen wurde. Die Schönheit der Schriftzeichen scheint das Ansehen der moslemischen Goldmünzen noch erhöht zu haben. Von dem Zeitpunkt an, als es mehrere Kalifate gab, prägte man, gleich ob in Bagdad, in Corboda oder in Kairo, Gold.

Woher stammte dieses moslemische Gold? An erster Stelle ist seine nichtökonomische Herkunft zu nennen: Plünderung der persischen Schatzkammern, der syrischen Kirchen, der ägyptischen Gräber. Eine zweite Quelle sind die Minen von Nubien, schließlich und drittens entstammt es dem „Gold der Karawanen", Goldkörnchen aus den Flüssen des Sudan und Ghanas, das quer durch die Sahara nach Ägypten und in den Maghreb kam. Dieses „Gold der Karawanen" ist insbesondere auch die Geldquelle der Almoraviden, die von Marokko her in Spanien einfielen. Ihr *morabitino* wurde zum *maravedi,* dem späteren kastilischen Rechengeld.

Lange Zeit kann dieses Gold weit im Mittelmeerraum zirkulieren, denn die Moslems halten die spanischen Küsten, die Balearen, Sizilien und Süditalien besetzt. Der alte Strom, der Gold aus dem Westen gegen die Luxusprodukte des Orients in den Osten des Mittelmeeres fließen läßt, geht also weiter.

Aber auch der rückständige Westen wird von diesem Handels- und Geldkreislauf erfaßt. Die Moslems kaufen im Westen Zinn, Waffen, Pelze, vor allem auch Sklaven. Aber das moslemische Gold, mit dem diese Käufe bezahlt werden, kehrt schnell über Byzanz in den Orient zurück, denn mit ihm werden die Luxuskäufe der abendländischen Oberschicht (Kirche, Lehnsherren) bezahlt. Zwei Routen gibt es dafür: den Weg über Italien, der den Wohlstand Amalfis im Süden und den Venedigs im Norden begründet, und den Weg durch die Steppen, der von Skandinavien zum Schwarzen Meer führt.

Yāqūt

Im Goldland al-Tibr

Al-Tibr. Eines der Länder der Schwarzen, bekannt unter dem Namen al-Tibr. Von dort stammt das pure Gold. Es [al-Tibr] liegt südlich des Maghrib.

Die Kaufleute pflegen von Sidschilmāsa zu einer Stadt im Grenzbereich [des Landes] der Schwarzen zu reisen, die sie Ghāna nennen. Sie sind versehen mit Salz und Pinienholz; letzteres gehört [zu der Art von] Holz, aus dem Pech gewonnen wird, es hat jedoch keinen üblen Geruch, sondern neigt eher zu einem aromatischen Duft als zu einem Gestank. Weiter [haben sie bei sich] blaue Glasperlen und Armreife aus rotem Kupfer sowie Reife und Ringe, die aus reinem Kupfer sind. Sie beladen mit ihren Waren schöne und starke Kamele. Dann nehmen sie Wasser auf im Land der Lamtūna, welche die Verschleierten sind und zu den Berbern des Maghrib gehören. Wenn sie weiterreisen, treffen sie auf verdorbenes und schädliches Wasser, das keine der [üblichen] Eigenschaften von Wasser hat außer der der Flüssigkeit. Sie nehmen [also] im Land der Lamtūna Wasser auf, trinken es und tränken ihre Kamele. Sobald man [aber] zum ersten Mal davon getrunken hat, ändert sich die Konstitution, und man wird krank, besonders dann, wenn man nicht daran gewöhnt ist. Schließlich erreichen sie Ghāna nach ungeheuren Anstrengungen. Dort halten sie sich [eine gewisse Zeit] auf und erholen sich. Dann nehmen sie Führer und große Wasservorräte mit sich. Auf die Reise nehmen sie erfahrene Leute und Mittelsmänner mit, damit diese Verbindungen knüpfen zwischen ihnen [den Kaufleuten] und den mächtigen Männern von al-Tibr. Auf ihrem Weg kommen sie durch Wüsten, in denen die Samūm-Winde das Wasser in den Schläuchen austrocknen. Sie überlegen sich dann, auf welche Weise sie es darin halten können, um zu überleben. Und zwar lassen sie einige Kamele unbeladen, machen sie Tage und Nächte [lang] durstig, bevor sie Wasser erhalten und tränken sie dann im Überfluß, bis ihr Inneres angefüllt ist [mit Wasser]. Dann führen die Kameltreiber sie [die Kamele]. Wenn der Inhalt der Schläuche vertrocknet ist und sie Wasser brauchen, schlachten sie ein Kamel und überleben durch das Wasser in seinem Magen. Dann beschleunigen sie die Reise, bis sie zu einer anderen Wasserstelle gelangen, füllen dort ihre Schläuche und reisen unter Mühen und Anstrengungen weiter, bis sie zu dem Ort gelangen, der sie von den Leuten von al-Tibr trennt. Wenn sie angekommen sind, schlagen sie riesige Trommeln, die sie bei sich haben und die bis zum Horizont dieses Teils des Landes der Schwarzen zu hören ist. Man sagt, diese [die Schwarzen] leben in Verstecken und Höhlen unter der Erde, sind nackt und kennen, wie Tiere, keinerlei Kleidung, obwohl diese Leute nicht zulassen, daß ein Kaufmann sie [die Sklaven, die das Gold fördern] jemals zu Gesicht bekommt. Sobald die Kaufleute wissen, daß sie [die Schwarzen] die Trommel gehört haben, holen sie die mitgebrachten Waren heraus, und jeder Kaufmann stellt seine Waren [an einem bestimmten Platz] zurecht, jede Art an eine eigene Stelle. Dann entfernen sie [die Kaufleute] sich eine Tagesreise weit. Darauf kommen die Schwarzen. Sie haben Gold dabei und legen neben jede Art von Waren eine [bestimmte] Menge Goldes, danach entfernen sie sich. Nun kommen die Kaufleute zurück, und jeder einzelne nimmt, was neben seinen Waren an Gold liegt. Sie lassen die Waren zurück und ziehen ab, nachdem sie ihre Trommeln geschlagen haben.

Leonhard Harding

Sokoto – ein islamisches Staatswesen im Sahel

Eine besondere Entwicklung, die auf dem afrikanischen Kontinent ohne Beispiel ist, hat sich im 19. Jahrhundert im westlichen Sudan durchgesetzt: die Entstehung islamischer Großreiche. In Westafrika hatten in früheren Jahrhunderten schon islamische Reiche floriert, so die Reiche Ghana (700–1200), Mali (1200–1500) und Songhai (1350–1600). Aber das letzte von ihnen wurde in den letzten Jahren des 16. Jahrhunderts von marokkanischen Truppen zerstört. Gegen Ende des 18. Jahrhunderts traten im westlichen Sudan erneut islamische Reformbestrebungen mit gesellschaftlich und politisch revolutionierender Stoßrichtung auf. Aus ihnen ging eine Reihe von Staatsgründungen hervor, von denen das nach islamischen Staatsvorstellungen aufgebaute Kalifat von Sokoto im Norden des heutigen Nigeria die wichtigste und bekannteste war.

Das Kalifat war von Usma dan Fodio, einem Gelehrten und weit bekannten islamischen Wanderprediger, und von mehreren anderen gebildeten Moslems in einem großangelegten „jihad“, dem heiligen Krieg der Moslems gegen die Ungläubigen, in den ersten Jahren des 19. Jahrhunderts gegründet worden. Der Ansatzpunkt dieses Krieges war eine heftige Kritik an der herrschenden Schicht der verschiedenen Haussa-Staaten dieser Region gewesen, der man politische und ökonomische Diskriminierung der islamischen Herrschaft und Rechtsprechung vorwarf. Demgegenüber wollten die islamischen Gelehrten und Kriegsführer ein Staatswesen schaffen, das auf der Gleichheit aller, auf dem Respekt vor der Menschenwürde, auf einem einheitlichen, schriftlich fixierten Recht, dem islamischen Recht, und auf der Achtung Allahs und seines Vertreters, des Imam, aufbaute. Das Ergebnis war ein Großreich, das politische Stabilität und eine ungeahnte ökonomische Blüte erlebte, erst der britischen Waffentechnologie Ende des 19. Jahrhunderts weichen mußte und bis heute den Norden Nigerias kulturell prägt.

Das Besondere an der Entstehung, Entfaltung und Blüte dieses Staates war zunächst seine ideologische Basis, die zu einem erheblichen Teil für diese Stabilität verantwortlich war. So war die Spitze des politischen Systems, der Kalif, ideologisch legitimiert als das religiöse Oberhaupt aller Moslems der Region. An dieser Autorität nahmen auch die von ihm in den Einzelteilen des Reiches (den Emiraten) ernannten Emire und die Minister der Zentralregierung teil. Die herrschende Schicht bedurfte also zur Sicherung ihrer Macht in erster Linie der religiösen Loyalität der Gläubigen, nicht mehr verwandtschaftlicher Legitimierung, auch nicht mehr der Anwendung besonderer Ausbeutungs- oder Bereicherungspraktiken. In dieser Gesellschaft waren verwandtschaftliche Beziehungen als Ausgangspunkt politischer Legitimierung hinter Kriterien der Religion, der Bildung, der Kompetenz, aber auch hinter solche des gesellschaftlichen Ansehens zurückgetreten. Damit war der Weg frei für die Entfaltung ökonomischer und gesellschaftlicher Entwicklungsprozesse, die aus sich heraus das politische System nicht gefährden konnten, sondern im Gegenteil häufig stützten. So stellte etwa die Loslösung der richterlichen Gewalt von bestimmten Personen und ihre Übertragung auf bestimmte Institutionen, die an das schriftlich fixierte islamische Recht gebunden waren, eine gesellschaftliche und politische Weiterentwicklung dar, die der Stabilität des Staates zugute kam.

Diese politischen Rahmenbedingungen sowie die Befriedigung dieses streckenweise dicht besiedelten Großraumes ließen die Wiederbelebung des seit Jahrhunderten regen Fernhandels, seine erstaunliche Ausweitung im Laufe des 19. Jahrhunderts und seine Einbindung in ein größeres Wirtschaftssystem mit eigenem Produktions- und Verarbeitungsbereich zu. Auf diese Weise entstand ein Industriegebiet, in dem vor allem Baumwolle und Indigo produziert, zu Stoffen und Kleidungsstücken verarbeitet und vermarktet wurden. In den größten Städten dieses Reiches lebten nach Berichten des deutschen Afrikareisenden Heinrich Barth um die Mitte des 19. Jahrhunderts bis zu 50000 Menschen. Der Handel stellte für diese theokratische Herrschaftsform keine Bedrohung dar, da die herrschende Schicht ihre Legitimation und ihre Macht nicht vorwiegend aus Reichtum oder Kontrolle des Handels bezog. Im Gegenteil: Handel und Händler wurden vom politischen System ermuntert und keinen Beschränkungen unterworfen. Die ökonomische Basis der herrschenden Schichten lag entsprechend der religiösen Grundstruktur des Staates in vielfältigen, vom Islam vorgesehenen Abgaben der Gläubigen, in den Einkünften aus der Sklavenarbeit auf den großen Plantagen, in den regelmäßig zur Sklavenbeschaffung ausgerufenen kleineren „jihads“ gegen nichtunterworfene Völker und in den Erlösen des Sklavenhandels.

Weder die ökonomische Basis noch die gesellschaftliche Legitimierung dieser islamischen Herrschaftsform waren mit den Organisationsformen der Macht in den afrikanischen Königreichen vergleichbar; sie waren in weitaus geringerem Maße an bestimmte Formen ökonomischer Tätigkeit und an bestimmte gesellschaftliche Strukturen gebunden. Die Herrschaft war flexibler, vertrug, ja beschleunigte größere gesellschaftliche Differenzierung und Arbeitsteilung und war gleichzeitig durch die im Islam festgeschriebenen Prinzipien der Staatsführung zu größerer, personenunabhängiger Kontinuität fähig. Auch wenn ökonomisch ein erheblicher Teil der Staatseinnahmen aus nichtproduktiver Tätigkeit, aus dem Sklavenraub, stammte, war dieses Staatswesen mit seinen ökonomischen, gesellschaftlichen, politischen und ideologischen Strukturen stabil und entwicklungsfähig, jedenfalls weniger anfällig für Einwirkungen von außen als die übrigen Herrschaftsformen im Afrika des 19. Jahrhunderts.

Stefano Bianca

Die mittelalterliche islamische Stadt

Das städtische Leben spielte sich weitgehend nach den Regeln der Scharî'a ab, und die Treuhänder und Verwalter dieser Ordnung waren die Rechtsgelehrten (Ulamâs), aus deren Rängen die obersten Beamten der Stadt gewählt wurden, vor allem der Kadi (Richter) und der Muhtasib (Marktaufseher). Der Kadi war der oberste Vertreter der städtischen Gemeinschaft und für deren Wohl verantwortlich. Er war zugleich der Verwalter der ‚Güter toter Hand' (‚Waqf'), die durch fürstliche und private Stiftungen in den Besitz der Gemeinschaft übergegangen waren und aus dem die Wohlfahrtsbauten wie Moscheen, Koranschulen, Brunnenhäuser unterhalten wurden. Aus diesem Schatz konnte er auch dem Fürsten Beiträge für gemeinnützige Unternehmungen wie Pilgerzüge, Befestigung der Grenzen oder Verteidigungsausgaben entrichten, doch innerhalb der theokratischen Staatsform war er Gott allein und nicht dem Sultan Rechenschaft schuldig. In der Praxis konnte sich hier freilich ein subtiles Loyalitätsproblem ergeben, und der Kadi fand sich oft zugleich dem Druck der Bevölkerung wie jenem der Machthaber ausgesetzt und mußte dann zwischen beiden den Ausgleich suchen, was großes psychologisches Geschick im Umgang mit den Vertretern der Macht erforderte.

Der Muhtasib – eine islamische Version des römisch-byzantinischen Marktinspektors – war die rechte Hand des Kadi und hatte in dessen Auftrag als Hüter der öffentlichen Ordnung tätig zu sein. Wie kaum eine andere Figur des öffentlichen Lebens verkörperte er den Geist der islamischen Stadt, hatte er doch vertraut zu sein mit allen Regeln der Rechtskunde, aber auch mit allen Schlichen des Geschäftslebens. Seine Aufsicht erstreckte sich besonders auf das Münz- und Wechselwesen sowie auf die im Handel verwen-

Abb. 2. Marktbetrieb in der großen Nordsüd-Ader des alten Kairo, nach einem Stich aus dem 19. Jahrhundert von D. Roberts. Links und rechts Aufgänge zu den Portalen monumentaler mamlukischer Stiftungsbauten, wie Moscheen, Koranschulen und Mausoleen.

deten Maße und Gewichte, und seinen Einfluß verdankte er der Tatsache, daß die Vorstände der Berufsverbände, wenn sie auch von der Korporation selbst vorgeschlagen wurden, doch durch ihn ernannt oder beglaubigt werden mußten. Um den Gang des Gewerbelebens mit den Anforderungen der Scharī'a in Einklang zu halten, mußte er in enger Tuchfühlung mit dem Getriebe der Märkte bleiben und mögliche Auswüchse von vornherein beschneiden. Seine Anweisungen waren nicht eigentliche Gesetze, sondern präzise Anordnungen, die ganz nach der jeweiligen Situation und den jeweiligen Umständen getroffen wurden, um die allgemeinen Regeln des religiösen Rechtes zu wahren. Ebenso pragmatisch zeigte sich der Strafvollzug, der besonders wirksam war, wenn er nicht nur Bußen, sondern die persönliche Ehre ins Spiel brachte (ungenügende Produkte leichtfertiger oder betrügerischer Handwerker konnten öffentlich zur Schau gestellt werden). Überhaupt war es die vornehmste Aufgabe des Muhtasib, interne Konflikte (gegebenenfalls unter Hinzuziehung von Experten und Vertrauensleuten) an Ort und Stelle zu schlichten und nach Möglichkeit zu verhindern, daß Streitfälle vor den Kadi getragen werden mußten.

Der Verwaltungsapparat von Kadi und Muhtasib beschränkte sich auf eine Anzahl Schreiber, Notare, amtliche Zeugen und Aufseher, die ihren Standort meist in der zentralen Moschee oder in kleinen Anbauten davon hatten. Den heutigen Betrachter mag es erstaunen, daß die Verwaltung von Städten, die leicht eine Einwohnerzahl von 100 000 erreichen konnten, mit einem so bescheidenen Aufwand möglich war. Vor allem zwei Gründe sind dafür zu nennen: Einmal war die gesetzliche Ordnung, wie wir bereits gesehen haben, durch die Gläubigen in Form von rituellen Verhaltensregeln verinnerlicht und wurde meist aus eigenem Antrieb befolgt, um das „Heil in beiden Welten“ zu erringen, mußte also nicht von außen durch staatliche Einwirkung auferlegt und durchgesetzt werden. Dazu kam eine weitgehende Autonomie der verschiedenen sozialen Gruppen, die viele staatliche Funktionen in eigener Verantwortung übernahmen. Das Lebensgefüge der traditionellen islamischen Stadt war aus einer Vielzahl solcher selbsttragenden Gemeinschaften zusammengesetzt, die das Individuum in einen festen sozialen Verband einschlossen. Hier ist vor allem an das alte nomadische Stammes- und Sippenbewußtsein zu erinnern, das im urbanen Bereich fortlebte und sich in der Bildung von ‚Häusern' und Quartieren bestätigte, die als Staat im Staate gelten konnten. Daneben galt natürlich auch der Verband der Familie als Urzelle der sozialen Struktur: Anders als im Christentum ist die Familie hier eher dem Sippendenken als dem Sakrament der Ehe verhaftet, gilt aber dennoch als unantastbare, ja geheiligte Lebensgemeinschaft, deren private Sphäre vor allen äußeren – auch staatlichen – Eingriffen zu schützen war.

Besonders kennzeichnend für die städtischen Verhältnisse wurde der Zusammenschluß von Handwerkern und Gewerbetreibenden jeder Art zu eigenen Berufsverbänden – eine typisch urbane Erscheinung, für die es nichts Vergleichbares in der nomadischen Vergangenheit gab. Solche Verbindungen verfolgten kaum die politischen und sozialkämpferischen Ziele der späteren europäischen Zünfte, verfügten aber über ihre festen Ehrbegriffe, oft auch über esoterische Traditionen und immer über wirksame soziale Fürsorge. Ihnen vergleichbar sind die dem Sufitum verbundenen religiösen Bruderschaften, die sich als geistiges Gerüst eines einzelnen Berufsstandes konstituieren konnten oder Menschen über verschiedene berufliche und soziale Schichtungen hinweg zu einem geistigen Orden verbanden.

Freiere, aber nicht weniger wirksame Arten von Verbänden und Zusammenschlüssen ergaben sich aus dem Klientelverhältnis, das weniger begünstigte Bürger am Reichtum und am Einfluß bessergestellter Individuen und ihrer Sippe teilhaben ließ. Solche Klientelverhältnisse konnten auch im geistigen Bereich bestehen und ließen dann eine feste Anhängerschaft um einen durch Wissen, Gelehrsamkeit oder Weisheit hervorragenden Scheich erwachsen, was im Fall von Gelehrten und Rechtskundigen zu leidenschaftlichen Parteibildungen führen konnte. Schließlich ist auch noch die Bindung zwischen Herren und Sklaven zu nennen, ein Verhältnis, das im Islam nichts von der Grausamkeit der späteren amerikanischen Einrichtung an sich hatte, sondern eine besondere Art fester menschlicher Zusammengehörigkeit darstellen konnte. In vielen Fällen (wie bei den Mamluken) war ja das Sklaventum nur die erste Stufe eines steilen Aufstiegs, und immer ermöglichte es dem Tiefergestellten die Einordnung in eine tragende Sippen- oder Gefolgschaftsstruktur.

Jede der genannten Gruppen, die sich auch überschneiden konnten, verwaltete sich weitgehend selbst, wodurch jeder Teil der Gesellschaft über seine eigenen internen Regelungsprozesse verfügte. Der Stammesführer, der Sippenälteste, der Familienvater, die Zunftvorsteher oder der Ordensmeister besaßen in ihrem Kreis eine unantastbare Autorität und konnten die Ansprüche ihrer Gemeinschaft legitim nach außen hin vertreten oder umgekehrt für die interne Erfüllung auferlegter Pflichten sorgen. Die meisten Berufsverbände besaßen eine anerkannte eigene Gerichtsbarkeit, um interne Streitigkeiten zu schlichten, während etwa die Bruderschaften schon ihrer Zielsetzung nach gehalten waren, jeden Zwist zu vermeiden (sie hatten, wie Ibn Chaldûn es vom religiösen Menschen fordert, „ihren zügelnden Einfluß in sich selbst").

Da die politische Herrschaft im Alltag nur selten und nur vom Rande her in Erscheinung trat, blieb dem Wirken der sozialen Gruppen ein großer Spielraum. Die tatsächliche Führung des Gemeinwesens wurde nicht von einer zentralen Verwaltung besorgt, sondern weitgehend an die verschiedenen sozialen Gruppen delegiert. Damit fiel die Regelung der meisten öffentlichen Angelegenheiten in die Hand der ‚Notablen', das heißt der die Gruppen vertretenden

Oberhäupter. Ganz im Einklang mit der islamischen Lebensauffassung entstand daraus kein formalisiertes Parlament, sondern ein informeller ‚Rat der Alten', in dem Beschlüsse in gegenseitiger Konsultation und wenn möglich durch Konsensus gefaßt wurden, wie es dem prophetischen Prinzip der ‚Schûrâ' entsprach. In diesem Rat fanden sich die Scheiche, die Sippen- und Stammesältesten und die ‚Schurfa', das heißt die durch ihre Abstammung vom Hause des Propheten ausgezeichneten Glieder der Gesellschaft, zusammen, dann die Vorsteher der Berufsverbände, einflußreiche Kaufherren, verehrte geistige Führer und schließlich die Rechtskundigen, denen ja auch der Kadi, die wichtigste Gestalt im öffentlichen Leben der Stadt, entstammte. So ergab sich jeweils ein offenes Gremium, das bei entscheidenden Anlässen zusammentrat und im Spiel der Gewichte nach dem gerechten Ausgleich suchte. Eine solche Art der Beschlußfassung mußte den jeweiligen Umständen, Möglichkeiten und Realitäten Rechnung tragen und neigte eher dem Kompromiß zu als der Durchsetzung absoluter Prinzipien. Dies geschah um so leichter, als man sich bewußt war, daß nichts außer dem Göttlichen vollkommen sei und daß „viel Gutes sich nur im Beisein eines kleinen Teils von Bösem verwirklichen könne, was aus den gegebenen Bedingungen der Materie hervorgeht" (Ibn Chaldûn).

Den ‚Ulamâ' (Rechtsgelehrten) kam in der Führung des islamischen Gemeinwesens eine ganz besondere Bedeutung zu: Wie unzählige Hadîthe des Propheten bezeugen, blieb ein blinder Glaube, also eine Verehrung ohne begleitendes Wissen, nutzlos. So waren die Ulamâ als Treuhänder der Scharî'a das personifizierte Gewissen der Stadt und gaben ein Richtmaß für das öffentliche, ja in gewissem Maße auch für das private Leben der Einwohnerschaft. Ihre Erziehung blieb die Grundausbildung in jedem koranisch bestimmten Staatswesen und förderte den Bestand einer unspezialisierten Elite, aus deren Reihen alle öffentlichen Stellungen besetzt wurden – sowohl die staatlich orientierten wie die Sekretäre und Sonderbeauftragten des Herrschers oder des Gouverneurs als auch die religiös orientierten wie der Imâm, der Kadi und die Lehrer in den Moscheen und Koranschulen. Da die Zulassung keine einschränkenden Bedingungen vorsah (die Schulen wurden durch Stiftungen unterhalten und standen jedermann offen), rekrutierten sich die Studenten aus allen sozialen Schichten. Indem die Ulamâ also einerseits über nahe Verbindungen zu ihren in verschiedenen Bezirken des öffentlichen Lebens tätigen Standesgenossen verfügten und andererseits über die engen Bande zum sozialen Milieu, dem sie entwachsen waren, leisteten sie einen entscheidenden Beitrag zur Integration der städtischen Gesellschaft. Ihre Ausbildung war keine nur zweckgerichtete Schulung, sondern sollte auch höhere Allgemeinbildung und kultiviertes Benehmen vermitteln, sie verlieh dem Individuum eine in der ganzen islamischen Welt anerkannte Distinktion – gleichgültig, welchen Beruf es später ausüben mochte. Nicht wenige unter den Ulamâ unterhielten enge Beziehungen zu der Welt der Handwerker und Kaufleute, und oft kehrten sie zu einem solchen Gewerbe zurück, wenn ihre öffentliche Stellung sie nicht voll beanspruchte.

Der Rückhalt, den die Ulamâ in den Kreisen der Bevölkerung hatten, und die unantastbare Autorität, die sie darstellten, ermöglichten es ihnen, gegebenenfalls im Verein mit den anderen Notablen und Würdenträgern der Stadt einen Widerstand in der Einwohnerschaft aufzubauen, dem ein Despot machtlos gegenüberstand, wenn er nicht das Odium der militärischen Kraftprobe auf sich nehmen wollte. Ein solcher Widerstand war besonders wirksam, wenn er sich auf einen Konsensus zwischen den Vertretern der sozialen Gruppen stützen konnte. Der Weg, ihn kundzugeben, war vorerst die Andeutung an geeignetem Ort, was dank den Beziehungen der Ulamâ und dank der ungeschriebenen Verpflichtung der Herrscher zur Konsultation der Rechtsgelehrten keine Schwierigkeiten bereitete. Gewichtigere Formen des Protestes waren das geschlossene Fernbleiben der Bevölkerung vom offiziellen Freitagsgottesdienst und das demonstrative Schließen der Läden im Bâzâr, wie es von den Häuptern der Gemeinschaft herbeigeführt werden konnte. Als letztes Mittel blieb schließlich die offene Revolte in der Freitagsmoschee, wenn der Herrscher trotz vorheriger Warnung eine unannehmbare politische Entscheidung gegen den Willen der Notablen durchsetzen wollte.

Ulrich Haarmann

Ein Gelehrtenschicksal im mamlukischen Kairo

Das Verhältnis zwischen autochthonen, arabischsprachigen Untertanen und mamlukisch-türkischen Potentaten im spätmittelalterlichen Ägypten ist seit geraumer Zeit Gegenstand wissenschaftlichen Interesses. Durch welche autonomen Bereiche wurde die mamlukische Machtfülle begrenzt? Waren sich Herrscher und Beherrschte dieser Begrenzungen bewußt? Welche Rolle spielten die Gelehrten als Mittler zwischen der türkischen Militäraristokratie und deren einheimischen Untertanen? Individuen, die sich in diesem Spannungsfeld bewegten und überdies darüber Rechenschaft abgelegt haben, sind selten, für den Historiker der gesellschaftlichen Verhältnisse in der Reichshauptstadt Kairo unter den Tscherkessensultanen (1382–1517) dafür um so wertvoller.

Einer dieser Zeugen ist Muḥibb ad-Dīn Muḥammad b. Ḫalīl, üblicherweise nach seinem Sohn als Abū Ḥāmid und seiner Herkunft als al-Qudsī oder al-Maqdisī (der Jerusalemer) bekannt. Er wurde 1414 oder 1416 in Ramla in Palästina geboren und starb 1483 in Kairo. Abū Ḥāmid war, soweit wir dies beurteilen können, ein fruchtbarer Gelehrter. [...]

Bisher unbeachtet geblieben ist Abū Ḥāmids zweites erhaltenes Werk, eine bemerkenswerte, wenn auch durchaus nicht immer originelle Legierung eines Fürstenspiegels mit einem Handbuch für den *muḥtasib,* den islamischen (wohl auf den byzantinischen *agoránomos* zurückgehenden) Markt- und Sittenvogt. Das Buch trägt, vielleicht in Nachahmung ähnlicher Werke aus der Feder älterer Autoren, den Reimprosatitel: ‚Ba_d_l an-naṣā'iḥ aš-šarʿiyya fimā ʿalā s-sulṭān wa-wulāt al-umūr wa-sā'ir ar-raʿiyya', zu Deutsch: ‚Reicher gesetzlicher Rat für den Herrscher, die [übrigen] Amtsinhaber und alle Untertanen'. [...]

Abū Ḥāmid präsentiert sich in diesem Werk als standesbewußter Religionsgelehrter. Seiner Zunft allein obliege und gebühre die Hüterschaft über das Göttliche Gesetz. „Sie [d. h. die Juristen] sind die *fātiḥa* [= die Eröffnungssure des Korans, Sinnbild für höchsten Rang] für alle Segen in dieser und in jener Welt", formuliert er stolz mit eigenen Worten im Kapitel über die Rechte und Pflichten des Sultans. „Wir, die Religionsgelehrten" – und damit meint er implicite: nicht der Herrscher – „sind das Salz des Landes und dazu berufen, das Elend der Bevölkerung zu beheben. Und wenn das Salz selbst schlecht würde, wer könnte ihm dann noch helfen?" fügt er unter Berufung auf eine ältere Quelle selbstsicher hinzu.

Das Kräfteverhältnis zwischen Gelehrten und Militärs ist – so betont er immer wieder – in seiner Zeit zu Lasten der Rechtskundigen gestört. Die Arroganz der Mamlukenoffiziere hat die Gelehrten ihrer legitimen Rechte und ihrer Würde beraubt. Von den gläubigen Untertanen eingehobenes Geld wird auf Luxusgewänder, kostbares Pferdegeschirr, vergoldete Tintenfässer und horribile dictu schöne junge Mamluken, Sklavinnen und Sängerinnen verschwendet, ohne daß die Schriftgelehrten, wie es rechtens wäre, davon profitierten. [...]

Auch mit seinen Kollegen hat Abū Ḥāmid ein Hühnchen zu rupfen. Widersteht den Versuchungen der Korruption, macht euch nicht lächerlich, indem ihr bei Sultanen und Emiren um Posten buhlt. Letztere verachten euch doch nur, wenn ihr sie um lukrative Pfründen angeht. Ihr riskiert doch nur den Entgelt im Jenseits. Seid ehrlich, Kollegen, eure Einkünfte genügen doch zum anständigen Leben. Wenn euch allerdings nach Luxus gelüstet, dann tätet ihr in der Tat besser, den Beruf zu wechseln und das Amt eines einfachen Schreibers in einer Behörde oder in der Armee anzunehmen, da verdient ihr mehr.

Zwölf Jahre später (1475) – inzwischen regiert in Kairo Sultan Qāyitbāy (1468–96) – verfaßt Abū Ḥāmid sein drittes Werk, das er dem kriegstüchtigen und gebildeten Generalissimus Yašbak aẓ-Ẓāhirī (gestorben 1480) widmet. [...] Wie schon der Titel dartut, ändert Abū Ḥāmid in diesem Werk radikal seine Einstellung gegenüber Türken und Arabern, Mamluken und Gelehrten. Gebenedeit mit dem Geschenk der Bekehrung zum Islam und von ausgewählten Rechtsgelehrten unterwiesen, widmen diese mamlukischen Türken ihre Kräfte und sogar ihr Leben der Verteidigung der Glaubensgemeinschaft, „der Familie und Nation des Islams". Frohgemut nehmen sie die Bürde des Heiligen Kampfes *(ǧihād)* auf sich und entlasten so die unkriegerischen Ägypter – ein uralter Topos! – von dieser Kollektivverpflichtung. Völlig zu Recht ernten sie als Entgelt den Reichtum des Landes. Türken beschützen die hilflosen Menschen gegen Wegelagerei, Plünderei und beduinische Willkür. Türken bescheren den Städten Wohlstand, Ruhe und Frieden. [...]

Die Rollen des Helden und des Schurken sind plötzlich vertauscht. Konzentriert und kapriziert sich Abū Ḥāmid in seinem Werk ‚Ba\underline{d}l an-naṣā'iḥ' auf die Gerechtigkeit des verkannten und mißhandelten Religionsgelehrten, „das Salz der Erde", der unter der Arroganz der Mamluken bitter zu leiden habe und darum auf göttlichen Ausgleich hoffen dürfe, so weist er jetzt, ein Dutzend Jahre danach, alle Schuld den unerträglich überheblichen und verkommenen Gelehrten zu. Seine früheren Vorbehalte gegenüber der mamlukischen Tyrannis sind zu vorsichtig-betulicher Kritik geschrumpft. Verglichen mit den herzlosen und blasierten Gelehrten, denen er nun alles Übel aufs Haupt wünscht, seien die Mamluken Bollwerke der Charakterfestigkeit. Sie, die Mamluken, preist Abū Ḥāmid jetzt als „Salz Ägyptens". So ändern sich die Zeiten. [...]

Unter anderen Umständen müßte der Historiker an dieser Stelle abbrechen und sich obendrein sehr kritisch fragen, ob wohl nicht doch – entgegen aller Evidenz – zwei verschiedene Autoren die beiden zuletzt vorgestellten Abhandlungen verfaßt haben. Freilich haben wir mit Abū Ḥāmid Glück; das Dilemma läßt sich auflösen. Nicht nur läßt sich sein Gesinnungswandel verifizieren, sondern wir können aus den zeitgenössischen Quellen auch seine persönlichen Gründe für diesen Schwenk erschließen. Zwei zeitgenössische Prosopographen kommen uns auf der Suche nach diesen Motiven entgegen.

As-Saḫāwī (gestorben 1497), ob seiner bissigen und nur allzuoft abwertenden Kommentare über Kollegen berüchtigt, widmet in seinem Jahrhundertlexikon ‚aḍ-Ḍaw' al-lāmi'' Abū Ḥāmid ein Biogramm. Danach war dieser fromm, fleißig und gewissenhaft, aber einfach nicht intelligent und alert genug, in dem Wettbewerb seiner Zeit zu bestehen. Die Leute machten sich über seine Langsamkeit und Umständlichkeit lustig. Weitaus zerstörerischer für Abū Ḥāmids emotionales Gleichgewicht muß allerdings die desillusionierende Erfahrung mit einem Lehrer gewesen sein, einem gewissen Šihāb ad-Dīn ibn Raslān, den der junge Gelehrte verehrte, dessen Edelmut und Großherzigkeit er die Entfaltung der eigenen Talente zu schulden glaubte, und den er als energischsten Fürsprecher seiner selbst in der Kollegenschaft ansah. Eines Tages aber nun, so as-Saḫāwī, erfuhr Abū Ḥāmid, daß es mit der grenzenlose Liebe und

Hochachtung *(al-maḥabba wal-qabūl)* dieses Meisters nicht weit her gewesen sein kann. Er machte sich vielmehr vor Dritten besonders spöttisch über den anhänglichen Abū Ḥāmid her. Der aber verzweifelte schier; Euphorie und Geborgenheit wandelten sich in Depression *(al-ḫumūd wal-ḫumūl)* und beängstigende Einsamkeit.

Ein anderer Historiker der Zeit, Ibn Iyās (gestorben ca. 1524), hat uns zwei Verse eines Gedichts bewahrt, die einer von Abū Ḥāmids niederträchtigen Widersachern unserem armen Helden gewidmet hat. „Abū Ḥāmid, weit reicht dein Ruhm für deine vielen Werke und Sammlungen in Disziplinen, in denen es dir keiner gleich tut – deine Gelehrsamkeit ist einzigartig, niemand hierzulande kommt an dich heran." Voller Seligkeit las Abū Ḥāmid diese Zeilen; „er merkte gar nicht, daß man ihn in den beiden Versen auf den Arm genommen hatte". Treuherzig erzählte er sie vielmehr voller Stolz weiter und sorgte damit selbst dafür, daß er immer tiefer in den Abgrund der Lächerlichkeit versank.

Irgendwann zwischen 1463 und 1475, den Abfassungsjahren der beiden Schriften, muß Abū Ḥāmid gemerkt haben, welch abscheuliches Spiel mit ihm getrieben wurde, wie zynisch und herablassend seine Kollegen ihn behandelten. Auf einmal verliert sein Loblied auf die Mamluken und sein schroffes Verdikt gegen die süffisanten Gelehrten aus dem Jahre 1475 alles Rätselhafte. Hier wehrt sich jemand mit den ihm zur Verfügung stehenden beschränkten Mitteln, der ins Mark getroffen ist. Nicht die von Michael Cook wenig einfühlsam zitierte „outstanding stupidity" Abū Ḥāmids scheint mir das Markenzeichen unseres leidenden Helden zu sein, sondern seine grenzenlose Naivität und deren Begleiter, nämlich seine hilflose Abhängigkeit vom Urteil anderer und seine seelische Zerbrechlichkeit. [...]

Für uns moderne Beobachter ist Abū Ḥāmids Neurose auf jeden Fall ein wichtiger Schlüssel zum Verständnis gelehrten Miteinanders in Kairo, der geistigen Metropole des orthodoxen Islams im ausgehenden Mittelalter. Sie läßt uns hinter die brüchige Fassade religionsgelehrter Solidarität, gottgefällig-altruistischen Lebenswandels und ethnischer Auserwähltheit schauen, die die arabischen Intellektuellen der Zeit, die sich in ungezählten Moscheehochschulen und Sufikonventen auf die Füße traten, nur allzu bereitwillig gegenüber den als Barbaren verunglimpften Mamluken aufgerichtet haben. Leicht ist einer instabilen Persönlichkeit wie Abū Ḥāmid der Bruch mit seinen Gefährten sicherlich nicht gefallen, in deren Gemeinschaft – man denke an die Schrift aus dem Jahre 1463 – er sich doch so geborgen und akzeptiert gefühlt hatte. Er war gewiß nicht der Typ des mutigen Einzelgängers wie z. B. der Bagdader christliche Arzt Ibn Buṭlān (gestorben 1066), der aus vergleichbaren Auseinandersetzungen mit seinen Kollegen gestärkt und angesehen hervorgegangen war. Als Abū Ḥāmid nach langem inneren Widerstreben das Ausmaß der Schmähung und – wie er es sehen mußte – Heimtücke seiner arroganten Kollegen erkannte, schlug er um sich und kümmerte sich auf einmal nur mehr wenig um die gesellschaftlichen Realitäten seiner Zeit.

So sehr man sich hüten muß, die Mamluken und ihre politische und wirtschaftliche Macht zu dämonisieren, als so schwach erwies sich die Position aller anderen Gruppen in der Kairorer spätmittelalterlichen Gesellschaft, die von den Mamluken nicht ohne Geschick gegeneinander ausgespielt wurden. Bei klaren Sinnen hätte Abū Ḥāmid wissen müssen, daß die von ihm 1475 in einem so seltsam milden Licht gezeichneten Mamluken – also auch ein so wichtiger Mann wie sein Patron Yašbak aẓ-Ẓāhirī – ausgerechnet auf ihn als Verbündeten gegen das Establishment der Kairoer Schriftgelehrten nicht angewiesen waren. Abū Ḥāmids Anbiederungsversuche dürften auf allen Seiten, bei Mamluken und Gelehrten, Kopfschütteln und mitleidiges Lächeln hervorgerufen haben, wenn man sie überhaupt zur Kenntnis nahm. Wie scharfsichtig hatte es doch Abū Ḥāmid 1463, zwölf Jahre zuvor, noch selbst im Zustand innerer Gelassenheit formuliert: Nichts macht einen Gelehrten bei den Herrschenden verächtlicher als serviles Antichambrieren.

Roy Mottahedeh

Aufruhr im Basar

Der Basar und die Moschee sind die beiden Brennpunkte des öffentlichen Lebens im Iran. Basare, Moscheen, Schreine und Privathäuser – alle schauen, psychologisch wie architektonisch, nach innen, und meist präsentieren sie der äußeren Straßenseite nur kahle, nichtssagende Mauern. Basare und Moscheen haben den Charakter des Öffentlichen, der dem privaten Charakter der Wohnhäuser entgegengesetzt ist; aber als Gemeinderaum für die Menschen, die sie betreten haben, schauen sie ebenso nach innen wie die Häuser. Zwei Männer, die sich auf der Straße begegnen, sind füreinander einfach zwei Männer; aber schon seit über tausend Jahren erkennt das islamische Gesetz den Basar als einen besonderen Lebensraum an, und rechtlich ebenso wie nach allgemeinem Verständnis begegnen sich zwei Männer dort als „zwei Männer im Basar". Als solche haben sie gewisse gemeinsame moralische und sogar gesetzliche Verpflichtungen – z. B. daß sie Käufe und Verkäufe mit einer gemeinsamen Kenntnis des aktuellen Marktpreises tätigen. Die Information über die Preise ist tatsächlich der Lebensodem, der das Leben des Basars in Gang hält, und die Preise pendeln sich auf neue Informationen über Angebot und Nachfrage nach einem so ausgeklügelten Mechanismus ein, daß er fast göttlich erscheint. Dem Propheten Mohammed wird der Ausspruch zugeschrieben: „Gott setzt die Preise fest" – und im Mittelalter sagten auch die meisten islamischen Juristen, daß die unsichtbare Hand, die so zuverlässig arbeitet, die Hand Gottes sein müsse.

Nicht nur die Preise, auch das Ansehen der Männer wird im Basar festgelegt, neu bewertet und immer wieder angeglichen aufgrund von Information, die durch das Netz zuverlässiger Freunde fließt. Die Gesellschaft als Ganzes ist ein Sammelbecken für Informationen, denen das inoffizielle Maklerwesen der Moschee und des Basars letztendlich den gültigen „Marktpreis“ zuteilt. In diesem Sinne ist der Basar nicht nur ein Feld wirtschaftlicher Betätigung, er ist zugleich eine Region des menschlichen Geistes. Als solche ist er der geradlinige Abkömmling der griechischen *agora* und des römischen *forum*. Die Griechen und Römer gingen zum Markt, nicht nur um zu kaufen und zu verkaufen, sondern um ihr öffentliches politisches Leben abzuwickeln und sogar ihre öffentlichen Feste zu feiern. Der Basar war nur selten der Hüter des öffentlichen Lebens in dem Sinne, wie *forum* oder *agora* es gewesen waren, aber der Basar war und ist oft immer noch die maßgebende Instanz, die die Bewertungen festlegt, mit denen die Politiker operieren müssen.

Kocht das politische Leben einmal über, dann bleibt der Basar nicht mehr nur die öffentliche Bewertungsinstanz – er wird zum unmittelbaren Schauplatz politischer Äußerung. Zu solchen Zeiten ist der Basar – wie der klassische persische Ausdruck lautet – „in Unordnung“, womit gemeint ist, daß die Leute in erregtem Zustand ein- und ausgehen und offenbar kurz vor Gewalttätigkeiten und Ausschreitungen stehen. Wenn der Basar zum Überkochen kommt, macht er einfach zu. Straßen mit verriegelten und verrammelten Ladenfronten machen deutlich, daß die Händler nicht gewillt sind, das normale Leben weitergehen zu lassen, bevor nicht die öffentliche Angelegenheit ausgetragen ist.

Die Anlässe, bei denen der Basar von Teheran geschlossen war, akzentuieren die letzten zwei Jahrhunderte der iranischen Geschichte. Im Dezember 1905 bestrafte der Gouverneur von Teheran zwei Zuckerhändler durch die Bastonade – Stockschläge auf die weichen Fußsohlen –, eine abstoßende, immer wieder angewandte Form des iranischen Strafvollzuges. Die Zuckerhändler wurden dafür bestraft, daß sie nicht gemäß den Anweisungen ihre Preise gesenkt hatten, obwohl sie sich darauf beriefen, daß die hohen Einfuhrpreise ihnen keine Wahl gelassen hätten. Der Basar wurde geschlossen. Und dann folgte die ganze Hauptstraße dem Beispiel des Basars und machte auch zu. Die Unzufriedenheit mit der kadscharischen Regierung, die seit Jahren in der Bevölkerung angewachsen war, kam jetzt zum Durchbruch. Viele Händler und Mullahs zogen sich in nahegelegene Schreine zurück und weigerten sich, wieder herauszukommen, ehe nicht der Schah ihre Forderung nach einem Mitspracherecht in der Regierung erfüllt habe. Die erste iranische Revolution hatte begonnen.

Im Sommer 1960 gab die Regierung die Ergebnisse der Parlamentswahlen bekannt, die theoretisch immer noch nach der 1906 – während der ersten iranischen Revolution – erlassenen Verfassung durchgeführt wurden. Eine wirklich freie, unmanipulierte Parlamentswahl war für die Iraner ein Traum, der sich noch in keiner Generation verwirklicht hatte. Doch die Wahlen von 1960 waren in so offensichtlicher Weise gefälscht, daß selbst einige Gewinner verlegen wurden, und in einer der seltenen Phasen rudimentärer Meinungsfreiheit konnten einige ältere Politiker aussprechen, die Regierung habe die Wählerschaft brüskiert. Der Basar wurde geschlossen. Die Wahlen wurden für ungültig erklärt.

Wenn der Basar der Bereich war, in dem öffentliche Angelegenheiten erörtert wurden, war die Moschee praktisch der einzige Bereich, in dem die persönliche Meinung öffentlich geäußert werden konnte. Der Markt taxierte Ideen durch unzählige informelle Diskussionen; in der Moschee wurde die Meinungsäußerung zumindest einmal in der Woche zum Teilstück des formalen Gebetsgottesdientes. Aber auch die informelle Diskussion war in den geräumigen Höfen der Moscheen nichts Unbekanntes. Wenn der Basar geschlossen wurde, füllten sich die Moscheen, denn die Leute suchten eine öffentliche Stätte, wo sich der Austausch von Gerüchten und Mitteilungen fortsetzen konnte, nachdem die Gassen und Straßen des Basars verlassen waren.

Fünfmal am Tag versammeln sich die Muslime zum Pflichtgebet in der Moschee; aber sie können diese Gebete auch zu Hause, im Geschäft oder an irgendeinem anderen Platz sprechen, der nach dem islamischen Gesetz nicht als unrein oder unpassend gilt. Beim Mittagsgebet am Freitag und bei bestimmten religiösen Festen ist jedoch der Besuch der Moschee eine religiöse Verpflichtung, und die Basare waren schon immer zum Freitagsgebet und seit mindestens einem halben Jahrhundert den ganzen Freitag geschlossen. Der Gottesdienst beginnt mit einer Predigt, in der auch für die Gemeinschaft der Muslime und manchmal für den Herrscher gebetet wird. Predigten werden auch bei Beerdigungen oder Einweihungen gehalten oder wann immer sich sonst eine Gelegenheit für die Prediger ergibt, und in diesem Sinne hat in der Welt des Islam der Redner den Markt verlassen und ist in die Stätte der Andacht eingezogen.

Predigten sind manchmal für die Gemeinde der Anlaß, „in Unordnung" zu geraten wie die erregte Menge im Basar, und manchmal mündet diese Unordnung in Ausschreitungen. Die Unordnung kann durch etwas ausgelöst werden, was der Prediger als Fürsprecher für die Regierung sagt; sie kann das Echo seiner Kritik an der Regierung sein; sie kann aber auch einfach deshalb entstehen, weil der im gemeinsamen Gebet zum Ausdruck kommende Zusammenhalt der Gemeinde das Gefühl gibt, daß sie gemeinsam handeln kann, auch wenn der Einzelne vorher nicht gewillt war, alleine zu handeln.

Während der ersten iranischen Revolution spielten die Prediger und die Moschee ebenso ihre Rolle wie der Markt. Als die Zuckerhändler am 11. Dezember 1905 die Bastonade erhielten, gingen die Mullahs und Kaufleute am nächsten Tag in einen benachbarten Schrein und anschließend in den

Schrein des Schahs Abdol-Azim. Nach einer einmonatigen Pattsituation gab der Schah nach und versprach, ihre wichtigsten Forderungen zu erfüllen. Im Triumph kehrten die Protestierenden nach Teheran zurück. Ein halbes Jahr später hatte der Schah die meisten seiner Versprechungen nicht erfüllt. Ein stadtbekannter Prediger klagte die Regierung an: „Iraner! Brüder meines geliebten Vaterlandes! Wie lange läßt dieses verräterische Gift euch noch weiter schlafen? ... Erhebt die Häupter. Öffnet die Augen ... Seht eure Nachbarn (die Russen) an, denen es vor zweihundert Jahren viel schlechter ging als uns. Jetzt haben sie alles ... Unser Zustand ist jetzt dermaßen, daß unsere Nachbarn im Süden und im Norden schon glauben, wir seien ihr Eigentum. ... In ganz Iran gehört uns nicht eine einzige Fabrik, weil unsere Regierung ein Schmarotzer ist. ... Unsere ganze Rückständigkeit ist die Folge von Selbstherrschaft und Ungerechtigkeit und kommt davon, daß wir keine Gesetze haben. ...“

Am 11. Juli 1906 wurde der Prediger von der Regierung verhaftet. Theologiestudenten besetzten darauf das Polizeipräsidium von Teheran. Ein Student, der ein Seyyid, ein Nachkomme des Propheten war, wurde von der Kugel eines Polizisten getötet. Am nächsten Morgen geleiteten Tausende von Theologiestudenten und Männern vom Basar den Leichnam des Seyyid in einer Prozession vom Hauptbasar zur Zentralmoschee. Der Schah entsandte seine Elitetruppen, die von russischen Offizieren geführte „Kosakenbrigade“, um die Prozession daran zu hindern, sich mit den schon in der Moschee versammelten Mullahs zu vereinen. In der Nähe der Moschee schossen die Truppen in die Menge; zweiundzwanzig Menschen wurden getötet und sehr viel mehr verwundet. Die iranische Revolution von 1906 hatte den ersten Blutzoll gefordert.

Oskar Weggel

Pesantren – Stätten islamischer Gelehrsamkeit in Indonesien

Neben dem Recht wird den Institutionen des Lernens im Islam zentrale Bedeutung beigemessen. Exemplarisch seien hier die indonesischen Pesantren angeführt – Internatsschulen, in denen ein islamischer Lehrer (kyai) den Schülern (santri) die islamische Lehre in der klassischen arabischen Form vermittelt. Kennzeichnend für diese indonesische Schule, die bis zu Beginn des 20. Jahrhunderts ein Erziehungsmonopol hatte, war und ist ihre Unabhängigkeit in organisatorischer, politischer, pädagogischer und wirtschaftlicher Hinsicht. Mit der Verleihung des Ehrentitels „Kyai" bekundet die Bevölkerung einer bestimmten Region ihre Bereitschaft, einen gelehrten Muslim (ulama) als ihren religiösen Führer zu respektieren und ihm die nötigen Mittel zur Errichtung und Aufrechterhaltung eines Pesantren zur Verfügung zu stellen. Die Symbiose zwischen Bevölkerung und Kyai kommt vor allem darin zum Ausdruck, daß die Bevölkerung ihm – als eine Art Huldigung an seine magisch-spirituellen Kräfte – Boden, Baumaterialien und Arbeitskräfte zur Verfügung stellt, mit denen er eine Moschee und die erforderlichen Unterkünfte (pondok) für seine Santri baut, während er sich mit vielseitigen Diensten gegenüber der Gemeinschaft revanchiert, nämlich als ländlicher Erzieher, als Heiler, als charismatischer Mystiker (sufi) und als Gelehrter. Eine der wichtigsten Eigenschaften des Kyai besteht darin, ausländische Einflüsse und einheimische Traditionen miteinander zu versöhnen – eine Aufgabe, die seit dem 15. Jahrhundert mit Erfolg gelöst wurde.

Zweimal wurde die Kyai-Institution bisher herausgefordert, nämlich im ausgehenden 19. Jahrhundert, als die aus Mekka zurückkehrenden Pilger (haji) einen eher puristischen Islam zu predigen begannen, und im 20. Jahrhundert, als säkulare staatliche Bildungsanstalten eingeführt wurden, die das Bildungsmonopol der Pesantren brachen. Damit gerieten die traditionellen Internatsschulen in ein Dilemma: Sollten sie die staatlich anerkannte Schulausbildung übernehmen und dabei ihren religiösen Auftrag weitgehend vergessen oder sollten sie sich auf reine religiöse Zusatzausbildung beschränken, damit aber wichtige Teile ihrer traditionellen Universalerziehungsfunktionen aufgeben?

Die Pesantren befinden sich hier noch mitten im Experimentierstadium und auf der Suche nach geeigneten Zwischenwegen: Einige Pesantren haben, meist mit Unterstützung von Nichtregierungsorganisationen, Initiativen zur Dorfentwicklung ergriffen oder haben ihre Santris zu „Motivatoren" für den ländlichen Bereich ausgebildet. Wieder andere suchen eine landwirtschaftliche Fachausbildung mit religiöser Erziehung zu verbinden. Eine dritte Kategorie konzentriert sich auf Sonderprogramme, die z. T. an traditionelle Funktionen der Pesantren oder der Kyai anknüpfen: So bietet beispielsweise der Pesantren „Suryalaya" in Westjava eine Drogentherapie auf mystischer Basis.

Faruk Şen

Patriarchale Familientradition in der Türkei

Die Erziehung innerhalb der Familie ist in der Türkei in der Regel ebenso autoritär wie die in der Schule, eher noch strenger. Bis zum Alter von 12 Jahren werden die Mädchen weniger streng erzogen, im Vergleich zu den Jungen oft geradezu verwöhnt. Mit dem 12. Lebensjahr, dem angenommenen Alter der körperlichen Reife, ändert sich dies. Jetzt wird den Brüdern eher etwas durchgelassen. Sie sind Männer, die auf sich selbst aufpassen können, während die Mädchen der Familienehre wegen streng bewacht und ihre Umweltkontakte kontrolliert werden. Sexuelle Aufklärung durch Elternhaus oder Schule findet nicht statt. Ziel der elterlichen Erziehung ist es, die traditionellen Werte der Familie zu erhalten: Gehorsam den Älteren gegenüber zu wecken, die Kinder frühzeitig in das Autoritätsgefüge einzuordnen, ihnen die klar erscheinenden Wertbegriffe von Gut und Böse beizubringen und die geschlechtsspezifischen Rollen einzuüben. So wird von den Jungen in erster Linie Leistung und Erfolg in der Schule und im Beruf, Verantwortungsgefühl erwartet und von den Mädchen Fleiß, Duldsamkeit und andere als fraulich angesehene Tugenden wie Gehorsam, Keuschheit und Sauberkeit.

Je größer die Familie ist, um so leichter ist es, diese traditionellen Rollen zu fordern und ein demgemäßes Verhalten gegenüber Onkeln, Tanten, Großeltern und Geschwistern durchzusetzen. Der Sohn des Hauptmanns Ertuğrul, Osman, lebte noch wie alle Nachkommen eines „Stammesvaters" in einer Sippe, einer räumlichen und organisatorischen Einheit aller nahen und weiten Verwandtschaft innerhalb einer einzigen Familie. Durch die osmanische Eroberungspolitik ließ sich eine partielle Abtrennung einzelner Familienverbände vom Stamm nicht immer vermeiden. So ergab es sich im Laufe der Jahrhunderte durch Seßhaftwerden an verschiedenen Orten und aus anderen Gründen, daß der Nomadenstamm zur Großfamilie mit mehreren Generationen und allen Verwandten „schrumpfte". Großfamilien mit zwanzig, dreißig und mehr Mitgliedern, die alle unter einem Dach leben, gibt es bis weit in unser Jahrhundert hinein. Das Abwandern von verheirateten und unverheirateten Kindern in die Stadt oder ins Ausland war der Beginn einer langsam einsetzenden Tendenz, in kleineren Familienverbänden zu wohnen. Durch die wirtschaftlichen und gesellschaftlichen Verhältnisse reichte der Boden nicht mehr für alle, so daß diese Entwicklung notwendig wurde. Seit den

50er Jahren nimmt der Anteil der Großfamilien immer mehr ab. Stattdessen steigt die Anzahl der Familien mit nur zwei Generationen, Eltern und Kindern, insgesamt vier bis sechs Personen, die aus finanziellen, räumlichen und anderen Gründen nicht bei den Großeltern bleiben konnten. Für türkische Verhältnisse ist eine Familie mit nur zwei bis vier Kindern nach wie vor eine „Kleinfamilie". 1968 waren bereits mehr als die Hälfte aller Familien Kleinfamilien, auf dem Land fast ebenso wie in den Städten. Die Gründe dafür liegen, wie erwähnt, in der Landflucht und in der unzureichenden Existenzgrundlage auf dem Land, zu engen Wohnbedingungen in der Stadt und im Rückgang des Bevölkerungszuwachses. Eine Mischform zwischen Groß- und Kleinfamilie bilden die Familien, in denen Väter und Söhne vorübergehend im Ausland oder in der Stadt Geld verdienen. Diese Übergangsform führt sehr oft zur endgültigen Auflösung der Großfamilie.

Das Oberhaupt der ursprünglichen Großfamilie war der Vater oder Großvater. Die hierarchische Struktur einer solchen Familie war traditionell das Patriarchat. Die vorrangige Autorität des Mannes in der Familie ist auch im Wandel der Familienstruktur relativ unangetastet geblieben, so wie die gesamte Hierarchie, nach welcher das höchste Ansehen immer der Älteste besitzt. Die Trennung der Geschlechter auch im alltäglichen Leben bringt mit sich, daß die Geschlechterrollen nach wie vor sehr stark ausgeprägt sind. So bleibt dem Mann die alleinige Sorge für den Lebensunterhalt der Familie. Seine Rolle ist es, die gesamte Verantwortung als deren Oberhaupt zu tragen. Damit verbunden ist die Ernährung der Familie, ihre Ausstattung mit den notwendigen Gütern wie Kleidung u. a. Diese Aufgabe kann, insbesonders bei der derzeitigen Wirtschaftslage, schon eine Überforderung, zumindest einen ungeheuren Druck darstellen. Darüber hinaus repräsentiert der Mann seine Familie nach außen, er ist mitverantwortlich oder wird mitverantwortlich gemacht für das gesellschaftliche Verhalten aller, auch der entfernten Familienmitglieder. Zugleich fällt ihm die Rolle des Beschützers und des Bewahrers der Familienehre zu. Seine Entscheidungsbefugnisse gehen weit über die internen Angelegenheiten der engsten Familie hinaus. Sein oft autoritäres Verhalten ist angesichts der Rolle, die ihm die Gesellschaft auferlegt und die normalerweise eine einzige Person weit überfordert, verständlich. Ohne die konsequente Durchsetzung seiner Autorität, sowohl im engen Familienbereich als auch in der Verwandtschaft, wäre eine Aufrechterhaltung der überlieferten Prinzipien und gültigen Moralvorstellungen nicht möglich.

Die verheiratete Frau, deren Aufgabe es unter anderem ist, die Kinder zu erziehen, hat dabei genau diese Prinzipien im Auge. Ihre weiteren Aufgaben sind, für die tägliche Ernährung zu sorgen wie für den Haushalt und, falls notwendig – und auf dem Land ist dies fast ausnahmslos der Fall –, mit Sorge zu tragen für den Lebensunterhalt der Familie. Das bedeutet in der Stadt, daß verheiratete Türkinnen häufiger berufstätig sind. Auf dem Land heißt es, daß sie in die Produktion voll einbezogen werden, also im Sommer schwere Feldarbeit leisten und im Winter die Sommerprodukte wie Schafswolle, Getreide usw. im Haus verarbeiten müssen. So ist besonders die türkische Landfrau einer kräftezehrenden Doppelbelastung ausgesetzt, die sich in einer hohen Zahl von Fehlgeburten manifestiert. Söhne oder wenigstens einen Sohn zu haben, ist von großer Wichtigkeit für sie, weil sie nur dadurch Anerkennung in der Familie und ein gewisses Mitspracherecht erhält. Hat sie Söhne geboren, so ist sie allerdings nicht selten das heimliche Oberhaupt der Familie, ihre Macht steigt außerordentlich. Nach außen hin bleibt aber das traditionelle Rollenspiel auf jeden Fall gewahrt. [...]

Die gesetzesmäßige Grundlage für einen Wandel dieser Rollenverteilung ist durchaus gegeben, denn 1965 wurde durch Gesetz u. a. die Familienplanung propagiert; seit 1924 soll die Eheschließung nur noch nach dem zivilen

Recht erfolgen. Nach wie vor schließen aber große Teile der Landbevölkerung ihre Ehe durch eine *İmam nikâhı*, religiöse Trauung. Obwohl in vielen Fällen mittlerweile Mitspracherecht eingeräumt wird, entscheiden Eltern oder Brüder nach wie vor über die Wahl des Ehepartners und wird ein Brautpreis gezahlt, um die junge Frau, die fast immer zu den Eltern des Mannes zieht, im neuen Haushalt materiell abzusichern. Nach wie vor lehnen viele Frauen eine Nachwuchsplanung ab. Trotz des Wandels der Familienstruktur durch Zunahme industrieller Arbeit, durch anhaltende Landflucht, Beteiligung der Frauen an der Beschaffung des Lebensunterhalts und die dadurch bedingte Zunahme an Außenkontakten und Verringerung der Kontrollmöglichkeiten werden die Grundstrukturen aufrechterhalten. Die traditionellen Werte bleiben von der sich wandelnden sozialen Situation noch weitgehend unangetastet, die väterliche Autorität ist einstweilen noch ziemlich unangefochten.

Salomon Schweigger

Türkische Pantoffelhelden

Gleich wie Cicero an einem Ort sagt, von den Römern vnd jrer Haußhaltung: Nos Romani omnibus hominibus dominamur, nobis autem mulieres. Das ist: Wir Römer herrschen über Jedermann, aber die Weiber herrschen über vnns, Eben also ist es mit den Türcken auch beschaffen, daß alle Welt vor jhrem Gewalt erschrickt, Aber widerumb förchten sie sich vor jhren Weibern, Eygentlich davon zu reden seyn die Türcken jhrer Weiber Trippelknecht, die da müssen die Haußhaltung versorgen mit Brodt, Fleisch, Kuchenspeiß, vnnd jhnen allerley Nahrung zutragen, In solcher weil sitzen die Weiber daheim bey ihren guten Gespielen, verrichten jr Geschwätz, oder wenn sie gut Wetter haben vnd schön ist, spacieren sie hin vnnd wider in der Stadt, zu jhren Gespielschafften, ziehen Rottenweiß, etwan jrer 10. oder 20. miteinander, oder gehen in solcher Gespielschafft ins Bad, daselbsten vollbringen sie mit reden vnd zum theil auch im werck, jhren muthwillen.

Wann dann die Weiber am Abend spat heim kommen, vnnd der Mann (der arme Narr) in solcher weil, als sie aussen gewesen, nicht alle ding, was auff den Tisch gehört, ordentlich bestellt hat, da erhebt sich alsdann ein Donnern vnd Blitzen, daß dem armen Haustrippel in weiter Haut zu eng ist. Diese Gnadfrawen treiben kein Arbeit, weder mit, Spinnen, Nehen, Stricken, Weben, Wircken oder dergleichen Weiblicher arbeit, sie wissen nicht was Haußhalten ist, vnsere Kinder in der Christenheit, wann sie mit jhren Tokken vnnd mit [spil] sich kurtz weiln, können das jenig, was zur Haußhaltung dienet, besser vnd mit mehrerm verstand anschicken, als essen, trincken, kochen, etc. dann diese Türckische Schlumpen jhr Haußwesen, sondern sitzen daheim im Hauß wie ein Gast, der sich keines dings anni[m]bt, Jedoch haben sie viel Mägde, ein gemeine Burgers Fraw, helt etwa vier oder 5. Mägd, die arbeiten in zween Tagen mehr dann in einem, mehrertheils waschen sie Leinwad, Hembdter, Schleyer, Hütbünd, tragen Wasser, gehen mit den Kindern vmb, fürnemblich aber treiben sie auff der Gassen jhren Pracht mit vielen Mägden sie erhalten sich von jhrer Männer Dienstgelt, oder von dem, was er täglich mit seiner Handarbeit gewinnt, das müssen sie mit Hoffart verschwenden. Mit Kleydung halten sie sich über alle massen stattlich vnd prächtig, es muß gar ein armes Weib seyn, die nit in Seiden gekleydt ist.

5. Wissenschaft und Kunst

Friedrich Prinz

Wer trat das Erbe der Antike an?

Das Problem von Kontinuität und Kulturbruch stellt sich erneut für die Rolle des Islam beim Aufbau der mittelalterlichen Welt. Weitgehend aufgegeben ist heute Pirennes Meinung, die rasche islamische Eroberung des südlichen Mittelmeerbeckens habe die alte mediterrane Verkehrs- und Wirtschaftseinheit nachhaltig zerstört, damit aber auch die ökonomische Basis der merowingischen Königsherrschaft, wodurch wiederum die landsässigen Karolinger an die Macht gekommen seien. Dennoch bewirkte der Siegeszug des Islam, das heißt eine explosionsartig sich ausbreitende religiöse Revolution, wohl den tiefsten Einschnitt zwischen der das gesamte Mittelmeer umfassenden Antike und dem auf Europa beschränkten Mittelalter. Dies gilt sowohl politisch wie religiös und kulturell, gingen doch dabei weite Gebiete, die einst für die Entfaltung des Christentums große Bedeutung hatten, unwiderruflich verloren. Es waren dies unter anderem die Wirkungsstätten eines Clemens von Alexandrien, eines Cyprian, Origenes und Augustin, und die Geburtslandschaften des Mönchtums in Syrien, Mesopotamien, Palästina und Ägypten. Byzanz konnte sich auf einem enger gewordenen Territorium schließlich behaupten, das Frankenreich im Westen vermochte sogar nach dem Abwehrkampf von Tours und Poitiers 732 die arabischen Einbrüche bis über die Pyrenäen hinweg wieder zu beseitigen. Dennoch bleibt bestehen, daß der Islam den politisch-kulturellen Zusammenhang zwischen dem byzantinisch-griechischen und dem westlich-lateinischen Kulturbereich empfindlich unterbrach. Bis zum 8. Jahrhundert verlor damit die christliche Religion etwa die Hälfte ihres Wirkungsbereiches an den Islam.

Man hat im Hinblick auf die germanisch beherrschten

Nachfolgestaaten des Imperium Romanum das Bild geprägt, der „alte Palazzo“ sei in Wohnungen aufgeteilt worden, bestehe aber als Bauwerk weiter. Vom Südrand des Mittelmeerbeckens wird man dies nach den arabischen Eroberungen des 7. und 8. Jahrhunderts nicht mehr behaupten können, denn hier entstand trotz der religiösen und bald auch der politischen Spaltungen im Islam ein weitgehend neues Gebäude, in dem zwar viele wichtige Bausteine des „alten Palazzo“ mitverwendet worden sind, das aber dennoch durch eine neue Religion und eine andersartige, religiös geprägte Gesellschaftsordnung ein Gebilde wesentlich anderer Art war. Gegenüber dem europäischen Christentum, das von der christlichen Antike vor allem das theologisch-philosophische Lehrgebäude, die Hierarchie und Elemente der Staatlichkeit und Verwaltungspraxis übernommen hatte, beerbte die arabisch-islamische Welt die Antike zuerst vornehmlich im Bereich der praktischen Wissenschaften, vor allem in der Medizin, der Mathematik und der Technik. Da der Islam viele lebendige Zentren spätantik-christlicher Kultur in Afrika und Kleinasien übernahm, wird man nach Quantität und Qualität den Anteil der antiken Kultur im islamischen Kulturerbe höher veranschlagen müssen als Ausmaß und Intensität desselben Erbes in West- und Mitteleuropa. Man meinte sogar, es sei eine einheitliche christlich-islamische Kultur des Mittelalters entstanden, die als der eigentliche legitime Fortsetzer der christlich-hellenischen Kultur der Antike zu gelten habe. Doch wird dabei übersehen, daß sich der Islam subjektiv als völlig andere, durch eine neue Religion legitimierte Kultur sah, während sich das europäische Mittelalter immer als Fortsetzung und Erbe der christlichen Antike seit Konstantin dem Großen fühlte. So ist es also nur scheinbar paradox, daß sich die islamische Welt trotz der Einverleibung eines im einzelnen viel reicheren antiken Kulturerbes eben doch nicht als Erbe dieser antiken Hochzivilisation empfand.

Heinz Halm

Die Wissenschaften der Alten

Am Ende des 9. Jahrhunderts war ein großer Teil des wissenschaftlichen Erbes der Antike den Muslimen in arabischen Übersetzungen zugänglich. Vermittler waren vor allem christliche Gelehrte in Syrien und Mesopotamien gewesen, die neben ihrer Mutter- und Kirchensprache, dem Aramäischen, auch Griechisch beherrschten. Aramäisch war die angestammte Sprache der Bevölkerung des ganzen Fruchtbaren Halbmondes, vor allem der ländlichen Bevölkerung; erst lange nach der islamischen Eroberung ist es durch das Arabische verdrängt worden, bis auf geringe Reste, die sich bis heute in christlichen Dörfern Syriens, des Nordirak und der südöstlichen Türkei gehalten haben. Die meisten Werke Platons, Aristoteles', Ptolemaios' oder Galens sind zuerst ins Aramäische übersetzt und in dieser Sprache kommentiert worden, zum Teil schon vor der islamischen Eroberung. Schon in der Mitte des 8. Jahrhunderts werden dann Übersetzungen aus dem Aramäischen in das nah verwandte Arabisch angefertigt; die meisten Übersetzer sind schon an ihren Namen als Christen zu erkennen. Der Kalif al-Ma'mūn (813–833), der Sohn des Hārūn ar-Rašīd, hat solche Übersetzungen gefördert; in seinem Palast in Bagdad richtete er ein Wissenschaftskabinett *(bait al-ḥikma)* ein, einen mit einer Bibliothek ausgestatteten Studierraum (keine „Universität", wie gelegentlich zu lesen ist), der interessierten Gelehrten zugänglich war. Der bekannteste unter den christlichen Übersetzern, die für den Kalifen und seine Nachfolger arbeiteten, war der 809 geborene Ḥunain ibn Isḥāq, der bis in die achtziger Jahre des 9. Jahrhunderts wirkte; sein Sohn Isḥāq, der sein Werk fortsetzte, starb 910 in Bagdad.

Was die Araber an der griechischen Wissenschaft interessierte, war vor allem das praktisch Nutzbare: Medizin, Botanik, Physik, Mathematik, Astronomie, Geographie und Politik, aber von Anfang an auch Logik und Metaphysik; an der griechischen Dichtung dagegen, am Drama oder Epos, fehlte jegliches Interesse. So wurde – um nur einige markante Beispiele herauszugreifen – Platons Dialog *Timaios* schon 806 ins Arabische übersetzt, Plotins *Enneaden* 840, Platons *Staat* 873, und Aristoteles' *Metaphysik* 911. Die Araber unterschieden zwischen den antiken Schulen kaum; ihre Lehren galten, wenn nicht als identisch, so doch als komplementär, und Aristoteles *(Arisṭūṭālīs)* als ihr alles überragender Vertreter; der Kalif al-Ma'mūn soll ihn sogar im Traum erschaut haben, „einen Mann von rötlich-weißer Hautfarbe, mit hoher Stirn, buschigen Brauen, kahlem Kopfe, dunkelblauen Augen und schönen Zügen, auf einem Katheder sitzend".

Auch die Spekulationen der von Plotin (gest. 270 n. Chr.) begründeten sogenannten neuplatonischen Schule, der letzten großen Philosophenschule der Spätantike, waren den Arabern durch Übersetzungen bekannt geworden, ohne daß diese sie als besonderes System betrachteten. Von Plotins Hauptwerk, den *Enneaden*, war vor allem eine Paraphrase der Bücher IV–VI im Umlauf, bezeichnenderweise unter dem Titel „Theologie des Aristoteles"; sie war 840 von einem Christen aus dem Syrischen übersetzt worden. Die „Einführung" *(Isagoge)* von Plotins Schüler Porphyrios war schon 763 ins Arabische übersetzt worden, und von den „Elementen der Theologie" des Athener Neuplatonikers Proklos (410–485) war eine Paraphrase unter dem Titel „Das Buch vom reinen Guten" im Umlauf; auch diesen Text schrieb man meist dem Aristoteles zu. (Erst Thomas von Aquin erkannte in der lateinischen Version, dem *Liber de causis*, sogleich das Werk des Proklos wieder.) Diese pseudo-aristotelischen neuplatonischen Schriften übten auf die arabischen Gelehrten eine große Faszination aus; sie haben die im 9. Jahrhundert mit al-Kindī und al-Fārābī einsetzende islamisch-arabische Philosophie entscheidend mitgeprägt.

Ferdinand Gregorovius

Mehmed der Eroberer als Philhellene

Der Eroberer Konstantinopels, der Vernichter Griechenlands, noch bedeckt mit dem frischen Blut der hingeschlachteten Peloponnesier, hielt seinen Einzug in die unglückliche Stadt in der letzten Woche des August 1458. Er brachte ihr eine Knechtschaft von fast vier Jahrhunderten.

So unmenschlich und erbarmungslos dieser furchtbare Kriegsfürst auch sein konnte, so war er doch, zum Glücke für Athen, kein Xerxes oder Mardonios, sondern einer der

Abb. 3. Sultan Mehmed II. (Bronzemedaille 1481).

gebildetsten Herrscher des Orients und selbst den Empfindungen für das Große und Schöne im Leben der Menschheit nicht unzugänglich. Er hatte Sinn für architektonische Pracht, wie er das in Konstantinopel bewies, wo er die Verwüstung des Sophiendoms verhinderte und später großartige Bauwerke aufführen ließ. Der Geschichtsschreiber Phrantzes, der ihn persönlich kannte, hat von ihm gerühmt, daß er, außer seiner eigenen Sprache, Griechisch, Lateinisch, Arabisch, Chaldäisch und Persisch verstand, die Lebensgeschichten Alexanders, Konstantins und des Theodosios las und diese großen Männer zu übertreffen bestrebt war. Es ist daher begreiflich, daß sogar ein solcher Völkerzermalmer einige Ehrfurcht vor Athen empfand, welches auch türkische Geschichtsschreiber als die Vaterstadt der Philosophen bezeichneten. Der Höfling und Lobredner Mehmeds II., Kritobulos, ein Inselgrieche, der unter dem Regiment der Osmanen die Verwaltung von Imbros erhielt, schrieb, von der Größe dieses Sultans begeistert, dessen Geschichte. So unwichtig war das politische Dasein der alten Metropole Griechenlands geworden, daß er in seinem Werk des Unterganges des athenischen Herzogtums mit keiner Silbe Erwähnung tat. Aber er hat von dem Besuche Mehmeds in Athen berichtet und bei dieser Gelegenheit den schrecklichen Barbaren so dargestellt, als gehörte er in die Reihe jener römischen Imperatoren, die einst den lebenden Athenern um der Toten willen ihre Fehler verziehen hatten. Mehmed hegte, so behauptet Kritobulos, eine große Liebe zu dieser Stadt und ihren Sehenswürdigkeiten; weil er viel Schönes vernommen hatte von der Weisheit und Tugend der alten Athener und den staunenswürdigen Werken, womit sie sich ehemals vor Griechen und Barbaren hervorgetan, wollte er die Stadt, die Beschaffenheit ihres Landes, ihr Meer und ihre Häfen kennenlernen. All dies bewunderte er, zumal die Akropolis. Als ein Weiser und Philhellene und großer König besichtigte er alles dasjenige, was dort von Altertümern erhalten war. Auch Chalkokondylas erzählt, daß Mehmed den Piräus und die Häfen, die Stadt und die Burg durchwanderte, die alte Pracht Athens mit Erstaunen betrachtete und ausrief, daß er dem Omar Pascha für solchen Gewinn zu großem Danke verpflichtet sei. Wenn etwas von jenem unwiderstehlichen Zauber, mit dem Athen im Altertum so viele fremde Könige umstrickt hatte, noch zu so später Zeit auch in die Seele des osmanischen Weltgebieters einzudringen vermochte, so hat die Stadt der Pallas Athene gerade in ihrem tiefsten Falle den größten Triumph gefeiert.

Heinrich Schipperges

Das chirurgische Lehrbuch des Abulcasis

Als Exponent der arabischen Chirurgie gilt Abū'l-Qāsim, der bedeutende Leibarzt des Kalifen ʿAbd ar-Raḥmān, der sich nach dem Lustschloß Zahrā, dem Sommersitz des Kalifen bei Cordoba, Az-Zahrāwī nannte. Er starb im Jahre 1013. Das Lehrbuch der Chirurgie des Abulcasis ging von der Fragestellung aus, warum man keine geschickten Chirurgen mehr finde. Die Ursache wird in der Vernachlässigung einer systematischen und theoretischen Anatomie gesehen, die die einzige Voraussetzung für den chirurgischen Eingriff sei. Mit dieser Voraussetzung wird alsdann die Chirurgie systematisch in ihrem theoretischen und praktischen Bestandteil abgehandelt. Es finden sich Ausführungen über die Blutstillung, die Ligatur der Arterien, die Kompression, die Anwendung von Kälte wie auch von pflanzlichen Styptika zur blutfreien Operation. Neben dem Messer wird vor allem die Kauterisation in den Vordergrund gestellt, wozu bestimmte Brennstellen, ähnlich den Moxen der alten Chinesen, angegeben werden. Zur Schmerzbekämpfung dienen neben dem Glüheisen auch Kälte, Kompression und Schlafschwämme, die vorwiegend mit Opium, Mandragora, Hyoscyamus infiltriert werden. Die Nahttechnik wird ebenso angeführt wie eine komplizierte Verbandstechnik. [...]

Besondere Bewunderung hat auch noch unter modernen Chirurgen die Kunst der Transplantation bei Abulcasis hervorgerufen. Auch hierzu nur ein Beispiel: „Nun sage ich, wie man eine abgeschnittene Nase wiederherstellt. Zunächst soll der Chirurg die Maße des fehlenden Stückes der Nase auf ein Blatt aufzeichnen. Diesen Umriß soll er ausschneiden und auf die Wange neben der Nase legen. Dann soll (nach dem aufgelegten Umriß) ein Stück der Wangenhaut herausgeschnitten werden, aber die Verbindung mit der Wangenhaut darf nicht abgeschnitten werden. Dieses Stück Wangenhaut soll nun umgestülpt werden und an den Rest der Nase, der vorher frisch angeschabt wurde, angenäht werden in der Form des fehlenden Nasenstückes. Zuvor sollen in die Nasenlöcher zwei Röhrchen vom Rhizinusbaum oder von Lotosstengeln oder von hohlen Gräsern eingeführt werden. Damit kann dann der Chirurg (die neu ein-

Abb. 4. Ärzte bei der Konsultation eines vornehmen Kranken; Inspektion und Palpation (Untersuchung durch Betasten und Befühlen) stehen dabei im Vordergrund. Hinter dem Vorhang wartet ein Diener auf eine Aufforderung zu weiterer Hilfe.

gesetzte Haut) so hoch heben, wie er es benötigt. Das Hautstück soll mit dem Nasenrest angenäht werden. Es soll dann darauf ein Wundpuder eingestreut werden. Darüber soll ein Streifen Baumwollzeug gelegt werden. Das Baumwollzeug soll des öfteren mit kaltem Sesam-Öl beträufelt werden. Um die Heilung zu fördern, soll man einem solchen Kranken gekochte Butter zum Trinken geben; er soll auch ein Abführmittel bekommen. Wenn man sieht, daß die (übertragene) Haut gut angewachsen ist, dann soll man die Verbindung zur Wange durchtrennen. Wenn die (transplantierte) Haut zu groß oder zu klein geworden ist, so soll dieses der Chirurg genau beachten, damit er sie ganz richtig einpaßt."

Johann Christoph Bürgel

Das Bilderverbot im Islam

Das Bilderverbot entstammt nicht dem Koran, es sei denn indirekt, durch verallgemeinernde Deutung des Wortes *anṣāb* (aufgerichtete Steine, d. h. Grabstelen, Opfersteine oder Idole) im Sinne von „Bild": „O ihr Gläubigen! Wahrlich, Wein und Glücksspiel und Opfersteine und Omenpfeile sind ein Greuel von Satanswerk! Vermeidet es, auf daß es euch wohl ergehe!" (5,90) Auf eine archaische Verknüpfung von Kunst und Magie im Weltbild des Korans verweist hingegen jene Stelle, die berichtet, daß einige der Salomo dienstbaren Dämonen („Dschinnen") „für ihn herstellten, was er wünschte an Palästen und Bildwerken, Schüsseln (so groß) wie Tröge und massive Kessel" (34,13). Der Vers mag indirekt zum Bilderverbot beigetragen haben. Eindeutige Verurteilungen bildlicher Darstellung finden sich aber nur im Hadith. Da stehen Berichte wie die folgenden, die auf Muḥammads Frau ʿA'ischa zurückgehen:

„Der Gesandte Gottes – Gott spende ihm Frieden und Heil! – kam von einer Reise zurück. Ich hatte auf eines meiner Simse ein Tuch von mir gelegt mit Abbildungen *(tamāthīl)*. Als der Gesandte Gottes – Gott spende ihm Frieden und Heil! – es erblickte, ergriff er es, zerriß es und sagte: ‚Die schlimmste Strafe beim Jüngsten Gericht werden jene erleiden, die die Schöpfung nachgeahmt haben!' " [...]

In andern Hadithen verflucht Muḥammad die Maler zusammen mit Frauen, die sich tätowieren, mit Wucherern und mit – Zauberern! Die Frage, ob diese Hadithe echt sind, ob sie auf jüdischen oder christlichen Einfluß zurückgehen, interessiert nur die Forschung. Entscheidend für die Kunstgeschichte ist ihre Wirkung. Diese Wirkung hat zumindest die Verwendung von Malerei und Skulptur in Kultbauten und damit eine Entwicklung einer im engeren Sinne sakralen bildlichen Kunst verhindert, wie dies entsprechend ja auch für die Musik gilt, mit dem wichtigen Unterschied, daß die Mystik einen Entfaltungsraum für sakrale Musik geschaffen hat.

In der Malerei kommt das Verdienst (zwar nicht einer wirklichen Überwindung, wohl aber) einer Umgehung und Nichtbeachtung des Verbots eher den Höfen und wohlhabenden Mäzenen zu. Allerdings ist zweifellos auch immer wieder wertvolle Buchmalerei von Fanatikern zerstört oder verschandelt worden. So sind im berühmten Leningrader Hariri-Manuskript den menschlichen Gestalten durch einen Federstrich symbolisch die Köpfe abgeschnitten, wenn dies nicht etwa ein Verzweiflungsakt eines Miniaturfreundes war, dem es mit diesem Trick gelang, Schlimmeres zu verhindern. Solange aber Miniaturen in den Hofbibliotheken aufbewahrt blieben, waren sie vor solchen Vandalenakten geschützt. Andererseits aber hat das Bilderverbot doch die Gestaltung dieser Maler beeinflußt. Die menschliche Gestalt durfte keine Schattierung und keine plastische Form aufweisen. Die Menschen erscheinen daher in den Miniaturen zweidimensional und ihre Gesichter haben keine individuellen Züge. Das beginnt sich erst in der indischen Miniatur der Großmoghulzeit unter europäischem Einfluß zu ändern.

Heath Lowry

Kalligraphie als religiöse Kunst

„Yazı üstādın öğretişinde gizlidir,
kıvamı çok yazmakladır, devamı,
jslam dını üzere olmakladır"

„Die Kunst der Kalligraphie
ist in der Lehre des Meisters verborgen,
ihr Wesen besteht in der Wiederholung,
und sie ist da,
um der Religion des Islam zu dienen."

(Ausspruch, dem Kalifen Ali zugeschrieben)

Um die Bedeutung der Kalligraphie für die osmanische Kunst zu begreifen, muß man zunächst einmal die drei grundsätzlichen Aussagen der eingangs zitierten Zeilen in ihrem Verhältnis zueinander verstehen: die Aussagen über die Rolle des Meisters, über die Wichtigkeit der Wiederholung und über die beinahe mystische Beziehung zwischen der Kalligraphie, der Kunst des Schreibens, und der Religion des Islam. Wir können aber auch so vorgehen, daß wir die Entwicklung dieser Kunstform verfolgen anhand der ununterbrochenen Kette von Meistern, die alle auf den von ihren Vorgängern errichteten Grundlagen aufbauten, indem sie sich Stunden ohne Zahl im Kopieren und Wiederholen früherer Vorbilder übten. Erst wenn ein Schüler durch Nacheifern Vollkommenheit erlangt hatte, erhielt er ein *icā-*

zet (Diplom), das ihm die Ausübung seiner Kunst und, wenn die Zeit dazu gekommen war, die Unterweisung eigener Schüler gestattete. Gab es einen tieferliegenden Grund dafür, daß sich Generation auf Generation von Kalligraphen miteinander verbunden fühlte, so lag er in der gemeinsamen Hingabe an die Lobpreisung Allahs durch die ‚Schönschrift' seiner Worte. Denn zu allen Zeiten der islamischen Geschichte war vorrangiger Gegenstand der Kalligraphen der Heilige Koran, Gottes Wort, das er seinem Propheten Muḥammad offenbart hatte. Jeder, der sich in dieser Kunst übte, führte voller Stolz seinen Stammbaum *(şecere)* durch Generationen von Vorgängern zurück auf den Kalifen Ali, der in der gesamten Welt des Islam als der erste Kalligraph in Ehren gehalten wird.

Zu keiner Zeit und an keinem Ort erhob sich die Kunst der islamischen Kalligraphie zu den Höhen, die sie in der Stadt Istanbul zwischen dem 15. und dem 19. Jahrhundert erreichte. Die Osmanen, letzte in der langen Reihe großer islamischer Dynastien des Mittelalters, waren die Erben, Bewahrer und Vollender der kalligraphischen Traditionen des Islam. Das gebräuchliche arabische Zitat: „Der Koran wurde im Hedjas offenbart, in Ägypten rezitiert, in Istanbul geschrieben", drückt aus, was im islamischen Osten schon seit langem anerkannt ist. Dies ist nicht weiter verwunderlich bei einer Kunstform, die ihre Größe der Wiederholung verdankt. Im Westen, wo das Auge darauf geschult ist, den individuellen Stil eines Künstlers zu würdigen, steht die Anerkennung der osmanischen Kalligraphie jedoch noch aus.

Wie läßt sich nun der offenkundige Gegensatz erklären, der zwischen der Wertschätzung der Kunst des *hüsn-i hat,* also der Kalligraphie, in der islamischen Welt und dem Fehlen eines ähnlichen Interesses in der westlichen Welt besteht? Zu allererst gilt es zu berücksichtigen, daß für den Muslim die Kalligraphie ein wesentlicher Teil des ‚Mysteriums' ist, das seine Religion umgibt. Indem sie von einer ununterbrochenen Kette von Meistern stets auf die nachfol-

Abb. 5. Inschrift in goldenem *Sülüs*, aufgetragen auf einem vergoldeten Blatt 12,5 × 16,5 cm.

gende Generation weitergegeben wird, dient die Kalligraphie dazu, eine religiöse Gemeinschaft zu einen, die zwar durch Entfernung und Kultur geteilt ist, sich aber verbunden weiß in ihrer Ehrfurcht vor dem Muḥammad offenbarten Wort Gottes, das in arabischer Sprache aufgezeichnet wurde. Dank der Kunst des Kalligraphen konnte diese Botschaft durch die vergangenen vierzehnhundert Jahre der islamischen Geschichte bewahrt und weitergereicht werden.

Dieser Kunst ist eine Zeitlosigkeit eigen, die den westlichen Betrachter irritiert, weil sein Auge geschult ist, den individuellen Stil eines Künstlers in den verschiedenen Abschnitten seines Schaffens zu erkennen. In der islamischen Kalligraphie hingegen wird Größe vor allem danach beurteilt, ob es dem Ausübenden gelingt, die ererbte Vergangenheit zu meistern. Eigene Beiträge zu diesem Erbe bestehen häufig in subtilen Ausschmückungen, die nur der geübte Betrachter zu erkennen und zu schätzen vermag.

Stefano Bianca

Die Architektur der Moschee

Außer den Vorschriften zur Einhaltung der rituellen Reinheit bestehen im Prinzip keine besonderen religiösen Voraussetzungen für die Ausgestaltung der Moschee, doch bot ein überdeckter, breitgestreckter und nicht zu stark unterteilter Raum mit einer parallel zu den Gebetsreihen stehenden Frontwand die besten Bedingungen, besonders, wenn der Boden mit Matten oder Teppichen belegt wurde, auf denen die Benutzer sitzen, knien und lagern konnten (der Bodenbelag ist besonders wichtig, da die Gebetsbewegungen auch das mehrmalige Berühren des Bodens mit der Stirn, aus kniender Stellung, vorschreiben). Weite Säulenhallen, wie sie in der Antike in der Form der hellenistischen Basilika oder der persischen Apâdana gegeben waren, oder auch einfache Schattendächer aus Palmstämmen, konnten durchaus als Gebetsraum dienen und waren meist ergänzt durch einen Vorhof, der an Festtagen die zusätzliche Zahl

Abb. 6. Miniatur zu den ‚Maqamat' des Hariri, aus einem irakischen Manuskript von 1237: Szene in einer Moschee: Vortrag des Imâms von der Kanzel (Minbar).

Abb. 7. Miniatur zu den ‚Maqamat' des Hariri, aus einem irakischen Manuskript von 1237: Szene in einer Moschee: Gelehrte vor einer Biblothek sitzend.

von Betenden aufnahm. Da der rituellen Reinigung vor dem Gebet (besonders nach der Entleerung) eine wichtige Rolle zukam, mußten der Moschee auch Bedürfnisanlagen und Waschgelegenheiten (Mida) angegliedert werden, die man vor dem Betreten der Moschee benutzen konnte. Außerdem war der Hof meist mit offenen Brunnenanlagen oder kleinen Brunnenhäusern versehen, wo die Gläubigen, auf niedrigen Bänken sitzend, ins fließende Wasser fassen und die rituelle Reinigung im Hof der Moschee vollziehen konnten. Das Plätschern und Rieseln des Wassers (dessen Symbolik bereits zur Sprache gekommen ist) wurde zum akustischen Wahrzeichen der Moschee, ebenso wie der Gebetsruf, der fünfmal am Tag die umliegenden Bewohner zusammenrief.

Das Urbild der Moschee ist vor allem von zwei Modellen geprägt worden: Das eine war das Anwesen des Propheten in Medina, dessen Hof mit seinen seitlichen Schattendächern das erste Gemeinschaftszentrum der muslimischen Gemeinde war und bereits die vorbildhafte Verbindung religiöser, sozialer und politischer Funktionen aufwies. Das andere war der ummauerte, mit vier Ecktürmen versehene alte Tempelbezirk (Temenos) von Damaskus, der zur Moschee umgewandelt und so zum Vorbild für einen eingefaßten öffentlichen Raum von städtischen Dimensionen wurde. Ähnlich wie der Hof des Propheten diente diese Moschee auch als Empfangsbereich für den daran anstoßenden Palast der umayyadischen Kalifen. Beide Modelle verschmolzen in der frühen umayyadischen Hallenmoschee, deren Innenraum nach dem Vorbild der Basilika gestaltet war und die ihrerseits ein Modell für spätere Zeiten darstellte. Diese Entwicklung ist bereits oben beschrieben worden, doch bleibt an dieser Stelle die Geschichte der drei wichtigsten architektonischen Kennzeichen der Moschee nachzutragen, die in jeder späteren Moschee, gleich welchen architektonischen Stils, immer beibehalten wurden:

Im liturgischen Sinne sind die einzigen notwendigen Einrichtungen der Moschee der in die Qiblawand eingelassene

‚Mihrâb', eine etwa mannshohe Nische, die in Richtung von Mekka weist, sowie der ‚Minbar', ein auf einem Treppenpodest ruhender Hochsitz, von wo aus der Imâm am Freitag seine Ansprache an die Gemeinde hält. Beide verfestigen auf architektonische Art die Erinnerung an Gesten und Gebräuche des Propheten und sind erstmals im umayyadischen Umbau von Muḥammads Haus in Medina durch Walîd I. (707 n. Chr.) entwickelt worden, um von da an fester Bestandteil jeder Moschee zu werden. Die Nische des Mihrâbs vergegenwärtigte den Standort, den der Prophet jeweils bei der Anführung des Gebets einnahm, weshalb er in Medina noch exzentrisch in die südliche Außenmauer eingelassen war, während er später meist in die Mitte der Gebetsfront eingefügt wurde, hinter der sich die Betenden reihenweise mit Blick gegen Mekka aufstellen. Fortan bezeichnete der Mihrâb den Platz des Vorbeters (Imâm) der Gemeinde und diente durch seine muschelförmige Höhlung dem Widerhall des koranischen Gotteswortes, dessen Rezitation einen wichtigen Teil des islamischen Kultes ausmacht.

So wurde der Mihrâb zum zentralen Ausstattungselement der Moschee, auf dessen kostbare künstlerische Ausgestaltung die islamischen Baumeister mit besonderer Sorgfalt bedacht waren. Zugleich wurde die Form der Nische zu einem Symbol der göttlichen Gegenwart, gemäß einem koranischen Vers, der eine beliebte Inschrift an vielen Moscheewänden war und jedem Muslim bekannt sein mußte: „Allah ist das Licht der Himmel und der Erde. Sein Licht ist gleich einer Nische, in der sich eine Lampe befindet; die Lampe ist in einem Glase, und das Glas gleicht einem flimmernden Stern" (Koran 24/35). Das Motiv der Nische ist allgegenwärtig in der islamischen Architektur – von den kleinen Muqarnas bis zu den ausgehöhlten Muscheln großer Eingangsportale. Allein schon der Umriß der Nische (etwa auf einem Gebetsteppich) vermag durch seine sinnbildliche Bedeutung überall den Ort der Andacht herzustellen.

In ähnlicher Weise bezieht sich der ‚Minbar', die islami-

Abb. 8. Gläubige im Einzelgebet vor der Qibla-Wand der großen Moschee von Damaskus. Links die Nische des Míhraâbs und in der Mitte die Kanzel des Minbars.

sche Kanzel, auf die Überlieferung von Medina: Der erste Minbar war eine dreistufige Erhöhung, von wo aus der Prophet bei politischen Versammlungen und Beratungen den Vorsitz zu führen pflegte. Beim Umbau des Hauses wurde dieser damals noch erhaltene Schemel auf einen sechsstufigen Unterbau gestellt, und damit war das Vorbild aller späteren Minbars gegeben, die als Treppenpodest für die Ansprache des Imâms dienen und seitlich neben den Mihrâb zu stehen kommen.

Das dritte kennzeichnende Element der Moschee, das Minarett, geht auf die Weisung des Propheten zurück, vom Dach seines Hauses den Beginn der fünf täglichen Gebete durch einen Ausrufer (‚Muezzin') verkündigen zu lassen, damit die Gläubigen ihre Tätigkeit unterbrächen und sich im Hof versammelten. Die naheliegende Ausgestaltung dieser Anordnung war der Ruf- und Wachturm, für den sich viele Vorbilder finden ließen: Der legendäre alexandrinische Pharos etwa oder der zeitgenössische Glockenturm syrischer Kirchen und, nicht zu vergessen, die vier Ecktürme des römischen Tempelbezirkes von Damaskus, an deren Anordnung sich die vier Minarette der umayyadischen Moschee von Medina orientiert haben können, die als erste dieses Wahrzeichen trug.

Mohamed Scharabi

Bauen für eine moderne islamische Gesellschaft: das Projekt Klein-Jubail

Das Gefühl, im Übergang zu stehen, nur Halbgültiges vorzuweisen zu haben, ist einigen Stadtplanern und Architekten, die im „islamischen" Raum beheimatet sind oder waren, aber auch einigen Ausländern, insbesondere in den letzten zwei Jahrzehnten, bewußt geworden. Ihnen ist klargeworden, daß der Nationalstaat gesiegt hat, die Nation jedoch nicht. Ihnen ist unklar geblieben, ob der Islam, die Einzelnation, die islamische Übernation *(umma)* oder die sprachliche Verbundenheit von Einzelstaaten der Rahmen des Morgen werden soll. Ihnen erscheint es als die eigentliche Aufgabe, ortsbezogen, d. h. den geographischen, gesellschaftlichen und wirtschaftlichen Gegebenheiten der Gegenwart entsprechend zu planen und zu bauen, um die kulturelle Kontinuität zu wahren und eine Entfremdung der gebauten Umwelt zu vermeiden. [...]

Das [...] Projekt ist quasi eine kleine Stadt für etwa 16000 Einwohner. Sie liegt in der Nähe von Jubail am Arabisch-Persischen Golf. Die Planer machten es sich zum Ziel, eine Konzeption zu entwickeln, die den natürlichen Gegebenheiten des Baugeländes, dem Klima und einer neuen

„islamischen Gesellschaft“ entspricht. Um diese „islamische Gesellschaft“ zu verstehen, sollte man sich an die städtische Gesellschaft Mitteleuropas im 19. Jahrhundert erinnern. Hier entstand eine relativ breite Schicht von Akademikern und Halbakademikern, die sich privilegiert fühlten und es tatsächlich auch waren. Diese Gesellschaftsgruppe strebte das Ideal und die Lebensform des Adels und des Großbürgertums an. Sie war sich des neuen Industriezeitalters bewußt, gleichzeitig aber der Tradition verhaftet. Sie konnte und wollte die alte Denk- und Lebensweise nicht aufgeben und schloß einen Kompromiß mit der neuen Zeit. Dieser Kompromiß bestand darin, die althergebrachte Grundordnung der Familie zu pflegen, die traditionelle Gesellschaftsstruktur zu wahren und ein Nationalgefühl zu entwickeln. Dabei hat man sich der modernen technischen Errungenschaften bedient. Gewollt oder ungewollt hat man die Gesetze der sich schnell entwickelnden Zeit- und Arbeitsteilung über sich ergehen lassen. Es entstand ein neuer Lebensrhythmus, der von den industriellen Produktionsbedingungen bestimmt war. Eine ähnliche Entwicklung vollzieht sich in der heutigen „islamischen Gesellschaft“. Für diese Gesellschaft wurde Klein-Jubail geplant, das seit zwei Jahren im Bau steht.

Es ist bekannt, daß die traditionelle Stadt im Nahen Osten normalerweise dicht bebaut ist. Ihre Struktur ist überwiegend vom Typus des Hofbaues geprägt. Dem meist unregelmäßigen Straßenraum gegenüber steht der ruhige, rechteckig angelegte Innenhof. Die Bauten zeigen in der Regel keine große Mannigfaltigkeit an Grundrißformen, sondern eine wenig veränderte Wiederholung einer bestimmten Anzahl von Varianten. Die klimatischen und gesellschaftlichen Hintergründe für die Bildung von Innenhöfen liegen auf der Hand. Auffallend bei den traditionellen Wohnhäusern ist die reiche Gestaltung des Innenhofes, aber auch der Innenräume überhaupt. Die äußere Gestalt der Häuser ist dagegen meistens schlicht. Es fällt dem Betrachter dieser

Häuser vom Äußeren her schwer zu erkennen, ob die Bewohner arm oder reich sind. Armut oder Reichtum zeigen sich im Innenausbau. Neben diesem Gestaltungskanon existiert eine Vielzahl von Gestaltungsmitteln, die dem Schutz vor äußeren Einflüssen dienen sollen. Dabei spielt die Frage der Beschattung sowie der Be- und Entlüftung eine große Rolle. Die innere Organisation dieser Häuser ist denkbar einfach und überschaubar. Es handelt sich immer wieder um zwei bis drei Bereiche, die räumlich voneinander getrennt sein sollen. Das sind der private bzw. familiäre Sektor, der öffentliche bzw. Gästesektor und schließlich – bei den wohlhabenden Bewohnern – der Sektor für das Dienstpersonal. Es wurde – und es wird immer noch – großer Wert darauf gelegt, diese Bereiche strikt voneinander zu trennen.

Diese Aspekte u. a. waren Leitmotive bei der Gestaltung von Klein-Jubail. Gleichzeitig haben sich die Planer leiten lassen von Grundlagen des neueren Städtebaus, die von den gegenwärtigen und künftigen infrastrukturellen Erfordernissen bestimmt sind. Zwei Hauptfaktoren haben die Planung wesentlich beeinflußt: Eine ständige Belüftung der Stadt durch die Meeresluft – wir haben es hier mit warmfeuchtem Klima zu tun – und eine reibungslose Verkehrsstruktur. Der Plan sieht vier Nachbarschaften vor, die sich um das Hauptzentrum, den *sūq* bzw. Basar, gruppieren. Die Bildung von Innenhöfen wurde aus den schon angeführten gesellschaftlichen und klimatischen Bedingungen zum obersten Planungsziel erhoben. Die vier Nachbarschaften gruppieren sich quasi zu einem öffentlichen Hof, der die vorhandenen Sanddünen und sonstige Vegetation beinhaltet und sich zum Golf hin öffnet. Selbst die Nachbarschaften sind so geplant, daß durch die höhere Randbebauung ein Innenhof entsteht. Und schließlich ist die Mehrzahl der Häuser selbstverständlich als Hofanlagen konzipiert. Dem Beispiel der traditionellen Stadt folgend, erhalten die Häuser eine fast einheitliche Erscheinungsform. Die ten die Häuser eine fast einheitliche Erscheinungsform. Die althergebrachte Teilung in *ḥarāmlik* und *salāmlik,* d. h. in private und öffentliche Bereiche, wird hier praktiziert. Das gilt nicht nur für Einfamilienhäuser, sondern auch für Wohnungen in Mehrfamilienhäuser. Die Einfamilienhäuser sind überwiegend Flachbauten, die Mehrfamilienhäuser bestehen aus vier Etagen, so daß nirgends ein Fahrstuhl benötigt wird.

Die Anwendung alter Bauregeln führt dazu, keine einzeln stehenden „Villen" einzuplanen. Gemeinsame Wände, Rück- und Vorsprünge in horizontaler und vertikaler Ebene, Bildung von kleinen Höfen sowie Orientierung der Räume zu denselben machen eine mechanisierte Klimaanlage beinahe überflüssig. Auch die Anwendung von Ziegeln als Hauptbaustoff ist in dieser Hinsicht wichtig. Die wenigen Öffnungen an den Außenfronten sind so klein gehalten, daß ein zusätzlicher Sonnenschutz nicht notwendig wird. Alle Häuser sind weiß gekalkt, damit die Sonnenstrahlen mehr reflektiert und weniger absorbiert werden.

Mit obigen Ausführungen sollte zum Ausdruck gebracht werden, daß es bei ortsbezogener Stadtplanung, Architektur und darstellender Kunst darauf ankommt, aus dem Wesen der traditionellen Bauformen zu schöpfen, sie aber keineswegs zu kopieren. Das Entscheidende an diesen Bemühungen ist, daß man versucht, in sinnvoller Weise an die traditionellen Formen von Architektur und Kunst anzuknüpfen, ohne dabei den weitgespannten Anspruch zu erheben, „islamisch" gestalten zu wollen.

6. *Alltag und Lebenszyklus*

Auff hernach verzeichnete Art gehen die Türkischen Weiber von Fuß auff gekleydt*

(A) Hat am blossen Leib durchscheinende weite Hosen von Seiden oder zarter Leinwad, (B) über die Hosen tregt sie ein durchscheinend Hembd, roth, gelb, blaw, etc. auch von Seiden oder Leinwad, auff dem Haupt ein Hütlein von Gülden Stücken oder Seiden Zeug, in form eins Badhuts, flechten nur einen Zopff den binden sie in ein Säcklein von Gülden Stücken, oder dergleichen köstlichen Zeug gemacht, wie gegen über zusehen, lassen das Haar eins theils vnter dem Gesicht hangen, steht auff Holtzschuhen, gemahlt von Farb oder mit Silberen Blechen überzogen, (C) hat über das Hembd ein gestepten Seiden Leibrock biß an die Knie, weite Stiffel an Beinen, vmb das Hütlein ein schwartz Seiden Band. Ferner folget in nechster Figur mit (D. E) wie sie über den Leibröcklein tregt ein langen Leibrock biß auff die Füß von Seidenwaht, als Atlas, Damaßkat, etc. hat an den Hütlein Güldene Geflinder, daran Perlen hangen, Das schlechste par Schuh kost nicht weniger als ein Taler, der Vberrock ist von köstlichen Englischem Tuch, darbey muß seyn köstliche Hals vnnd Armgeschmeid, gemeinglich Güldine Armband, darzu die Ohrengehenck, als Fingerring, oder sonsten ein Edler eingefaster Stein. An der Leibbinden ein Wischtuch hangen, (F) Ist mit einem durchsichtigen schwartzen härinin Visier bedeckt, dann sie lassen sich nicht sehen, gleich wie von der Fa[tu]a oder De[a] bona die Historien melden, sie sey so keusch vnd eingezogen gewesen, daß sie jhr Lebtag niemand jemals gesehen hab. Also lassen sich sonderlich der grossen Herren Weiber von jhrem Hofgesind vnd Dienern nimmer sehen, vnnd da sie auff der Gutschen sitzen spannet man Tücher von jrem Gemach biß zum Kobelwagen, von beyden Seiten, daß sie kein Mannsperson sehen mög, da sie gleich, wie zwischen zweyen Wänden von der Haußthür an, in den Kobelwagen hinein gehen.

Werner Herzog

Islamische Feste im Maghreb

Der Festkalender ist in allen drei Ländern muslimisch geblieben. Die christlichen Feste finden nicht oder nur in Hotels in den Großstädten und den Touristengebieten statt. Weihnachten kann man zum Beispiel bestens in Casablanca und in Agadir feiern, allerdings wegen der Wärme mit Plastikbäumchen und einem einheimischen roten Weihnachtsmann mit langem weißen Bart. Neujahr ist auch auf die Hotels und die Fremden beschränkt. Nach dem islamischen Kalender findet das Neujahr momentan im Sommer statt. Nach ihm richten sich auch die anderen Festtage. Zehn Tage nach Neujahr wird Achoura, der Tag der Toten, gefeiert. Er entspricht ungefähr unserem 1. November. Rund 60 Tage danach folgt das Geburtstagsfest des Propheten, das um einiges bescheidener als Weihnachten begangen wird. Wie überall auf der Welt sind es vor allem die Kinder, die wegen der Schleckereien (allerdings sind es meist getrocknete Früchte) sehnsüchtig dieses Fest erwarten.

Der größte Einschnitt ist der Fastenmonat Ramadan (1989 begann er am 8. April). Er ist ein harter und fröhlicher Monat zugleich. Während des Ramadans leben die Familien viel stärker zusammen und fasten, kochen, essen und vergnügen sich gemeinsam. Das tägliche Fastenende (iftar) ist ein erhebender Moment. Die Straßen sind leergefegt, zu Hause und in den Restaurants wartet jedermann auf den erlösenden Augenblick. Am Fernseher rückt der Sekundenzeiger vor, Sirenen und Kanonenschüsse zeigen an, wenn es soweit ist: In diesem Augenblick tauchen Hunderttausende von Löffeln in die Suppe (harira), mit der man das Fasten für einige Stunden unterbricht. Der Maghreb ißt. Wer ausgerechnet dann eine Telefonistin oder einen Taxifahrer braucht, muß sich gedulden oder verzichten.

Die Nächte des Ramadan sind im Maghreb die besten Nächte. Dann dürfen auch die Mädchen und Frauen auf die Straße gehen. Die Gassen sind gestopft voll. Jedermann ist gut aufgelegt. Bis nach Mitternacht wird gegessen und getrunken, geplaudert und auch geschäkert. Familien laden auch Fremde zum Essen ein, es herrscht eine seltene Eintracht. Musiktruppen, Gaukler und Tänzerinnen amüsieren das Volk in Theatern und in Zelten und Buden der Altstädte: Ramadan ist nicht nur Fasten, es ist auch ein sinnliches Fest, das einen ganzen Monat dauert. [...]

Der Ramadan wird mit dem Aid es Seghir (auch Aid el Fitr) beendet. Dieses „kleine" Fest dauert immerhin drei Tage. Es dient der Bevölkerung dazu, sich essend, trinkend, ruhend oder rauchend von den Strapazen zu erholen. Für die Kinder ist es ein doppeltes Fest. An Aid es Seghir erhalten sie meist neue Kleider. Der Ansturm auf die Kleiderläden vor dem Festbeginn ist beeindruckend.

Das größte Fest ist aber Aid el Kebir, das Opferfest (es wird auch Aid el Adha genannt), das in Erinnerung an das Opfer Abrahams am Ende des muslimischen Kalenderjahres gefeiert wird (1989 war es der 15. Juli). Es ist das Fest, an dem Millionen von Schafen ihr Leben lassen müssen. Nach alter Sitte schlachtet jeder Familienvater an diesem Tag nach dem Gebet ein Tier und verschenkt einen Teil davon den Armen. Schon Tage und Wochen vorher blöken die Schafe auf Terrassen, in Hinterhöfen und Gärten, umhegt von Kindern, die ihnen Gras bringen. Wer sie dann kauft, bekommt sie noch billiger. Das Fest macht deutlich, daß das wichtigste und weitaus häufigste Tier des Maghreb das Schaf ist.

Wirtschaftliche Überlegungen haben in neuester Zeit dieses religiöseste aller Feste mehr und mehr beeinflußt. In den großen Dürrejahren (1981 und 1982) empfahl Marokkos König Hassan, das Schlachtopfer nicht vorzunehmen. Symbolisch für die ganze Nation tötete er ein Tier. So wurde der Schafbestand nicht noch weiter reduziert. Nicht alle Familienväter schlachten heute noch ein Tier. Manchmal findet das Opfer in der Großfamilie statt. Junge Ehepaare, welche den Ritus nicht mehr durchführen wollen, besuchen an diesem Tag ihre Eltern. Aid el Kebir bedeutet drei Feiertage und ist, wie auch die anderen Feste, ein Anlaß, einander zu treffen und zusammenzuleben.

Roy Mottahedeh

Jugend eines Mullah

Drei Dinge hatten Ali Haschemi bewogen, Mullah zu werden: Sein Vater war Mullah, er selbst war gut im Religionsunterricht, und er war in Ghom geboren und aufgewachsen. Für Tausende von Studenten, die jedes Jahr ankommen, ist Ghom das wichtigste Zentrum für religiöse Studien im Iran. Für die Zehntausende von Pilgern, die in jeder Jahreszeit hereinströmen, ist es eine Stadt, die beherrscht wird von dem großen heiligen Schrein in ihrer Mitte; Ali Haschemi, der im Revolutionsjahr 1979 sechsunddreißig Jahre alt wurde, hat in Ghom studiert und immer den Schrein verehrt. Aber für ihn ist Ghom schon immer etwas Einfacheres und Größeres gewesen: Es war der erste Ort und blieb bis zu seinem neunzehnten Lebensjahr auch fast der einzige Ort, den er kannte.

Natürlich hat Ali als Kind auch andere Städte besucht. Zum Beispiel erinnert er sich, daß er mit sechs Jahren zum erstenmal die zweistündige Autoreise nordwärts von Ghom nach Teheran machte. [...]

Über die Jahreszeit seiner nächsten Erinnerung ist kein Zweifel möglich, denn er sieht noch im Hintergrund die roten und weißen Blüten der Granatapfelbäume, deren Blütenduft im Frühling irgendwie an den Geschmack der Früchte erinnert, die im Herbst gepflückt werden. Er und sein Bruder wurden in eine Ecke des Gartens hinter seines Vaters Haus geführt. Dort saß seine Mutter vor einem niedrigen Busch mit vielen Blättern und hielt ein neugeborenes Kind im Arm. Plötzlich verstand er etwas, was man ihm schon bei anderer Gelegenheit gesagt hatte. Er, sein älterer Bruder, sein Vater und sein neugeborener Bruder trugen grüne Schärpen, und Ali wußte, daß sie Seyyids waren, Nachkommen des Propheten. [...]

Etwa von der Zeit seines sechsten Geburtstages an ging Ali nicht mehr mit seiner Mutter zum Badehaus, sondern mit seinem Vater. Dies war nicht der einzige bedeutsame Wandel, der damals in seinem Leben eintrat. Beten lernen, schreiben lernen, mit den Freunden seines Vaters stillsitzen lernen: all das war genauso neu und nahm mehr Wochenstunden in Anspruch als ein Besuch des Bades. Aber irgendwie hat sich ihm der Wechsel im Badehaus am besten eingeprägt: In der einen Woche war er dort in einer Schar schwatzender, schwitzender halbnackter Frauen, in der nächsten Woche saß er in einer Runde feierlicher, halbnackter Männer. [...]

Es war nicht so, daß seine Mutter von nun an weniger Zeit für ihn hatte, es war vielmehr so, daß sein Vater jetzt viel mehr Zeit zu haben schien. Er hatte seinem Vater oft beim Gebet zugesehen und hatte für sich selbst versucht, auch die Hände zu erheben und wieder zu senken, sich nach vorn zu beugen, niederzuknien, mit der Stirn den Boden zu berühren, so wie sein Vater es tat. Es war hoffnungslos. Dazu kam, daß sein Vater auf arabisch betete, und Ali konnte nicht mehr als ein oder zwei Worte von dem behalten, was sein Vater sagte. Einige Monate, nachdem er nicht mehr mit seiner Mutter zum Badehaus gegangen war, bemerkte sein Vater, wie Ali seine Bewegungen beim Gebet nachahmte. Nach Beendigung des Gebetes nahm der Vater Alis Hände in seine eigenen Hände und sagte: „Gott möchte gern, daß wir unser Gebet damit beginnen, daß wir im Herzen oder auch laut sagen ‚Ich versuche zu beten'. ‚Ich versuche zu beten' heißt, ‚Ich möchte beten'." Ali sagte: „Aber ich möchte wirklich beten – ich möchte sein wie du."

Sein Vater lächelte und strich über Alis Kinn. „Gut. Ich weiß, daß du sein möchtest wie ich. Lerne einen Teil des Gebetes auf arabisch, dann wirst du es sprechen können wie ich, wenn du alt genug bist, um zu verstehen was es heißt, ‚ich versuche zu ...' "

Rückblickend erscheint es Ali unfaßbar, daß er eine erste Geschmacksprobe des Arabischen – der wahren Sprache der Offenbarung und der Theologie – damals erhielt, als er vor seinem Vater ganze Sätze in sich aufnahm, ohne Fanfarenstoß oder feierliche Einführung. Sein Vater übersetzte die arabischen Sätze Wort für Wort ins Persische; das war kaum eine Hilfe, doch verbanden sich die Worte jedes Satzes miteinander zu einer Kette, die niemals zerbrach. Mißlich war nur, daß Ali die Sätze selbst manchmal durcheinanderbrachte, und manchmal erfand er neue Weisen, arabische Wörter auszusprechen, was seinen Vater erheiterte. Zweimal mußte Ali in einem Gebet das kürzeste Kapitel des Korans wiederholen:

> Im Namen Gottes, des Erbarmers, des Barmherzigen.
> Sprich: Er ist der eine Gott,
> Der ewige Gott,
> Er zeugt nicht und wird nicht gezeugt,
> Und keiner ist Ihm gleich.
> [...]

(dtsch. Übersetzung Max Henning)

Ali wußte auf den ersten Blick, daß Mohammeds Freund, der etwa fünfzehn Jahre alt war, wie ein Schüler der Medrese aussah mit seinem Turban, dem schwarzen Mullah-Mantel und den wolligen Bartansätzen; er selbst sah dagegen aus wie das, was er war: ein zehnjähriger Junge mit einem dunkelblauen Kittelrock und ohne Bart, so daß er sich schämen mußte. Aber er trug einen grünen Turban, und obwohl dieser nur zweimal gewunden war, zeichnete er ihn doch durch seine Farbe als einen Seyyid aus – während sein Gefährte nur den weißen Turban eines gewöhnlichen Menschen trug, wie groß dieser auch immer sein mochte. [...]

Sein Begleiter führte ihn zu einem Klassenzimmer im Untergeschoß eines der anderen großen Bögen. Die meisten Schüler unter vierzehn Jahren trugen einen gelblich-braunen bis hellbraunen Rock; die älteren Schüler trugen die Aba, den schwarzen, vorne offenen Umhang mit langen Ärmeln, das charakteristische Kleidungsstück der Mullahs. Die Schüler saßen mit gekreuzten Beinen im Halbkreis um einen Lehrer, der die zweite Stufe einer Stehleiter eingenommen hatte und mit ruhiger Konzentration eine Zigarette rauchte. Als sich der Lehrer der Klasse zuwandte, bemerkte Ali in seinem Bart zwei weiße Streifen, die gleichmäßig in der Nähe der Mundwinkel angeordnet waren. Vor sich hielt er eine riesige Ausgabe des Lehrbuches; sie war so viel größer als Alis eigene Ausgabe, daß Ali schon befürchtete, sein fünfzehnjähriger Begleiter habe ihn in der falschen Klasse abgeliefert.

Der Lehrer drückte die Zigarette in dem messingnen Untersatz eines Teeglases aus, räusperte sich, schlug das riesige Buch auf und begann: „Im Namen Gottes, des Erbarmers, des Barmherzigen. Gestern haben wir die einleitende Abhandlung von Mullah Abdollahs *Kommentar* gelesen, in der er erklärt, warum der dem Kommentar zugrundeliegende Text ‚Die endgültige Richtigstellung der Begriffe in Abhandlungen über Logik‘ heißt. Mullah Abdollah erläutert, daß Taftazani, der Verfasser des zugrundeliegenden Textes, glaubte, niemand könne eine knappere Zusammenfassung der Logik geben als seine ‚Endgültige Richtigstellung der logischen Grundbegriffe'." [...]

Am dritten Tag war Ali so weit, daß er in seinem Lehrer mehr sah als einen schwarzen Bart mit zwei weißen Streifen. Der Lehrer trug einen schwarzen Turban; wie Ali war er also ein Seyyid, ein Nachkomme des Propheten, und daher berechtigt, Grün oder Schwarz auf dem Kopf zu tragen. Er sprach ein fast perfektes Persisch, aber wie bei so vielen Leuten aus Aserbeidschan, deren Muttersprache Türkisch ist, hatte auch bei ihm das Persische manchmal einen Anflug von Bücherwissen. Ein- oder zweimal klang es, als zitiere er direkt aus dem *Golestan* des Saadi, dem literarischen Klassiker aus dem 13. Jahrhundert, den viele türkische Aserbeidschaner auswendig lernen, um Persisch, die wichtigste Sprache des Irans, vollkommen zu beherrschen. Er war noch nicht alt, aber doch irgendwie sehr grau, mit seiner grauen Blässe, den grauen Haaren an den Seiten seines Turbans und sogar dem Grauschimmer seiner braunen Augen. Doch war er immerhin so alt, daß er nicht mehr hätte vierzehnjährigen Schülern der Medrese Unterricht in einem der vorgeschriebenen Bücher zu erteilen brauchen, wäre er wirklich klug gewesen.

Ali wünschte ihn sich aber gar nicht klüger. Seine Erklärungen bewiesen, daß er jeden Teil des Textes so vollständig in sich aufgenommen hatte, daß er immer Schwierigkeiten voraussehen und die Bedeutung durchgenommener Texte nochmals erläutern konnte, wie es nur jemand vermochte, der sich die volle Bedeutung des Buches ganz und gar zu eigen gemacht hatte. Sein guter, grauer Kopf mit den schwarzen Augenbrauen und dem schwarzweißen Bart schien mit dem Text, den er unterrichtete, so verbunden, daß Ali das Gefühl hatte, sein Lehrer spreche aus dem Innersten des riesigen Buches, das er trug. [...]

In den nächsten Jahren wurde der Innenhof der Medrese für Ali fast ebenso vertraut wie der Innenhof des *biruni* zu

Hause. Nicht daß die Schüler und Lehrer eine Art Großfamilie gebildet hätten; man könnte sich schwerlich eine Familie vorstellen, die so auf formale Disputationen versessen und so ganz ohne Mütter und Schwestern wäre. Aber die Medrese lag irgendwo zwischen der weiten öffentlichen Welt des Basars mit dem dort offen diskutierten gesellschaftlichen Ansehen und der privaten Welt des *biruni* zu Hause, in der persönliche Werte und Bewertungen gegenseitig vorausgesetzt und in der Regel nicht erörtert wurden. Demgegenüber gab es in der Medrese das Gefühl, Lehrling (beziehungsweise für Lehrer: Meister) in einer Art des Denkens zu sein, die von Außenseitern nur erahnt werden konnte. Kein Wunder, daß man die Schüler der Medrese *talabes*, „Sucher", nannte; sie hatten sich auf eine „Suche" begeben, die sie von all den Nichteingeweihten unterschied. [...]

Politische Diskussionen waren für die *talabes* so etwas wie ein erregter Abschluß des Tages. Es galt weithin als schädlich, während der letzten fünfundvierzig Minuten vor Sonnenuntergang zu lesen; daher legten die Schüler in den Räumen, die die Innenmauern der Feiziye bildeten, in der letzten Stunde des Sonnenlichts ihre Bücher weg und strömten im Innenhof zusammen, wo sich Studenten aller Medresen von Ghom versammelten, um sich auszutauschen. Wenn dann die Sonne untergegangen war und sie den Ruf zum Abendgebet hörten, beteten sie gemeinsam. Etwa eine Stunde vor Sonnenuntergang legten die Bediensteten der Medrese im Hof kleine blau-weiße Teppiche aus, auf denen sich die Studenten mit gekreuzten Beinen niederlassen konnten; wenn diese Teppiche alle besetzt waren, legten die übrigen Studenten ihre Mäntel auf den Boden und setzten sich im Kreis auf die befestigten Wege, aber auch unter die Röhrenpinien. Kurz vor Sonnenuntergang erschienen kleine Schwärme von Staren, deren Zwitschern zusammen mit den erregten Gesprächen von mehreren hundert Studenten einen ohrenbetäubenden Lärm ergab, so daß die Studenten, die sich vor vielen Zuhörern produzieren wollten, fast schreien mußten. Die überregionalen Zeitungen wurden gebracht, die am Nachmittag aus Teheran gekommen waren, und einige lasen laut daraus vor und wurden dabei immer wieder von Hörern unterbrochen, die die Nachrichten kommentieren wollten. Für Ali, der dabeisaß und zuhörte, war dies der Anfang seiner politischen Erziehung.

Annegret Nippa

Mekkanische Hochzeit im 19. Jahrhundert

Um die räumliche Ausdehnung und die Fixpunkte des Festverlaufs zu beschreiben, verlegen wir eine fiktive Heirat in zwei mekkanische Häuser und setzen mit dem ersten Schritt der Werbung ein.

Drei Dinge erfordern Eile: eine Jungfrau, ein Toter und ein Gast, sagt ein arabisches Sprichwort. Wenn Jungen und Mädchen geschlechtsreif sind, ist die Zeit gekommen, sich um ihre Verheiratung zu kümmern. Die ganze Familie nimmt daran Anteil, und alle, auch die betroffenen jungen Leute, denken über mögliche Heiratspartner nach. Es bedarf zahlreicher Gespräche, ehe die Familie eine einmütig beschlossene Auswahl getroffen hat. Die Aufnahme von Verhandlungen mit der erwünschten Schwiegerfamilie ist ein heikles Unterfangen, denn ein abgelehnter Heiratsantrag schadet dem Ansehen des Hauses.

Da die Initiative beim Heiraten immer vom Haus des Bräutigams ausgehen sollte, begeben sich die Frauen dieses Hauses zu einem förmlichen, seit Tagen angekündigten Besuch in das Haus, aus welchem sie ein Mädchen als Braut für ihren Sohn, Neffen oder Bruder wünschen. In einem der oberen Empfangsräume unterhalten sie sich über das Leben, über ihre Familien, ihre Wünsche für die Zukunft ihrer Kinder, über deren besondere Eigenschaften und dergleichen mehr, ohne daß die Gründe des Besuchs zur Sprache gebracht oder gar Namen genannt würden, bis die Mutter des jungen Mannes nach einer der Töchter ihrer Gastgeberin fragt. Sollte diese bedauernd darauf verweisen, daß ihre Tochter gerade nicht im Hause oder unwohl sei, also nicht erscheinen kann, hört die Besucherin die Ablehnung und stellt alle weiteren Bemühungen ein. Bald darauf erhebt sie sich und geht, freundlich verabschiedet, nach Hause zurück. Da sich die meisten Mekkanerinnen kennen, dient dieses konventionelle Vorgehen allein der Vermeidung einer ausgesprochenen Ablehnung, die einer Absichtserklärung folgen könnte. So hat man sich nur gut unterhalten, und die Tochter war halt leider krank. Die Mutter des Bräutigams oder eine andere ältere Frau, die mit der Werbung betraut ist, wird ihre Besuche in anderen Häusern der Stadt fortsetzen.

Holt die Gastgeberin die gewünschte Tochter, die sich schüchtern und scheu zu verhalten hat, versuchen die Besucherinnen, sie in ein Gespräch zu verwickeln, und sind um so entzückter, je zögernder und verhaltener die Antworten kommen. Stößt das auserwählte Mädchen bei den weiblichen Verwandten des Bräutigams auf Ablehnung, bedanken sie sich bei ihren Gastgeberinnen für die anregende Unterhaltung, beglückwünschen die Mutter zu ihren Kindern und gehen. Wieder war ausschließlich von alltäglichen Dingen und typischen Frauenangelegenheiten die Rede, so daß die Familienehre unangetastet bleibt. Beendet die älteste Besucherin das Gespräch mit *So Gott will, werden wir uns verschwägern,* oder einem ähnlich lautenden Abschiedsgruß, ist die Heirat eingeleitet. [...]

Nachdem die Männer im Erdgeschoß die Eheabsichten offiziell vor Zeugen bekanntgegeben und die Bedingungen dafür ausgehandelt haben, setzen in beiden Häusern die eigentlichen Hochzeitsvorbereitungen ein. Auf beiden Seiten müssen für die bevorstehenden Feiern und für die verabredeten Gaben viele Einkäufe getätigt werden, so daß bis zum verabredeten Tag der Hochzeit mehrere Wochen vergehen können. [...]

Im Grunde könnte die Ehe direkt im Anschluß an den Vertrag vollzogen werden, doch schieben sich in allen Orten der arabischen Welt noch zahlreiche Zeremonien dazwischen, welche die Braut und den Bräutigam körperlich wie emotional auf den Akt und alle Beteiligten auf die mit dem neuen Zusammenschluß einhergehenden Trennungen vorbereiten. Daher sind die kommenden Tage gleichermaßen der Vorbereitung wie dem Abschiednehmen gewidmet. Für das Mädchen ist das Ereignis einschneidender als für den jungen Mann, der vielleicht schon sexuelle Erfahrung mit dem anderen Geschlecht gemacht hat und außerdem „im Schoße" der Familie bleiben wird. Die Braut hingegen verliert viel auf einmal: den vertrauten Wohnort, die Jungfräulichkeit und ihren Jungmädchenstatus; was sie gewinnen wird, ist unklar. Denn die widersprüchlichen Eheerfahrungen der älteren Frauen sind ihr aus zahlreichen Gesprächen geläufig, an denen sie von Kindheit an als Zuhörerin teilgenommen hat. Die Angst vor dem Neuen wird mit Geschenken und einem ungewohnten Maß an weiblicher Zuwendung zugeschüttet; bis zu dem Moment der Einsamkeit in der Hochzeitsnacht wird die Braut nicht mehr allein gelassen.

Zunächst gilt die stärkste Aufmerksamkeit ihrem Körper. Man bestellt Frauen, die sich mit den Fragen der Körperpflege auskennen und die Braut schmücken werden. Alle als lästig oder unschön empfundenen Körperhaare müssen entfernt werden. Augenbrauen und Stirnhaare werden beschnitten, das Haar wird mit Bändern, auf die Münzen aufgenäht sind, zu acht Zöpfen geflochten, Hände und Füße mit Henna belegt und durch Ritzmuster verziert. In den Stunden der kosmetischen Prozedur kommen viele Freundinnen und Verwandte vorbei, um zuzuschauen, und ein langes Fest mit eigens engagierten Sängerinnen beschließt die Nacht. [...]

Der folgende Tag wird für beide Parteien der anstrengendste, aber auch der festlichste werden. Für das Haus der Braut ist es im wahrsten Sinne ein Tag der offenen Tür, denn jeder Frau und jedem Mädchen, die zuschauen möchten, wird freier Zutritt gewährt. [...]

Zunächst halten sich die Besucherinnen im oberen Geschoß auf. Es gibt Kaffee, Tee und Süßigkeiten. Sängerinnen treten auf und beschwören in ihren sogenannten *dana dana* Liedern liebestolle junge Männer, die sich ihre Liebste begehrlich ausmalen und sich nach ihr in Sehnsucht verzehren. Mit erotischen Anspielungen soll die nervöse Spannung der Braut gelindert und sie selbst auf das bevorstehende sexuelle Ereignis eingestimmt werden. Zwar ist die Heirat mehr eine Angelegenheit der Familien, doch beim Beischlaf sind die beiden Brautleute allein. Sie treten einander als Individuen gegenüber, die – ohne vorherige Gemeinsamkeit – etwas gemeinsam tun sollen. Die Angst beider ist meist groß, und nicht selten schwinden einem von ihnen oder beiden die Kräfte. [...]

Auch im Haus des Bräutigams singen bestellte Sängerinnen die Lieder zur bevorstehenden Annäherung, deren Refrain, *dana-dana,* eine dem Liedrhythmus angepaßte Form des Verbs *danā, nahen,* ist. Trotz seiner vermeintlichen Geschäftigkeit, die mehr seiner Nervosität als wirklicher Pflichterfüllung entspringt, wird der Bräutigam ständig von einigen seiner Junggesellenfreunde begleitet, die ihn mit zweideutigen Witzen aufmuntern und anregen müssen. In aller Form nimmt der Bräutigam, ehe er aufbricht, von seinen weiblichen Verwandten Abschied, die ihn in den oberen Räumen, in denen er sich als Kind ungezwungen und frei bewegen konnte, mit lautem Trillern erwarten. Nachdem ein Lied vom heldenhaften, alle Hindernisse überwindenden Jüngling gesungen worden ist, begleiten ihn die Frauen wieder nach unten: Ein junger Mann verläßt das Haus – als Mann soll er zurückkehren.

Seine Freunde erwarten ihn bereits, und ein langer Zug mit Freunden, Verwandten, Bekannten und mit lampentragenden Dienern setzt sich in Bewegung.

Während die Männer gemessenen Schrittes durch die Stadt ziehen, in der Großen Moschee anhalten, um zu beten, und dann zum Haus der Braut weiterziehen, eilen die Frauen seines Hauses auf kürzestem Weg dorthin. [...]

In der Zwischenzeit ist die Braut erneut geschmückt worden – weniger reich, dafür schöner. Wieder nimmt sie in einem festlich dekorierten Raum im oberen Geschoß auf einem erhöhten Sitz Platz. Wenn unten alle gesellschaftlichen Aufgaben erledigt sind, wird der Bräutigam nach oben geholt, und wieder schauen die weiblichen Verwandten zu, wie die Kosmetikerin ihn zum zweiten Mal durch die kurze Zeremonie der Berührung führt. Nachdem er die Stirn seiner Braut berührt hat, spricht er die *fātiḥa* und verläßt den Raum. Nun ziehen sich die meisten Frauen endgültig zurück – bis auf einige wenige, die der Braut beim erneuten Umziehen helfen. Auch ihre Mutter, die sie in das Schlafgemach auf dem oberen Stock führt, bleibt über Nacht. Wenn der Bräutigam kommt, ertönen noch immer die *dana-dana* Lieder, und die ältesten Frauen versuchen wach zu bleiben, bis die erfolgreich verlaufene Hochzeitsnacht bekanntgegeben werden kann.

Das blutbefleckte Tuch zeigt den anwesenden Frauen, daß weder Braut noch Bräutigam versagt haben, und ihr lautes Trillern unterrichtet die Männer im Haus und die Nachbarn gleichermaßen vom glücklichen Ausgang der Nacht.

Von nun an läßt man dem Brautpaar mehr Ruhe, und es gibt nur noch wenige vorgeschriebene Formalitäten zu erfüllen. So überreicht der Mann nach dem gemeinsamen Frühstück seiner Frau eine Morgengabe, die dergestalt sein muß, daß die Frau sie später mit Stolz vorzeigen kann. Für sieben Tage dürfen die Brautleute ohne Zuschauer unter sich bleiben, um sich, nachdem sie einander „erkannt" haben, kennenzulernen. Nach Ablauf dieser ruhigen Zeit, gibt die junge Ehefrau nach der Trennung von zu Hause ihr erstes eigenes Fest.

Heinrich Schipperges

Der Kranke als Glied der Gemeinde Muḥammads

Wie der kranke Mensch – gleich welcher Gesellschaftsschicht – ein sinnvolles Verhältnis zu Leben und Tod suchte und fand, das zeigt sich besonders eindrucksvoll in der Kulturgeschichte und Mystik des arabischen Mittelalters. Der kranke Mensch als Person wird hier als selbstverständliches Glied der Gesellschaft, der „Gemeinde Muḥammads" (umma Muḥammadīya), geachtet. Über seine Stellung informiert uns in erster Linie jene Quelle, die das Leben eines gebildeten Muslim bestimmte: seine Religion, der Islam. „Islām" bedeutet soviel wie „Hingabe, sich seinem Gotte ergeben". Wer in dieser Weise „hingegeben" lebt, ist ein „muslim"; er ist eingetreten in den „Stand des Heils". Aus der gleichen Sprachwurzel kommt auch der arabische Schlüsselbegriff für die Heilkunde, „salām", was auch Frieden heißt, mehr aber Harmonie bedeutet: das Ganze und damit das Gesunde, das Heile. „Salām" meint jene „integritas", welche die Verantwortlichkeit einer Persönlichkeit und damit die volle Individuation ausmacht. Die Integration der muslimischen Lebensweise erstreckte sich auf das Selbstbewußtsein, das eine Trennung in Somatisches und Psychisches gar nicht vollzog, und auf die Bildung der gesamten Persönlichkeit, die niemals scharf zwischen dem religiösen oder dem wissenschaftlichen, zwischen einem politischen oder mehr künstlerischen Lebensstil unterschieden hat. [...]

Hingegen hat der Prophet Muḥammad seine Gläubigen durchgehend gelehrt, den Arzt zu achten, die Heilmittel zu ehren, den Sinn des Leidens zu erkennen, die läuternde Kraft der Krankheit verstehen zu lernen, ohne das Vertrauen in Gottes Fügung zu verlieren. In der „Prophetenüberlieferung" – Aussprüchen, die man dem Propheten Muḥammad in den Mund gelegt hat – heißt es: „Wenn ein Kranker irgend etwas begehrt, so soll man es ihm verschaffen." Der Dienst am Kranken ist geradezu Gottesdienst. So lautet ein anderer Propheten-Spruch (Hadīth): „Gott schuf keine Leiden, ohne daß er nicht gleichzeitig ein Mittel dagegen geschaffen hätte. Wenn du das richtige Mittel findest, wird jede Krankheit mit Gottes Erlaubnis geheilt." Daher der Auftrag an die Gläubigen: „Ihr, die ihr Gott dienet, heilt!"

Das durch die Schöpfungsordnung legitimierte Heilmittel zu finden, wird daher zur eigentlichen Aufgabe der Ärzte. Ein Zeitgenosse des Propheten, der Arzt Al-Ḥāriṯ b. Kalada, vergleicht den Menschen mit einem Ackerboden, der bei Pflege gedeiht und der dahinkümmert, wenn ihm keine rechte Sorge zuteil wird. Auch Muḥammad soll nach der frommen Überlieferung auf Schritt und Tritt Ratschläge erteilt haben, die sich nicht nur mit Problemen des Krankenbesuches, des Aderlasses, der Empfehlung oder Ablehnung bestimmter Heilmittel beschäftigten, sondern auch mit einer möglichst hygienischen Lebensführung in allen Lebenslagen.

So verkündet der Prophet anläßlich der Waschvorschriften in der Sure V, 7 ausdrücklich: „Allah will euch nicht in Schwierigkeiten bringen. Er will euch nur reinigen und seine Gnade an euch erfüllen, auf daß ihr dankbar sein möchtet." Reinigung zielt dabei immer auf Heiligung, wie ja auch – nach Sure IX, 28 – das Symbol für die Ungläubigen in ihrem Schmutz gesehen wird.

Die Überlieferung berichtet, daß der Prophet Muḥammad jeden Abend seine Zähne reinigte und noch auf dem Totenbett nach einem Zahnstocher verlangte. Seinen Diener Zaid b. Ḫālid ernannte er zum „Herrscher des Zahnstochers".

Zur Zahnpflege wurde dabei seit den frühesten Zeiten ein „miswāk" benutzt, ein aufgefasertes Holzstäbchen, wobei sich das Stammwort auf „siwāk" bezieht, das Mark der „Salvadora Persica". Mit Tinkturen, Boraxwasser, später auch mittels kleiner Bürsten und Pinsel wurde die Mundpflege stetig verbessert und kultiviert. Für den gläubigen Muslim bildete das Reiben der Zähne die letzte rituelle Handlung vor dem Sterben: Der „Geist" sollte lauter und rein zu Allah eingehen!

Da nun aber – so der Arzt und Philosoph Avicenna – der Mensch seiner Natur nach ungesichert und verlassen sei, ein biologisches Mängelwesen, habe der Arzt ständig aktive Gegenmaßnahmen zu ergreifen, die niemals zufällig und von Fall zu Fall, sondern stets begründet und bewußt durchgeführt werden sollten. Denn nicht der Heileffekt mache einen Arzt, sondern allein die Kunst und deren wissenschaftliche Begründung. Daher wird die Lebensführung des ganzen Menschen, das „regimen sanitatis", der vollen Verantwortung des Arztes anheimgegeben. Der Arzt hat demnach den Auftrag, die Integrität des Organismus in seiner vitalen Harmonie zu erhalten, wobei er stets die Grenze zu respektieren und Übergriffe zu vermeiden hat. Eine solche maßvolle Mitte aber kann nur aus der Gesinnung des Herzens erwachsen, worauf wiederum Maimonides, jüdischer Leibarzt eines Kalifen im 12. Jahrhundert, aufmerksam macht, wenn er sagt: „Die Medizin weist nur hin auf das Nützliche, und sie warnt vor dem Schädlichen; sie zwingt aber nicht zum Nutzen, und sie straft nicht für den Schaden."

Usāma ibn Munqiḏ

Altersklage

Meine Kraft ist geschwächt und gebrochen. Das Glück des Lebens ist vergangen und dahin. Das lange Leben unter Menschen hat mich umgekehrt. Die verborgene Glut meines Seins ist dem Erlöschen nahe. So bin ich heute in einer Lage, wie ich sie schon einmal in Versen beschrieben habe:

Das Schicksal hat mich wohl verlassen!
Ich bin wie ein Kamel,
abgehetzt und von der Karawane verlassen in der Wüste.
Die Achtzig haben mir keine Kraft mehr gelassen.
Erheb ich mich, glaube ich, ich bin zerbrochen.
Im Sitzen verrichte ich mein Gebet,
versuche ich, mich hinzuwerfen, fällt es mir schwer.
Alles mahnt mich:
Der Aufbruch zur letzten Reise ist schon nah.

Annegret Nippa

Ein Muslim stirbt

Wie in anderen Orten der islamischen Welt wird auch in Mekka die Bestattung eines Toten an einem Tag absolviert. Anders als bei Geburt und Hochzeit liefert das islamische Gesetz zahlreiche Vorschriften für die ordnungsgemäße Abwicklung im Todesfall, so daß die Variationsbreite der Bräuche bei der Behandlung des Toten nicht sonderlich groß ist, wohl aber bei jenen Zeremonien, die den Trauernden den Abschied vom Toten, den Verlust eines Mitglieds und den Schrecken des Todes ertragen helfen.

Kommt der Tod nicht überraschend, wird die Loslösung des Menschen von seinem bisherigen Dasein vorbereitet. Es ist die Pflicht eines jeden, auf Wunsch eines Sterbenden herbeizueilen. Nicht Ruhe kennzeichnet das Haus, in welchem jemand sein Ende nahen fühlt, sondern ein eifriges Kommen und Gehen. Mit dem Abschiednehmen ist die Möglichkeit verbunden, letzte Worte zu wechseln, alte Konflikte zu lösen oder ungelöste Probleme des Sterbenden in die eigene Verantwortung zu übernehmen.

Im Angesicht des Todes werden die zentralen Werte der Gesellschaft erinnert, wobei immer wieder zwei Themen mit ritualisierten Phrasen praktisch abgeschlossen werden: Haus und Familie und der Gabentausch. *Gibt es noch eine unbeglichene Schuld?* ist eine der wichtigen Fragen am Sterbebett: Man fragt, ob der Sterbende noch eine eigene Schuld auszugleichen habe oder ob ihm ein anderer noch etwas schulde. Wie formelhaft die Aussprache im jeweiligen Fall auch sein mag, so beabsichtigt man dennoch damit, die irdischen Tauschzyklen zum Abschluß zu bringen.

Nachdem alle Schulden geklärt und ausgeglichen sind, fragt man den Sterbenden nach seinem letzten Wunsch, der ihm als wirkliches Geschenk, dem keine Gegengabe von seiner Seite mehr folgen muß, gewährt wird. [...]

Der Eintritt des Todes wird durch lautes Klagen der anwesenden Frauen bekanntgegeben. Frauen kennen zwei melodiös-rhythmische Rufe, das Juju oder Trillern für freudige und das sogenannte Klagen für traurige Ereignisse. In beidem können Frauen eine Meisterschaft erreichen, die sie in ihrem Kreis bekannt macht, doch auch hier gilt wie bei den Handwerkern, daß eine Frau selten beide Fähigkeiten mit gleicher Brillanz beherrscht, so daß gerade für den Trauerfall Klageweiber ins Haus geholt werden. Aber auch die anderen Frauen klagen laut: Eine jede beginnt mit dem Namen des Toten, dem sie die für sie allein gültige Bezeichnung des verwandtschaftlichen Verhältnisses anfügt. Damit werden die durch Verwandtschaft erworbenen Rollen des Toten noch einmal aufgerufen: Vater oder Mutter, Sohn oder Tochter, Ehemann (da nur Frauen klagen, kann die Bezeichnung „Ehefrau" im Klageritual nicht vorkommen), Mutterbruder oder Vaterbruder usw. Danach folgen formelhafte Aufzählungen der Dienste, die der Verstorbene den zurückbleibenden Frauen geleistet hat, genau genommen allerdings nur jener Dienste, zu denen er aufgrund seiner verwandtschaftlichen Beziehung verpflichtet war, wie der Einkauf von Kleidern, die Finanzierung der Pilgerreise oder die Vermittlung einer Heirat. Die ganz persönlichen Dankbezeugungen haben in diesem Ritual der lauten, öffentlichen Verabschiedung eines Mitglieds der Familie keinen Platz, dazu boten die wiederholten Besuche am Sterbebett genügend Gelegenheit.

Während die Frauen, Verwandte wie Nichtverwandte, klagen, beginnt der Leichenwäscher mit seiner Arbeit. Ähnlich wie für seine Hochzeit wird der Tote gewaschen, enthaart und manchmal parfümiert. Eine Frau sollte von einer Frau und ein Mann von einem Mann gewaschen werden. Zuvor nimmt der jeweilige Ehepartner Abschied von seinem toten Gemahl, denn nach der rituellen Reinigung der Leiche sollten sie einander nicht mehr berühren. Beim Waschen und bei der bis in das kleinste Detail vorgeschriebenen Einkleidung des Toten können auch Angehörige des jeweils anderen Geschlechts helfen. Dabei gilt, daß nur diejenigen, denen eine Heirat mit dem, der nun tot ist, untersagt war, ihn berühren dürfen. Der jeweilige Ehepartner fällt in seinen vorehelichen heiratsfähigen Status zurück; die Ehe scheint aufgelöst zu sein. Wie bei der Geburt, wenn das Neugeborene Braut oder Bräutigam gerufen wird, erinnert man auch beim Tod – hier sehr spät und dort sehr früh – an das, was der Zweck des irdischen Daseins zu sein scheint: das Heiraten.

Zahlreiche Zeremonien begleiten die Handlungen vor und nach der Bestattung sowie die Zeit danach. Im Namen des Toten werden am 1., 2., 3. und 7. Tag nach seinem Tod Koranlesungen veranstaltet, ebenso am 20. und 40. Tag, am 1., 2., 3. Jahrestag und alle folgenden Jahre bis diejenigen, die seiner erinnern, sterben.

Bei den Klagerufen, beim Tragen der Bahre, bei den Kondolenzbesuchen, beim gemeinsamen Trauermahl und bei den späteren Lesungen am Todestag handelt es sich um das Abschiednehmen der Lebenden von der ihnen vertrauten Person, die nach und nach zu einer Figur in der Geschichte der Familie und, wenn es sich um einen Familienvater handelt, zu einem Glied in der genealogischen Kette wird. Für die irdischen Belange endet das Totenritual tatsächlich mit einem neuen Status für den Toten: er wird zu einem Vorfahren.

Doch der rituell begleitete Weg des Toten bricht in der stummen Übergangsphase ab, in der Zeit des Wartens und der Belehrung. Nachdem die Trauergäste den Friedhof verlassen haben, bleibt ein mit den zeremoniellen Formeln Vertrauter am Friedhof zurück und redet zu dem Toten. Er erinnert ihn an die bevorstehende Prüfung durch zwei Engel und wiederholt ihm das Glaubensbekenntnis, das ihm wie ein Losungswort die Tür in das *dār al-baqāʾ*, in das *ewige Haus,* öffnen wird. Die Eingliederung in diesen Status unterliegt nicht mehr menschlichem Eingreifen, sie kann nur vorbereitet werden – und stumm erwartet der Initiand den Tag seiner letzten Initiation.

Gemessen am *ewigen Haus,* am *dār al-baqāʾ*, erscheint alles auf dieser Welt, in der die Sorge um Haus und Familie so viele Handlungen lenkt, *vergänglich*. Im *dār al-fanāʾ* gehört die Verwandtschaft zu den elementaren Strukturen, das Haus, aus welchem man stammt, und das Haus, mit welchem man eine Verbindung eingeht, bewegen das diesseitige Denken – in der teleologischen Vorstellung stehen sich zwei Häuser gegenüber, das Diesseitige, in welchem man lebt, und das Jenseitige, in welches man einziehen möchte.

7. Begegnung mit den Ungläubigen

Bernard Lewis

„Ihr habt eure Religion und ich habe meine Religion"

Zwei Klischees tauchen in den meisten Abhandlungen zum Thema Toleranz und Intoleranz in der islamischen Welt immer wieder auf. Einmal ist es das Bild eines fanatischen Kriegers, eines Arabers, der hoch zu Roß aus der Wüste heranstürmt, in der einen Hand das Schwert, in der anderen den Koran, und seinen Opfern nur die Wahl zwischen beiden läßt. Dieses Bild, durch Edward Gibbon „Geschichte des Verfalls und Unterganges des Römischen Reiches" berühmt geworden, ist nicht nur falsch, sondern schlechthin undenkbar – es sei denn, man akzeptiert ein Volk von linkshändigen Kriegern als gegebene Tatsache. Die linke Hand ist nach den geltenden Vorschriften des Islam ausschließlich für unreine Verrichtungen bestimmt, und kein Muslim, der auf sich hält, würde sie – damals wie heute – dazu benutzen, den Koran zu schwingen. Das andere Bild, kaum weniger absurd, zeichnet eine Utopie vom friedlichen Miteinander verschiedener Glaubensbekenntnisse und Völker; Männer und Frauen unterschiedlicher Abstammung und unterschiedlicher Konfession lebten Seite an Seite in einem Goldenen Zeitalter ungetrübter Harmonie, erfreuten sich gleicher Rechte und Chancen, arbeiteten gemeinsam an der Förderung von Kultur und Zivilisation. Auf jüdische Begriffe gebracht, war der klassische Islam in der einen Version dem neuzeitlichen Amerika vergleichbar, nur besser, und in der anderen Hitler-Deutschland, nur schlimmer, falls man sich das überhaupt vorstellen kann. [...]

Die Wahrheit liegt wie immer irgendwo zwischen den gegensätzlichen Klischees; und sie ist komplizierter, vielschichtiger, nuancierter als beide. [...]

Die Geschichte der Beziehungen zwischen dem muslimischen Staat und seinen nichtmuslimischen Untertanen und – später – Nachbarn beginnt mit dem Aufstieg des Propheten. Der Koran und die muslimische Überlieferung berichten von Mohammeds Verhalten gegenüber den Juden in Medina und im nördlichen Hedschas, gegenüber den Christen in Nağrān sowie einigen anderen im Norden gegenüber den Heiden, die die Mehrheit der arabischen Bevölkerung bildeten. Für Heiden gab es die klare Alternative: Islam oder Tod. Bei Juden und Christen, im Besitz eines als Offenbarungsreligion anerkannten, wenngleich überholten Glaubens, kam eine dritte Möglichkeit hinzu: Islam, Tod oder Unterwerfung. Zur Unterwerfung gehörte, Tribut zu entrichten und die muslimische Vorherrschaft zu akzeptieren. Die Verurteilung zum Tode konnte herabgemildert werden und hieß dann – Sklaverei. [...]

Das politische Problem, das sich durch die Beziehungen zwischen Muslimen und Nichtmuslimen stellte, war bereits zu Lebzeiten des Propheten klar, und die Leitsätze für seine Lösung sind im Koran enthalten. Als Gouverneur und später als Herrscher der Gemeinde von Medina hatte der Prophet jüdische Untertanen; als Souverän des islamischen Staates hatte er Beziehungen zu christlichen wie zu jüdischen Nachbarn in anderen Teilen Arabiens. Schon zu Anfang wurde das Problem als Machtfrage interpretiert – die Regeln, die der muslimische Staat im Umgang mit nichtmuslimischen Untertanen, Nachbarn und zuletzt mit eroberten Gebieten zu befolgen hatte, und die übergeordneten Prinzipien, aus denen sie sich herleiten. Der Koran äußert sich klar und eindeutig zu dieser Thematik und enthält den Kern dessen, was sich später zum wohldurchdachten, komplizierten System gesetzlicher Vorschriften entwickelte.

Doch Mohammed wurde zum Staatsmann, um seine Mission als Prophet zu erfüllen, und nicht umgekehrt, und so wurde natürlich auch der rein religiöse Aspekt vordringlich behandelt. Hierzu ist der Koran ebenfalls höchst aufschlußreich. Anders als in den meisten früheren religiösen Schriften zeigt sich im Koran das Bewußtsein dafür, daß Religion nicht als Einzelerscheinung, sondern als Gattung zu verstehen ist. Es gibt nicht nur eine Religion, es gibt mehrere. Das im Arabischen gebräuchliche Wort ist *dīn,* offensichtlich verwandt mit der hebräischen und aramäischen Bezeichnung für Gesetz. Im Judentum wie im Islam sind Religion und Gesetz zwar nicht identisch, aber weitgehend dekkungsgleich. Unser modernes Wort „Religion" stammt aus dem Lateinischen, aber das lateinische *religio* und das griechische *thrêskeia* haben eine ziemlich unterschiedliche Bedeutung. Die Vorstellung von Religion als Klasse oder Gattung, zu der unter anderen auch der Islam zählt, existierte anscheinend seit Entstehung der islamischen Ordnung. Der Koran enthält eine Anzahl von Passagen, in denen sich die neue Religion gegen andere abgrenzt – eine normale Art der Selbstdefinition, für Gemeinschaften ebenso wie für Individuen. Ein vielzitierter Satz bezeichnet Muslime als eine *umma dūn al-nās,* als ein Volk oder eine Gemeinschaft, die sich vom Rest der Menschheit unterscheidet. Der Islam grenzt sich gegen das Christentum durch Verse ab, die Inkarnation und Trinität ablehnen, und gegen den Judaismus durch Stellen, die einige der jüdischen Speisevorschriften aufheben. Weitaus wichtiger als die Absage an Christentum und Judaismus war freilich die an das Heidentum – der Hauptfeind, gegen den der Prophet kämpfte und der ihm die meisten Bekehrten zuführte. Der Kampf gegen das Heidentum bewirkte zwangsläufig eine Annäherung des Islam an den Judaismus und das Christentum, die, wenn schon nicht als Verbündete, so doch als verwandte Glaubensrichtungen und als Gesinnungsgenossen einem gemeinsamen Feind gegenüber galten.

Einiges von diesem Sinn für Verwandtschaft läßt sich, zumindest in späteren Zeiten, im Bewußtsein aller drei Glaubensgemeinschaften erkennen. Es gibt Stellen im Koran, die von späteren Kommentatoren und Exegeten als Billigung des religiösen Pluralismus, sogar der Koexistenz interpretiert wurden. Obwohl die exakte Bedeutung mancher dieser Passagen im Originaltext kürzlich in Frage gestellt wurde, kann an der übereinstimmenden muslimischen Meinung kein Zweifel bestehen. So wurde zum Beispiel der Vers *lā ikrāha fi'l-dīn* (II, 257), „Zwingt keinen zum Glauben", dahingehend gedeutet, daß andere Religionen zu tolerieren seien und man ihre Anhänger nicht zwingen dürfe, zum Islam überzutreten. Ein europäischer Wissenschaftler hat jüngst argumentiert, dieser Satz enthalte keine Empfehlung zur Toleranz, sondern sei vielmehr ein Ausdruck der Resignation – eine fast zögernde Hinnahme der Halsstarrigkeit anderer. Man kann sich für oder gegen diese Interpretation des Originalzitats aussprechen, aber selbst wenn wir diese Deutung akzeptieren, ändert das nichts an der Auslegung, die dieser Vers von jeher in der gesetzlichen und theologischen Tradition des Islam zu finden pflegte. Das gleiche gilt für den wohlbekannten Vers *lakum dīnukum walī dīnī* (CIX, 7), „Ihr habt eure Religion, und ich habe meine". Auch hier könnte sich eine gewisse Unsicherheit ergeben, was genau diese Worte im ursprünglichen Kontext aussagten, aber einer allgemein üblichen späteren Interpretation zufolge wurde dies als Beleg für Pluralismus und Koexistenz genommen. Ein weiterer Koran-Vers (II, 63) scheint diese Deutung sogar noch schlagkräftiger zu untermauern: „All denen – seien es Gläubige, Juden, Christen oder Sabäer –, wenn sie nur an Allah glauben, an den Jüngsten Tag und das Rechte tun, wird einst Lohn von ihrem Herrn, und weder Furcht noch Traurigkeit wird über sie kommen." [...]

Ein vielzitiertes Beispiel für andere, eher negative Passagen findet sich in V, 52: „O Gläubige, nehmt weder Juden noch Christen zu Freunden (oder vielleicht auch Verbündeten – das Wort heißt *awliyā'*); denn sie sind nur einer des anderen Freund (gegeneinander). Wer von euch sie zu Freunden nimmt, der ist einer von ihnen." Dieser und eine Reihe ähnlicher Verse spiegeln die Perioden wider, in denen sich der Prophet im Konflikt mit beiden Religionen befand.

Ein wohlbekannter Vers aus der letzten Periode behandelt die Notwendigkeit des Heiligen Krieges gegen die Ungläubigen und die Auferlegung einer Kopfsteuer (IX, 29): „Bekämpft diejenigen der Schriftbesitzer, welche nicht an Allah und den Jüngsten Tag glauben und die das nicht verbieten, was Allah und sein Gesandter verboten haben, und sich nicht zur wahren Religion bekennen, so lange, bis sie ihren Tribut in Demut entrichten (und sich unterwerfen)." Diesen letzten vier Wörtern – *ʿan yadin wahum ṣāġirūn* – sind in letzter Zeit mehrere Studien gewidmet worden, merkwürdigerweise fast ausschließlich von jüdischen, zumeist israelischen Wissenschaftlern, die neue Interpretationen anboten, was diese arabischen Wörter tatsächlich bedeuten oder ursprünglich bedeutet haben könnten. Doch auch hier geht es uns wiederum nicht um die ursprüngliche Bedeutung des Verses, sondern vielmehr darum, wie er im historischen Islam ausgelegt wurde. Darüber gibt es kaum Zweifel. Die gängige Interpretation war, daß die *ǧizya* nicht nur einen Tribut darstellte, sondern auch Unterwerfung symbolisierte. Der Koran und die Überlieferung verwenden häufig das Wort *ḏull* oder *ḏilla* (Demütigung oder Erniedrigung), um den Zustand zu bezeichnen, den Allah denjenigen, die Mohammed ablehnen, bestimmt hat und der so lange aufrechterhalten wird, wie sie bei ihrer Ablehnung bleiben. So lesen wir in einer Passage über die Kinder Israels: „Elend und Armut waren dafür ihre Strafe, und Allahs Zorn traf sie, weil sie nicht an seine Zeichen glaubten und die Propheten ungerechterweise töten wollten und sich ungehorsam und frevelhaft auflehnten." (II, 62) [...]

Das Schicksal der drei Religionen nach der muslimischen Eroberung verlief höchst unterschiedlich. Den Anhängern Zarathustras erging es am schlechtesten. Der vorislamische persische Staat war im Gegensatz zum christlichen vollständig besiegt und zerstört und mit all seinen Territorien und Menschen restlos vom islamischen Kalifat vereinnahmt worden. Im alten Persien hatte eine enge Bindung zwischen

Abb. 9. Eine jüdische Braut aus Persien.

der zoroastrischen Priesterschaft und dem Machtapparat bestanden. Als sie nach deren Verlust weder durch einflußreiche Freunde im Ausland Rückhalt und neue Impulse bekamen, wie es bei den Christen der Fall war, noch die

Kunst des Überlebens beherrschten, die sich die Juden leidvoll angeeignet hatten, verfielen die Anhänger Zarathustras in Mutlosigkeit. Der Niedergang vollzog sich unaufhaltsam, die Mitgliederzahl nahm rapide ab, und sie hatten auffallend wenig oder gar keinen Anteil an der kulturellen und politischen Erneuerung Persiens, die im 10. Jahrhundert und danach unter der islamischen Ägide stattfand.

Die Christenheit wurde durch den Aufstieg des Islam und die Gründung des islamischen Reiches zwar geschlagen, aber nicht vernichtet. Doch die arabische Besiedlung, die Bekehrung zum Islam und die Assimilierung an die vorherrschende Kultur brachten es mit sich, daß die christliche Bevölkerungsmehrheit allmählich zur Minderheit schrumpfte – wann und in welchem Stadium läßt sich unmöglich sagen. In manchen Gegenden, zumal in Zentralasien, Südarabien und Nordafrika, wo die Christen vor dem Aufkommen des Islam eine bedeutende oder im letztgenannten sogar eine dominierende Stellung innegehabt hatten, verschwanden sie gänzlich von der Bildfläche. Viele Christen empfanden diesen Wechsel von der herrschenden zur beherrschten Schicht mit all den daraus erwachsenden Nachteilen als unerträglich und flüchteten sich in Scharen durch Übertritt zum Islam aus der Abhängigkeit in die dominierende Gemeinschaft. Das Judentum dagegen überlebte. Für die an Not und Unglück gewöhnten Juden bedeutete der Sieg des Islam lediglich einen Wechsel der Herren, was in den meisten Orten eine Wendung zum Besseren brachte, und sie hatten längst gelernt, sich unter Bedingungen politischer, gesellschaftlicher und wirtschaftlicher Ohnmacht anzupassen und zu überdauern. In den Kernländern des Vorderen Orients, in Ägypten, Syrien, im Libanon, in Palästina und in geringerem Umfang im Irak, bewies das Christentum größeres Durchhaltevermögen, und die christlichen Minderheiten überlebten in beträchtlicher Anzahl. Es mag daran liegen, daß die Christen in diesen Ländern den gleichen Vorteil hatten, falls man es so nennen kann, wie die

Juden: Erfahrung im Überleben. Im Irak mußten sie sich der vorherrschenden Lehre Zarathustras unterordnen; in Ägypten und den syrischen Gebieten hatten sie zwar die christliche Religion mit den Herrschern des Oströmischen Reiches gemeinsam, gehörten aber anderen Sekten an und waren Diskriminierung, zeitweise sogar Verfolgungen ausgesetzt. Für viele Anhänger der morgenländischen Kirchen brachten das Aufkommen des Islam und der Wechsel von christlicher zu muslimischer Herrschaft eine entschiedene Verbesserung ihrer Verhältnisse und einen Zuwachs an Glaubensfreiheit mit sich.

Günter Stemberger

Jüdisches Erbe im Islam

Schon lange vor Mohammed gab es jüdische Gemeinden in Arabien. Besonders in Südarabien entwickelten Juden eine rege Missionstätigkeit, deren größter Erfolg der Übertritt von Dhu Nuwas, dem König der Himjaren (gestorben um 525), zum Judentum war. Aber auch im Hedschas gab es zahlreiche Juden. So hatte Mohammed viel Gelegenheit, mit Juden zusammenzukommen und die jüdische Tradition kennenzulernen, die allerdings kaum rabbinisch bestimmt war. Anfangs war Mohammed ernsthaft bemüht, die Juden Arabiens als Anhänger zu gewinnen. Er stützte sich in der Gestaltung seiner Lehre weitgehend auf die biblisch-jüdische Tradition, die er mit christlichen Überlieferungen verband. Er verstand seine Botschaft als die wahre Religion Abrahams, sich selbst als den letzten in der Reihe der Propheten. Erst die jüdische Opposition gegen seine Verkündigung führte zu einer immer heftigeren antijüdischen Polemik des Propheten, der den Juden vorwarf, die wahre biblische Religion verfälscht zu haben.

Es ist umstritten, ob im Islam das christliche oder das jüdische Erbe überwiegt. Es fällt oft schwer zu entscheiden, ob bestimmte islamische Lehren, Bräuche und Überlieferungen auf jüdische oder christliche Einflüsse zurückgehen, da ja auch das Christentum viel vom jüdischen Erbe übernommen hat. So manche „Parallelen" des Koran mit rabbinischen Texten mögen auch zufällig sein und keinerlei Abhängigkeit beweisen. Doch bleibt jedenfalls eine Fülle von Elementen, die sowohl den Koran wie auch die spätere islamische Tradition deutlich mit der jüdischen Überlieferung verbinden, die uns literarisch aus den rabbinischen Texten bekannt ist, aber sicher nicht nur dieser Ausprägung des Judentums eigen war; eine direkte Abhängigkeit von rabbinischen Texten ist daher praktisch nicht nachzuweisen. Die Parallelen zwischen Judentum und Islam betreffen sowohl die Glaubenslehren wie auch das religiöse Gesetz und die erzählenden Stoffe. Es ist hier nicht der Platz, auf Einzelheiten einzugehen; nur einige charakteristische Beispiele sollen das Gesagte illustrieren.

Im Koran (II, 172) gilt als Rechtschaffenheit die Haltung dessen, „der an Gott, den Jüngsten Tag, die Engel, das Buch und die Propheten glaubt". Der Eingottglaube ist selbstverständlich das bedeutendste Erbe der biblischen Religion; seine islamische Gestalt ist natürlich mit der jüdischen Ausprägung dieser Religion enger verbunden als mit dem christlichen Glauben an einen Gott in drei Personen. Die Betonung des Jüngsten Tags und des Endgerichts läßt hingegen eher an christlichen Einfluß denken, wenn man nicht ein apokalyptisch geprägtes Judentum in der Umwelt Mohammeds postulieren will. Die Vorstellung der Auferstehung ist in Judentum und Christentum gleich wichtig; die Erzählung von der Himmelfahrt Mohammeds wiederum läßt sich zwar auch mit den biblischen Traditionen über die Entrückung des Henoch oder des Elija verbinden, doch ist hier eine Anknüpfung an die christliche Tradition wahrscheinlicher. [...]

Den Islam verbindet mit dem Judentum aber auch die zentrale Stellung des religiösen Gesetzes, das hier wie dort sehr umfassend ist und nicht nur das einbezieht, was wir gewöhnlich als „Religion" betrachten. Dieses Gesetz ist oft bewußt und explizit in Anlehnung an das Judentum gestaltet, oft aber auch ausdrücklich von diesem abgehoben. Die schon zitierte Koranstelle (II, 172) fährt fort, den Rechtschaffenen als einen Menschen zu beschreiben, der die Armen und Gefangenen unterstützt, ausdauernd im Gebet, geduldig in Armut und Not ist. Auch die christliche und die jüdische Tradition preisen diese Haltungen als Tugenden. Was das Gebet betrifft, führt man seine zentrale Bedeutung im Islam vielfach auf jüdische Einflüsse zurück. Der Brauch des fünfmal-täglichen Gebets im Islam ist nach manchen nur eine spätere Erweiterung des anfänglichen dreimaligen Gebets, das dem jüdischen Gebetsbrauch entspricht; andere wieder verweisen darauf, daß man im palästinischen Judentum ursprünglich fünf tägliche Gebetszeiten kannte und diese erst später auf drei reduzierte. In dieser Frage ist jedenfalls die Abhängigkeit vom Judentum nicht gesichert. Anders steht es mit der Gebetsrichtung *(qibla)*, die Mohammed ursprünglich entsprechend der jüdisch-christlichen Tradition mit Jerusalem festsetzte; nach seinem Mißerfolg bei den Juden ging Mohammed wieder davon ab und erklärte die Gebetsrichtung für unwesentlich: „Rechtschaffenheit besteht nicht darin, daß ihr euer Gesicht nach Osten oder Westen wendet" (Koran II, 172). Schließlich wird dann aber Mekka – wohl im bewußten Kontrast zu Juden und Christen – die vorgeschriebene Gebetsrichtung. Dem jüdischen Sabbat entsprechend hat Mohammed den Freitagnachmittag als Zeit der Gebetsversammlung festgelegt, für einen wöchentlichen Ruhetag jedoch keinerlei Verständnis aufgebracht.

Ein weiterer wichtiger Berührungspunkt des Islam mit dem Judentum besteht in den Speisegesetzen. Mohammed erlaubt den Gläubigen, alles zu essen, was Gott den Menschen geschenkt hat. „Er hat euch nur verboten, was tot ist, Blut, Schweinefleisch, und was anderen geweiht ist als dem einen Gott“ (Koran II, 167). Alle diese Verbote kennt selbstverständlich auch das Judentum, das aber auch viele andere Dinge für nicht erlaubt hält. Dazu meint die islamische Tradition, die zusätzlichen Verbote seien den Juden von Gott nur als Strafe auferlegt worden, hätten jedoch für die Gläubigen keine Geltung. Trotz dieses bewußten Kontrastes zum Judentum in den Speisegesetzen wird andererseits wieder die Gemeinschaft betont, wenn den Moslems das von Juden geschlachtete Fleisch erlaubt ist.

Es sind aber nicht nur Einzelgesetze, in denen der Islam auf die jüdische Tradition zurückgeht. Vielmehr ist hier die Bedeutung des Gesetzes an sich zu betonen, das vielfach nach denselben Prinzipien wie im rabbinischen Judentum entfaltet wird, wobei vielleicht nicht zufällig gerade der Irak, die Heimat des babylonischen Judentums, das wichtigste Zentrum ist. Analog zum rabbinischen Judentum gilt auch im Islam das Studium des Gesetzes als religiöse Handlung, als Gebet; ebenso ist hier wie dort der „Heilige“ nicht etwa ein Priester, Mönch oder Aszet, sondern eben derjenige, der sich ganz dem Studium des religiösen Gesetzes hingibt. [...]

Auch in den biographischen Traditionen über Mohammed findet sich rabbinisches Material wieder. So wird von Mohammed erzählt, ein Mann habe sein Pferd am Zügel festgehalten und den Propheten gefragt, was er tun müsse, um in das Paradies zu gelangen. Die Antwort Mohammeds ist im wesentlichen ein Hinweis auf die Nächstenliebe. Man kann hierin eine Übertragung der Erzählung von Hillel sehen, der einem Mann das jüdische Gesetz erklären soll, während dieser auf einem Fuß steht. Ebenfalls auf Mohammed angewendet wird die Legende von Choni dem Kreiszieher [so benannt, weil er nach der rabbinischen Legende, wenn er um Regen betete, einen Kreis um sich zog und diesen erst dann zu verlassen gelobte, wenn Gott ihn erhört hatte], der durch seine Beharrlichkeit Gott nötigt, Regen zu senden.

Die Wege, auf denen diese Traditionen in den Islam gelangt sind, lassen sich oft nicht mehr feststellen. Zum Teil sind es verbreitete jüdische Traditionen, die schon in der Umwelt Mohammeds bekannt waren, zum Teil mögen sie auch über vor allem syrische Christen bekannt geworden sein; ein Großteil jedoch dürfte durch Juden vermittelt worden sein, die zum Islam übergetreten sind.

Niketas Choniates

Kaiser Manuel verteidigt den Gott Muhammeds

Folgendes tat Kaiser Manuel I. in seinen letzten Lebensjahren. Der Katechismus enthält neben anderem eine Verdammung des Gottes Muhammeds, weil es von diesem heißt: „Er hat nicht gezeugt und ist nicht gezeugt“ und daß er „in starrer Einheit verharrt“. Manuel setzte es sich in den Sinn, diese Verdammungsformel in allen Bekenntnissen für die Katechumenen zu tilgen und begann beim Formular der Sophienkirche. Seine Begründung klang recht überzeugend. Er sagte nämlich, es sei ein Ärgernis für die zu unserem Glauben übertretenden Muhammedaner, daß Gott überhaupt verdammt werde. Manuel berief also den hochehrwürdigen Theodosios, damals Patriarch, und die Erzbischöfe, die in der Hauptstadt weilten. Ihnen teilte er nach einer umständlichen Einleitungsrede seine Absicht mit, mußte aber erleben, daß alle ablehnten und seinem Vorschlag nicht geneigt waren. Es könne nichts Gutes dabei herauskommen, lehrten sie; Manuels Vorschlag lenke von der richtigen Gottesvorstellung ab, dieses angebliche Ärgernis sei Gott wohlgefällig, die Verdammnis treffe ja überhaupt nicht den Gott, der Himmel und Erde erschaffen, sondern jenen ungezeugten, unzeugenden, unbeweglichen Gott, den der teuflische Schwätzer Muhammed erfunden habe. Die Christen glaubten ja an einen Gottvater, die verwerflichen und albernen Behauptungen Muhammeds jedoch verböten einen solchen Glauben überhaupt. Übrigens könne man sich unter dem „Unbeweglich-einen" ohnehin nichts Klares vorstellen.

Doch mochten sie sich die Seele aus dem Leib reden, Manuel blieb fest. Er verfertigte, als ob sie von ihm selbst verfaßt wäre, mit Hilfe einiger wortgewandter, immer schlau ihren Vorteil nutzender Höflinge eine Schrift, in welcher er die Unsinnslehre – Glaubenslehre möchte ich sie denn doch nicht nennen – Muhammeds in Schutz nahm und heftig gegen die früheren Kaiser und Geistlichen loszog, weil sie seiner Meinung nach uneinsichtig und unüberlegt es gewagt hatten, den wahrhaftigen Gott mit einem Verdammungsurteil zu belegen. Diese Schrift ließ er im Palast des Patriarchen öffentlich verlesen. Seine Ausführungen klangen so überzeugend, daß er seine Zuhörer beinahe gewonnen hätte; und es wäre wohl jener von Muhammed erkorene, unbeweglich-eine Gott, wer er auch immer sein mag, als wahrer Gott anerkannt worden, wäre nicht der Patriarch mit aller Entschiedenheit eingeschritten. Er hatte den Worten, die eine gefährliche neue Lehrmeinung einführen wollten, keinerlei Aufmerksamkeit geschenkt und redete den übrigen zu, vor diesem Gift auf der Hut zu sein.

Gerhard Podskalsky

Der Sultan wird Oberherr der orthodoxen Kirche

Von fundamentaler Bedeutung für die Gesamtorthodoxie, d. h. auch über den Kreis der griechischsprachigen Ortskirchen hinaus, erwies sich die von Sultan Mehmed II. erlassene neue Rechtsordnung für das mit dem Tod des letzten Kaisers, Konstantin XI. († 1453), „verwaiste“ *Ökumenische Patriarchat* (Konstantinopel), an der auch dessen Nachfolger bis ins 19. Jahrhundert hinein keine wesentlichen Änderungen mehr vornahmen. Was den anderen Patriarchaten des Osten (Alexandreia, Antiocheia und Jerusalem) schon Jahrhunderte zuvor widerfahren war, nämlich unter „ungläubigen“ Herrschern leben zu müssen, traf jetzt auch für das dem Rang nach erste und wichtigste geistliche Zentrum des Orients zu. (Viele seiner kleinasiatischen Gemeinden waren allerdings schon vom 11. Jahrhundert an unter die langsam vordringende islamische Oberhoheit gefallen.) Durch die damit unvermeidliche Trennung von Kirche und Staat waren die Griechen gleichsam über Nacht zu Bürgern zweiter Klasse geworden; hohe Stellungen in der Staats- und Armeeführung blieben ihnen fortan verschlossen (mit Ausnahme einiger Positionen im diplomatischen Dienst für die Phanarioten, wie die der Chefdolmetscher [Großdragoman] bzw. Botschafter ab der zweiten Hälfte des 17. Jahrhunderts), geschätzt blieben sie vor allem als regelmäßige und geduldige Steuerzahler, was andererseits den Wohlstand und die abhängige Machtstellung einer kleinen, gebildeten Oberschicht (der eben genannten Phanarioten) nicht verhinderte. Nachdem die Erregung über die Grausamkeit der Eroberung verflogen war, fühlte sich Mehmed, der der griechischen Kultur aufgeschlossen gegenüberstand, hinsichtlich der Kirche als Nachfolger der byzantinischen Kaiser und verlieh ihr – wie seit langem bei den Türken üblich – den Status einer Volksgruppe (Millet), für deren relativ unabhängige Verwaltung (vor allem, was Abgaben und Rechtsprechung betraf) ihm in Zukunft der Patriarch persönlich verantwortlich sein sollte. Dieser wurde damit zum geistlichen *und* – zumindest im privatrechtlichen Bereich – weltlichen Oberhaupt (Ethnarch) der Griechen; als erster Amtsträger gemäß dieser neuen, wohl nur in Dekreten niedergelegten Verfassung, an deren Ausarbeitung er als Kandidat noch selbst beteiligt war, wurde im Januar 1454 Gennadios II. Scholarios in Konstantinopel in seine Würde eingesetzt: am 6. des Monats überreichte ihm der Sultan selbst die Insignien des Amtes, u. a. ein von ihm selbst gestiftetes, goldenes Brustkreuz. Sein Bischofssitz wurde allerdings an die schon baufällige Kirche der hll. Apostel verlegt, da die Hagia Sophia inzwischen zur Moschee umgewandelt worden war (wenig später übersiedelte er in das Pammakaristos-Kloster). Dem neuen Patriarchen wurden, kraft einer Urkunde (Ferman), Unverletzlichkeit seiner Person, Steuerfreiheit, Bewegungsfreiheit sowie Schutz gegen Absetzung zugesichert, einschließlich dem Recht, diese Privilegien auf seine Nachfolger zu übertragen; ein weiterer Erlaß betraf die Garantie kirchlicher Bräuche und Festtage (Ostern) sowie die Festschreibung der verbliebenen Kirchen als christliche Kultstätten. Dem Patriarchen, der zusammen mit der Synode über die Reinerhaltung des Dogmas zu wachen hatte, sollte ferner die uneingeschränkte Aufsichtsgewalt über Bischöfe, Kirchen und Klöster zukommen; neue Bischöfe konnten nur auf Empfehlung des Patriarchen bzw. der Hl. Synode ernannt (oder abgesetzt) werden, bedurften dann aber der Bestätigung (Berat) durch den Sultan.

Einhard

Die Gesandtschaft Hārūn ar-Rašīds zu Karl dem Großen

Der Kaiser zog von Spoleto nach Ravenna, und nachdem er hier einige Tage zugebracht hatte, weiter nach Pavia. Hier erhielt er die Nachricht, daß Gesandte des Perserkönigs *(regis Persorum)* Harun des Beherrschers der Gläubigen von

Pisa angekommen seien; er schickte ihnen entgegen und ließ sie sich zwischen Vercelli und Ivrea vorstellen. Einer von ihnen war ein Perser aus dem Morgenland und der Gesandte des genannten Königs, der andere, zwei nämlich waren es, war ein Sarazene aus Afrika und der Gesandte des Emirs Abraham, welcher auf der Grenze Afrikas in Fostat herrschte. Sie berichteten, daß der Jude Isaak, den der Kaiser vor vier Jahren mit seinen Gesandten Lantfrid und Sigimund an den König der Perser abgeschickt hatte, mit großen Geschenken auf der Rückreise begriffen sei [...] Am 20. Juli dieses Jahres kam Isaak mit dem Elefanten und den übrigen Geschenken des Königs der Perser an und übergab sie in Aachen dem Kaiser. Der Elefant führte den Namen Abulabaz. [...]

Des Kaisers Gesandter Radbert starb auf der Rückreise aus dem Morgenlande; der Gesandte des Perserkönigs mit Namen Abdella erschien mit den Mönchen Georg und Felix aus Jerusalem, die im Auftrag des Patriarchen Thomas kamen – dieser Georg ist Abt auf dem Ölberg, von Geburt ein Deutscher und heißt eigentlich Egibald –, vor dem Kaiser und überbrachte die Geschenke, die der obengenannte König dem Kaiser geschickt hatte, nämlich ein Zelt und verschiedenfarbige Vorhänge für den Vorhof von ungemeiner Größe und Schönheit; es war nämlich alles aus feinstem Leinen, die Vorhänge sowohl als die Schnüre dazu, bunt gefärbt. Außerdem bestanden die Geschenke des Königs in vielen und kostbaren seidenen Gewändern, in Wohlgerüchen, Salben und Balsam. Auch ein höchst kunstvoll aus Messing gearbeitetes Uhrwerk war dabei, in dem der Lauf der zwölf Stunden nach einer Wasseruhr sich bewegte mit ebensoviel ehernen Kügelchen, die nach Ablauf der Stunden herunterfielen und dadurch ein darunter liegendes Becken erklingen ließen, ferner waren darin zwölf Reiter, die am Ende der Stunde aus zwölf Fenstern herauskamen und durch ihre Bewegung ebenso viele zuvor offenstehende Fenster schlossen; noch vieles andere befand sich an dieser

Uhr, was jetzt aufzuzählen zu weitläufig wäre. Außerdem befanden sich unter den Geschenken zwei Messingleuchter von ausgezeichneter Größe und Form. Das alles wurde in der Pfalz zu Aachen vor den Kaiser gebracht. Der Kaiser hielt den Gesandten und die Mönche eine Zeitlang bei sich und ließ sie dann nach Italien abreisen, wo sie die Zeit zur Überfahrt abwarten sollten. [...]

Während er [Karl der Große] hier [in Norddeutschland bei einem Feldzug gegen die Dänen] etliche Tage verweilte, starb plötzlich jener Elefant, den ihm der Sarazenenkönig Harun geschickt hatte.

Alfred Haverkamp

Die Araber als Vermittler antiker Wissenschaft

Wichtige Neuansätze in Wissenschaft und Bildung des europäischen Westens im hohen Mittelalter beruhten auf einer erneuten und umfassenden Aneignung antiker Traditionen, insbesondere der griechischen Philosophie und Naturkunde und des spätantiken römischen Rechts. Dieser Lernvorgang wurde im Westen Europas im 12. Jahrhundert eingeleitet und erhielt in demselben Säkulum bereits eine festere Gestalt, die für das folgende Jahrhundert bestimmend blieb. In diesem Zusammenhang kann mit guten Gründen von einer „Renaissance“ im Sinne einer „Wiedergeburt“, der Antike im 12. Jahrhundert gesprochen werden. Diesem Zeitraum kann somit eine welthistorisch bedeutsame Mittlerrolle zwischen Antike und Moderne zugewiesen werden. Im Unterschied zu den vorhergehenden Wiederaufnahmen antiker Traditionen in der Karolingerzeit und an der Wende vom 10. zum 11. Jahrhundert begründete die „Renaissance“ des 12. Jahrhunderts im westlichen Europa eine nicht mehr unterbrochene Kontinuität wissenschaftlichen Denkens, das in der scholastischen Methode ein festes Fundament erhalten hat. Insofern war diese „Wiedergeburt“ für die Geschichte Europas mindestens ebenso bedeutungsvoll wie die „Renaissance“ an der Schwelle vom Mittelalter zur Neuzeit, als eine Rückwendung zur Antike um ihrer selbst willen zunächst in Italien eingeleitet und vollzogen wurde.

Bei einer solchen Zuordnung ist jedoch zu betonen, daß die „Renaissance des 12. Jahrhunderts“ in den zentralen Bereichen der Philosophie und der Naturkunde auf der Rezeption und Verarbeitung von muslimischen und jüdischen Gelehrten beruhte. Diese hatten vor allem seit dem 9. Jahrhundert die Tradition der griechischen Philosophie – insbesondere des Aristoteles, die im lateinischen Westen nur teilweise berücksichtigt worden war – aufgenommen und nicht zuletzt in der Medizin selbständig weiterentwickelt. Die großen naturwissenschaftlichen und medizinischen Lehrbücher aus dem islamischen Kulturkreis wurden bereits zwischen 1070 und 1087 durch die Übersetzungen des Constantinus Africanus – wahrscheinlich eines getauften Juden – für die Medizinschule von Salerno zugänglich gemacht. Daran knüpfte seit der Mitte des 12. Jahrhunderts die Übersetzerschule im spanischen Toledo an. Unter den dort tätigen Gelehrten ragte der Lombarde Gerhard von Cremona (1114–1187) mit Übersetzungen arabischer Schriften hervor, mit denen er dem lateinischen Westen Abhandlungen der Griechen – wie Hippokrates, Archimedes, Galen und Pseudo-Aristoteles – erschloß.

Auch am sizilischen Hofe Kaiser Friedrichs II. wurden viele allgemein naturkundliche Schriften aus dem Arabischen übertragen. Andere kleinere Übersetzungszentren, wie beispielsweise in Toulouse, erweiterten den Kenntnisstand. Dazu trug auch der Zeitgenosse Abälards, Adelard von Bath (ca. 1070–1146) bei. Nach seiner Schulbildung in Nordfrankreich unternahm er weite Reisen, die ihn bis nach Salerno, Sizilien und Antiochien führten. Er kam so mit der aus arabischen Quellen vermittelten antiken Naturforschung in enge Berührung. Aus seinen Bemühungen, die Bildungswelt der Araber zu erforschen („Arabum studia scrutari"), erwuchsen Bearbeitungen und Übersetzungen mehrerer astronomischer, astrologischer und mathematischer Werke aus dem Arabischen und Griechischen, darunter auch eine Euklidübersetzung. In den Zonen des lebendigsten Kontaktes der Mittelmeerkulturen – in Spanien, auf Sizilien und in der Provence – wurden seit dem Ende des 11. und verstärkt seit der Mitte des 12. Jahrhunderts auch die bis dahin im christlichen Westen unbekannt gebliebenen Schriften des Aristoteles von muslimischen, jüdischen und christlichen Gelehrten aus dem Arabischen – zumeist mit den arabischen Kommentaren – und bald auch aus dem Griechischen in die westliche Gelehrtensprache des Lateinischen übertragen. Des öfteren wurde auch eine hebräische Vorlage benutzt.

Zu Anfang des 13. Jahrhunderts waren somit die meisten Schriften des Aristoteles in Westeuropa bekannt. Die Wirkungsgeschichte seiner Werke und ihrer überwiegend arabischen Kommentare setzte in größerem Umfang aber erst im weiteren Verlauf des 13. Jahrhunderts ein. Sie wurde wesentlich durch die aristotelisch beeinflußten Abhandlungen muslimischer Gelehrter – vor allem des im islamischen Osten lebenden Avicenna (ca. 980–1037) und des überwiegend in Córdoba wirkenden Averroës (1126–1192) – und nicht zuletzt durch den jüdischen Arzt und Philosophen Maimonides (1135–1204) bestimmt. Die naturphilosophischen Schriften des Aristoteles und deren arabische und jüdische Kommentare enthielten Lehren, die teilweise mit dem christlichen Glaubensverständnis unvereinbar waren. Schon im Jahre 1210 verbot daher eine Pariser Synode die Lektüre dieser aristotelischen Schriften. Solche Verbote wurden in den nächsten Jahrzehnten wiederholt. Dennoch wurde schon im Jahre 1255 das Studium derselben Werke für die ganze Artistenfakultät der Pariser Universität verbindlich vorgeschrieben. Gestützt auf Aristoteles und vor allem Averroës vertraten bald Pariser Philosophen – wie der 1276 aus seinem Lehramt entfernte Siger von Brabant – eine rationale Philosophie und begründeten Thesen, die in offenem Gegensatz zu den christlichen Glaubenslehren standen. Sie wurden 1270 und erneut 1277 auf Pariser Synoden verurteilt, ohne daß damit derartige Denkansätze insbesondere unter Medizinern und Juristen fortan unterbunden werden konnten.

Johann Wolfgang von Goethe

Lob des Ostens

Herrlich ist der Orient
Übers Mittelmeer gedrungen;
Nur wer Hafis liebt und kennt,
Weiß, was Calderon gesungen.

Nabil Osman

Arabische Lehnworte im Deutschen

Algebra, die; - [arab. al-ǧabr: Wiederherstellung]: Algebra kam im 9. Jahrhundert durch die Araber nach Spanien und von dort aus nach dem übrigen Europa. Das arabische Wort ist eine Abkürzung von al-ǧabr wal-muqābala, dem Titel eines algebraischen Lehrbuchs von Muḥammad ibn Mūsa, dem Erfinder der Algebra. Im 12. Jahrhundert kam die latinisierte Bezeichnung Algebra et Almuqabala in Europa auf.

Die Abkürzung Algebra wurde dann von der Vergleichungslehre auf das Buchstabenrechnen übertragen.

Laute, die; -, -n [arab. al-ʿūd: Instrument aus Holz]: Zupfinstrument mit bauchigem Klangkörper und sechs Saiten, gestimmt wie eine Gitarre.

Die Araber kannten ein musikalisches Instrument, das aus dünnen Spänen in der Form eines halbierten Kürbisses zusammengesetzt war. Am Klangkörper saß ein Hals mit vier bis fünf Saiten. Sie nannten es ʿūd, mit dem arabischen Artikel al-ʿūd. Dieses Wort ergab it. liuto, afrz. leüt und breitete sich in Deutschland aus als spätmhd. lūte, nhd. Laute. „Wie die Laute, das Begleitinstrument der Liebeslieder, aus dem islamischen Orient zu uns gekommen ist, so ist wahrscheinlich der mittelalterliche Minnesang überhaupt orientalischen Ursprungs."

Magazin: das; -s, -e [arab. maḫzan: Speicher, Warenniederlage]: Lagerraum, Lagerhaus, Speicher, Verkaufsstelle.

Das arabische Wort gelangte auf zwei Wegen in die Sprachen Europas. Einerseits wurde es durch die Araber in Spanien dem Iberoromanischen vermittelt; daher pg. armazém, sp. almacén, akat. almatzem. Andererseits kam es durch den Handel mit Nordafrika nach Europa; daher kat. magatzem, it. magazzino (seit 14. Jh.), gen. magazzin, siz. magasenu, malasenu. Das deutsche Wort Magazin wurde im 16. Jahrhundert von gleichbed. it. magazzino abgeleitet. Seit dem 18. Jahrhundert wird es in der aus dem Französischen entlehnten Bedeutung ‚Laden' verwendet; dazu selten in der Verbform *magazinieren* ‚einlagern'. Nach englischem Vorbild ist Magazin seit 1747 die Bezeichnung für eine Zeitschrift.

Jean Marteilhe

Türkische Leidensgenossen auf der Galeere

Nach der Flucht Goujons mußte ich zusätzlich zu meinem Amte als Schreiber des Kommandanten und Majors noch das eines Verteilers der Lebensmittel der Galeerensträflinge übernehmen, das ich bis zum 1. Oktober des Jahres 1712 ausübte, da man uns von Dünkirchen nach Marseille verlegte. [...]

Ich muß bemerken, daß unsere Brüder aus den französischen Kirchen der Vereinigten Staaten der Niederlande den Reformierten, die auf den Galeeren Frankreichs litten, von Zeit zu Zeit eine Geldunterstützung zukommen ließen. Dieses Geld kam gewöhnlich über Amsterdam, von wo ein Geschäftsmann es durch einen seiner auswärtigen Handelspartner den Orten zukommen ließ, wo sich Häfen mit Galeeren befanden. [...] Wenn ich an dieser Stelle von der Treue und Zuneigung, die die Türken uns bewiesen, rede, will ich dafür ein Beispiel anführen, das den Türken betrifft, der mir bei jenen Gelegenheiten in Dünkirchen Dienste leistete.

Ich habe oben schon erwähnt, daß ich beauftragt war, die Unterstützungen in Empfang zu nehmen und sie an unsere Glaubensbrüder zu verteilen.

Ich war in meiner Bank angekettet, ohne die Freiheit zu haben, in die Stadt zu gehen, und zwar aus Bosheit der Schiffspriester, welche uns jene Vergünstigung nicht einräumten, die doch die anderen Galeerensträflinge, die wegen verbrecherischer Delikte verurteilt waren, genossen, indem sie einen Sou an den Profoß und ebensoviel an den Wächter zahlten, der sie in die Stadt begleitete.

Wie sollte ich es nun anfangen, um das Geld zu erhalten? [...] Ich war damals noch zu neu, um von dem Wohlwollen der Türken uns Reformierten gegenüber etwas zu wissen.

Als ich jedoch dem Türken meiner Bank mein Herz ausschüttete, so sagte er mir mit Freuden seine Dienste zu, indem er die Hand an seinen Turban legte (was bei ihnen ein Zeichen der Herzensergießung vor Gott ist) und Gott von ganzer Seele dafür dankte, daß er ihm die Gnade gewähre, Barmherzigkeit zu üben selbst auf die Gefahr seines Lebens; denn der Türke wußte gar wohl, daß man ihn, falls er bei dieser Dienstleistung uns gegenüber ertappt würde, zu Tode geprügelt haben würde, um das Geständnis aus ihm herauszubringen, welcher Kaufmann uns Geld auszahlte.

Dieser Türke jedoch, der Jussuf hieß, diente mir über Jahre in jener Angelegenheit sehr treulich, ohne je die geringste Belohnung von mir annehmen zu wollen, da er behauptete, daß er dadurch sein gutes Werk vernichten und daß Gott ihn dafür bestrafen würde. [...]

Man muß dazu wissen, daß die Türken, wenn sie Gelegenheit haben, sich mildtätig zu erweisen oder andere gute Werke zu vollbringen, die Freude, die sie darüber empfinden, verschiedenen Leuten, ihren ‚Papas' (so nennen sie ihre Theologen, deren ganze Wissenschaft im Koranlesen besteht), mitteilen, wobei sie dieselben um ihren Rat in bezug auf die guten Werke fragen, die sie verrichten wollen.

Obgleich ich nun meinen Jussuf inständigst gebeten hatte, niemandem etwas von dem Dienst zu sagen, den er mir leistete, so konnte er, aus Gründen seiner Religion, sich doch nicht enthalten, die Sache seinen ‚Papas' mitzuteilen, wie ich nach seinem Tod erfuhr.

Als diese guten Leute daher sahen, daß ich in Verlegenheit war, weil ich nicht wußte, wem ich mich anvertrauen sollte, kamen sie alle nacheinander zu mir und boten mir ihre Dienste an, indem sie mir so fromme Gesinnungen und so viel Zuneigung zu den Leuten unserer Religion, die sie ihre Brüder in Gott nannten, an den Tag legten, daß ich davon bis zu Tränen gerührt war.

Ich wählte einen von ihnen namens Ali, der vor Freude außer sich war, daß er ein für ihn so gefährliches Amt erhielt. Er diente mir in demselben während vier Jahren, das heißt, bis zu der Zeit, da man uns von Dünkirchen wegbrachte, und er benahm sich dabei mit einem Eifer und einer Uneigennützigkeit ohnegleichen.

Dieser Türke war arm, und ich habe verschiedene Male versucht, ihn zu der Annahme von einem oder zwei Talern zu bewegen, wobei ich ihm sagte, daß diejenigen, welche uns das Geld schickten, wünschten, daß diejenigen, welche uns dienten, auch einen Nutzen davon haben sollten. Doch er verweigerte das Geschenk immer standhaft, indem er in seinem blühenden Stile sagte, daß das Geld ihm die Hände verbrennen würde. Und wenn ich ihm entgegnete, daß ich, wenn er das Geld nicht nähme, mich eines anderen bedienen würde, so geriet der arme Türke fast in Verzweiflung, indem er mich mit gefalteten Händen bat, ihm den Weg zum Himmel nicht zu verschließen.

Es sind das Leute, welche die Christen ‚Barbaren' nennen und die dies in ihrer Moral so wenig sind, daß sie vielmehr diejenigen beschämen, die ihnen diesen Namen geben.

Jedoch muß man diese Türken von denjenigen unterscheiden, die, obgleich von derselben Religion, doch nicht dieselben Sitten haben. Die letzteren sind die Türken Afrikas, namentlich die der Königreiche Marokko, Algier, Tripolis usw., welche gemeiniglich liederliches, spitzbübisches, grausames, meineidiges, verräterisches und zu allen Schandtaten fähiges Gesindel sind. Deshalb hüteten wir uns, ihnen etwas anzuvertrauen.

Aber die Türken Asiens und Europas, namentlich die aus Bosnien und den an Ungarn und Transsilvanien angrenzenden Ländern, wie die von Konstantinopel usw., deren es eine große Menge auf den Galeeren Frankreichs gibt, die von den Kaiserlichen zu Sklaven gemacht worden und nach Italien und von da zur Bemannung der Galeeren nach Frankreich verkauft worden sind, sind im allgemeinen von sehr gutem Körperbau, weiß von Gesicht und blond von Haaren, führen sich gut auf, beobachten eifrig die Vorschriften ihrer Religion und sind redliche, ehrenhafte Leute, die sich besonders durch große Wohltätigkeit auszeichnen. Ja, sie übertreiben die Wohltätigkeit. Ich habe welche gesehen, die ihr ganzes Geld für einen in einen Käfig eingeschlossenen, zahmen Vogel hingaben, um sich das Vergnügen und den Trost zu verschaffen, ihm die Freiheit zu geben. Wenn sie ihre Mahlzeit einnehmen, so ist es die größte Schmach, die man ihnen antun kann, wenn diejenigen, welche vorübergehen, es mögen Christen, Türken oder andere, Freunde oder Feinde sein, nicht mit ihnen essen oder nicht wenigstens etwas von ihren Speisen kosten. Sie trinken weder Wein noch starken Likör. Auch essen sie nie Schweinefleisch, weil ihre Religion ihnen dies verbietet.

Die Türken Afrikas hingegen, die ich oben beschrieben habe und die man gewöhnlich Mauren nennt, betrinken sich trotz des Verbotes ihrer Religion in viehischer Weise und begehen, wenn sie können, die schrecklichsten Verbrechen. Deshalb hassen die asiatischen Türken, die man ‚feine Türken' nennt, die afrikanischen Mauren tödlich und gehen nie mit ihnen um.

8. Kreuzzüge, Reconquista, Türkenkriege

Gunther von Pairis

Aufruf zum Kreuzzug

Verstattet mir ein Wort an Euch, meine Herren und meine Brüder, gestattet mir ein Wort – wahrlich nicht meines, sondern Christi: Christus selbst gibt mir die Worte ein, ich bin nur sein zerbrechliches Werkzeug. ... O Unglück, o Tränen, o Abgrund von Leid! Das heilige Land, durch das Christus seine Schritte lenkte, ... ist in die Hand der Ungläubigen gegeben; ... des Reiches Sitz und Würde ist auf die Heiden gekommen! ... Deshalb, Ihr starken Krieger, kommt jetzt Christus zu Hilfe! ... Wenn Ihr aber fragt, was Ihr an sicherem Lohn für solche Mühen erhoffen dürft, so verspreche ich Euch gewißlich: Es wird jeder, der das Zeichen des Kreuzes nimmt und reine Buße tut, jeglicher Sünde fortan ledig sein, und gleichgültig, an welchem Ort, zu welcher Zeit und durch welches Geschick er das gegenwärtige Leben verlieren mag, er wird das ewige Leben gewinnen! Ich schweige jetzt davon, daß jenes Land, das Ihr aufsuchen werdet, bei weitem reicher und fruchtbarer ist als dieses hier; und es ist leicht möglich, daß viele auch unter Euch dort selbst in den Dingen der Zeitlichkeit ein glücklicheres Schicksal finden, als sie es nach ihrer Erinnerung hier erfahren haben.

Hannes Möhring

Wie wurden die Kreuzzüge finanziert?

Die Geschichte der Kreuzzüge beginnt mit der Bitte des in Konstantinopel herrschenden byzantinischen Kaisers um die Hilfe der abendländischen Christen im Grenzkampf gegen die immer weiter vordringenden seldschukischen Türken. Papst Urban II. reagierte hierauf, indem er im Jahre 1095 die Christenheit zur Befreiung des seit 637 in den Händen der Muslime befindlichen Grabes Christi in Jerusalem aufrief. Vor allem in Frankreich stieß er dabei auf große – wenn auch nur allzubald nicht mehr rein religiöse – Begeisterung. Nach kurzer Zeit brachen ungeordnete Volksmassen auf, die aber größtenteils auf ihrem Weg über den Balkan und die heutige Türkei umkamen. Organisierte Heere aus Frankreich und dem normannischen Süditalien folgten. Die Deutschen beteiligten sich an diesem Kreuzzug noch nicht. Die Byzantiner sahen bald in den abendländischen Kreuzherren mehr eine Bedrohung als die erbetene Hilfe und atmeten auf, als die Kreuzfahrer den Boden ihres Reiches in Richtung Syrien/Palästina wieder verlassen hatten. Dort begannen die Kreuzfahrer sodann ihre Eroberungen, die 1099 mit der blutigen Einnahme Jerusalems gekrönt wurden und zur Gründung der vier Kreuzfahrerstaaten von Edessa, Antiochien, Jerusalem und Tripolis führten. Als 1144 Edessa wieder an die Muslime verlorenging, antwortete Europa mit dem zweiten Kreuzzug, der unter der Führung des deutschen und des französischen Königs stand, jedoch vor den Mauern von Damaskus scheiterte. Ein Teil der Deutschen war gar nicht erst ins Heilige Land gezogen, sondern hatte im Osten des Reiches einen Kreuzzug neuer Art gegen die heidnischen Wenden unternommen, freilich ohne jene unterwerfen oder zum Christentum bekehren zu können. Weitere Kreuzzugspläne scheiterten in der Folgezeit an der Rivalität zwischen dem englischen und dem französischen König. Erst als es 1187 Sultan Saladin gelang, die auch den Muslimen heilige Stadt Jerusalem zu erobern und das christliche Königreich Jerusalem bis auf die wichtige Hafenstadt Tyrus in seine Hand zu bringen, löste diese Entwicklung im Abendland unter der Beteiligung aller führenden Herrscher den dritten Kreuzzug aus, den größten Kreuzzug überhaupt.

Gemessen an der Zielsetzung und den mit großem Aufwand betriebenen Rüstungen der Europäer war dessen Erfolg allerdings bescheiden: Jerusalem blieb auch nach dem Ende des dritten Kreuzzugs 1192 weiterhin muslimisch und sollte nur 1229 noch einmal durch Kaiser Friedrich II. auf diplomatischem Wege für kurze Zeit unter christliche Herrschaft kommen. Immerhin aber konnte mit dem an der Küste gelegenen Akkon die wichtigste Stadt der Kreuzfahrerstaaten zurückerobert und der verbliebene Rest der Kreuzfahrerstaaten für weitere hundert Jahre gesichert werden.

Auf dem Gebiet der Steuer setzte mit den Kreuzzügen eine Entwicklung ein, deren kulturgeschichtliche Bedeutung unbestreitbar ist und die doch in den zusammenfassenden Darstellungen der Kreuzzugsgeschichte nur allzuleicht übersehen wird: Sie führte vom Kreuzzug ohne Steuer zur Steuer ohne Kreuzzeug – an ihrem Ende stand die Besteuerung der Geistlichkeit durch die weltliche Gewalt. Ist diese Entwicklung als solche schon interessant genug, so dient sie darüber hinaus bei der Betrachtung des Kreuzzugsgedankens und seiner Ausformungen als Kontrapunkt, der in seiner Nüchternheit vor falschen Einschätzungen bewahrt.

Für ihre Unkosten sind die ersten Kreuzfahrer selbst aufgekommen. Dies blieb auch im 12. Jahrhundert die Regel. Die nötigen Gelder konnten die meisten Kreuzfahrer aber nur durch Verkauf oder Beleihung aufbringen – in Transaktionen, die alle Arten von Eigentum betrafen: Land und Gebäude ebenso wie Einkünfte in Bargeld oder in Naturalien, gelegentlich sogar Menschen. Die gegen Pfand von dem einzelnen Kreuzfahrer geliehene Geldsumme war nicht zu verzinsen. Aber da der Verleiher so lange die Einkünfte von dem Eigentum erhielt, bis das aufgenommene Geld zurückgezahlt war, konnten diese Anleihen für ihn trotzdem sehr einträglich sein – zumal die Pfänder häufig nicht mehr ausgelöst wurden. Oftmals wurde auch festgelegt, daß das Pfand verfalle, sofern der Kreuzfahrer stürbe oder nicht zurückkehrte.

Diese Transaktionen blieben nicht ohne soziale und wirtschaftliche Folgen: Während sich so manche Kreuzfahrerfamilie an den Bettelstab brachte, wuchs der Reichtum der vielfach als Kreditgeber auftretenden kirchlichen Institutionen – zugleich wurde die Geldliquidität erhöht, wovon die Märkte in Okzident wie Orient profitierten. [...]

Die erste Verordnung einer allgemeinen Hilfssteuer für die Kreuzfahrerstaaten, über die Näheres bekannt ist, wurde 1166 unter dem Eindruck der immer bedrohlicheren muslimischen Angriffe von dem englischen König Heinrich II. und Ludwig VII. von Frankreich erlassen. Die im Wortlaut erhaltene Verordnung Heinrichs II. besagt: „Zur Verteidigung und Unterstützung der Kirche und des Landes im Oriente soll jedermann in König Heinrichs Landen von allem *beweglichen Gute,* sei es Gold oder Silber, ausgenommen Edelsteine, oder seien es Tiere oder Münzen oder irgend etwas anderes, ausgenommen ausgeschnittene Kleider, und gleicherweise von *Einkünften* [d. h. hauptsächlich Naturallieferungen] in diesem Jahre 1166 je 2 Pfennige von jedem Pfunde geben, in den vier folgenden Jahren je 1 Pfennig von jedem Pfunde. Das soll er auch tun von bebauten Äckern und Weinbergen, dergestalt, daß die darauf verwendeten Unterhaltungskosten nicht berechnet werden. Dasselbe soll er auch geben von den Ausständen, die er gewiß ist, einzuziehen ... Wer ein Haus hat, aber nicht den Wert eines Pfundes, soll 1 Pfennig geben. Wer nicht den Wert eines Pfundes hat und doch ein Geschäft treibt, soll 1 Pfennig geben ... Die Abgabe wird entrichtet innerhalb 14 Tagen nach Remigius [1. Oktober] ... Es wird in den bischöflichen Kirchen der Städte und in allen Dorfkirchen ein Stock aufgestellt, in den jedermann nach Eidesleistung und nach sorgfältiger Berechnung seines Vermögens gewissenhaft hineinwirft, was davon auf die angegebene Weise zu entrichten ist. Hinterziehung wird mit der Exkommunikation bestraft. Der Stock hat drei Schlüssel, einen für den Priester, zwei für besonders gewissenhafte Pfarrangehörige. Bis zu Allerheiligen [1. November] soll das in den Dörfern eingenommene Geld von den Sammlern und anderen dazu berechtigten Zeugen zum Bischofssitz gebracht werden. Dann soll es an den zu bestimmenden Orten von den Erzbischöfen und Bischöfen weiter gesammelt werden. Der dritte Teil der Buße wird allen, die gewissenhaft zahlen, erlassen." Ob dieses Versprechen mit dem Einverständnis des Papstes gegeben wurde, ist eine offene Frage. Bis zu dieser Zeit nämlich hatten die Päpste Ablaß – allerdings vollen Ablaß – nur demjenigen gewährt, der selbst als Kreuzfahrer ins Heilige Land zog oder im Falle seiner Verhinderung einen Ersatzmann stellte.

Usāma ibn Munqiḏ

Fränkische und syrische Ritter

Die Franken – Allāh lasse sie im Stich – haben keine andere Tugend als die Tapferkeit. Nur die Ritter haben bei ihnen eine Vorrangstellung und einen hohen Rang. Bei ihnen zählen nur die Ritter. Sie haben den Rat inne, von ihnen kommen die rechtlichen Entscheidungen und Urteile. Ich prozessierte einmal mit ihnen wegen ein paar Ziegen, die der Herr von Bāniyās [am Antilibanon] aus dem Wald genommen hatte, als zwischen uns und ihnen gerade ein Waffenstillstand war und ich mich in Damaskus befand. Ich sprach zu König Fulk ibn Fulk [Fulko V., Graf von Anjou und König von Jerusalem]: „Der da hat ungerecht gegen uns gehandelt und unsere Tiere weggenommen, da doch die Zeit des Lämmerns ist. Die Ziegen haben geworfen, und ihre Lämmer sind gestorben. Erst nachdem er den Tieren geschadet hat, hat er sie uns zurückgegeben." Daraufhin sagte der König sechs oder sieben Rittern: „Macht euch auf und richtet über ihn!" Sie verließen seinen Audienzsaal und zogen sich zurück. Sie berieten so lange, bis die Meinung aller über diese Sache übereinstimmte. Dann kehrten sie in den Sitzungssaal des Königs zurück und sprachen: „Wir haben entschieden, daß der Herr von Bāniyās eine Strafe zu entrichten hat, weil er ihren Ziegen geschadet hat!" Und der König befahl ihm, die Strafe zu entrichten. Er bat mich inständig und bedrängte mich so lange, bis ich endlich vierhundert Dinar von ihm nahm. Dieses Urteil konnte, nachdem es die Ritter gefaßt hatten, weder der König noch ein anderer Führer der Franken ändern oder widerrufen, denn der Ritter ist bei ihnen etwas Großes.

Zu mir sprach der König: „Usāma! Bei meinem Glauben! Ich habe mich gestern sehr gefreut!"

„Allāh erfreue den König! Weshalb warst du froh?"

„Man hatte mir gesagt, daß du ein großer Ritter bist. Doch habe ich es vorher nicht geglaubt."

„Mein Herr!" erwiderte ich. „Ich bin ein Ritter von meinem Stamm und meinem Volk!"

Wenn der Ritter aber schlank und groß ist, bewundern ihn die Franken besonders.

Steven Runciman

Saladins Triumph

Der Morgen des Freitag, 3. Juli 1187, war heiß, und es regte sich kein Lüftchen, als das christliche Heer die grünen Gärten von Sephoria verließ, um über die baumlosen Bergrükken zu ziehen. Raimund von Tripolis hatte nach Feudalbrauch als Herr des Lehens das Recht, die Vorhut zu befehligen. Der König befehligte die Mitte, und Rainald, die Ritterorden und Balian von Ibelin bildeten den Nachtrab. Es gab kein Wasser entlang der Straße. Es währte nicht lange, und Männer und Pferde litten gleicherweise unter fürchterlichem Durst. Ihre Qualen verlangsamten den Vormarsch. Muselmanische Scharmützler griffen unablässig Vorhut und Nachhut an, schossen einen Hagel von Pfeilen in ihre Mitte und jagten wieder davon, ehe sich ein Gegenangriff bewerkstelligen ließ. [...]

Als der Morgen des Sonnabend, 4. Juli 1187, dämmerte, war das königliche Heer eingeschlossen. Nicht eine Katze, so berichtet der Chronist, hätte durch das Netz zu schlüpfen vermocht.

Der Angriff der Mohammedaner begann kurz nach Tagesanbruch. Das christliche Fußvolk dachte nur an eines – Wasser. In dichten, wogenden Massen versuchte es, den Abhang hinunter zum See durchzubrechen, der ihm weit unten entgegenglitzerte. Die Fußtruppen wurden einen kleinen Hügel hinaufgedrängt und sahen sich von den Flammen und vom Feind umzingelt. Viele von ihnen wurden auf der Stelle niedergemacht; viele andere wurde gefangengenommen; und ihr Anblick, da sie verwundet und mit geschwollenen Lippen umherlagen, war so qualvoll, daß fünf von Raimunds Rittern sich zu den mohammedanischen Führern begaben und baten, man möge sie alle töten, um ihrem Elend ein Ende zu machen. [...]

Der Bischof von Akkon war gefallen. Das Heilige Kreuz, das er in die Schlacht getragen, befand sich in den Händen eines Ungläubigen. Von den Pferden der Ritter waren nur noch ganz wenige am Leben. Als die Sieger die Hügelspitze erreichten, fanden sie die Ritter, den König unter ihnen, am Boden liegend, zu sehr erschöpft, um noch weiterzukämpfen, und kaum mit genug Kraft, um ihre Schwerter zur Übergabe auszuhändigen. Ihre Führer wurden in das Zelt verbracht, das auf dem Schlachtfeld für den Sultan errichtet worden war.

Hier empfing Saladin König Guido und seinen Bruder, den Konnetabel Amalrich, Rainald von Châtillon und seinen Stiefsohn Humfried von Toron, den Großmeister des Tempelritterordens, den alten Marquis von Montferrat, die Herren von Dschebail und Botrun und viele der geringeren Barone des Königsreichs. Er begrüßte sie huldvoll. Er ließ den König an seiner Seite niedersitzen, und da er seinen Durst gewahrte, reichte er ihm einen Becher Rosenwasser, das mit Schnee vom Berg Hermon gekühlt war. Guido trank davon und reichte den Becher weiter an Rainald, der neben ihm stand. Gibt man einem Gefangenen Speise oder Trank, so bedeutet es nach den Regeln arabischer Gastfreundschaft, daß er seines Lebens sicher ist; also sagte Saladin rasch zum Dolmetscher: „Sag dem König, daß er diesem Mann den Trunk gereicht hat, nicht ich.“ Dann wandte er sich zu Rainald, dessen gottlose Straßenräuberei er nicht verzeihen konnte, und gemahnte ihn an seine Verbrechen, seine Hinterlist, seine Gotteslästerung und seine Habgier. Als Rainald eine trotzige Antwort gab, ergriff Saladin selbst ein Schwert und schlug ihm den Kopf ab. Guido erbebte, da er meinte, er sei als nächster an der Reihe. Aber Saladin beruhigte ihn: „Ein König tötet keinen König. Aber dieses Mannes Niedertracht und Unverschämtheit gingen zu weit.“ Sodann gab er Befehl, daß keinem der weltlichen Barone ein Leid geschehen dürfe und alle während ihrer Gefangenschaft zuvorkommend und achtungsvoll zu behandeln seien. Aber die Ordensritter gedachte er nicht zu verschonen, mit Ausnahme des Großmeisters der Templer. Eine Rotte fanatischer muselmanischer *Sufis* hatte sich seinen Truppen angeschlossen. Ihnen wies er die Aufgabe zu, die gefangenen Tempel- und Hospitaliter-Ritter umzubringen. Sie erledigten sie mit Vergnügen. Als dies vollbracht war, zog er mit dem Heer von Hattin ab; die Toten auf dem Schlachtfeld wurden den Schakalen und Hyänen überlassen. [...]

Am Tag, da Saladins Truppen in Askalon einzogen, ereignete sich eine Sonnenfinsternis; und in der Dunkelheit empfing Saladin eine Abordnung der Bürger von Jerusalem, die er zu sich gerufen hatte, um die Bedingungen zur Übergabe der Stadt zu besprechen. Aber es wurde nichts besprochen. Die Abgeordneten weigerten sich, die Stadt auszuliefern, in der ihr Gott für sie gestorben war. [...]

Am 20. September 1187 schlug Saladin sein Feldlager vor der Stadt auf und begann die Nord- und Nordwestmauern anzugreifen. [...] Am 29. September war eine große Bresche in die Mauer geschlagen. Die Verteidiger bemannten sie, so gut sie konnten, und kämpften mit wütender Verbissenheit; aber es waren ihrer zu wenige, um die Bresche gegen die feindlichen Horden lange zu halten. Die fränkischen Soldaten wollten einen gewaltigen Ausfall machen und wenn nötig ihr Leben lassen. Aber der Patriarch Heraklios war nicht gesonnen, zum Märtyrer zu werden. Wenn sie es täten, erklärte er ihnen, lieferten sie ihre Weiber und Kinder der unvermeidlichen Sklaverei aus, und einem so gottlosen Schritt könne er seinen Segen nicht erteilen. Balian unterstützte ihn; er erkannte, daß es töricht war, noch mehr Menschenleben zu vergeuden. Am 30. September begab er sich selbst ins feindliche Lager, um von Saladin Bedingungen zur Übergabe zu erbitten.

Saladin hatte die Stadt in seiner Gewalt. Er konnte sie erstürmen, wann immer er es wünschte; und innerhalb der Stadt waren viele, die er sich zu Freunden machen konnte. Die rechtgläubigen Christen, die die Mehrheit des niederen Volkes ausmachten, hatten der lateinischen Kirche von jeher ihren stolzen Hochmut verübelt. Es war nie zu einer klaren Spaltung gekommen. Die Königsfamilie und der weltliche Adel hatten der orthodoxen Geistlichkeit stets Freundlichkeit und Achtung bezeugt. Aber die hohe Geistlichkeit war ausschließlich lateinisch gewesen. Die einheimischen Christen waren genötigt worden, an den großen Andachtsstätten ihres Glaubens Gottesdiensten beizuwohnen, deren Sprache und Ritual ihnen fremd waren. Sie blickten sehnsuchtsvoll auf die Tage zurück, da sie unter gerechten mohammedanischen Herrschern ihre Andacht hatten verrichten dürfen, wie es ihnen beliebte. Saladins vertraulicher Berater in seinen Verhandlungen mit den christlichen Fürsten war ein orthodoxer Gelehrter aus Jerusalem namens Joseph Batit. Er nahm jetzt mit den rechtgläubigen Gemeinden in der Stadt Fühlung; und sie versprachen, Saladin die Tore zu öffnen.

Ihr Eingreifen war nicht vonnöten. Als Balian vor Saladins Zelt erschien, erklärte dieser, er habe geschworen, Jerusalem mit dem Schwert zu nehmen, und nur bedingungslose Übergabe könne ihn von diesem Eid entbinden. Er erinnerte Balian an die von den Christen im Jahr 1099 begangenen Massenmorde. Warum sollte er anders verfahren? Während sie miteinander sprachen, tobte die Schlacht; und Saladin deutete auf seine Standarte, die inzwischen auf der Stadtmauer aufgepflanzt worden war. Aber im nächsten Augenblick wurden seine Leute zurückgetrieben; und Balian warnte Saladin, daß die Verteidiger, wenn er keine ehrenhaften Bedingungen gewähre, in ihrer Verzweiflung und ehe sie ihr Leben hingaben, alles in der Stadt zerstören würden, was den Mohammedanern heilig sei, einschließlich der Gebäude im Tempelviertel, und daß sie ihre sämtlichen mohammedanischen Gefangenen abschlachten würden. Saladin war zu Großmut bereit, wenn nur seine Macht anerkannt wurde, und er wünschte auch, daß Jerusalem so wenig Schaden nehmen solle wie möglich. Er willigte ein, daß Bedingungen vereinbart würden, und bot an, jeder Christ in der Stadt solle sich freikaufen können, und zwar zum Preis von zehn Dinaren für einen Mann, fünf für eine Frau und einen für ein Kind. [...]

Auf Balians Befehl legte die Besatzung ihre Waffen nieder; und am 2. Oktober 1187 zog Saladin in Jerusalem ein. Es war der 27. Tag des Radschab, der Jahrestag, da der Prophet im Schlaf Jerusalem aufgesucht hatte und von dort in den Himmel hinaufgetragen worden war.

Die Sieger verhielten sich korrekt und menschlich. Wo die Franken achtundachtzig Jahre zuvor durch das Blut ihrer Opfer gewatet waren, wurde nicht ein Gebäude geplündert, nicht ein Mensch verletzt. Auf Saladins Befehl patrouillierten Wachtposten in den Straßen und bei den Stadttoren und verhinderten alle Ausschreitungen gegen die Christen. Inzwischen bemühte sich jeder Christ, das Geld für seine Auslösung zu beschaffen, und Balian leerte das Schatzamt aus, um die versprochenen 30000 Dinare aufzubringen. Die Hospitaliter und Templer konnten nur mit Mühe veranlaßt werden, ihre Reichtümer herauszugeben; und der Patriarch und sein Kapitel kümmerten sich nur um sich selbst. Die Mohammedaner waren empört, als sie sahen, wie Heraklios die zehn Dinare für seine eigene Auslösung zahlte und dann gebeugt unter der Last des Goldes, das er bei sich trug, und gefolgt von Wagenladungen mit Teppichen und silbernem Tafelgeschirr die Stadt verließ. Dank der Reste von Heinrichs II. Stiftung konnten die siebentausend Armen freigesetzt werden; aber vielen Tausenden hätte die Sklaverei erspart bleiben können, wären nur die Ritterorden und die Kirche etwas freigebiger gewesen. Bald flossen zwei Ströme von Christen durch die Stadttore hinaus: jene, deren Lösegeld von ihnen selbst oder durch Balians Bemühungen bezahlt worden war, und jene anderen, die sich kein Lösegeld leisten konnten und in die Gefangenschaft zogen. So herzzerreißend war ihr Anblick, daß sich el-Adil an seinen Bruder wandte und sich als Belohnung für seine Dienste ein Tausend von ihnen erbat. Es wurde ihm gewährt, und er ließ sie unverzüglich frei. Der Patriarch Heraklios, höchlichst angetan von einer so billigen Art, Gutes zu tun, fragte nun, ob auch er einige Sklaven haben dürfe, die er befreien könne. Man gewährte ihm siebenhundert; und Balian erhielt fünfhundert. Dann gab Saladin selbst bekannt, daß er jeden alten Mann und jegliche alte Frau auf freien Fuß setzen werde. Als die fränkischen Damen, die sich ausgelöst hatten, in Tränen zu ihm kamen und fragten, wohin sie nun gehen sollten, da ihre Männer oder Väter entweder erschlagen oder gefangen seien, gab er ihnen als Antwort das Versprechen, er werde jeden gefangengehaltenen Ehegatten freilassen, und den Witwen und Waisen machte er Geschenke aus seiner eigenen Schatzkammer, einer jeden gemäß ihrem Stand. Seine Barmherzigkeit und Güte standen in seltsamem Gegensatz zu den Missetaten der christlichen Eroberer des Ersten Kreuzzugs.

Einige seiner Emire und Soldaten waren weniger gutherzig. Man hörte von Christen, die verkleidet von Mohammedanern aus der Stadt geschmuggelt und draußen um all ihre Habe erpreßt wurden. Andere muselmanische Herren gaben vor, entkommene Sklaven erkannt zu haben, und verlangten privat hohe Lösegelder, ehe sie ihre Opfer laufen ließen. Aber wo immer Saladin auf solche Gepflogenheiten stieß, verfügte er harte Bestrafung. [...]

Die orthodoxen Christen und Jakobiten verblieben in Jerusalem. Ein jeder hatte außer seinem Lösegeld noch eine amtliche Kopfsteuer zu zahlen; allerdings wurde vielen der Ärmeren diese Zahlung erlassen. Die Reichen unter ihnen kauften einen großen Teil des Besitzes auf, der durch den Abzug der Franken herrenlos geworden war. Der Rest wurde von Mohammedanern und von Juden gekauft, die Saladin zur Niederlassung in der Stadt ermutigte. Als die Nachricht von Saladins Sieg nach Konstantinopel gelangte, schickte Kaiser Isaak Angelos ihm eine Gesandtschaft, um ihn zu beglückwünschen und ihn um Rückgabe der Heiligen Stätten an die Orthodoxe Kirche zu bitten. Sein Ansuchen wurde nach einiger Verzögerung bewilligt. Viele von Saladins Freunden drängten ihn, die Heilige Grabeskirche zu zerstören. Aber er verwies sie darauf, daß es die Stätte, nicht das Gebäude sei, welche die Christen verehrten; und sie würden nach wie vor dorthin pilgern. Überdies hatte er gar nicht den Wunsch, die Pilger abzuschrecken. Tatsächlich war die Kirche nur drei Tage lang geschlossen. Die fränkischen Pilger wurden gegen Zahlung einer Gebühr eingelassen.

Die christlichen Flüchtlinge hatten die Stadt noch nicht verlassen, als das Kreuz vom Felsendom herabgeholt, alle

Anzeichen christlicher Andacht getilgt und die el-Aqsa-Moschee von allen Spuren ihrer Besetzung durch die Tempelritter gesäubert wurde. Beide Gebäude wurden mit Rosenwasser besprengt und dem Gottesdienst des Islam neu geweiht. Am Freitag, dem 9. Oktober 1187, nahm Saladin mit einer riesigen Andachtsgemeinde an einem Dankgottesdienst in der Moschee teil.

Helmut de Boor

Zwischen Gott und Minne

Wir stellen mit Friedrich von Hausen nicht nur den Ältesten, sondern auch den Bedeutendsten dieses Kreises in den Mittelpunkt; wir dürfen von einer Schule Hausens reden. Er war Rheinfranke, wohl freiherrlichen Geschlechtes, bei Kreuznach ansässig, und erscheint bei bedeutsamen politischen Ereignissen in der Umgebung Friedrich Barbarossas. Er nahm an Barbarossas Kreuzzug teil und fand, tief beklagt, wenige Wochen vor seinem kaiserlichen Herrn den Tod. Er ist die edelste Verkörperung dessen, was wir „staufisch" nennen, Träger des erhöhten und verpflichtenden Lebensgefühls des adligen Mannes. [...]

So wird Hausen der erste – und in diesem Kreis der einzige – Lyriker, dem die tiefste Problematik der hohen Minne bewußt wird: das neue, vertiefte Aufbrechen des Zwiespalts zwischen Welt und Gott, vertieft dadurch, daß ja nun auch die Welt in der hohen Minne einen transzendent erlebten und darum verpflichtenden Pol besitzt. Zunächst löst sich dem Dichter die Spannung noch harmonisierend, man könnte auch sagen: gradualistisch. In dem Frühgedicht 49,37 erscheint ihm die Frau in ihrer seelisch und leiblich vollendeten Schönheit als die Krone von Gottes Schöpfungswundern. Und in den Liedern 50, 19 und 51, 13 empfindet er die Fähigkeit, echte Minne zu erleben, als eine Gnadengabe Gottes, ja, als eine ihm von Gott auferlegte Pflicht. So zu Gott in Bezug gesetzt und in göttliche Ordnung eingebettet, ist der Wert der Minne unangreifbar.

Aber dieser offenbar jugendliche Optimismus hält vor ernsthafter Erprobung nicht stand: vor dem Erlebnis des Kreuzzuges verschärft sich die Spannung zum bedrängenden Zwiespalt. Das macht uns die Kreuzzugslyrik von Hausen bis zum alten Walther so bedeutsam, daß wir an ihr die Spannungsfülle der Zeit in exemplarischer Deutlichkeit ermessen können. Sie zeigt uns, wie sehr der erste große ritterliche Versuch, das Problem Gott und Welt zu lösen, indem er Rittertat zu Gottesdienst erhob, wie sehr die begeisternde Kreuzzugsfrömmigkeit des Rolandsliedes in den nächsten Generationen fortlebt. Zugleich aber macht sie uns den Zeitwandel bewußt. Was im Rolandslied die endgültige Lösung war, tritt jetzt in ein spannungsreiches Widerspiel zu der neuen geistigen und seelischen Macht der hohen Minne und zu deren gültigen Forderungen. Alle Kreuzzugsdichtung der Stauferzeit wird so zur Auseinandersetzung zwischen diesen beiden ritterlichen Pflichten, zwischen Minne und Gott. Erst die Spätzeit (Neithart, Freidank, Tannhäuser) erlebt den Kreuzzug ganz anders, bar jeder seelischen Erhebung und Problematik. Erst bei dieser Generation wird der Kreuzzug als Mühsal und Abenteuer in seiner ganzen realen Zweifelhaftigkeit, ja Schauderhaftigkeit sichtbar.

In drei großen ernsten Liedern hat sich Hausen mit diesem Problem auseinandergesetzt. Notwendig muß bei dem Kreuzfahrer der Entscheid für Gott fallen; in der letzten Entscheidungsfrage wird auch die Transzendenz der Minne vor Gottes Höhe klein.

Friedrich von Hausen

Kreuzzugslied

Mîn herze und mîn lîp, diu wellent scheiden,
diu mit ein ander varnt nu manige zît.
Der lîp wil gerne vehten an die heiden,
sô hât iedoch daz herzẹ erwelt ein wîp
vor al der welt. Daz müet mich iemer sît,
daz siu ein ander nu niht volgent beide.
Mir habent diu ougen vil getân ze leide.
Got eine müese scheiden noch den strît.

Mein Herz und mein Leib, die wollen sich trennen,
die doch nun schon so lange Zeit zusammenleben.
Der Leib ist begierig, gegen die Heiden zu kämpfen,
dagegen hat das Herz eine Frau erwählt
vor aller Welt. Das belastet mich seither dauernd,
daß sie beide einander nun nicht mehr folgen wollen.
Mir haben die Augen viel Leid zugefügt.
Gott allein könnte diesen Streit noch schlichten.

(Übertragung von Hans-Herbert S. Räkel)

Karl Bertau

Tod im Saleph

Das Heer Barbarossas zog die Nibelungenstraße. Am 15. Mai fuhr der Kaiser zu Schiff von Passau aus die Donau hinab. Am 18. urkundet er in Wien, wo Herzog Leopold V. (1177–1194) Kaiser und Heer glänzend empfing. Wegen der Streitigkeiten (im Zusammenhang mit der Erbfolge in Steiermark) mit dem König von Ungarn konnte Leopold sich dem Heere nicht anschließen, wie er ursprünglich gewollt hatte – ein Umstand, dessen spätere Konsequenzen uns noch beschäftigen werden. Am 27. Mai lagerte das Heer gegenüber Bratislava (Preßburg), wo anderntags das Pfingstfest gefeiert wurde. Hier erließ der Kaiser ein strenges Lagergesetz: Wer Streit anfing, dem wurde die Hand abgehauen, Diebe wurden enthauptet. An der ungarischen Grenze empfingen Gesandte König Belas den Kaiser. Am 4. Juni erschien das ungarische Königspaar im Lager vor der Hauptstadt Gran. Herzog Friedrich von Schwaben, der älteste Barbarossa-Sohn, wurde mit einer Tochter des Ungarnkönigs verlobt. Alles war freundlich – dennoch fanden sich die Kreuzfahrer beim Geldwechsel übervorteilt. Von Gran aus, welches im Nibelungenlied „Etzelnburc" heißen wird, zog das Heer weiter nach Belgrad. Die Nähe des Griechenreiches machte sich schon gefährlich bemerkbar. Überfälle auf dem Marsch durch die Waldgebirge des Balkans wurden immer häufiger. Die Freundlichkeit der Ortsfürsten war nur äußerlich. Barbarossa, der 1147 ja schon einmal diesen Weg gemacht hatte, hatte ihn zum zweiten Mal gewählt, weil es an Schiffen fehlte und zudem ungewiß war, ob man in Outremer einen Hafen würde anlaufen können, der sich noch nicht in den Händen der Moslems befand. Anderseits hatte der Kaiser durch Bündnisse von langer Hand her den friedlichen Durchzug durch viele Länder zu sichern versucht. In

Byzanz allerdings hatte der Basileus Isaak Angelos die Boten des Kaisers in den Kerker geworfen und mit dem Sultan Saladin einen Bündnisvertrag geschlossen. Isaak Angelos fürchtete, das Christenheer könne ihn von einem Thron stoßen, den er selbst durch Staatsstreich erworben hatte. [...]

Endlich, am 2. Februar 1190, ließ der Basileus seine Gefangenen frei. Nach endlosen Verhandlungen kam ein Vertrag zustande, der die Überfahrt über den Hellespont sicherte. Am 22. März wurde das 1. Kontingent des Heeres von Gallipoli aus übergesetzt. Die ganze Aktion dauerte bis zum 28. März. Durch Regenfälle und Unwetter kamen Menschen um, Pferde und Wagen blieben auf der Strecke. Die kleinasiatischen Griechen eröffneten den Kreuzfahrern keinen Markt. Nur augenblicksweise verhielt sich die Bevölkerung entgegenkommend. So in Laodizea, das man am 27. April 1190 verließ. Der Zug durch seldschukisches Gebiet begann. Mit dem alten Sultan Kilidsch Arslan hatte Barbarossa schon vor langem durch Gesandte einen Vertrag abgeschlossen. Aber der alte Sultan hatte gar nicht mehr die tatsächliche Macht in Händen. Tägliche Überfälle und Hinterhalte zermürbten das Heer. Beim Zug über schwierige Gebirge stürzten viele Pferde ab. Kaum hatten sich die Kreuzfahrer in den fruchtbaren Ebenen jenseits der Berge wieder etwas erholt, da wurden sie von allen Seiten angegriffen: Keine große Schlacht, sondern kleine, zermürbende Kämpfe, bei denen der Sieg immer wieder durch Verluste erkauft wurde. „Die allgemeinste Teilnahme rief ein Todesfall hervor, der sich am Sonntag, den 6. Mai, ereignete. Durch die Feinde wiederum im Rücken belästigt, machten die Kreuzfahrer mehr als zwanzig von ihnen nieder, aber auf der Verfolgung brach der treffliche, allgemein beliebte und dem Kaiser vertraute Minnesänger Friedrich von Hausen durch einen unglücklichen Sturz mit dem Pferde das Genick. Traurig begrub man ihn in einem großen Obstgarten“ (Giesebrecht). Dies geschah in der Nähe von Philomelium (heute: Aksehir), wo es am Abend des nächsten Tages zu einem glänzenden Sieg über ein Seldschukenheer kam. Erschöpfung und Hungersnot wuchsen ständig. Futter für die Pferde und Nahrung für die Menschen waren kaum zu finden. Eröffnete sich irgendwo ein Markt, so waren die Preise von schwindelerregender Höhe. Unter verwirrten Umständen wird Iconium erobert (18.5.1190). Ein Friedensvertrag mit dem Sultan bringt nur mäßige Erleichterung. Ende Mai gelangt das Heer über Laranda (Karaman) nach Klein-Armenien, endlich wieder in ein christliches Reich. Nach dem Übergang über das Taurus-Gebirge wird am Ufer des wasserreichen Kalykadnus oder Saleph ein Lager aufgeschlagen. Dort erscheint am 8. Juni eine Gesandtschaft Leos II. von Armenien, die den Kaiser feierlich begrüßt. In Seleukia (Silifke) soll der Kaiser feierlich empfangen werden. Aber noch steht ein harter Weg durch das enge Gebirgstal des Flusses bevor. Der Hauptteil des Heeres zieht über die Berge. Viele stürzen in die schwindelerregende Tiefe ab. Der Kaiser mit seiner Begleitung zieht am Fluß entlang, der Weg wird oft eng und ungangbar. In einer Flußschleife sucht Barbarossa selbst sich den Weg abzukürzen und schwimmt mit seinem Pferd über den Strom.

„Er kam auch glücklich hinüber und stärkte sich am jenseitigen Ufer mit einem Mahle" (Giesebrecht). Unmittelbar nach dem Essen verspürte der Kaiser Lust, im Fluß zu schwimmen. Man riet ihm ab, doch er hörte nicht auf seine Umgebung. Er muß einen Herzschlag erlitten haben. Nur als Leiche konnte er aus dem Fluß geborgen werden. Das geschah am Sonntag, 10. Juni 1190, um die Vesperstunde. Barbarossa (geb. 1125/6) hatte im 65. Lebensjahr gestanden. Entsetzen und allgemeine Kopflosigkeit waren groß. Nach einer Leichenfeier in Seleukia, „bei welcher der Leichnam des Kaisers einbalsamiert worden zu sein scheint", führte Herzog Friedrich von Schwaben, der älteste Sohn Barbarossas, welcher die Führung des Heeres übernommen hatte, „den entseelten Körper mit sich nach Tarsus, wo er die Eingeweide beisetzen ließ [...]" (Giesebrecht).

Ludwig Uhland

Schwäbische Kunde*

Als Kaiser Rotbart lobesam
zum heil'gen Land gezogen kam,
da mußt' er mit dem frommen Heer
durch ein Gebirge, wüst und leer.
Daselbst erhub sich große Not,
viel Steine gab's und wenig Brot,
und mancher deutsche Reitersmann
hat dort den Trunk sich abgetan.
Den Pferden war's so schwach im Magen,
fast mußt' der Reiter die Mähre tragen.

Nun war ein Herr aus Schwabenland,
von hohem Wuchs und starker Hand,
des Rößlein war so krank und schwach,
er zog es nur am Zaume nach:
er hätt' es nimmer aufgegeben,
und kostet's ihn das eigene Leben.
So blieb er bald ein gutes Stück
hinter dem Heereszug zurück;
da sprengten plötzlich in die Quer
fünfzig türkische Reiter daher:

Die huben an auf ihn zu schießen,
nach ihm zu werfen mit den Spießen.
Der wackre Schwabe forcht' sich nit,
ging seines Weges Schritt vor Schritt,
ließ sich den Schild mit Pfeilen spicken
und tät nur spöttlich um sich blicken,
bis einer, dem die Zeit zu lang,
auf ihn den krummen Säbel schwang.
Da wallt dem Deutschen auch sein Blut,
er trifft des Türken Pferd so gut,

er haut ihm ab mit einem Streich
die beiden Vorderfüß' zugleich.
Als er das Tier zu Fall gebracht,
da faßt er erst sein Schwert mit Macht,
er schwingt es auf des Reiters Kopf,
haut durch bis auf den Sattelknopf,
haut auch den Sattel noch zu Stücken
und tief noch in des Pferdes Rücken;
zur Rechten sieht man wie zur Linken
einen halben Türken heruntersinken.
Da packt die andern kalter Graus:
Sie fliehen in alle Welt hinaus,
und jedem ist's, als würd ihm mitten
durch Kopf und Leib hindurchgeschnitten.
Drauf kam des Wegs 'ne Christenschar,
die auch zurückgeblieben war;
die sahen nun mit gutem Bedacht,
was Arbeit unser Held gemacht.
Von denen hat's der Kaiser vernommen.
Der ließ den Schwaben vor sich kommen;
er sprach: „Sag an, mein Ritter wert!
Wer hat dich solche Streich' gelehrt?"
Der Held bedacht' sich nicht zu lang:
„Die Streiche sind bei uns im Schwang,
sie sind bekannt im ganzen Reiche,
man nennt sie halt nur Schwabenstreiche."

Walther Lammers

Ein Freigeist im Heiligen Land

Im Juni 1228 lief eine Flotte von 40 Schiffen mit dem Kaiser von Brindisi aus. Beim Empfang im Hafen von Akkon begrüßten nicht nur die Paladine, unter ihnen Hermann von Salza und der Marschall Richard, bewegt den Kreuzfahrerkaiser, auch die Rivalen des Deutschen Ordens, die Templer und Johanniter, dazu Gerold, Patriarch von Jerusalem, waren – wenn auch mit Bedenken – erschienen. Doch als der Kaiser seine Verhandlungen mit den Muslimen begann, traten die schweren Gegensätze unter den Christen im Heiligen Land hervor; der Patriarch begann gegen den Kaiser zu intrigieren. Verläßliche Helfer fand er außer in seinem nicht großen Heer – in dem sich auch Araber befanden – nur bei den Männern des Deutschen Ordens, Untertanen aus Sizilien und Leuten aus Genua und Pisa.

Um so erstaunlicher ist das Ergebnis der Verhandlungen, die Friedrich mit dem Sultan Al-Kāmil von Ägypten führte. Am 18. Februar 1229 bestätigte ein Vertrag, daß Jerusalem, dazu wichtige Orte wie Nazareth und Bethlehem und ein befestigter Küstenstreifen, an die Christen übergeben wurden. Ohne die Waffen einzusetzen, war erreicht, was bislang unter unerhörten Opfern nicht gelungen war.

Zwar stellte der Vertrag eine Übereinkunft mit Kompromissen dar – auch die Muslime hatten die Möglichkeit, in Jerusalem ihre Moscheen zu besuchen, und der Friede war zunächst auf zehn Jahre begrenzt –, aber erfolgreiche Diplomaten denken auch an die Grenzen des Verhandlungspartners. Friedrich kam dem Sultan so weit entgegen wie er konnte. Die arabischen Quellen lassen erkennen, daß er dem Beauftragten Al-Kāmils gegenüber eingestand, er handele unter Erfolgszwang, aber, wie er offen wäre für alle Bedenken des Sultans, rechne er auch auf dessen Verständnis für seine Lage. Der arabische Chronist Ibn Wāsil berichtet, Friedrich habe gesagt: „Wenn ich nicht fürchtete, mein Ansehen bei den Franken zu verlieren, hätte ich den Sultan nicht mit derlei belästigt. Für mich persönlich ist weder Jerusalem noch etwas anderes in Palästina ein erstrebenswertes Ziel. Jedoch muß ich darauf achten, meine Stellung bei ihnen zu bewahren."

Meist haben die Geschichtsschreiber Friedrichs Erfolg mit dem Ansehen erklärt, das er bei den Muslimen genoß. Der Kaiser gab zu erkennen, daß er von den Wissenschaften und Glaubenslehren des Islam eine hohe Meinung, ja eine Vorliebe für sie hatte. Sicherlich hat die gegenseitige Wertschätzung beider Herrscher und das persönliche Verhältnis, das durch kostbare Geschenke gepflegt wurde, die Verhandlungen erleichtert; doch sie bildeten keineswegs allein die Erklärung für den Vertrag. Die Verhandlungen, den Status von Jerusalem betreffend, waren schon länger hin und her gegangen und hatten signalisiert, daß auch Al-Kāmil, wegen eigener Schwierigkeiten mit seinem Bruder in Damaskus, ein Übereinkommen mit dem Kaiser wünschte.

Allerdings sah sich der Sultan zum Zeitpunkt, da Friedrich in Palästina auftrat, nicht mehr so dringlich auf den Kaiser verwiesen, doch letztlich blieb auch er an einer vernünftigen Lösung des Jerusalem-Problems interessiert. Daß den Kaiser und den Sultan etwas Gemeinsames verband, mochte man auch daraus ersehen, daß bei den Zeloten, sowohl unter den Christen wie den Muslimen, der Groll und das Wehklagen über den Jerusalem-Vertrag groß waren.

Am 17. März 1229 zog der Kaiser in Jerusalem ein. Er begab sich sofort zum Heiligen Grab, um zu beten. Am folgenden Tag fand Friedrichs Krönung zum König von Jerusalem statt. Die Beratungen über das Protokoll der Feier müssen schwierig gewesen sein, da der zu Krönende kirchlich gebannt war. Als ein Dankgottesdienst am Heiligen Grab gehalten wurde, nahm der exkommunizierte Kaiser daran nicht teil. Dann aber betrat er die Kirche, nahm die Krone vom Altar und setzte sie sich aufs Haupt.

Herrschaftszeichen und Krönungsritus können etwas über Herrschaftsauffassungen aussagen. Wenn man die Selbstkrönung derart deuten will, muß man sehen, daß der Exkommunizierte, der das Verhältnis zur Kurie nicht noch mehr belasten wollte, sich auf diese ‚stille' Krönung verwiesen sah. Andererseits entsprach das Notwendige dem

Grundsätzlichen in Friedrichs Vorstellung: Unter Führung Christi und entgegen den Absichten des Papstes hatte er die Befreiung des Heiligen Grabes unternommen; Christus hatte ihm den Erfolg gegeben. Christus gab nun auch die Krone; einer Vermittlung durch geistliche Hand bedurfte es nicht. [...]

Für das Urteil über Friedrich sind die Tage von Jerusalem noch aus einem anderen Grund von eigenem Interesse. Das Auftreten des Kaisers ist von arabischer Seite aufmerksam beobachtet worden. Das Kaiserbild, das die arabischen Autoren zeichnen, wirkt nicht feindselig, sondern unabhängig. Von Al-Ğauzi stammt eine Personenskizze des fünfunddreißigjährigen Kaisers, wie wir sie so knapp realistisch in den abendländischen Quellen nicht finden: „Der Kaiser ... hatte eine rötliche Gesichtsfarbe; er war kahlköpfig und kurzsichtig. Wäre er ein Sklave gewesen, er hätte keine zwanzig Dirham eingebracht" (Übersetzung von Gottschalk). Allgemein fiel den Arabern auf, daß dieser Herrscher die Vorzüge des Islam pries und sich über christliche Einrichtungen, etwa in der Papstkirche, mokierte. Es mochte arabische Zuhörer geben, die so etwas gerne hörten, aber gläubige Muslime empfanden doch auch Reserve gegenüber diesem ‚Freidenker'. Insgesamt entsteht aus arabischen Quellen das Bild eines Mannes, der den Kreuzzug „nicht als sakralen Auftrag aus sich erklärt, sondern als ein politisch notwendiges Teilstück der kaiserlichen Gesamtplanung, als eine Unternehmung, ohne deren erfolgreichen Abschluß der Kaiser seine Geltung im Abendland nicht behaupten kann".

Es ist nicht einfach, die Herrscherbilder, die während der Tage in Jerusalem entstanden, zusammenzubringen: einmal die Selbstdarstellung des Kaisers als von Gott bestellter Schutzherr des Heiligen Grabes und zum andern das Bild, das die Araber gewannen, nämlich eines säkularisierten Menschen, „dessen Fähigkeiten bei der Verwirklichung des Möglichen in der Politik aus seiner weltläufigen Desillusionierung kommen".

Alain Demurger

Deus non vult – Zweifel am Sinn der Kreuzzüge

1189: die Predigttätigkeit für den dritten Kreuzzug war im vollen Gange und rief Begeisterung hervor. Doch auch einer anderen Stimme gelang es, sich Gehör zu verschaffen: „*Deus non vult ...*", Gott will ihn nicht. Zum ersten Mal wurde kohärente Kritik am Kreuzzug geübt, von dem englischen Geistlichen Ralph Niger. Bis dahin hatten Niederlagen einige Zweifel aufkommen lassen, aber es gab andererseits auch Siege. Doch 1187 war alles auf einen Schlag zusammengebrochen. Wie sollte man es anfangen, Jerusalem zurückzuerobern? Fragen kamen hoch, und zuweilen zweifelte man überhaupt am Sinn des Unternehmens: immer noch Jerusalem? Gab es nichts Besseres zu tun im Abendland selbst, wo sich mit furchterregender Geschwindigkeit die Häresien der Waldenser und der Katharer ausbreiteten? [...]

Die Kritik am Kreuzzug wurde auf verschiedenen Ebenen geübt. Im allgemeinen stellte man das anfängliche Ziel, die Befreiung und den Schutz des Heiligen Grabes, nicht in Frage. Daraus erklärt sich das Weiterleben des Kreuzzugsgedankens noch im 14. und 15. Jahrhundert, erklären sich die zahlreichen Projekte zur Rückgewinnung des Heiligen Landes, die Pläne eines Philipp VI. von Valois oder des Herzogs von Burgund, Philipps des Guten, und schließlich auch die Kreuzzugsexpeditionen gegen die Türken eines Johann Ohnefurcht im Jahre 1396 oder eines Jacques Coeur 1456. Die Kreuzzüge, die zur Befreiung des Grabes Christi aufriefen, blieben populär, zumindest bei Hofe und in der Aristokratie. Die anderen erzeugten nur wenige Widerhall; dies gilt selbst für Unternehmungen, die mit der spanischen *Reconquista* verbunden waren, die freilich ziemlich eingeschlafen war. Die Kritik wandte sich gegen die Mißbräuche, die von der Kreuzzugspredigt heraufbeschworen worden waren. [...]

Es gab indes Kritik, die sich gegen die Fundamente des Kreuzzugsgedankens überhaupt richtete. Die Substanz der beiden Argumentationen – vorgebracht von Dichtern und Troubadours – läßt sich so resümieren: Warum soll man losziehen und gegen die Sarazenen kämpfen, wo es einem daheim doch so gut geht? Peirol meint in seinem *Joyeux adieu à la Terre sainte,* daß er mit seiner Wallfahrt nach Jerusalem sein Gelübde erfüllt habe; nun sehne er sich nur noch danach, nach Marseille zurückzukehren. „Wenn ich nur wirklich erst wieder jenseits des Meeres wäre, ich würde Akkon und Tyrus, Tripolis und die Kriegsleute, das Hospital, den Tempel und König Johann zum Teufel jagen." Ruteboeufs *Décroisé* ist noch deutlicher: „Man kann sehr gut auch in diesem Land Gott näherkommen ohne großen Schaden ... Ich sage, ein geborener Tor ist, wer sich in die Knechtschaft eines anderen begibt, wenn er Gott hier näherkommen und von seinem Erbe leben kann." Manche Geistliche begriffen diese Geisteshaltung sehr gut. Humbert von Romans zählte einige derartige Widerstände gegen den Kreuzzug auf: die Angst vor dem Meer, die Heimatliebe oder ganz einfach die Liebe.

Eine zweite kritische Strömung, die missionarische Richtung, wandte sich gegen die Methode. Wollte man die Sarazenen bekehren? Der Kreuzzug schien nicht das rechte Mittel dazu; Mission und friedliche Predigttätigkeit mußten eher ermöglichen, dieses Ziel zu erreichen. Im Jahre 1273 verfaßte ein Dominikaner aus Akkon, Wilhelm von Tripolis, eine Apologie der Missionstätigkeit; er zeigt die gemeinsamen Punkte zwischen dem Islam und dem Christentum auf und meint, die Bekehrung der Sarazenen stehe unmittelbar bevor. Er ist gegen den Kreuzzug, kritisiert Bernhard von Clairvaux und mißbilligt die Expeditionen Ludwigs IX.

Diese pazifistische und missionarische Richtung entwickelte sich in den Bettelorden, bei den Franziskanern und den Dominikanern. Gegen sie sprachen die Tatsachen: im Heiligen Land traten die Christen zum Islam über, nicht umgekehrt. Der Islam war eine kohärente, mit dem Christentum rivalisierende Religion, deshalb war es vergebliche Liebesmüh, auf die Bekehrung der Muslims zu warten; sie mußten wohl doch durch den Kreuzzug bekämpft werden. [...]

Schließlich kam es vor, daß Gott selbst Gegenstand der Kritik wurde. Der Templer von Tyrus meint in seinem Bericht über die Eroberung Damiettes 1249, die Kreuzfahrer hätten Kairo einnehmen können: „Wenn Gott es hätte zugestehen wollen (...). Doch Gott will den Christen nichts mehr zugestehen." Der provenzalische Troubadour Austorc d'Orlac griff den Klerus an und meinte, man solle Mohammedaner werden, „denn Gott und die hl. Maria wollen, daß wir wider das Recht besiegt werden". Ein anderer Troubadour namens Daspol warf Gott vor, die Sarazenen zu beschützen, denn sie seien die Sieger. Gott täte nichts, um ihnen den Gedanken einzugeben, sich zu bekehren. Der Templer Ricaut Bonomel dichtete sein *I're dolors* in den tragischen 1260er Jahren, in denen Sultan Baibars so viele Siege davontrug:

> [...]
> Ein rechter Tor ist, wer gegen die Türken kämpft
> Denn Jesus Christus wendet sich keineswegs gegen sie;
> Denn sie besiegten und besiegen weiter, und dies zu meinem großen Schmerz.
> Franken und Tataren, Armenier und Perser.
> Und hier besiegen sie uns jeden Tag,
> Denn Gott schläft, der doch zu wachen pflegte.
> Und Mohammed wirkt mit aller Kraft
> und läßt Melicadefer *[Baibars]* wirken.
>
> Es scheint nicht, daß er je auf den Kampf verzichtet,
> im Gegenteil, er hat's geschworen und sagt es offen

Daß fürderhin, soweit es in seiner Kraft steht, in
diesem Land
kein einziger Mann bleibt, der an Jesus Christus glaubt;
Vielmehr mache er eine Moschee
aus der Kirche der Heiligen Maria.
Und da ihr Sohn statt Gram und Weh
Gefallen daran findet und es will, muß dies auch uns
gefallen.

Hans-Rudolf Singer

Die Nasriden und das Ende der islamischen Herrschaft in Spanien

Yūsuf I. (1333–1354), einer der begabtesten Sultane der Dynastie, unternahm es, den Staat zu konsolidieren und ihm Glanz zu verleihen: Bester Zeuge dessen ist die Palaststadt der Alhambra, deren heute noch beeindruckende Bauten hauptsächlich aus seiner und seines Nachfolgers Zeit stammen, so die monumentale „Puerta de la Justicia" aus dem Jahre 1348 oder die im folgenden Jahre errichtete Madrasa in der Stadt selbst (nahe der Capilla Real). Yūsuf ließ es sich – wie auch seine Nachfolger – angelegen sein, gute Beziehungen zu Aragon zu unterhalten.

Die beiden Regierungen des folgenden Sultans, Muḥammads V. (1354–1359, 1362–1391), dürfen zusammen mit der seines Vorgängers unbedenklich als Höhepunkt und Blütezeit des Nasridenreiches angesehen werden; kurz danach setzte der Verfall ein. [...]

In dieser Zeit (1350) besuchte der wohl berühmteste Reisende der islamischen Welt, Ibn Baṭṭūṭa (1304–1369 oder 1377) aus Tanger, Granada. Sein Bericht, der zwar nicht sehr ergiebig ist und erstaunliche Auslassungen aufweist (so verliert er etwa über die Alhambra kein Wort!), enthüllt uns Fakten, die uns sonst sicher verborgen geblieben wären: z. B. die Existenz von Sufi-Zirkeln, die in und um Granada ihre Niederlassungen hatten; dort fanden sich Derwische auch aus fernliegenden islamischen, aber nichtarabischen Ländern wie Transoxanien, Churasan, selbst Indien. Den bedeutendsten literarischen Repräsentanten dieser Epoche – während der auch Ibn Ḫaldūn versuchte, in Granada Fuß zu fassen – stellt zweifelsohne der ebengenannte Ibn al-Ḫaṭīb dar, dem wir eine ganze Reihe wertvoller historischer, aber auch medizinischer und anderer Werke verdanken. Nach seinem Tode reißen die authentischen Nachrichten über die Geschichte und Kultur des Reiches und des spanischen Islams überhaupt fast völlig ab. [...]

Die Thronbesteigung des energischen Abūl-Ḥasan ʿAlī 1464 (des „Muley Hacen" der spanischen Chroniken), der die rebellischen Banū Sarrāǧ züchtigte, das Heer reorganisierte und Sicherheit und Ordnung im Lande wiederherstellte, schien neuerlichen Aufschwung zu verheißen, aber die Heirat der Erben der Kronen von Kastilien und Aragonien, Isabella und Ferdinand im Jahre 1469 (nachmals die „katholischen Könige" genannt), bedeutete das Ende einer Zeit des Stillstandes der Reconquista. Der Schlußakt der „guerra de Granada" wurde von den Städten Kastiliens ermöglicht. Mit dem Handstreich gegen die Festung Zahara, das Tor zum Unterlauf des Guadalquivir, wurde er eingeläutet. 1482 bereits fiel Alhama zwischen Granada und Málaga in christliche Hand. In diesen Feldzügen sollten „Compagnien" deutscher Kanoniere, die bei diversen Belagerungen eingesetzt wurden, eine nicht unerhebliche Rolle spielen.

Im muslimischen Lager herrschte Uneinigkeit, ja Bürgerkrieg: 1482 riefen die Granadiner den Sohn ihres Monarchen, Abū ʿAbdallāh Muḥammad („Boabdil") zum König aus, der bei einem Angriff auf Lucena im selben Jahr in Gefangenschaft geriet und sich, als Vasall der Krone Kastiliens freigelassen, in Guadix installierte. Aber auch sein Onkel

Muḥammad „el Zagal“ beanspruchte die Krone, bis er 1489 nach Afrika ging. Inzwischen waren 1485 Ronda und im Jahr darauf Loja, 1487 Velez Málaga und Málaga erobert worden; Baza kapitulierte 1489. Die „katholischen Könige“ belagerten nun Granada, und seit August 1491 geführte Geheimverhandlungen endeten mit der Kapitulation am 2. Januar 1492. Fast acht Jahrhunderte islamischer Herrschaft in al-Andalus waren zu Ende.

Heinrich Heine

Nach dem Fall Granadas

Almansor: „Ali, sprich, was bringst du?“
Sprach schnell mein Vater. – Oh, da stürzten Bäche
Blutdunkler Tränen über Alis Wangen,
Und schluchzend sprach er: „In Granada haben
Don Ferdinand und Isabell den Einzug
Gehalten, unterm Schalle der Drommeten,
Und König Boab[d]il hat ihnen knieend
Die Schlüssel überreicht auf goldnem Becken,
Und auf Alhambras Turm steht aufgepflanzt
Kastiliens Fahne und Mendozas Kreuz.“
Hassan hält sich die Augen zu:
Oh! eine Gnade nur verlang ich, Allah!
Lösch aus in meinem Hirn dies Bild des Greuels!
[...]
Almansor: Bald hörten wir daß auch der große Zegri,
In feiger Todesangst, das Kreuz umklammert;
Daß vieles Volk dem Beispiel Großer folgte,
Und Tausende ihr Haupt zur Taufe beugten; –
Hassan: Der neue Himmel lockt viel alte Sünder.
Almansor: Wir hörten daß der furchtbare Ximenes,

Inmitten auf dem Markte, zu Granada –
Mir starrt die Zung' im Munde – den Koran
In eines Scheiterhaufens Flamme warf!
Hassan: Das war ein Vorspiel nur, dort wo man
Bücher
Verbrennt, verbrennt man auch am Ende Menschen.

Martin Luther

Ein Kinderlied, Zu singen, wider die zween Ertzfeinde Christi vnd seiner heiligen Kirchen, den Bapst vnd Türcken, etc.*

Erhalt vns Herr bey deinem Wort,
Vnd steur des Bapsts vnd Türcken Mord
Die Jhesum Christum deinen Son,
Wolten stürtzen von deinem Thron,

Beweis dein Macht, Herr Jhesu Christ,
Der du Herr aller Herren bist.
Beschirm dein arme Christenheit,
Das sie dich lob in ewigkeit.

Gott heilger Geist du Tröster werd,
Gib deim Volck einrley sinn auff Erd.
Sthe bey vns in der letzten Not,
Gleit vns ins Leben aus dem Tod.

So ist es kein Wunder, daß im späten 16. Jahrhundert – wie in den vergangenen 100 Jahren – der Türke als Inbegriff des Bösen schlechthin gilt. Er ist zugleich Maßstab des Bösen: „schlimmer als der Türke" wird als diskriminierende Feststellung von universeller und anerkannter Gültigkeit verwendet. Das Bild des türkischen Staates, das im Bewußtsein der Deutschen des späten 16. Jahrhunderts bestand und durch immer neues Material bestätigt und verfestigt wurde, war einmal das Ergebnis des traditionellen christlich-mohammedanischen Gegensatzes, der in den Kreuzzügen begründet und mit dem Vordringen der Türken seit der Eroberung von Konstantinopel verbunden worden war. Eng damit verknüpft war zum anderen das Bewußtsein der religiösen Feindschaft. Drittens verband sich mit den Türken die Vorstellung von erheblicher militärischer Stärke, Eroberungsgier und Grausamkeit im Kampf gegen die Christen. Viertens galten die Türken als treulos und wortbrüchig, als Menschen, die die Verträge und Versprechen mißachteten. Fünftens bestand zwischen dem christlichen Mitteleuropa und den Türken ein kultureller Gegensatz, so daß türkisches soziales Verhalten in seiner Fremdartigkeit unverstanden blieb und negativ bewertet wurde. Schließlich war dem Osmanischen Reich die geburtsständische Ordnung des christlichen Europas fremd, so daß auch auf diesem Gebiet der Eindruck der absoluten Kontroversität gesellschaftlicher Normen und Strukturen zwischen Christen und Türken bestätigt wurde.

Auf diese sechs Punkte lassen sich im wesentlichen alle Polemiken, Vorwürfe und Kritiken der türkischen Verhältnisse reduzieren. Dieses Gesamtbild lief hinaus auf die Formel vom „Erbfeind", d.h. dem geborenen Feind, bei dem es keines aktuellen feindseligen Akts bedurfte, um ihn zum Feind zu erklären. Türke zu sein, genügte, um Feind der Christenheit zu sein. Seine ideologische Überhöhung fand dieser „Erbfeind" im Bild des „Anti-Christ" in der katholischen wie in der lutherischen Auffassung. Dieses Feindbild entstand in seinen Grundzügen schon in der Renaissanceepoche und hielt sich im wesentlichen das gesamte 16. Jahrhundert hindurch.

Es soll im folgenden an einigen Beispielen verdeutlicht werden, in welcher konkreten Form die genannten Grundzüge des „Feindbildes" vermittelt wurden. Die Gebete des späten 16. Jahrhunderts vermitteln dabei in ihrer einfachen Reimsprache einen guten Eindruck des zeitgenössischen Türkenbildes. So heißt es im Gebet David Teuchers aus dem Jahre 1595:

„Der türk hat sich gemachet auf,
mit starker hand und großem hauf,
mit mord und feur zu kämpfen,
und traut auf seine grausamkeit,
rhumpt auch sein gwalt und hochkünheit,
will Christi lehre dämpfen.

Er leugnet das du JESUS Christ,
ein sohn des himmlisch vaters bist,
und will ganz auch nicht gleuben,
den heilig geist von ewigkeit,
in der waaren dreyfaltigkeit,
will uns des auch berauben.

Er ist *unser Feind in gemein*,
ist auch der widersacher dein ...

Deutlich vermischen sich in diesem Gebet die Ebenen von militärischer Bedrohung und religiöser Kontroversität und schaffen einen „feind in gemein", bei dem kein Differenzieren zwischen machtpolitischer und religiöser Absicht mehr möglich ist. Johann Basilius Herold sprach von „natürlicher Feindschaft“ zwischen dem Reich und den Türken.

Der Eroberungswille dieses Feindes galt als unbezähmbar und grenzenlos, wenn man Johann Baptist Fickler glaubt, der von der Erfahrung ausgeht, „daß der türck von tag zu tag weiter greifft und uns zueylet“. „Wirdt Ungern vom türcken eingenommen oder überwunden, so ist weder Italia noch Teutschland sicher, und der Rhein wirdt Franckreich auch nit beschützen können.“ Johann Cornelius von Friedensberg schreibt: „Diser nun mehr mechtige feind feyret nicht auß unersettigem ehrgeitz, uber die gantze welt zu herrschen, reisset ein glied nach dem andern vom leibe ab wie in allem dem, so er de facto besitzet von jahren zu jahren von zeit zu zeit geschehen also binnen nahe 300 jahren, da er seine macht hervor gethan.“

Und an anderer Stelle charakterisiert er das türkische Vorgehen bei den Eroberungen folgendermaßen: „So ist auch offenbar, daß der türcke keinen bestendigen frieden helt, alles sein intent und gewalt ist allein zu erweiterung seiner herrschunge gerichtet, und sichert und hilfft kein anstant, keine induciae oder portae gelten bey ihme, wie dessen nachrichtung und beweis gnug auß den historien und erfahrung vorhanden, dadurch ihr reich so weit vermehret.“

In allen Veröffentlichungen über die Türken, die auf große Verbreitung angelegt waren, wie z. B. den „Neuen Zeitungen“, wurde die Grausamkeit im Kampf immer wieder hervorgehoben: Rücksichtslosigkeit gegen Frauen und Kinder, alle erdenklichen Greueltaten und erbarmungsloses Verschleppen aller nicht ermordeten Christen unter das „tyrannische Joch“ und die „viehische Servitut“ des osmanischen Reiches waren die Kampfesweisen, die in allen Einzelheiten immer wieder geschildert wurden. So berichtet die „Neuwe Zeytung“ aus Möttling 1578 von grausamen Verstümmelungen an Frauen, „das es möcht ein stein zersprungen sein“.

Insbesondere die türkische Nichtachtung familiärer Bindungen bei den Gefangenen und die Institution der „Knabenlese“ bei eroberten Christen zur Ergänzung der Janitschareneinheiten waren Vorgänge, die, der abendländischen Christenheit ohnehin fremd, besonders geeignet waren, die Türken zum „Un-Menschen“ der öffentlichen Kommunikation des 16. Jahrhunderts werden zu lassen.

Ludwig Reiners (Hg.)

Prinz Eugen*

Prinz Eugenius, der edle Ritter,
wollt' dem Kaiser wiedrum liefern
Stadt und Festung Belgerad.
Er ließ schlagen einen Brucken,
daß man kunnt' hinüberrucken
mit der Armee wohl für die Stadt.

Als der Brucken nun war geschlagen,
daß man kunnt' mit Stuck und Wagen
frei passiern den Donaufluß:
Bei Semlin schlug man das Lager,
alle Türken zu verjagen
ihn'n zum Spott und zum Verdruß.

Am einundzwanzigsten August so eben
kam ein Spion bei Sturm und Regen,
schwur's dem Prinzen und zeigt's ihm an,
daß die Türken futragieren
so viel, als man kunnt' verspüren,
an die dreimalhunderttausend Mann.

[...]

Alles saß auch gleich zu Pferde,
jeder griff nach seinem Schwerte,
ganz still ruckt' man aus der Schanz.
Die Musketier wie auch die Reiter
täten alle tapfer streiten,
es war fürwahr ein schöner Tanz!

Ihr Konstabler auf der Schanzen,
spielet auf zu diesem Tanzen
mit Kartaunen groß und klein,
mit den großen, mit den kleinen
auf die Türken, auf die Heiden,
daß sie laufen all davon!

9. Das Orientbild des Westens

Gerhard Endreß

Der Aufstieg der Orientalistik*

Das Wort „orientalist" taucht zuerst in England auf (1779 in einer Abhandlung über Edward Pocock); 1791 erscheint „orientaliste" in Frankreich; „orientalisme" ist schon 1838 Gegenstand eines Artikels des ‚Dictionnaire de l'Académie française'. Gemeint ist zunächst das Studium des gesamten, des Nahen und des Fernen Ostens. Die Errichtung der Pariser École spéciale des langues orientales vivantes im Jahre 1795 sollte den praktischen Erfordernissen von Wirtschaft und Diplomatie dienen; die Sprachen des Nahen Ostens standen im Vordergrund: Arabisch, Persisch und Türkisch waren durch Lehrstühle vertreten. Damit wurde die „Orientalistik" im engeren Sinne als akademische Disziplin begründet. Hier ging die europäische Arabistik des frühen 19. Jahrhunderts bei Silvestre de Sacy (1758–1838) in die Schule. De Sacys arabische Grammatik, seine arabische Chrestomathie, seine Textausgaben arabischer und persischer Historiker und Literaten waren epochemachend. Vielfältig wirkte er durch den großen Kreis seiner Schüler aus allen Ländern Europas; auch die besten Arabisten Deutschlands – Wilhelm Freytag, Gustav Flügel, Heinrich Lebrecht Fleischer und viele andere – zählten zu seinen Schülern.

Die Interessen Österreichs auf dem Balkan, diejenigen Englands in Indien förderten dort türkische und persische Studien. In Calcutta hatte William Jones 1784 die Asiatic Society of Bengal gegründet, welche nicht nur die Indologie, sondern auch das Studium der islamischen Kultur Indiens förderte; im College of Fort William, wo die Angestellten der ostindischen Kompanie 1800–54 in den Landessprachen unterwiesen wurden, gaben die einheimischen Lehrer Grammatiken und Texte heraus. Der Diplomat Sir John Malcolm lieferte mit seiner ‚History of Persia' (1815),

z. T. nach persischen Originalquellen, eine umfassende Darstellung, die nicht nur dem historischen Interesse, sondern auch dem aktuellen Informationsbedürfnis der anglo-indischen Politik und Wirtschaft diente.

‚Fundgruben des Orients' veröffentlichte in Wien (1809–18) der vielseitige Joseph von Hammer-Purgstall (1774–1856); der sprachbegabte Liebhaber der islamischen Literatur hatte an der Wiener Orientalischen Akademie (1754 von Maria Theresia gegründet) Türkisch und Persisch, dann im Orient auch Arabisch gelernt und machte in seiner Zeitschrift – deren Beiträge er selbst zu einem erheblichen Teile bestritt – zusammen mit Mitarbeitern aus ganz Europa die verschiedensten Texte und Gegenstände aus den unerschlossenen Schätzen der islamischen Literaturen bekannt. Sein Werk erregt heute mehr durch seine Fülle als durch philologische Genauigkeit Bewunderung; aber seine umfänglichen Darstellungen der Geschichte und der Staatsverfassung des osmanischen Reiches sind noch immer von Wert, und sein Wirken vermittelte einem großen Kreise ein neues Bild des Orients. [...]

In Deutschland weckte die Romantik das Interesse an den „Verschiedenheiten des menschlichen Sprachbaues", am „Nationalcharakter der Sprache" (Wilhelm von Humboldt) und den Sinn für die eigentümliche äußere und innere Form der orientalischen Dichtung. Friedrich Rückert (1788–1866) – der bei Hammer-Purgstall Persisch lernte und erst in Erlangen, dann in Berlin als Professor für orientalische Sprachen wirkte – schuf aus dem Geist und Genie der Romantik bis heute unübertroffene Übersetzungen großer Literaturwerke des Nahen und des Fernen Ostens, darunter die erste Koranübersetzung, die eine Vorstellung von der Sprachgewalt des Originals vermittelte.

Rifāʿa al-Ṭahṭāwī

Der Arabist Silvestre de Sacy

So sehr es den Anschein haben mag, daß Ausländer die Sprache der Araber nicht wirklich verstehen können, wenn sie diese nicht ebensogut sprechen wie die Araber, so entbehrt dies doch jeglicher Grundlage. Zum Beweis (des Gegenteils) mag unter anderem dienen, daß ich in Paris mit einem hochgebildeten Manne der Franzosen namens Baron Silvestre de Sacy zusammentraf, berühmt in ganz Europa ob seiner Kenntnis der orientalischen Sprachen, vor allem des Arabischen und Persischen. Er gehört zur Prominenz von Paris und ist Mitglied einer Reihe von französischen und ausländischen wissenschaftlichen Gesellschaften. Seine Übersetzungen haben in Paris Verbreitung gefunden, und seine Meisterschaft in der arabischen Sprache ist stadtbekannt. Er hat sogar einen kurz gefaßten Kommentar zu den Makamen des Ḥarīrī unter dem Titel ‚Muḫtār al-šurūḥ' verfaßt. Er hat, wie man sagt, das Arabische, von den Anfangsgründen abgesehen, allein dank seiner gewaltigen Auffassungsgabe, seines scharfen Verstandes und seines reichen Wissens erlernt und hat demnach zu keiner Zeit Autoritäten wie Scheich Ḫālid – vom ‚Muġnī' gar nicht zu reden – in der bei uns üblichen Weise studiert und erklärt bekommen. Dabei kann er das ‚Muġnī' lesen, und warum auch nicht, wo er doch den Baiḍāwī zu wiederholten Malen durchgearbeitet hat! Sobald er jedoch etwas vorliest, ist seine Aussprache wie die der Nichtaraber, und er kann überhaupt arabisch nur mit einem Buch in der Hand sprechen. Und wenn er einen Ausdruck erklären will, dann verwendet er gar seltsame Wörter, deren richtige Aussprache ihm ganz unmöglich ist.

Gerhard Schulz

Goethes West-östlicher Divan im Urteil der Zeitgenossen

Im Februar 1815 war Charlotte Schiller bei der Großherzogin von Weimar zum Tee eingeladen. Auch Goethe war dabei und las orientalische Dichtung vor. Sie alle lehre er diese „wunderliche Welt" kennen, schrieb Frau von Schiller danach dankbar an Goethes Freund Karl Ludwig von Knebel und fügte hinzu: „Sein Geist, der klar und reich die Verhältnisse durchblickt, weiß auch aus dieser Masse von Welt und von fremdartiger Phantasie zu sondern und Licht zu schaffen und es in ein Ganzes vors Auge zu bringen." (22. 2. 1815) Und ein Jahr später, aus gleichem Anlaß, ergänzt sie: „Ich fühle wohl, wie es zuweilen der Phantasie wohltun kann, ganz fremdartige Motive wie Bilder aufzusuchen, um sich wieder zu beleben und Fremdartiges belebend zu erschaffen, wenn in der umgebenden Welt und ihren Bedingungen der Stoff nicht immer anspricht." (25. 2. 1816) Viele spätere Beobachtungen und Urteile über den *West-östlichen Divan* sind in diesen beiden Sätzen keimhaft enthalten, Urteile über die Motivation Goethes für seine orientalisierende Dichtung, über seine Handhabung des neuen Stoffes und schließlich über das, was ihm an Bedeutendem damit gelang. Aber auch etwas von der Zurückhaltung vieler seiner Zeitgenossen, dieses Geschenk anzunehmen, drückt sich darin aus.

Als Charlotte Schiller ihn hörte, hatte Goethes schöpferische Begegnung mit dem Orient gerade erst begonnen. Orientalischer Stoff und orientalische Formen hatten seine Phantasie zu neuer, originaler Tätigkeit befreit. Nach und nach gelang es ihm, das Östliche ins Deutsche einzugemeinden, außerdem aber zum ersten Mal ein wirkliches Gedichtbuch zu schaffen, in dem das individuelle Gedicht zugleich

Teil eines größeren Ganzen, einer Dichtung aus Gedichten darstellte. Aber das Fremde mußte notwendigerweise auch befremden. Als Poetenlaune und ästhetische Spielerei mochte es erscheinen zu einer Zeit, da nach dem Zurücktreten klassischer Muster und romanischer Moden Liedformen aus populärer deutscher Tradition das dominierende Modell neuer Lyrik geworden waren. Zugleich standen nationale Fragen an, also die Sorge um die Identität der Deutschen als Nation in den Tagen, da man auf dem Wiener Kongreß Länderhandel betrieb, ebenso wie die Sorge um die konstitutionelle Garantie von Bürgerrechten zur Zeit der Restauration feudaler Vorrechte. Die Flucht in den „reinen Osten" zu Patriarchen und Tyrannen konnte unter solchen Umständen sehr wohl ein schlechtes Bild machen:

„Nein, das sind keine Weingesänge, das sind keine Liebeslieder! [...] Das zahme Dienen trotzigen Herrschern hat sich Goethe unter allen Kostbarkeiten des orientalischen Bazars am begierigsten angeeignet. Alles andere *fand* er, dieses *suchte* er; Goethe ist der gereimte Knecht wie Hegel der ungereimte."

Das schrieb Ludwig Börne am 27. Mai 1830, als er sich, in der vollständigen Ausgabe letzter Hand von 1827, mit Goethes *Divan* bekannt gemacht hatte. Er sah, voreingenommen, durch die Verse hindurch und über sie hinweg auf eine Persönlichkeit, der er, wie andere von Börnes Generation auch, die Unterwerfung unter die Hohen aus Eitelkeit und Sorge um die Unantastbarkeit des Künstlers anzusehen glaubte. [...]

In Heines *Romantischer Schule* (1835) hingegen klang es anders. Der *Divan* enthalte, so heißt es dort, die

„Denk- und Gefühlweise des Orients, in blühenden Liedern und kernigen Sprüchen; [...] es ist ein Selam, den der Okzident dem Oriente geschickt hat, und es sind gar närrische

Blumen darunter: sinnlich rote Rosen, Hortensien wie weiße nackte Mädchenbusen, spaßhaftes Löwenmaul, Purpurdigitalis wie lange Menschenfinger, verdrehte Krokosnasen, und in der Mitte, lauschend verborgen, stille deutsche Veilchen. Dieser Selam aber bedeutet, daß der Okzident seines frierend mageren Spiritualismus überdrüssig geworden und an der gesunden Körperwelt des Orients sich wieder erlaben möchte."

Heine hatte sich also eher die saint-simonistische Einheit von Sensualismus und Spiritualismus aus Goethes Buch herausgelesen. Denn Heine war Lyriker, und ein Anzeichen dafür, wie man mit der Übermacht romantischer Töne fertigwerden konnte, ohne ihnen abzusagen, ließ sich in diesem Buch entdecken, das für Heines lyrisches Werk von fundamentaler Bedeutung wurde, obwohl er es nicht nachzuahmen versucht hat. Aber er war auch der Verfasser der *Reisebilder*, und die wechselseitige Ergänzung von Vers und Prosa konnte ihm gute Wege weisen. Daß sich hier Neues ereignete, spürte er deutlich.

Das große deutsche Lesepublikum jedoch kümmerte sich nicht um dieses Buch, und man kann es deswegen nicht einmal ohne weiteres des stumpfen Banausentums bezichtigen. Die Deutschen hatten andere Sorgen, als die erste Fassung des *West-östlichen Divan* zur Michaelismesse 1819 erschien. In denselben Tagen, am 21. September 1819, wurden Metternichs Karlsbader Beschlüsse gegen „demagogische" und revolutionäre Umtriebe gefaßt. [...] Und während Goethe weiter an seinem Gedichtbuch bis zur endgültigen Fassung von 1827 arbeitete, versammelten sich in Deutschland die Philhellenen, um gegen die Übermacht des Orients auf griechischem Boden zu protestieren.

Aber nicht nur auf solcher Unzeitgemäßheit des *Divan* beruhte die Gleichgültigkeit der meisten deutschen Leser. Auch das viele Fremde in den Versen selbst, die orientalische Kostümierung, die Bilder und Metaphern einer bisher unerschlossenen dichterischen Welt, die zahlreichen Anspielungen auf orientalische Mythen, Legenden und literarische Werke, auf islamische und parsische Theologie waren dazu angetan, die Zurückhaltung gegenüber diesen Gedichten zu fördern. [...] Die bedachtsame Altersweisheit der Sprüche wiederum erschien nicht ohne Sprödigkeit und schulmeisterliche Belehrung, und was schließlich die Liebesgedichte eines alten Mannes anging, so baute gerade die ironische Maske, die die Gedichte erst möglich machte, zugleich auch eine Barriere für deren unmittelbares Verständnis auf. [...]

Für Goethe wurde der *West-östliche Divan* zum idealen Gefäß, das seine Gedanken, Erfahrungen und Empfindungen auf dieser Lebensstufe, an der Neige eines reichen Lebens, in schöner Form faßte. Junge Kritiker durften mit seinem ins Positive gekehrten Relativismus unzufrieden sein angesichts dessen, was die Zeit bewegte. Für ihn selbst aber mußte es genügen, und er bekannte sich zu den Grenzen seiner Natur. Am 11. Mai 1820, rund acht Monate nach dem Erscheinen der ersten Fassung des *Divan*, schreibt er an Zelter:

„Indessen sammeln sich wieder neue Gedichte zum Divan. Diese mohammedanische Religion, Mythologie, Sitte geben Raum einer Poesie wie sie meinen Jahren ziemt. Unbedingtes Ergeben in den unergründlichen Willen Gottes, heiterer Überblick des beweglichen, immer kreis- und spiralförmig wiederkehrenden Erdetreibens, Liebe, Neigung zwischen zwei Welten schwebend, alles Reale geläutert, sich symbolisch auflösend. Was will der Großpapa weiter?"

Johann Wolfgang von Goethe

Das Große im Kleinen

Ich sah mit Staunen und Vergnügen
Eine Pfauenfeder im Koran liegen:
Willkommen an dem heil'gen Platz,
Der Erdgebilde höchster Schatz!
An dir, wie an des Himmels Sternen,
Ist Gottes Größe im Kleinen zu lernen,
Daß er, der Welten überblickt,
Sein Auge hier hat aufgedrückt,
Und so den leichten Flaum geschmückt,
Daß Könige kaum unternahmen,
Die Pracht des Vogels nachzuahmen.
Bescheiden freue dich des Ruhms,
So bist du wert des Heiligtums.

Maxime Rodinson

Der Orientale als exotisches Wesen

Im 19. Jahrhundert manifestierten sich drei Tendenzen: die utilitaristische und imperialistische Haltung des Westens, die von der Verachtung für andere Kulturen geprägt war; der romantische Exotismus, beherrscht von der Verzauberung durch einen magischen Orient, der durch seine wachsende Armut noch an Charme gewann; die spezialisierte Gelehrsamkeit, die sich vor allem mit dem Studium vergangener Epochen befaßte. Trotz des äußeren Scheins ergänzten sich diese drei Tendenzen eher, als daß sie sich widersprachen.

Der romantische Exotismus entstand nicht aus einer Veränderung der Beziehungen zwischen West und Ost, wie behauptet wurde – übrigens war der orientalische Exotismus nur ein Einzelfall –, sondern aus einer inneren Entwicklung des westlichen Empfindungsvermögens. Er bestand nicht nur aus dem Gefallen an der Fremdartigkeit, sondern auch aus der Betonung des Besonderen, dessen, was am meisten aus dem Bild hervortrat, das man sich von der Fremde gemacht hatte. Die Fremde war immer schon das Merkwürdige gewesen, nun aber begeisterte man sich für das Allermerkwürdigste. Diese Neigung war eine Frucht der Aufklärung; man gefiel sich im Gefolge Rousseaus darin, die Empfindungen, das Individuelle, das Naturhafte, das Unverbildete zu verherrlichen. Die englische Vorromantik mit ihrer Vorliebe für die sogenannte primitive Dichtung hat hier ihre Wurzel, eine Sphäre, die wohl die Interessen von William Jones beeinflußte. Dasselbe gilt für den Sturm und Drang in Deutschland, den Herder (1744–1803) mitbestimmt hat. Er beschäftigte sich unter anderem mit orientalischer Literatur und wies in seinen Aufsätzen zur Universalgeschichte dem muslimischen Beitrag einen wichtigen Platz zu, waren doch die Araber „die Lehrer Europas" gewesen. [...]

Diese Tendenz trug sicher zum neuen Aufschwung der orientalistischen Studien bei, der die Züge einer echten Renaissance annahm und der umgekehrt der Romantik eine Fülle von Material lieferte. [...]

Selbstverständlich wurde die literarische und künstlerische Auseinandersetzung mit dem Orient von den Ereignissen angeregt, die den muslimischen Orient betrafen, insbesondere auch von der „orientalischen Frage", die eines der großen Probleme der europäischen Politik im 19. Jahrhundert war. Der romantische Exotismus erhielt seinen stärksten Impuls bezeichnenderweise zur Zeit des griechischen Freiheitskampfes, der Byron anzog (er starb 1824 in Griechenland) und der die erste orientalistische Malerei inspirierte – *Le Massacre de Scio* von Delacroix wurde 1824 ausgestellt. Der Orient der Romantiker, dessen Bild sich für lange Zeit im breiten Publikum hielt, war in diesem Gemälde und in den *Orientales* (Hugo schrieb das erste Gedicht dieser Sammlung 1825) bereits vollständig enthalten: ein Übermaß an Farbe, Pracht und barbarischer Wildheit, Harems und Serails, abgehackte Köpfe, Frauen, die in Säcken in den Bosporus geworfen werden, Feluken und Brigantinen, die die Flagge des Halbmonds führen, Rundungen azurner Kuppeln und weiß aufragende Minarette, Odalisken, Eunuchen und Wesire, kühle Quellen unter Palmen, Giaurs mit aufgeschlitzten Kehlen und gefangene Frauen, die den stürmischen Leidenschaften des Siegers preisgegeben sind. Diese farbenprächtigen Bilder befriedigten auf billige Weise die tiefen Instinkte, die verworrene Sinnlichkeit, den unbewußten Masochismus und Sadismus der ruhigen westlichen Bürger, wie es Heine schon erkannte. Selbst wenn die Abendländer in den Orient reisten, so suchten sie dort dieses Bild, wählten unbarmherzig das Spektakuläre aus und übergingen das, was nicht zur vorgefaßten Meinung paßte.

Dieses Bild, von der europäischen Sensibilität ihrer inneren Entwicklung gemäß gefärbt, stand auch für die Wirklichkeit einer Situation. Im 19. Jahrhundert war der muslimische Orient noch ein Feind, aber ein in absehbarer Zeit besiegter Feind. 1853 konnte Nikolaus I. Sir Hamilton Seymour gegenüber vom „kranken Mann, vom schwerkranken Mann“ sprechen, den Europa „auf dem Hals“ hatte, nämlich das Osmanische Reich. Aber schon lange vorher war an der europäischen Überlegenheit nicht mehr zu zweifeln gewesen. Seit dem 18. Jahrhundert war der Rückzug der Türken in die Balkanländer offenkundig und erreichte mit der Unabhängigkeit Griechenlands das Herzgebiet des Reichs. Mit der Einnahme Algiers durch die Franzosen im Jahr 1830 und mit der Etablierung der Engländer in Aden im Jahr 1839 setzte die Kolonialisierung ein, ganz zu schweigen vom fernen Indien und von Malaysia, wo die englische

Herrschaft nun ebenso gefestigt schien wie jene der Holländer in Indonesien. Der Orient, ganz eindeutig der europäischen Überlegenheit ausgeliefert, auf längere Sicht vielleicht sogar der Europäisierung, rührte nun gerade durch seine Schwäche. Für seine Wildheit hatte man nicht einmal mehr Entrüstung übrig. Es ist leicht und angenehm, dem Feind, der kapituliert, die Ehren zu erweisen. Die Barbarei wurde zu einem Charakteristikum der Sitten, für das man sich gefahrlos begeistern konnte.

Die orientalischen Länder erschienen als die degenerierten Zeugen einer Vergangenheit, für die man schwärmen konnte, während die Politiker und die Geschäftsleute alles taten, um den Verfall noch zu beschleunigen. Der Gedanke, diese Länder wiederaufzurichten, sie zu modernisieren, weckte keine Begeisterung. Das hätte nur den Anstrich von Exotik gefährdet, der doch ihren Reiz ausmachte. [...]

Der Orientale, der im Mittelalter zwar ein furchtbarer Feind gewesen war, aber auf derselben Stufe gestanden hatte, der für das 18. Jahrhundert und die aus ihm hervorgegangene Ideologie der Französischen Revolution unter seiner Verkleidung vor allem ein Mensch gewesen war, wurde nun zu einem besonderen Wesen, eingemauert in seine Besonderheit, zu deren Lob man sich gerne herabließ. So entstand die Vorstellung vom *homo islamicus,* die auch heute noch weit davon entfernt ist, erschüttert zu werden.

Joseph von Hammer-Purgstall

Alle Düfte Arabiens

Noch ein Fläschchen Rosenöls, Wohlgeruch liebende Leser, das Sie nach orientalischer Sitte ungeöffnet zwischen Papier und Wische legen, oder womit, wenn Sie aus dem Schwitzbade des Geschäftlebens kommen, und gemächlich auf Ihrem Sofa ruhen, Sie sich zur Zeitverkürzung durchdüften mögen. [...]

Das blütenreichste der durchwühlten Rosenbeete ist das Alaimonnas, eine arabische Anekdotensammlung von entschiedenem Werte, deren aus arabischen Geschichtschreibern zusammengetragener Inhalt von den späteren Zeiten der morgenländischen Geschichte unter den Kalifen nicht weniger für rein historisch gilt, als *Tabari* für die Zeiten der ältesten Geschichte der Propheten und persischen Könige.

An die Stelle der Glorie, welche die Werke der alten Propheten, und die Taten der Heroen überstrahlte, brach der Prachtschein hervor, welcher den Kalifenstuhl umleuchtete, und die Wunder der Vorwelt unter den großen Fürsten des Islams erneute.

Die Regierung der vier ersten Kalifen, die des Hauses *Ommia* und der Familie *Abbas* ist die taten- und lehrreichste Epoche der arabischen Geschichte. *Omar,* der strenge Kalife, *Hedschadsch,* der tyrannische Statthalter, und *Abbas,* der blutdürstige Usurpator, beherrschten die Völker mit härenem Sack und blutiger Geißel und eisernem Szepter. Der Koran und das Schwert waren die Herolde des Glaubens und die Säulen des Reichs. Unter den Abbassiden aber sproß aus den Ruinen des persischen Reichs, auf dessen Trümmern der Kalifenstuhl erhoben war, die zarte Pflanze der Wissenschaft und weiser Regierungskunst verjüngt empor, und trieb Blüten unverwelkbar in der Geschichte. Die Kleinodien des Kalifats, der *Mantel* und der *Stab* des Propheten wurden die Hülle und Stütze, worin sich die Völker sicher bargen, und worauf sich die Fürsten schirmend lehnten. Die Nationen waren die *Diener Gottes,* und der sichtbare Statthalter desselben, der Nachfolger des Propheten auf Erden, der *Kalife.* Durch *Harun, Mamun,* und durch die *Barmekiden,* die unter und mit ihnen herrschten, ward die Regierungskunst des Kalifates bis zur größten Vollkommenheit gesteigert. Der Hang des ersten nach Pracht und Genuß, die Wissenschaftsliebe des zweiten, die Freigebigkeit des letzten riefen alle Keime der Kunst ins Leben, und alle Talente ins Dasein. Wem sind diese Namen unbekannt geblieben, und wer hat nicht von dem Glanze *Haruns,* von *Mamuns* Gelehrsamkeitsflore und von der Großmut der *Barmekiden* gehört? Die Nachtigallen dieser Rosenzeit, die Horaze und Virgile dieser Auguste und Mäcene, *Asmai, Ebinuwas, Ebu-moßab, Hossein, Alchalii, Seineddin,* und *Ibnal-wardi* haben uns die schönsten Blüten aufbehalten.

Sie lebten zu den Zeiten *Haruns* und *Mamuns,* und der *Barmekiden,* und erzählen die verschiedenen kleinen Begebenheiten und Abenteuer von dem Hofe des Kalifen, worein sie entweder selbst verwickelt waren, oder wovon sie durch andere gehört hatten. Sie waren die täglichen Gesellschafter und unzertrennbaren Begleiter der genannten Kalifen und Wesire, eingeweiht in die Geheimnisse ihrer vertrautesten Gesellschaft, und selbst des Harems. Ihnen zugunsten lüfteten sich manchesmal die undurchdringbaren Schleier des Frauengemachs, und das Talent der Dichtkunst, der Erzählungskunde und der Musik erwarb ihnen nicht selten die Gunst, hierin mit den Sklavinnen des Harems einen Wettstreit zu beginnen; auch teilten sie mit *Mesrur,* dem obersten Verschnittenen und Vorsteher des Harems, die Ehre, den Kalifen verkleidet auf seinen nächtlichen Ausflügen und Streifereien durch Bagdad zu begleiten, und Zeugen zu sein der guten Laune des Kalifen, worin er oft des Weinverbotes des Propheten vergaß.

Karl Lebrecht Immermann

Persische Mode

„Groß Merite ist es jetzo, nach Saadi's Art zu girren;
Doch mir scheint's egal gepudelt, ob wir östlich,
westlich irren.
Sonsten sang beim Mondenscheine Nachtigall *seu*
Philomene;
Wenn jetzt Bülbül flötet, scheint es mir denn doch
dieselbe Kehle.
Von den Früchten, die sie aus dem Gartenhain von
Schiras stehlen,
Essen sie zu viel, die Armen, und vomieren dann
Ghaselen."

Jacob Burckhardt

Gedanken über den Islam

Doch hatte die Cultur dabei das unaussprechliche Glück, daß Staat und Kirche nicht in ein erdrückendes Eins zusammenrannen und daß dann die Barbaren weltliche, zunächst meist arianische Reiche errichteten.

Dieß Zusammenrinnen geschah im Islam, welcher seine ganze Cultur wesentlich beherrscht, bedingt und färbt. Er hat nur einerlei unvermeidlich despotisches Staatswesen, nämlich die vom großen Khalifat auf alle Dynastien wie selbstverständlich übergangene weltlich-geistliche, gewissermaßen theocratische Machtvollkommenheit. Alle Macht stammt in dem Sinne von Gott wie bei den Juden. Der Islam mit seiner Trockenheit und trostlosen Einfachheit ist der Cultur wohl vorwiegend eher schädlich als nützlich gewesen und wäre es auch nur weil er die betreffenden Völker gänzlich unfähig macht, in eine andere Cultur einzumünden. Die Einfachheit erleichterte sehr seine Verbreitung, war aber mit höchster Einseitigkeit verbunden; diese bedingt vom starren Monotheismus. („Denn alle Kunst und Wissenschaft ist im Momente ihrer Production pantheistisch, nicht monotheistisch" – Lasaulx, p. 71)

Das Beste vielleicht, was vom Cultureinfluß des Islam sich sagen ließe, wäre: daß er die Thätigkeit als solche nicht proscibirt, die Beweglichkeit (durch Reisen) veranlaßt, und ganz wüste orientalische Gaukelmagie ausschließt.

Aber auch die trübste christliche Contemplation und Ascese war der Cultur nicht so schädlich als der Islam, sobald man Folgendes erwägt:

Abgesehen von der allgemeinen Rechtlosigkeit vor dem Despotismus und seiner Polizei, von der Ehrlosigkeit Aller derer, die mit der Macht zusammenhängen (Prévost-Paradol, France nouvelle, p. 358):

Entwicklung eines diabolischen Hochmuths gegenüber vom nichtislamitischen Einwohner und gegenüber andern Völkern bei periodischer Erneuerung des Glaubenskrieges.

Die einzigen Ideale des Lebens sind die beiden Pole: der Fürst und der cynisch-ascetische Derwisch-Sufi.

In der Bildung: das Vordrängen der Sprache und Grammatik über den Inhalt; die sophistische Philosophie; (nur ihre häretische Seite frei und bedeutend); dann, im Verhältniß zu einer ganz ungehemmten Empirie, doch nur mangelhafte Pflege der Naturkunde und erbärmliche Geschichtswissenschaft (weil alles außer dem Islam gleichgültig und alles innerhalb des Islam Partei- oder Sectensache ist).

In der Poesie: Haß des Epischen, weil die Seele der Einzelvölker drin fortleben könnte; Firdusi ist nur per Contrebande da. Dazu noch die Tendenz, das Erzählende nur als Hülle eines allgemeinen Gedankens werth zu achten, als Parabel.

Der Rest flüchtete sich in das figurenreiche, aber gestaltenlose Mährchen.

Ferner: kein Drama; der Fatalismus macht die Herleitung des Schicksals aus Kreuzung der Leidenschaften und Berechtigungen unmöglich, – ja vielleicht hindert schon der Despotismus an sich die poetische Objectivirung von irgend Etwas.

Keine Comödie, schon weil es keine gemischte Geselligkeit giebt und weil Witz, Spott, Parabel, Gaukler etc. die ganze betreffende Stimmung vorwegnahmen.

In der bildenden Kunst nur die Architectur ausgebildet, zuerst durch persische Baumeister, dann mit Benützung der byzantinischen und überhaupt jedes vorgefundenen Styles und Materials.

Sculptur und Malerei existiren so gut wie gar nicht, weil man die Vorschrift des Koran nicht nur innehielt, sondern weit über den Wortlaut übertrieb.

Daneben freilich das täuschende Bild von blühenden, volkreichen, gewerblichen islamischen Städten und Ländern wie z. B: besonders Spanien unter und nach den Ommayaden, mit Dichterfürsten, edelgesinnten Großen etc.

Über jene Schranken hinaus, zur *Totalität des Geistigen* drang man auch hier nicht durch, und Unfähigkeit zur Wandelung, zur Einmündung in eine andere, höhere Cultur war auch hier das Ende.

10. Der Einbruch der Moderne

Alexander Schölch

In der Euphorie des Fortschritts*

Die sozio-ökonomische Transformation Ägyptens unter Muḥammad ʿAlī und die osmanischen Reformen während der ersten *tanẓīmāt*-Periode, dann aber vor allem die forcierte europäische Penetration und ihre Auswirkungen auf die Gesellschaften des Vorderen Orients seit der Jahrhundertmitte, forderten auch zur intellektuellen Auseinandersetzung mit diesen Wandlungsprozessen heraus. Natürlich gab es viele Intellektuelle und ʿUlamāʾ (wahrscheinlich war es sogar die überwiegende Mehrheit der religiösen Gelehrten), die sich dem Einbruch Europas und den institutionellen Veränderungen im Verwaltungs-, Rechts- und Erziehungssystem kategorisch widersetzten bzw. die sich den neuen Vorstellungen in passivem Widerstand verschlossen. Doch sie konnten den Wandel nicht aufhalten. Die Entwicklung ging über sie hinweg. Ins Rampenlicht traten vor allem jene ʿUlamāʾ und anderen Intellektuellen, welche Antworten auf die akuten Probleme ihrer Zeit suchten, nicht jene, die dem Wunschbild einer intakten, unveränderlichen islamischen Ordnung nachhingen.

Das Hauptproblem derer, die sich der Realität des neunzehnten Jahrhunderts stellten, war das der Selbstbehauptung gegenüber dem expandierenden Europa. In diesem Kontext stellte sich einerseits die Frage, welche technischen Errungenschaften und wissenschaftlichen Erkenntnisse, welche Ideen und welche Institutionen von Europa unter dem Aspekt der Selbstbehauptung übernommen werden konnten, ja mußten, andererseits das Problem, in welcher Form „der Rückhalt im Eigenen“ möglich war, wie die islamischen Normen auch zur Basis der politisch-gesellschaftlichen Erneuerung und Stärkung gemacht werden konnten. Die ʿUlamāʾ hatten die konkrete Frage zu beantworten, wie weit die Reformen und die Orientierung an europäischen Vorbildern gehen durften, ohne daß die Scharia als Grundlage des Gemeinwesens in Frage gestellt wurde.

Hourani stellt als Repräsentanten der „ersten Generation" der Analytiker und intellektuellen Protagonisten des Wandels den tunesischen Staatsmann Ḫayr ad-dīn (1810–1889), den ägyptischen *ʿālim* Rifāʿa aṭ-Ṭahṭāwī (1801–1873) und den libanesischen Christen Buṭrus al-Bustānī (1819–1883) vor. Ṭahṭāwī, der von 1826 bis 1831 Imam der ersten großen ägyptischen Studienmission in Paris gewesen war, schrieb sein Hauptwerk über den Weg, den Ägypten seiner Meinung nach einschlagen mußte, als er im Dienste des Vizekönigs Ismāʿīl (1863–1879) stand. Vor dem konkreten Hintergrund der ägyptischen Entwicklung führte er Grundgedanken in die sozio-politische Reflexion ein, die für Jahrzehnte bestimmend bleiben sollten bzw. die von anderen weiterentwickelt wurden: die Vorstellung vom Wandel als einem Grundprinzip des sozialen Lebens und vom Herrscher als dem Initiator des Wandels; die Notwendigkeit der Beratung des Herrschers, und zwar nicht durch die ʿUlamāʾ, sondern auch durch die Repräsentanten der neuen Wissenschaften (Ingenieure, Ärzte, Agrarexperten etc.); die Notwendigkeit und Möglichkeit, die Scharia im Lichte der Erfordernisse der Zeit neu zu interpretieren; das politische Ziel des Allgemeinwohls, das durch wirtschaftlichen Fortschritt erreicht werden konnte, vor allem im Bereich der Landwirtschaft; das Erfordernis einer guten Erziehung und Ausbildung; die Bedeutung der Liebe zum Vaterland *(waṭan)*, womit bei Ṭahṭāwī der spezifisch ägyptische Patriotismus gemeint war. Zur Förderung ihres materiellen Wohlstands müßten sich die Ägypter die modernen wissenschaftlichen Erkenntnisse aneignen; die Europäer, die sie vermittelten, seien daher im Lande willkommen. Die religiösen Grundlagen des Gemeinwesens würden dadurch nicht tangiert. In vielen Bereichen hätten die Europäer einst wissenschaftliche Erkenntnisse von den Arabern übernommen; bis zu einem gewissen Grade holten diese jetzt ihr eigenes Erbe zurück.

Bei seiner Verarbeitung und auch Legitimierung des Transformationsprozesses, den Ägypten durchlief, brauchte Ṭahṭāwī als *ʿālim* von keinen Skrupeln geplagt zu sein, weil Muḥammad ʿAlī und Ismāʿīl es vermieden, auch da, wo sie rabiate Neuerer waren, die Prinzipien der Scharia *expressis verbis* anzutasten. Sie ergriffen praktische Maßnahmen, ohne die Veränderungen in feierlichen Proklamationen zu begründen und zu rechtfertigen, wie dies die *tanẓīmāt*-Politiker in Konstantinopel taten. Vor allem die osmanischen Reformedikte von 1839 und 1856 entstanden eben auch unter europäischem Druck bzw. richteten sich an die europäischen Regierungen. [...]

Die intellektuelle Verarbeitung des Fortschritts im Vorderen Orient mußte schon bald auf zwei Entwicklungen reagieren: Auf der einen Seite gebärdete sich dieses Europa, von dem man zu lernen bereit war, seit der Mitte der siebziger Jahre zunehmend aggressiver, ja es wurde zu einer akuten militärischen Bedrohung. Zum anderen brachte die Politik des Fortschritts und der Europäisierung dualistische Strukturen hervor. Ein Teil der Gesellschaften des Vorderen Orients wurde ganz oder partiell von ihr erfaßt, ein Teil blieb von ihr weitgehend unberührt. In den „modernen" Bereichen von Verwaltung und Wirtschaft, Rechtswesen und Erziehung schien die Scharia keine Bedeutung mehr zu haben. Islamische Normen schienen untauglich oder überflüssig zu sein für diejenigen, die vom Wert der universellen Errungenschaften des neunzehnten Jahrhunderts überzeugt waren. Die wirkungsmächtigsten Denker, welche diese Probleme erkannten und eine Antwort darauf suchten, waren Afġānī und ʿAbduh.

Hier ist nicht der Platz, das bewegte Leben und die rastlosen politischen Aktivitäten von Ǧamāl ad-dīn „al-Afġānī" (der Afghane) (1839–1897) zu schildern, der in Wahrheit persisch-schiitischer Herkunft war. Es soll lediglich die Bedeutung der Phase herausgestrichen werden, während derer er in Ägypten wirkte (1871–1879), weil er in Kairo einen Kreis von Schülern um sich sammelte, deren einflußreichster wiederum Muḥammad ʿAbduh wurde. Angesichts der Gefahren der europäischen Expansion propagierte Ǧamāl ad-dīn die Notwendigkeit der Einheit der Muslime, einen revolutionären Panislamismus. Die notwendige Stärke würde dem Orient aus der Praktizierung eines richtig verstandenen Islam erwachsen. Der richtig verstandene Islam, und dies war Afġānīs zweite wichtige Lehre, sei durchaus mit der Übernahme europäischer Errungenschaften in Übereinstimmung zu bringen; als Verstandesreligion *par excellence* sei der Islam voll vereinbar mit den wissenschaftlichen Erkenntnissen der Zeit.

Diesen Gedanken der Rationalität des Islam führte der ägyptische *ʿālim* Muḥammad ʿAbduh (1849–1905) weiter. Er baute den gebildeten Muslimen die intellektuelle Brücke, welche die scheinbare Kluft zwischen dem technisch-wissenschaftlichen Fortschritt und der traditionellen religiös-kulturellen Welt des Islam überwand. ʿAbduh fragte nicht mehr, wie Hourani treffend formuliert, ob der fromme Muslim mit den Institutionen und Ideen der modernen Welt leben könne; sie waren da, sie waren unwiderrufliche Tatsachen geworden. Vielmehr fragte ʿAbduh, ob jemand, der in dieser Welt lebte, noch ein frommer Muslim sein könne. Seine Antwort war ein emphatisches Ja. Da der Islam eine rationale Religion sei, könne er auch die moralische Basis einer fortschrittlichen Gesellschaft bilden.

Rifāʿa al-Ṭahṭāwī

Die Überlegenheit der Franken

So läßt sich denn, je weiter man in der Zeit zurückgeht, ein Rückstand der Menschen in menschlichen Fertigkeiten und zivilisatorischem Wissensstand konstatieren, und je weiter man die Zeit nach vorne verfolgt, zumeist ein Aufstieg und Fortschritt der Menschen in diesen Dingen. Und an Hand dieses Aufstieges, und durch Messung seiner Stufen, und unter Anrechnung der Ferne vom oder der Nähe zum Urzustand läßt sich die gesamte Menschheit in mehrere Kategorien einteilen: Die erste Kategorie ist die der schweifenden Wilden, die zweite die der rauhen Barbaren, die dritte die der Gebildeten, der Verfeinerten, der Kultivierten, der Zivilisierten und Urbanisierten verschiedener Art und Richtung. [...]

Zur dritten Kategorie gehören Ägypten, Syrien, der Jemen, das Osmanische Reich, Persien, die Länder der Franken, Nordwest-Afrika, Sennar, der größte Teil Amerikas und viele der Inseln im (Pazifischen) Ozean. Alle diese Völker führen ein zivilisiertes Leben und verfügen über politische Systeme, Wissenschaften und Industrien, Rechts- und Handelswesen; sie sind kundig in der Handhabung von Maschinen und wissen, wie man schwere Lasten auf leichteste Weise transportiert, und sie sind mit Seefahrt und dergleichen vertraut.

In dieser dritten Kategorie gibt es freilich Unterschiede hinsichtlich des Standes ihrer Wissenschaften und Künste, des Niveaus ihres Wohlstandes, der Befolgung eines bestimmten Rechtssystems, des Fortschrittsgrades ihres Gewerbefleißes. Die Länder der Franken, zum Beispiel, haben die höchste Stufe der Meisterschaft in den mathematischen, physischen und metaphysischen Disziplinen – in der Theorie wie in der Anwendung – erreicht. [...]

Zur Zeit der Kalifen waren wir das vollkommenste aller Länder. Der Grund dafür ist darin zu suchen, daß die Kalifen Gelehrte, Künstler und andere Personen zu fördern pflegten, wobei einige von ihnen sich sogar selbst mit Wissenschaften und Künsten beschäftigten. Siehe etwa al-Ma'mūn, Hārūn al-Rašīds Sohn: Er unterstützte nicht nur die Kalendermacher während seiner Regierungszeit, sondern beschäftigte sich darüber hinaus selbst mit der Astronomie; war es doch er, der unter anderem die Inklination des Tierkreises zum Äquator bestimmte und die experimentelle Feststellung machte, daß sie 23 Grad 35 Minuten beträgt. Desgleichen der Abbaside Jaʿfar al-Mutawakkil, welcher Iṣṭifān zur Übersetzung griechischer Werke anregte, wie etwa Dioscorides' Buch über die Arzneimittel. Auch ersuchte der Herrscher von Andalusien, ʿAbd al-Raḥmān al-Nāṣir, den Herrscher von Konstantinopel namens Armanius, ihm einen Griechisch und Latein sprechenden Mann zu senden, auf daß er ihm Sklaven als Übersetzer ausbilde, worauf ihm der römische Kaiser einen Mönch namens Nikolas schickte. Und dergleichen mehr.

Aus all dem ersieht man, daß sich die Wissenschaften in einem Zeitalter nur dann entfalten, wenn der Herrscher seinen Untertanen Förderung angedeihen läßt. Heißt es doch in den Weisheitssprüchen: Die Menschen folgen dem Brauche ihrer Fürsten. Die Macht der Kalifen zerbröckelte, und ihre Herrschaft brach zusammen – siehe Andalusien, das nunmehr seit etwa dreihundertfünfzig Jahren im Besitz der spanischen Christen ist –, während die Macht der Franken in diesem Zeitraum dank ihres Geschicks, ihrer Gabe der Organisation, ja dank ihrer Gerechtigkeit, ihrer Kenntnis der Kriegskunst und ihrer Vielseitigkeit und Erfindungsgabe erstarkt ist. Und wären die Muslime nicht von Gottes Allmacht unterstützt, sie wären ein Nichts im Verhältnis zur Macht, dem Besitz, dem Reichtum, dem brillanten Können usw. der Europäer.

Friedemann Büttner/Inge Klostermeier

Ägyptens erste Schuldenkrise*

Ausländer waren Mohammed Ali immer willkommen gewesen, solange sie nur dem Land nützlich sein konnten: französische Offiziere, italienische Ingenieure, griechische Kaufleute. Mit Konzessionen und Privilegien ausgestattet, oft auch mit Grundbesitz entlohnt, waren Europäer und Levantiner schon zu einer Wirtschaftselite geworden, ehe die Briten nach 1840 die Öffnung des ägyptischen Marktes erzwangen.

Unter Mohammed Alis Nachfolgern kontrollierten Ausländer in den kommenden Jahrzehnten in wachsendem Maße Transport, Verarbeitung und Vermarktung der Baumwolle und den übrigen innerägyptischen Handel. Gestützt auf die sog. „Kapitulationen", in denen das Osmanische Reich Bürgern europäischer Staaten immer weitergehende Vorrechte hatte einräumen müssen, konnten Ausländer in der Wirtschaft praktisch tun und lassen, was ihnen beliebte. Von Zoll- und Steuerpräferenzen abgesehen, genossen sie im Schutz ihrer Konsulate sogar Exterritorialität und eine eigene Gerichtsbarkeit. Viele Ausländer nutzten ihre privilegierte wirtschaftliche und rechtliche Position, um das Land auszuplündern. Mißtrauen gegenüber Ausländern, wie es Mohammed Alis Nachfolger Abbas I. nachgesagt wurde, war darum nicht unberechtigt. Der eigentliche „Ausverkauf" Ägyptens begann jedoch erst unter Abbas' Nachfolger Mohammed Said, dessen Einfältigkeit der französische Konsul Ferdinand de Lesseps zum größten Geschäft ausnützte, das je zum Nachteil Ägyptens abgeschlossen wurde:

Als derjenige, der de Lesseps bzw. dessen Suezkanal-Gesellschaft die Konzession für den Bau des Suezkanals erteilte, durfte Said auch Hauptaktionär werden und sich heftig verschulden. Damit das Projekt wirklich zustande kam, mußte Said sich zudem verpflichten, alle Aktien aufzukaufen, die sich in Frankreich nicht verkaufen ließen – den teuren ausländischen Kredit dazu besorgte ihm de Lesseps. Und während die europäischen Aktionäre zunächst vor allem ihre Gewinnerwartungen in das Geschäft einbrachten, mußte Said als seinen Beitrag den Kanal erst einmal graben lassen. Da die Suezkanal-Gesellschaft für den späteren Betrieb und nicht für den Bau zuständig war, stellte sie für die ägyptischen Arbeiter nicht einmal Werkzeug bereit, geschweige denn Verpflegung, Unterkunft oder medizinische Versorgung. Unter unsäglichen Mühen, zum Teil mit bloßen Händen, haben vor allem Bauern, die ohne Rücksicht auf ihre Feldarbeiten „dienstverpflichtet" worden waren, den Kanal zwischen Rotem Meer und Mittelmeer gegraben. Etwa 100 000 Ägypter sollen dabei ums Leben gekommen sein. Und von den Gewinnen, die mit ihrem Werk erzielt wurden, konnte Ägypten dann nicht einmal profitieren – denn nicht lange, nachdem 1869 der Kanal als großes internationales Ereignis mit viel Pomp eröffnet worden war, mußte Saids Nachfolger Ismail den ägyptischen Anteil an den Kanal-Aktien an England verkaufen, um Schulden abzahlen zu können. [...]

Vom Wunsch beseelt, Ägypten zu einem Teil Europas zu machen, ließ sich Ismail zudem von geschäftstüchtigen Beratern zu einer Vielzahl von Projekten anstiften, die ihn diesem Ziel näherzubringen schienen: In Kairo und Alexandria entstanden Stadtviertel nach europäischen Vorbildern, in Kairo sogar eine Oper. Die meisten dieser Projekte waren teuer, aber kaum kurzfristig profitabel, und auch die Infrastrukturinvestionen zahlten sich nur sehr langsam, vielfach erst nach seiner Regierungszeit aus. Nach dem Preiseinbruch auf den Baumwollmärkten am Ende des amerikanischen Bürgerkriegs blieb Ismail darum wenig anderes übrig, als die Landwirtschaft in Oberägypten auf Zuckerrohr umzustellen, vor allem aber seine Projekte mehr noch als schon zuvor über Kredite zu finanzieren.

Die Kreditkonditionen, die die europäischen Geldgeber Said und Ismail einräumten, sind typisch dafür, wie europäische Banken und Handelshäuser im 19. Jh. durch ungleiche Verträge politisch geschwächte Staaten bzw. deren Potentaten immer tiefer in die wirtschaftliche Abhängigkeit trieben. Zwar lagen die nominalen Zinsen bei durchaus branchenüblichen Sätzen, hinzu kamen jedoch so hohe Gebühren, Provisionen und Abschläge, daß am Ende in der Regel nicht einmal 70 % der Kreditsumme ausgezahlt wurden.

Neben Krediten, mit denen die Investitionen, aber auch nachgeschobene Forderungen der Suezkanal-Gesellschaft oder die luxuriöse Hofhaltung Ismails bezahlt wurden, mußten in immer kürzeren Abständen Kredite zur Finanzierung der Schulden aufgenommen werden. Bereits unter Said war ein Großteil der Staatseinnahmen auf Jahre hinaus verpfändet. Als die phantastisch angewachsenen Schulden Ismail schließlich über den Kopf zu wachsen drohten, wandte er sich hilfesuchend an die Hauptgläubigerländer, die ihm eine Schuldenverwaltung unter britisch-französischer „Doppel-Kontrolle" aufnötigten. Als sich Ismail gegen deren drastische Maßnahmen zur Finanzierung des Schuldendienstes sträubte, wurde er zur Abdankung gezwungen. Sein Nachfolger Mohammed Taufik mußte dann 1880 einem Gesetz zustimmen, das auf Dauer die Hälfte der ägyptischen Staatseinnahmen für den Schuldendienst reservierte.

Nicht zuletzt Folgen dieses Gesetzes erhöhten die Unzufriedenheit in der Armee, in der Bürokratie und unter den ländlichen Notabeln und verstärkten die Agitation in der konstitutionellen Bewegung, die nach stärkerer politischer Beteiligung strebte. Als dies in einer Armeerevolte mit breiter öffentlicher Resonanz, dem sog. „Orabi-Aufstand", gipfelte, lieferte ein Hilferuf Taufiks Großbritannien 1882 den willkommenen Vorwand, zum Schutz der Gläubigerinteressen „vorübergehend" Ägypten zu besetzen – und es für über 70 Jahre nicht mehr zu verlassen.

Thomas Ross

Tanz in den Abgrund – die Einweihung des Suezkanals

Mohammed Ali, 1841 von den Großmächten um die Früchte seiner kriegerischen Erfolge gegen seinen Souverän, den Sultan, gebracht, hatte den Suezkanal, den zu bauen sein Sohn Said und sein Enkel Ismail Lesseps ermöglichten, immer abgelehnt, aus Furcht, er werde einen europäischen Staat vielleicht dazu provozieren, Ägypten eines Tages zu besetzen.

Ismail Pascha, französisch und italienisch erzogen, setzte seinen Ehrgeiz wie der Großvater darein, das Vasallenverhältnis zu lockern, und glaubte, der Kanal, die Compagnie und Lesseps würden ihm dabei helfen. Ein Irrtum freilich, denn weder Frankreich noch Britannien waren an einer Lösung Ägyptens vom Ottomanischen Reich, als Bollwerk gegen Rußland nützlich, gelegen, und außerdem wuchs ihr Mißtrauen gegen seine finanziellen Extravaganzen und militärischen Ambitionen. Auch die Festlichkeiten zur Eröffnung sollten die Welt blenden, Ismails Namen Glanz und Prestige zufügen und den Status Ägyptens erhöhen, gleichgültig, was es koste. Bei der Eröffnung der Oper in Kairo am 1. November 1869 rief er aus: „Mein Land ist nicht länger Afrika, ich habe es zu einem Teil Europas gemacht." [...]

Außer den gekrönten Häuptern – zu denen nicht die afrikanischen und die kleineren deutschen Fürsten gehörten – lud der Khedive tausend weitere Gäste ein, denen er alle Spesen einschließlich des *Bakschisch* zahlte. [...]

Am Isthmus herrschte ein ungeheures, festlich gestimmtes Gewühl, Zehntausende von Schaulustigen, geladene und ungeladene, berühmte und geringe, Muslim-Notabeln waren mit ihren Stämmen, ihren Herden von Kamelen, Pferden, Schafen durch die Wüste gezogen, etwa 30 000 Araber lagerten an den Ufern des Timsah-Sees, wo in Ismailia der Höhepunkt der Feiern geplant war. Alle Rassen, Sprachen, Hautfarben mischten sich hier, gelbe, schwarze und kupferhäutige, einem modernen Babel gleich. Unter diesen Massen brach die Organisation der Ägypter zusammen, für die wichtigsten Gäste war gesorgt, die anderen mußten sich irgendwie durchschlagen, in einer Gegend, in der bis vor wenigen Jahren nichts als Sand gewesen war.

Die meisten Europäer waren in Ismailia untergebracht, in einer Stadt aus 1200 Zelten, bequem eingerichtet, mit Teppichen ausgelegt. Gewaltige Buffets standen allezeit den Hungrigen und Durstigen bereit, 500 Köche und 1000 Kellner und Hilfspersonal hatte der Khedive aus Italien und Frankreich importiert, und ein Schiff aus Bordeaux hatte die köstlichsten Weine gebracht. Bald waren die Ufer des Timsah-Sees mit leeren Flaschen bedeckt. In großen Zelten tranken die Gäste Kaffee zu den Klängen arabischer Musik, in anderen sahen sie Jongleure, den Tanz der heulenden Derwische, Schlangenbeschwörer, Glasesser, Sängerinnen hinter Gazevorhängen. Nachts waren die Zelte von Laternen beleuchtet und die Straßen und Passagen dazwischen von offenen Feuern und Kienspanfackeln. Europäer bestaunten Araber und Araber, höflich, gesittet, ernst und stolz, bestaunten Europäer. [...]

Ismailia, innerhalb von sechs Jahren aus dem Wüstensand gewachsen, sollte so glanzvolle Tage nie mehr erleben: Feuerwerke, Gastfreundschaft überall, luxuriöse Diners für Hunderte von Personen, die erlesensten Weine, die delikatesten Fische, Rebhühner, Fasane, Wildenten. [...] Ein ägyptischer Minister beschwerte sich bei einem europäischen Kollegen über die hemmungslose Extravaganz des Khediven: „Wir essen die Pyramiden auf, Stein um Stein." Darauf der Europäer: „Machen Sie sich nichts draus, Exzellenz, Sie können Geld von uns borgen, und dann können Sie von uns den Zement kaufen, um sie zu ersetzen." In der Tat war Ismail dabei, mit seiner Verschwendungssucht zwar nicht die Pyramiden, aber die Unabhängigkeit seines Landes zu gefährden. Sieben Jahre nach dem Eröffnungsfest wird er gezwungen sein, seine Aktien – rund 45 Prozent des Kapitals der Suez-Compagnie – an die Briten zu verkaufen und ihnen außerdem de facto die Finanzhoheit abzutreten, für vier Millionen Pfund, weniger als das Dreifache dessen, was er für die Eröffnungsfeiern ausgegeben hatte, nämlich 1,4 Millionen Pfund. [...]

Die Festivitäten taten nichts, um die Beziehungen zwischen Europäern und Ägyptern zu verbessern, im Gewühle von Ismailia zeigte sich vielmehr, wie unendlich fremd, ja sogar abstoßend sie einander waren. Tourismus und Ägyptologie hingegen gewannen gewaltigen Auftrieb. Es war ein Fest, das sich einer ganz besonderen, nicht wiederholbaren Konstellation verdankte: ein Europa platzend vor Selbstbewußtsein und Expansionsdrang, das moderne *Condottieri* wie Lesseps und Cecil Rhodes hervorbrachte, ein Europa voll ungehemmtem Willen, sich die Welt politisch und wirtschaftlich gefügig zu machen, besessen von Neugier – und ein uralter, erschlaffter, ohnmächtiger Osten, der sich ihm völlig kritiklos anzupassen suchte, mit Hilfe einer Kombination einheimischer Fronarbeit und importierter Maschinenleistung in einer orientalischen Despotie.

Peter von Sivers

Überlebensstrategien des tunesischen Handwerks

Die Errichtung eines Protektorats bedeutete, daß Frankreich der bestehenden tunesischen Verwaltung „Berater“ zur Seite stellte, vorneweg einen dem Bey beigeordneten „Residenzminister“ genannten Kommissar. Diese Berater hatten zur Aufgabe, den Kapitalisten und der Produktion

Frankreichs ein unterbevölkertes, technisch und wirtschaftlich rückschrittliches Land exklusiv zu sichern, dessen Ressourcen nicht gewinnbringend genutzt wurden – so erklärte es Ministerpräsident Jules Ferry 1885 ganz unumwunden vor der Pariser Nationalversammlung. Mit anderen Worten: Welche französischen Firmen auch immer in Tunesien investieren wollten, dort würden sie ein sicheres und stabiles Betätigungsfeld finden. [...]

Ähnlich wie in den intensiven Anbaugebieten um Tunis und Sfax änderte sich auch in der Hauptstadt zunächst wenig. Die traditionellen Handwerke existierten weiter, wobei betont werden muß, daß hier (ebenso wie im oben erwähnten Fes) ein schon lang etabliertes Gleichgewicht zwischen importierten und lokal produzierten Gegenständen existierte. Dieses besonders für Textilien typische und auf das achtzehnte Jahrhundert zurückgehende Gleichgewicht bedeutete, daß Massenware aus Europa kam und Qualitätsstoffe im Lande hergestellt wurden. Die Industrie der Filzmützen *(šāšiyyas)* ist ein gutes Beispiel. Sie existierte in Tunis schon vor der Vertreibung der Morisken und wurde möglicherweise von früheren Rückwanderern aus Iberien errichet. In der Mitte des neunzehnten Jahrhunderts erlebte sie einen Aufschwung, als die osmanische Armee vom Turban auf die sogenannte *šāšiyya stambūlī,* im Westen unter dem Namen „Fez" bekannt, umgerüstet wurde, und blieb bis zum Ersten Weltkrieg das führende Handwerk der Stadt.

An dieser Zunft ist interessant, daß sie geschickt die Marktstrategie der Exklusivität wählte, um zu überleben, sich dabei aber so spezialisierte, daß ihr eine Rückkehr zum Massenmarkt nicht mehr gelang. Filzmützen wurden in einer Abfolge langwieriger Arbeitsgänge hergestellt. Frauen strickten sie zunächst zu Hause. Eine wasserbetriebene Walkerei außerhalb von Tunis verdichtete sodann die Textur. Färbung (im Falle roter Mützen), Formung und Bestikkung in Tunis schlossen sich an, bevor die fertigen Mützen verkauft wurden. Bis in die siebziger Jahre des neunzehnten

Jahrhunderts war die seit zirka 1750 existierende Marseiller Konkurrenz relativ unbedeutend gewesen. Aber ähnlich wie die in der zweiten Hälfte des neunzehnten Jahrhunderts in den Markt eintretende österreichische Konkurrenz verlegte sich Marseille auf billige Ware, um den Massenmarkt zu erschließen. Tunis setzte auf Qualitätsware und erreichte 1880, daß europäische und tunesische Mützen deutlich voneinander getrennt ausgelegt und ausgezeichnet werden mußten. Im Jahr 1902 verkaufte das Ausland knapp 60 000 Einheiten im Wert von 54 000 Franken in Tunesien, während Tunis knapp 100 000 Einheiten für 170 000 Franken verkaufte. Die Zahlen von 1906/07 sind noch deutlicher: 80 000 importierte Mützen kosteten 96 000, 63 000 lokale 337 000 Franken. Sinkende Produktionszahlen erbrachten steigende Gewinne.

Aber nach dem Ersten Weltkrieg manövrierte sich das Filzmützenhandwerk in eine Sackgasse. In der dem Osmanischen Reich nachfolgenden Türkei ersetzte Kemal Atatürk den Fez durch gewöhnliche westliche Kopfbedeckungen. Statt seine eingefahrenen Produktionsweisen auf Filzhüte variabler Kreation umzustellen, machte die Zunft lieber ihre Mützen zum Symbol des beginnenden tunesischen Nationalismus. Die Mütze wurde als das Zeichen der Forderung nach nationaler Unabhängigkeit angepriesen, aber bezahlen konnten sie nur wenige. Ebenso wie die einheimische Landwirtschaft, so war auch das Handwerk Tunesiens um den Ersten Weltkrieg herum in einer ernsten Krise angelangt.

Ḥālī

Die Schwäche der indischen Muslime

Kein Ansehen bei den Völkern, kein Gewicht in den
Sitzungen,
kein Vertrauen untereinander, kein Zusammenhalt
gegenüber Fremden,
Schlaffheit in den Temperamenten, Dünkel in den
Hirnen,
Niedrigkeit in der Phantasie, Abscheu vor den
Tugenden,
Feindschaft verhüllt, Freundschaft zur Schau getragen,
berechnende Demut, berechnende Schmeichelei.

Wir sind weder vertrauenswürdige Regierungsbeamte
noch stolz gegenüber Hofleuten,
weder verdienen wir Achtung in den Wissenschaften,
noch sind wir in Handwerk und Industrie
ausgezeichnet.
(Selbst) dem Dienertum haben wir keinen Rang
gelassen.
Unser Handel erzielt keinen Profit.

Kerrin Gräfin von Schwerin

Islamische Reformhochschulen in Indien

Zwei Bildungsinstitutionen wurden zum Sammelpunkt indischer Muslims. In dem kleinen Ort Deoband nördlich von Delhi wurde 1865 eine traditionelle Madrasa mit dem vollen theologischen Ausbildungsgang des 'Alim (Gelehrten) gegründet. Ein Jahrzehnt später entstand das Mohammedan Anglo-Oriental College in Aligarh südöstlich der Hauptstadt. Beide haben einen geschlossenen Campus mit Studentenwohnheimen, Instituten, Bibliotheken im islamischen Baustil. Deoband besitzt einen internationalen Einzugsbereich. Sogar aus Saudi-Arabien kommen seine Schüler, da in Deoband eine fundamentalistische Reformbewegung betrieben wurde, die dem arabischen Wahhabismus nahestand. Aligarh war und ist die Bildungsanstalt für das aufstrebende muslimische Bürgertum; aber auch Hindus sind hier immatrikuliert.

Reform und Innovation waren im Islam seit dem 10. Jahrhundert nicht mehr vorgesehen. Die Quellen der islamischen Theologie und des Rechtes waren hinlänglich von Schriftgelehrten kommentiert und interpretiert, ein Konsens erreicht worden, die Meinungsbildung galt als abgeschlossen. Im Zusammenhang mit dem Niedergang der Muslim-Herrschaft in Indien hatte sich im 18. Jahrhundert unter den Gelehrten ein Unbehagen mit dem unbeweglichen, unkreativen System islamischen Rechts breitgemacht. Shah Waliullah von Delhi war es, der erklärte, ein jeder Gelehrter habe das Recht und die Pflicht, sich neuerlich mit den Quellen des Islam zu beschäftigen und nach weiser Berücksichtigung anderer Kommentare zu einem eigenen Standpunkt zu gelangen. Wenn diese Forderung auch gewiß keine sehr weitreichende Wirkung hatte, so war sie doch der Ansatz einer islamischen Reformation. Auch Shah Waliullah wollte den Quran allen des Lesens und Schreibens Kundigen zugänglich machen und übersetzte ihn ins Persische, die damalige Kultursprache Indiens.

Shah Waliullahs Wirken bildete die Grundlage für die Reformarbeit der Madrasa in Deoband und des College in Aligarh, deren Methoden und Ergebnisse allerdings sonst weit auseinander gingen. Beiden Schulen gemeinsam war auch das Bemühen, den indischen Islam von unislamischen Bräuchen, die dem schlechten Einfluß des Hinduismus zugeschrieben wurden, wie etwa die Heiligenverehrung, zu befreien.

Im Unterschied zu Deoband, deren Gründer während des Aufstandes gemeinsame Sache mit den Rebellen gemacht hatten, stand der Gründer von Aligarh auf seiten der Briten und suchte diese immer wieder von der Loyalität der indischen Muslims zu überzeugen. Er war von den Leistungen der westlichen Zivilisation tief beeindruckt. Er richtete ein Übersetzungsbüro ein und ließ englische Werke ins Urdu übersetzen. Er selbst lernte nicht Englisch. Seine Theologie folgte im großen und ganzen den Argumenten Shah Waliullahs. Kontroverser war seine Feststellung, daß europäische Wissenschaft, insbesondere Naturwissenschaft, keine Gefahr für den Islam darstelle, sondern sogar mit ihm in Einklang sei: Wort und Werk Gottes seien identisch. Seine Gegner nannten ihn und seine Anhänger darum „Netschari“, d. h. Naturalisten. Übernatürliches wurde mit Logik und Ratio erklärt. Sayyid Ahmads Bestreben war, der zivilisierten Welt zu zeigen, daß die Muslims zu ihr gehörten. Politische Aktivitäten lehnte er mit dem Hinweis ab, die Muslims seien noch nicht bereit.

11. Krisen der Gegenwart

Ernst Weisenfeld

Die französische Armee im algerischen Unabhängigkeitskampf

Am 1. November 1954 brach der algerische Aufstand aus. Dreißig Attentate in einer Nacht an verschiedenen Plätzen, mit unterschiedlichen Mitteln, darunter Überfälle auf Polizeistationen, machten den französischen Behörden klar, daß sie es hier mit der planvollen Vorbereitung einer starken Organisation zu tun hatten. Rundfunksendungen aus Kairo schürten den „Aufstand gegen den französischen Imperialismus". Bald wußte man, daß ehemalige Führer eines geheimen Zweigs der Unabhängigkeitspartei von Messali Hadj, darunter ein früherer Unteroffizier der französischen Armee namens Ahmed Ben Bella, von Kairo aus die Fäden zogen.

Die Regierung Mendès-France beschwor „die Integrität der Republik". Die algerischen Departements seien schon lange französisch; keine Trennung sei denkbar. „Niemals wird eine französische Regierung von diesem Grundprinzip abweichen." Und sein Innenminister François Mitterand richtete in einem Lagebericht vor der Nationalversammlung folgende Drohung an die Aufständischen: „Algerien ist Frankreich... Wir werden allen entgegentreten, die die Ruhe stören und einer Sezession den Boden bereiten wollen. Wir werden sie und ihre Komplizen mit allen Mitteln bekämpfen. Es ist nicht zu dulden, daß ein Staatsbürger revoltiert. Sie können auf die Regierung und auf mich zählen!... Wir werden im übrigen alles tun, damit sich das algerische Volk, integrierter Teil des französischen Volkes, so wie wir selbst zu Hause fühlt." [...]

Unabhängig vom Wechsel der Regierungen entwickelte sich in der Armee ein Phänomen, das leicht eine Begleiterscheinung von Kolonialkriegen ist: Ein Teil des Offizierskorps und die Heimat lebten sich auseinander. Die Dschungelkämpfer Indochinas neigten dazu, der Pariser Parlamentswirtschaft – wegen mangelnden Nachschubs, mangelnder Entscheidungen, mangelnder Härte gegenüber dem Gegner – die Schuld an ihren Niederlagen zu geben. In Paris fragten sich manche, welche Prätorianergarde man da draußen heranziehe – und für wen? Der schnelle Wechsel der beiden Kriegsschauplätze Indochina und Algerien half nicht, diese wachsende Entfremdung zu unterbrechen. Dazu kam, daß sich in den Köpfen vieler Offiziere, besonders solcher, die nach Dien Bien Phu oder auch vorher schon durch die Gefangenenlager des Vietminh gegangen waren, eine neue Vorstellung von der Kriegführung in Übersee herausgebildet hatte: eine politische Kriegführung, die das Indoktrinieren der Kämpfenden wie der Bevölkerung, in der sie sich bewegten, nicht nur dem Gegner überließ. Auch neue Beziehungen zwischen Führung und Mannschaft hatten sich bei ihnen entwickelt. Der Einblick in das Wesen der revolutionären Armeen, mit denen sie sich herumgeschlagen hatten, war nicht ohne Wirkung auf ihr eigenes Verhalten geblieben. Sie nahmen kollektive Gewohnheiten an und hatten ihre Riten, die wichtiger werden konnten als das Reglement der Armee. Die Fallschirmtruppe mit ihren Tarnanzügen, ihren Gummistiefeln, ihrem Leopardenschritt fühlte sich als Eliteschule für eine neue Kriegführung. Außerdem natürlich die Fremdenlegion, bei der man sich, die Offiziere vor allem, immer schon als Elite gefühlt hatte. In Algerien wollten sie anwenden, was sie an Erfahrung aus Indochina mitbrachten. So gaben sie dem Krieg, der sich dort entwickelte, unverwechselbare neue Züge. [...]

Schon 1956 standen fast 400000 Mann französischer Truppen in Algerien. Die Zahl wurde so lange erhöht, bis fast alles, was Frankreich unter Waffen hatte, auch ein Teil seiner in der Bundesrepublik stationierten Verbände, in Algerien eingesetzt war; dann verlängerte man auch noch beträchtlich die Dienstzeit. Diese Armee beherrschte militärisch die Situation. Aber sie konnte keine Ruhe in Algerien erzwingen, weil die Aufständischen immer wieder an einzelnen Stellen unerwartet zuschlugen. Am meisten Ruhe herrschte noch in der Stadt Algier und ihrer unmittelbaren Umgebung, seitdem der Fallschirmgeneral Massu eine Säuberungsaktion durchgeführt hatte, nach deren Abschluß auch die Altstadt, die Kasbah, wieder für Europäer betretbar war. Aber daraufhin wurden die Vorwürfe gegen Mollet und seinen Justizminister François Mitterand wegen der Methoden des Vorgehens so laut, daß sie einer parlamentarischen Untersuchungskommission zustimmen mußten. Sie deckte im Januar und Februar 1957 in Algier „beunruhigende Tatbestände" auf. Sie bestätigte damit den Verdacht, daß gefoltert wurde.

Roy Mottahedeh

Die islamische Welt blickt auf Algerien

Alle hatten den Algerischen Krieg mit gespannter Aufmerksamkeit verfolgt. In Algerien hatten es die Muslime in ihrem Widerstand gegen eine Masse kolonialer Siedler und gegen die geballte Macht eines europäischen Staates abgelehnt, auf Gefahren zu achten; sie hatten sich geweigert, zum Schein Franzosen zu werden, und hatten ihr Leben und das ihrer Freunde für ihre Freiheit aufs Spiel gesetzt. Alis Studienfreund begann den Artikel vorzulesen: „Die Freiheitsbewegung des algerischen Volkes meldet, daß französische Truppen, die in der Sahara operieren, gestern mehrere hundert algerische Freiheitskämpfer in einer Höhle in der Wüste überraschten. Nachdem die Freiheitskämpfer die Aufforderung zur Übergabe einstimmig zurückgewiesen hatten, gossen die Franzosen eine brennbare Flüssigkeit in die Höhle und sahen zu, wie Hunderte von Algeriern samt Frauen und Kindern, die dort Zuflucht gesucht hatten, bei lebendigem Leib verbrannten."

Ali konnte den Rest des Artikels nicht mehr anhören. „Für die Franzosen ist ein Muslim kein Mensch; es ist ihnen gleich, ob sie einen oder tausend töten. Der Koran sagt: ‚Wer andere unterdrückt, wird bald erfahren, mit welcher Art von Heimzahlung er zu Gott zurückkehren wird.' Gott strafe sie! Die Algerier werden durch ihr Beispiel Erfolg haben; dadurch wird in allen Muslimen eine Art von Feuer entfacht, das sie nie mehr vergessen werden."

Parviz' Vetter legte die Hand auf Alis Arm: „Moulana sagt in einem Gedicht von Gott:

> Hast einmal du die Verzückung des
> Verbrennens erfahren,
> ist alle Geduld auf immer vorbei,
> die dich vom Feuer noch hielte fern.
> Auch Wasser aus dem Quell des Ewigen Lebens
> kann dich nicht mehr von der Flamme locken."

Ali war erbost. „Tröste mich nicht damit, daß du mir sagst, sie seien gerettet. Sie wurden für Gott verbrannt, aber Gott hat sie nicht verbrannt. Niemand außer Gott hat das Recht, durch Feuer zu bestrafen. Gott soll diese Männer verfluchen, die die Rolle Gottes spielen wollen, wenn sie uns unterdrücken." [...]

Ali wußte, daß er von dieser Diskussion genug hatte, und sagte: „Ich gehe bis zum Gebetsruf zum Schrein – entschuldigt mich." Mit gesenktem Blick ging er zum inneren Tor, das von der Feiziye zum Schrein führte. Im Rückblick wundert sich Ali, daß eine so bedeutsame Umwandlung seines Denkens innerhalb von wenigen Minuten erfolgte. Das Feuer, das in der algerischen Wüste brannte, entzündete ein Feuer in ihm selbst, und von nun an wurde der Kampf der Algerier zu Alis Kampf.

Klemens Ludwig

Von der Arabisierung bedroht – die berberische Minderheit in Algerien

Da die Berber innerhalb der Unabhängigkeitsbewegung eine führende Rolle spielten, traf sie der französische Terror besonders hart. In der Kabylei, der Heimat des größten Bervolkes, zählten Bombardements von Dörfern, Massaker an Zivilisten und Zwangsumsiedlungen zu den französischen Kriegsverbrechen. Insgesamt mußten eine Million Berber und Araber die Unabhängigkeit mit dem Leben bezahlen.

Die neue Regierung dankte den Berbern ihren Einsatz gegen die Kolonialmächte nicht. Der erste Präsident Ben Bella verkündete bei der Unabhängigkeit: „Wir sind alle Araber." Den Worten folgten Taten: Arabisch wurde als offizielle Sprache eingeführt, die Sprachen der Berber aus dem öffentlichen Leben verbannt. Die Berberregionen blieben von der wirtschaftlichen Entwicklung weitgehend ausgeschlossen, so daß viele Männer als Arbeitsemigranten nach Frankreich zogen. Im März 1980 führte das Redeverbot eines kabylischen Dichters an der Universität von Tizi Ouzou zu Protesten in der gesamten Kabylei, die auch auf die Hauptstadt Algier übergriffen. Die Polizei schlug die Unruhen brutal nieder und verhaftete zahlreiche Demonstranten. Nach Berichten der Berber fielen dem Einsatz sogar 30 Menschen zum Opfer. Im August 1981 kam es in Tizi Ouzou erneut zu Unruhen. Präsident Chadli Bendjeddid antwortete auf die Forderungen nach kabylischer Selbstbestimmung: „Algerien ist ein arabisches, islamisches und algerisches Land." Da sich an dieser starren Haltung bis heute kaum etwas geändert hat, können sich die Spannungen zwischen den Berbern, die knapp ein Drittel der zwanzig Millionen Algerier stellen, und der arabisierten Mehrheit jederzeit wieder gewaltsam entladen.

Im äußersten Süden Algeriens leben die nomadischen Tuareg, die „Ritter der Sahara“, das schillerndste Volk der Berber, deren wirtschaftliche Grundlage seit Jahrtausenden Viehzucht, Handel und Raubzüge bilden. Ihr Lebensraum erstreckte sich von Mali bis Libyen. Obwohl formell islamisiert, konnten sich in ihrer Gesellschaft die alten Werte, zu denen die herausragende Stellung der Frau zählt, am längsten erhalten. Als einzige Berber besitzen die Tuareg eine Schrift. Erst im März 1902 gelang den Franzosen die Unterwerfung der Tuareg, die heute vor allem durch drei Entwicklungen bedroht sind: Die Arabisierung und Islamisierung seitens der Algerier, die besonders die Frauen in ihren Freiheiten drastisch beschneidet, den Tourismus, der die sozialen Strukturen zerstört, und die anhaltende Trockenheit, die viele Tuareg in die größeren Orte zwingt. Als Seßhafte bleibt ihnen jedoch kaum eine Möglichkeit, ihre Identität zu bewahren. Die Zukunft der Tuareg erscheint deshalb wenig hoffnungsvoll.

Peter von Sivers

Trommeln gegen die Angst – Volksmedizin und sozialer Wandel im Maghreb

Die unter der gesellschaftlichen Bedingung relativ geringer Bevölkerungszahlen vorherrschende wirtschaftliche Selbstversorgung ist ein Teilaspekt dessen, was verallgemeinernd „Autonomie“ genannt werden kann. Dic Gerechtigkeit dieser Autonomie als Lebensform wird durch die Religion ausgedrückt. Im Maghreb besteht diese Religion für die weitaus größte Zahl der Bewohner aus einem Volksislam, der eine Kombination von Festen, Heilpraktiken, Gesetzen (hauptsächlich die Familie betreffend, wie Heirat, Brautgabe, Verstoßung, Scheidung, Wiederverheiratung, Vormundschaft und Erbteilung) und Glaubenspflichten (insbesondere die fünf täglichen Gebete, das Fasten im Monat *Ramaḍān* und die Pilgerfahrt nach Mekka betreffend) ist. Die Repräsentanten dieses Islams sind Religionsführer *(muqaddimūn)*, Rechtspraktiker *(fuqahā')*, Wundertäter *(murābiṭūn*, populär Marabuts), Heilpraktiker *(ṭalaba*, populär Tolba) und Mystikerinnen *(ṣuwāfāt)*. Gläubige wie Repräsentanten des Volksislams sind zumeist auf dem Lande anzutreffen, aber auch in den Elends- und Behelfsvierteln der großen Städte besitzt dieser Islam viele Anhänger. Feste und Heilpraktiken stehen im Mittelpunkt; Gesetze und Glaubenspflichten sind mehr oder weniger verinnerlicht und stellen für Gläubige und Repräsentanten keine besonderen Probleme dar.

Ein typisches Beispiel sind die islamischen Gebräuche in der Kabylei, wie sie im Jahre 1972 beobachtet wurden. Dort fertigten lokale Wundertäter und Heilpraktiker auf individuellen oder kollektiven Seancen für ihre Kunden Amulette *(ḥurus)* an, illustriert mit Koranversen oder kabbalistischen Zeichen, geschrieben mit Tinte aus der verbrannten Wolle eines Opferschafs und, in Wasser aufgelöst, getrunken von den Patienten zur Kur von Krankheit und Sterilität. Andere Amulette aus Leder, Metall, Stoff und Knochen wurden zum Schutz gegen den bösen Blick am Gürtel oder Halstuch getragen. Austreibungen von Dämonen *(junūn)* fanden auf Sitzungen mit Musikbegleitung statt, auf denen die Patienten mit ekstatisch-konvulsiven Bewegungen tanzten. Weissagungen waren modernisiert. Statt aus Weizenkörnern, Asche, Wasserdampf oder Weihrauch wurde die Zukunft aus Händen oder Karten herausgelesen.

Der Großteil der Patienten war weiblich – bei der wenig entwickelten Berufsunabhängigkeit der Frauen Algeriens und der noch deutlich hinter den Männern zurückbleibenden Alphabetisierung wohl kein Zufall. Die medizinische Versorgung der algerischen Bevölkerung ist zudem noch

Abb. 10. Casablanca – die wirtschaftliche Metropole von Marokko. Hier die Kehrseite der Medaille: Elendsviertel am Rande der Stadt als eine Folge der großen Landflucht.

sehr lückenhaft. Im Schnitt mußte 1974/75 ein Arzt 6846 Einwohner versorgen, gegenüber 680 in Frankreich. Die Einwohner/Krankenhausbettenrate lag 1974 bei 1 : 340, gegenüber 1 : 90 in Frankreich. Unter diesen Umständen ist es nicht verwunderlich, daß magische und ekstatische Praktiken fortdauern. Da diese Praktiken sich teilweise mit der Psychoanalyse überlappen, deren Praktiker im übrigen ihrerseits mit mäßigem Erfolg säkularisierte Bevölkerungen im Westen von den nervösen Problemen der Massengesellschaft zu heilen versuchen, wäre es verkehrt, ekstatische Religion als folkloristische Kuriosität in unterentwickelten Ländern abzutun. Es handelt sich hier um sinnhafte Versuche, psychosomatisch gestörte Menschen wieder in den Gesellschaftsprozeß einzugliedern.

Die Ekstase, die wir hier in der Kabylei antreffen, ist spezifisch ein Akt der Beschwörung der Familiengemeinschaft aus unteren Bevölkerungsschichten. In der Kabylei hat die Familie begonnen, ihre Fähigkeit zur Selbstversorgung zu verlieren und muß sich zur Befriedigung ihrer Grundbedürfnisse mehr und mehr in den Markt integrieren. Damit verliert die Familie im herkömmlichen Sinn ihren Status als eine der Bedingungen für die Existenz des Haushalts. Die Versorgung kann nunmehr auch durch nicht-familiäre Wohngemeinschaften gewährleistet werden. Es ist diese Umwandlung der Familie von einer notwendigen in eine voluntaristische Form der Gemeinschaft, die die kabylischen Frauen instinktiv mit Hilfe der Wundertäter zu meistern suchen. Die Umwandlung ist ein emotional spannungsgeladenes Ereignis, wiewohl durch den Übergang von Selbstversorgung auf Marktintegration unvermeidlich. Darum die ekstatische Beschwörung der Familiengemeinschaft durch Dämonenaustreibungen und Kräuter gegen Sterilität und Familienzwist.

Diese Beschwörung der Familie findet sich auch bei den Unterschichten der Städte. Unter den chaotischen Lebensumständen in den Elendsvierteln fungieren ekstatische Praktiken als eine Form des Schutzes für die Familie, die andernfalls in ihre individuellen Bestandteile auseinanderfallen würde. Diese Schutzfunktion tritt deutlich in einer Studie hervor, die unlängst in Casablanca unternommen worden ist. Dort existierten 1979 fünfzehn Heiligenschreine mit mehr oder weniger permanenten Gebetsgebäuden. Schreine befanden sich in der Innenstadt, in Vorstädten und an der Peripherie. Das Personal bestand aus Religionsführern, Rechtspraktikern, Wundertätern, Heilpraktikern und Mystikerinnen.

In einer Mehrzahl der Schreine konzentrierte sich das Personal auf die Behandlung sexueller und anderer familiärer Probleme. Ein Schrein war besonders für seine Erfolge bei der Behandlung nervöser Zustände bekannt, die von administrativen Ungerechtigkeiten herrührten. Typische Verwaltungsungerechtigkeiten waren Landspekulation und mangelnde Sicherheit: Elendsquartiere wurden von einem Tag auf den andern von Bulldozern eingeebnet, Hütten und Buden brannten mit großer Regelmäßigkeit ab. Ursprünglich besaßen die Eigentümer der Schreine von König Muḥammad V. ausgestellte „Betriebsgenehmigungen" (Dahirs, von arab. *ẓāhir*), die sein Nachfolger Ḥasan II. bisher nicht erneuert hat, vermutlich, um sich die Schließung der Schreine vorzubehalten. In und um die großen Heiligenschreine herum lebten bis zu 120 Personen, mehr oder weniger aktiv in die ekstatischen Praktiken einbezogen. Spenden, der Verkauf von Eiern und Kerzen sowie die Einnahme von Parkgebühren und Mieten erzeugten in einigen Schreinen Umsätze von bis zu einer Million Dirham, und aus der Beschreibung wird klar, daß die Schreine eine nicht zu unterschätzende Bedeutung für die Praxis des Islams bei den unteren Volksschichten besitzen.

In der Stadt waren die Seancen kurz (eine Stunde) und kollektiv (bis zu 30 Patientinnen). Außerhalb, besonders dort, wo Omnibusse oder andere Verkehrsmittel notwendig waren, gab es längere und individuellere Seancen. Im Mittelpunkt der Seancen standen ekstatische Tänze mit Musikbegleitung, auf denen sich Patientinnen und vortanzende Mystikerinnen gegenseitig schlugen, um die Dämonen den ersteren aus- und den letzteren zuzutreiben. Mystikerinnen

„verheirateten“ sich mit zahlreichen Dämonen, neben muslimischen auch jüdischen und schwarzafrikanischen, um sie von den befreiten Patientinnen fernzuhalten. Neben diesen Exorzismen gab es Wallfahrten (mit Kerzen und Stoffetzen zur Segnung ihrer Spender an Bäumen, Quellen und Höhlen in der Nähe der Schreine gelassen), Traumdeutungen, Weissagungen, Amulette, Talismane und Pharmaka (aphrodisische Mittel, Kräuter, Salben und Puder), die einzeln oder in Kombination miteinander die ekstatischen Riten vervollständigten. Einige Patientinnen unternahmen in Begleitung männlicher Familienmitglieder kombinierte Wallfahrten, mit genügend Kerzen versehen, um an den Segnungen mehrerer Schreine teilzuhaben.

Zentral in diesem vom Dorf in die Stadt getragenen Volksislam ist offensichtlich die Dämonenaustreibung. Wie auf dem Lande, wo die Natur eine chaotische Nachtseite voll des Übels und Unglücks hat, so existiert auch in den Elendsvierteln die Welt am Rande des Chaos – in Anbetracht der täglichen Misere des Überlebens eine durchaus realistische Beurteilung. Die Verantwortung für diese Misere haben die Dämonen, die als eigenständige Personen aufgefaßt werden. Schuld und Gerechtigkeit sind eindeutig auf Dämonen und Besessene verteilt. Besessene sind unschuldige Opfer, im Gegensatz zur Mittelklassenreligion des offiziellen Islams, wo das Leiden als das Resultat verinnerlichter Schuld, nicht äußerer Dämonen erscheint.

Der Exorzismus der Dämonen ist eine anarchische Handlung am Rande des Chaos. Anarchie ist gewissermaßen die Ordnung kurz vor dem Abgrund. Die Ekstase der Musik, des Tanzes und der Schläge mag dem ordnungsliebenden Mittelklassebürger als die Inkarnation der Unordnung vorkommen. Für die Bewohner der Elendsquartiere ist er die bestmögliche Ordnung inmitten chaotischer Existenz. Diese Existenz wird bemerkenswerterweise primär sozial als eine familiäre Not verstanden. Offensichtlich spielen Arbeitslosigkeit, Bedrohung durch Bulldozer und Kriminalität eine nicht unwichtige Rolle. Aber die wirkliche Verzweiflung kann daran abgelesen werden, daß 90 Prozent der Hilfesuchenden Frauen sind. Wie in der Kabylei, so suchen auch in Casablanca die Frauen nach Antworten auf ihre nervösen und psychosomatischen Störungen, von denen sie im täglichen Familienleben befallen werden. Der Abgrund öffnet sich nicht unter dem Kochtopf, sondern unter der Familie um den Kochtopf.

Sigrid Faath

Politischer Islam in Algerien

Die Ausweitung des Einflusses islamistischer Gruppen in Nordafrika wurde begünstigt 1. durch den Verlust an Glaubwürdigkeit, unter dem die bisherigen staatlichen Ideologien insbesondere seit den siebziger Jahren litten, da sie ihre gesteckten Entwicklungsziele nicht erreicht hatten; 2. die innenpolitischen Probleme, die in sozioökonomischen Problemen (v. a. Algerien, Marokko und Tunesien) und mangelnden politischen Freiheiten bestehen; 3. die Impulse, die von einer erfolgreichen islamistischen Machtergreifung im Iran automatisch ausgelöst wurden; 4. die massiven Finanzhilfen für islamistische Gruppen v. a. aus Saudi-Arabien und den Golfstaaten; 5. die zeitweise zweideutigen politischen Maßnahmen der Staatsführungen gegenüber religiös-traditionalistisch eingestellten Gruppen oder Fraktionen der Herrschaftselite, die zur Minderung des Einflusses „linker“ Gruppierungen gefördert wurden; 6. eine ambivalente Religionspolitik, mittels derer die Staatsführung den Islam für ihre Zielvorstellungen zu nutzen suchte; 7. eine speziell in Algerien praktizierte Rekrutierung von Lehrkräften aus nahöstlichen Staaten (wegen Lehrermangel) und die

Entsendung von Studenten an nahöstliche Hochschulen, die vor Ort mit dem in Nahost weitverbreiteten islamistischen Gedankengut vertraut wurden. [...]

Algerien, das als erster Maghrebstaat eine islamistische Partei legalisierte, verfügte bis zur Einführung des Mehrparteiensystems 1989 über eine nur durch Einzelaktionen an den Universitäten und in einer marginalisierten, militanten Untergrundgruppe (Bouiali-Gruppe 1982–87) an die Öffentlichkeit tretende islamistische Bewegung. Das Gros der sich ab 1989 in politischen Parteien und zahlreichen nichtpolitischen Organisationen organisierenden Islamisten sammelte sich um einzelne Prediger wie den 1984 verstorbenen Scheich Ahmed Soltani, Scheich Ahmed Sahnoun, den Präsidenten der Liga für islamische Mission (eine Versammlung von Predigern, die innere Mission betreibt), oder Scheich Abbasi Madani. Die islamistisches Gedankengut verbreitenden Prediger gehörten vielfach bereits während des Befreiungskampfes dem religiös-traditionalen Flügel des Front de Libération Nationale (FLN) an. Sie wendeten sich nach der Unabhängigkeit gegen die sozialistische Option Algeriens und traten für eine Aufwertung des Islams und der arabisch-islamischen Kultur ein. Eine ihrer frühen Organisationen war die 1964 von Malek Bennabi (gest. 1973) gegründete Vereinigung al-Qiyam (Die Werte), die bereits die strikte Umsetzung des islamischen Rechts, der Scharia, in Algerien forderte. Ihre Mitglieder verurteilten Säkularismus und Sozialismus ebenso wie die Emanzipation der Frauen nach europäischem Muster. Wie die in ihrer Tradition stehenden, nach der Zulassung politischer Parteien und nichtpolitischer Vereinigungen ab 1989 gegründeten islamistischen Parteien und Organisationen unternahm bereits al-Qiyam „moralisierende Aktionen“ u.a. gegen Frauen in westlicher Kleidung und gegen Prostituierte. Nach dem Verbot der Organisation 1970 agierten ihre Mitglieder im Untergrund gegen die von Präsident Boumediène lancierte sozialistische Agrarrevolution. Ihre antisozialistische Haltung brachte ihnen die finanzielle Unterstützung der Großgrundbesitzer und Händler ein, die für den Aufbau von privaten Moscheen spendeten, an denen „freie", d.h. nicht staatlicher Kontrolle unterstellte Prediger Dienst taten. In den 80er Jahren traten diese Prediger stärker an die Öffentlichkeit und unterstützten Forderungen von Studenten, die sich aufgrund ihrer Ausbildung im arabisierten Zweig des Schulwesens gegenüber den in allen Bereichen bevorzugt rekrutierten Absolventen des zweisprachigen (französisch-arabischen) Zweiges benachteiligt fühlten.

Im November 1982 kam es zu einer Erklärung der Islamisten um Scheich Soltani, Scheich Sahnoun und Scheich Abbasi Madani, in der die Gründung einer „islamischen Republik" und der Koran als Verfassungsgrundlage sowie die Aufgabe sozialistischer Optionen gefordert wurden. Zu diesem Zeitpunkt reagierte die Staatsführung mit Verhaftungen (Hausarrest für die führenden Persönlichkeiten) und mit dem Versuch, die Kontrolle über den religiös-organisatorischen Bereich zurückzugewinnen, u.a. durch die Gründung einer islamischen Universität mit Diplomstudiengängen, die Einladung anerkannter Religionswissenschaftler als Lehrkräfte wie den Ägypter Scheich Ghozali, einen Anhänger des moderaten Flügels der ägyptischen Muslimbrüder, und durch die verstärkte Rekrutierung von Abgängern des arabisierten Zweiges der Hoch- und Sekundarschulen für Verwaltungspositionen.

Nach den Oktoberunruhen von 1988, die nicht von Islamisten ausgingen, in die sie sich jedoch zur Förderung ihrer Anliegen durch die massive Mobilisierung ihrer Anhänger zu Demonstrationen einschalteten, setzte die eigentliche Strukturierung und Organisierung der Bewegung ein. Ein Teil der Islamisten unter Abbasi Madanis Führung konstituierte sich als politische Partei (Front Islamique du Salut/FIS) und wurde im September 1989 vom Innenministerium legalisiert. Eine populistische Ausrichtung ihrer Politik gestattete es den Islamisten, sich eine starke Ausgangsbasis zu schaffen. Sie stützten sich hauptsächlich auf Jugendliche und junge Erwachsene, denen sie ein Betätigungsfeld und Einflußnahme (in Aktionsgruppen) bei der gesellschaftlichen und moralischen Neuausrichtung zuweisen. Bei einer Jugendarbeitslosigkeit von 63 % bei den 15–19jährigen und 30,9 % bei den 20–24jährigen ist dieser Faktor nicht zu unterschätzen.

Udo Steinbach

Re-Islamisierung

Der Zusammenstoß mit dem Westen und seiner überlegenen Zivilisation hat die Muslime und die islamische Welt in der Neuzeit tiefgreifend erschüttert [...]

Seitdem hat der islamische Raum nicht aufgehört, sich mit dem Westen auseinanderzusetzten, ja große Teile der politischen und kulturellen Geschichte des 19. und 20. Jahrhunderts lassen sich als eine Sequenz von (bis heute allenfalls teilweise gelungenen) Versuchen verstehen, die Spannung zwischen dem Ideal vom islamischen Staat und der islamischen Gesellschaft auf der einen und dem – letztlich noch immer unterentwickelten – Zustand der islamischen Welt auf der anderen Seite zu überwinden. Die Antworten auf die gestellten Fragen und Probleme sind vielfältig: Sie reichen von theologischer Neuinterpretation der Aussagen der islamischen Religion bis zum hartnäckigen Beharren auf der wortwörtlichen Fortgeltung von Koran und *sunna;* von rigoroser Säkularisierung bis zur Feststellung, daß der Koran die „Verfassung" des Staates sei; von der totalen Verwestlichung bis zu dem Versuch, wieder ein „islamisches Erziehungswesen" einzuführen. Insgesamt freilich ist die Lage der islamischen Welt dadurch gekennzeichnet, daß hinsichtlich der Grundlagen und Systeme des Staates, der Strukturen der Gesellschaft und der kulturellen Wertordnung Mischformen bestehen, in denen Westliches oder Islamisches entweder nebeneinander besteht oder eine – in vielen Fällen nur oberflächliche – Verschmelzung eingegangen ist [...]

Seit dem Beginn der 70er Jahre hat das Ringen der islamischen Welt um ihre Identität, um einen eigenen Weg wirtschaftlicher und sozialer Entwicklung und Modernisierung sowie um die Definition ihrer Beziehungen zum „Westen" neue Dimensionen erfahren. Diese Bemühungen, die letzten Endes darauf abzielen, den Islam und das islamische Gesetz in der ganzen islamischen Welt wieder umfassend zur Geltung zu bringen, hat man mit dem Schlagwort „Islamisierung" oder „Re-Islamisierung" bezeichnet. [...]

Das Verständnis dieser Prozesse, ihrer Reichweite und ihrer Perspektiven macht ihre historische Einordnung notwendig. Die islamische Antwort auf die Herausforderung durch den Westen ist in zwei großen Strömungen erfolgt. Bereits vor der Napoleonischen Expedition nach Ägypten (1798), mit der man gemeinhin die neue Epoche im Nahen Osten beginnen läßt, war es auf der Arabischen Halbinsel zu einer Bewegung gekommen, die – ins Leben gerufen durch Muḥammad ibn ʿAbd al-Wahhāb (1703–1792) – radikal gegen alles Front machte, was sie als Abweichung vom Urislam, als „Neuerung" *(bidʿa)* betrachtete. Muḥammad ibn ʿAbd al-Wahhāb hat diesen Urislam wiederherzustellen und die Muslime für seine „rückwärts gewandte Utopie" zu mobilisieren versucht. Diese rückwärts gewandte Variante der islamischen „Erneuerung" hat im Zuge der „Re-Islamisierung", d.h. der Neuauflage der islamischen Auseinandersetzung mit dem Westen in der Gegenwart, neue Aktualität bekommen.

Für den Islam und die islamische Welt als ganze oder zunächst jedenfalls folgenreicher ist jene andere Strömung der Erneuerung gewesen, die eine kreative Antwort gesucht hat und die sich insbesondere mit den Namen Jamāl ad-Dīn al-Afghānī (1839–1897) und Muḥammad ʿAbduh (1849–1905) verbindet. Zwar befanden auch sie sich auf der einen Seite in einer antikolonialen Frontstellung gegen den Westen. [...] Auf der anderen Seite aber waren beide bereit, Elemente der westlichen Zivilisation und Kultur zu übernehmen, sofern diese den Islam stärken konnten. Sie gingen davon aus, daß nicht die strukturellen Bedingungen, sondern die Abkehr vom richtigen Islam die Ursache der Misere der islamischen Welt gegenüber dem Westen war. Anders als die Wahhabiten aber verwarfen sie die westlichen Elemente nicht pauschal als „Neuerungen", sondern suchten durch Reform des Islams seinen Grundgehalt, wie sie ihn verstanden, mit den bestimmenden Elementen des Westens zu verbinden [...] Auf einem Kurs zwischen fundamentalistischer Rückbesinnung und imitativer Verwestlichung wollten al-Afghānī und seine Schüler von Europa die für dieses kennzeichnende Wissenschaftskultur übernehmen und gleichzeitig am Islam festhalten. Die ungelöste Spannung zwischen diesen beiden Zielen ist das größte Problem, dem noch heute die islamische Welt und die sogenannte „Re-Islamisierung" gegenüberstehen [...]

Trotz vereinzelter Versuche, namentlich al-Afghānīs, die religiöse Reform mit politischem Aktionismus zu verbinden, ist der Charakter der Bewegung vorwiegend intellektuell geblieben. Demgegenüber hat sich der konservativ-fundamentalistische Vorläufer der islamischen Erneuerungsbewegung, die *Wahhābīya*, in Saudi-Arabien in der Allianz des Reformers Muḥammad ibn ʿAbd al-Wahhāb mit der Familie Saʿūd auch politisch durchsetzen können. Für den Charakter der „Re-Islamisierung" sollte diese ungleiche Ausgangslage richtungweisende Bedeutung haben. [...]

Dem islamischen Modernismus des 19. Jahrhunderts ist es also versagt gewesen, einen umfassenden Wiederaufstieg der islamischen Welt zu initiieren. [...] Vielmehr ist das Anliegen des islamischen Modernismus mit dem zweiten Jahrzehnt des 20. Jahrhunderts in den Schatten neuer Prioritäten getreten. Der Kampf um die politische Unabhängigkeit wird spätestens mit dem Ende des Ersten Weltkriegs akut, als die bis dahin genährten Hoffnungen auf Selbstbestimmung durch die Fortsetzung des britischen und französischen Kolonialismus zerrinnen. Daneben wird die Überwindung der Rückständigkeit zur zweiten Priorität der neuen, meist im Westen erzogenen Eliten. Der Nationalismus wird ebenso zur Leitlinie ihres Handelns wie die Überzeugung, daß die Überwindung der Rückständigkeit ein Problem der wirtschaftlichen Entwicklung sei. [...] Nach dem Zweiten Weltkrieg tritt deshalb eine neue Ideologie in den Vordergrund, die nunmehr eine klare Übernahme westlicher gesellschaftspolitischer Konzepte ist: der nicht-marxistische Sozialismus. Über 50 Jahre haben dem Westen entlehnte politische und gesellschaftspolitische Ordnungsvorstellungen das Denken und Handeln der neuen Eliten bestimmt und haben entscheidende Kräfte sowohl bei der Ausbildung der geographischen Landkarte der islamischen Welt als auch der sozialen und politischen Entwicklungsprozesse dort freigesetzt. Es sind freilich nicht nur die von den Kolonialmächten geprägten Eliten gewesen, die nach neuen Entwicklungswegen gesucht haben. Vielmehr begann die islamische Orthodoxie selbst in einer scharfen Reaktion auf die Modernisierungsbemühungen wieder an Boden zu gewinnen. [...] Es ist ein Schüler Muḥammad ʿAbduhs selbst, Rashīd Riḍā (gest. 1935), gewesen, der die in der hanbalitischen Rechtsschule wurzelnden Elemente der Ansätze seines Lehrers zu einem islamischen Fundamentalismus weiterentwickelt und sich schließlich mit der Politik der Familie Saʿūd identifiziert hat, die in den zwanziger Jahren erneut die Macht auf der Arabischen Halbinsel ergriff und den heutigen Staat Saudi-Arabien, dessen erklärte Staatsideologie die *Wahhābīya* ist, gegründet hat. An Rashīd Riḍās islamischen Fundamentalismus knüpft die 1928 gegründete radikale Bewegung der Muslim-Bruderschaft an, die für eine umfassende Restauration des Islams eintritt und eine hartnäckige Opposition zu säkularistischen Entwicklungskonzepten bildet.

So ist die weltanschauliche und religiöse Konstellation in der Epoche vom Ende des Ersten Weltkriegs bis zum Ende der sechziger Jahre durch die Polarisierung zwischen westlich bestimmten Konzepten, Ideologien und Modellen auf der einen und einem konservativen bis reaktionären Islam – in seinen beiden Varianten, der orthodoxen und fundamentalistischen – auf der anderen Seite charakterisiert. Intellektuelle oder praktische Bemühungen, den Islam mit modernen Gesellschaftsauffassungen zu versöhnen, waren weitestgehend versiegt. [...]

Deshalb ist es wenig erstaunlich, daß sich in einer spezifischen historischen Situation, wie sie sich seit der Mitte der 60er Jahre abzuzeichnen begann, die Wiederbelebung des Islam ganz im Zeichen der fundamentalistischen Richtung dieser Religion vollzog. [...] Es ist freilich fraglich, was aus diesen Anfängen geworden wäre, wenn die islamische Bewegung nicht neue äußere Impulse erhalten hätte – namentlich durch die sprunghafte Erhöhung der Öleinnahmen und die damit ausgelöste Beschleunigung des Entwicklungs- und Industrialisierungsprozesses. Anfang der 70er Jahre war es den als Kartell organisierten ölproduzierenden Staaten unter arabischer und iranischer Führung gelungen, die jahrelang vom Diktat der Käufer niedrig gehaltenen Rohölpreise erheblich anzuheben und in kurzer Zeit zu vervielfachen. Damit nicht genug, begann nicht nur die Preispolitik Sache der Ölproduzenten selbst zu werden, vielmehr setzte auch die totale oder schrittweise Verstaatlichung der Produktion ein, die den ölproduzierenden Staaten das Selbstvertrauen vermittelte, nun auch auf dem technologischen Gebiet, also in einem bislang als Domäne der Industrienationen angesehenen Bereich, eine Schwelle erreicht zu haben, die in eine weitgehende Unabhängigkeit vom Westen und damit zum Gleichstand mit ihm führen würde. Die Möglichkeit zu wirtschaftlicher Entwicklung, das Bewußtsein gewachsener Unabhängigkeit und technologisch-wissenschaftlicher Ebenbürtigkeit und schließlich der Teilerfolg der arabischen Waffen im vierten arabisch-israelischen Krieg (Oktober 1973) sowie die Rolle der Araber als eines neuen internationalen politischen und wirtschaftlichen Machtfaktors – all dies hat dazu beigetragen, daß die Muslime aus einer neuen Perspektive auf die Welt zu schauen begannen. Zum erstenmal seit mehr als anderthalb Jahrhunderten schienen ihre Vision von der eigentlichen Rolle der islamischen Gemeinschaft in der Welt und die Wirklichkeit in Übereinstimmung zu stehen oder sich zumindest darauf zuzubewegen. [...]

Das Grunddilemma dieser Entwicklung freilich war von Anfang an offenbar: Die sogenannte „Re-Islamisierung" beinhaltete nicht zugleich die Fortsetzung jener Bemühungen der islamischen Erneuerer des 19. Jahrhunderts, intellektuell oder praktisch-politisch die Grundelemente des politischen und gesellschaftlichen *statuts quo* mit den essentiellen Inhalten des Islams zu verbinden, bedeutet also nicht, das islamische Gesetz, die *sharīʿa*, im Lichte der sozialen Veränderungen, die seit den Tagen des Propheten Muḥammad dem Leben der islamischen Gemeinde einen gewandelten Rahmen geschaffen hatten, zu überdenken und den Koran und die *sunna*, die Grundlagen der *sharīʿa*, neu zu interpretieren [...]

Die Re-Islamisierung ist auf den Gebieten am meisten faßbar, in denen sensationelle, „Ergebnisse" relativ leicht zu erzielen und andererseits relativ klare Richtlinien aus der Tradition zu gewinnen waren (Zivil- und Strafrecht, Alkoholverbot, Kleidungsvorschriften insbesondere für Frauen, Zinsverbot, Almosen-*[zakāt-]*Steuer). An die eigentliche Problematik jedoch, die Realitäten einer – trotz aller Unterschiede in den Entwicklungsprioritäten im einzelnen – letztlich doch industriell und rational-wissenschaftlich geprägten Gesellschaft mit dem Gehalt des Islams zu verbinden, hat man sich bislang kaum herangemacht.

Friedemann Büttner/Inge Klostermeier

Emanzipation und Schleier in Ägypten

Zweifellos hat sich die gesellschaftliche Position der Ägypterin sehr gewandelt im Laufe des 20. Jahrhunderts. Obwohl gerade in ländlichen Regionen Mädchen und Frauen noch immer stark benachteiligt leben, haben sich viele Träume früher Feministinnen erfüllt. Ägypten wäre ein anderes Land ohne die zahlreichen gebildeten und selbstbewußt in der Öffentlichkeit auftretenden Frauen. Die Retraditionalisierung im islamischen Raum hat jedoch auch in Ägypten die Frauenfrage erneut aufgeworfen. Hitzig diskutieren politische und religiöse Meinungsführer die angemessene Rolle der Frau, und die Frauen selbst sind gespalten in Altfeministinnen und Fundamentalistinnen, Liberale und Religiöse. Überwiegend junge Studentinnen aus den unteren Mittelschichten schlossen sich als erste islamischen Gruppen an. Bedeutete dieser Schritt aber auch die freiwillige Rückkehr zu Traditionen, die früher als frauenfeindlich galten und längst überwunden schienen?

Als Hoda Schaarawi 1923 den Gesichtsschleier ablegte, protestierte sie damit gegen gesellschaftliche Strukturen, die Frauen aus dem öffentlichen Leben ausschlossen und ihnen keinerlei Entwicklungschancen boten. Wenn junge Frauen in den 70er Jahren zunehmend wieder zum Schleier griffen, geschah dies ebenfalls aus Protest – gegen eine Gesellschaft, die der massiven kulturellen Überfremdung durch den Westen nichts entgegensetzte, und gegen wachsende soziale Mißstände, die den bisher praktizierten westlichen Politikmodellen, [...] angelastet wurden. Aus dieser gesellschaftskritischen Haltung heraus befürworteten viele Frauen die islamische Bewegung als konkrete und der eigenen Kultur angepaßte politische Alternative, die ihnen jedoch auch eine Neudefintion der eigenen Rolle abverlangte.

Schon rein äußerlich durch die islamische Kleidung demonstrieren sie ihre bewußte Abkehr von einem Frauenbild, das eng mit den Fehlentwicklungen der letzten Jahre verbunden ist. Sie bekennen sich zu ihrer islamischen Identität, beabsichtigen aber keinesfalls die freiwillige Rückkehr in den Harem des 19. Jahrhunderts – im Gegenteil! Gerade weil immer mehr Frauen durch Studium und Beruf in der Öffentlichkeit „sichtbar" wurden, ist eine dezente, respektheischende, eben islamische, Kleidung notwendig geworden. Diesen Zusammenhang spiegelt auch ein gescheiterter Versuch der Muslimbrüder wider, allen berufstätigen Frauen gesetzlich islamische Kleidung vorzuschreiben. Anders als früher steht der Schleier heute nicht mehr für die Absperrung der Frau. So paradox es klingen mag: In der gegenwärtigen politischen Situation fördert er sogar ihre Chancen, eine öffentliche Rolle zu spielen. Ihr Äußeres signalisiert, daß sie islamische Gesetze achtet und umgekehrt angemessenen Respekt erwartet.

Wie in Algerien gegen die französischen Kolonialherren oder im Iran gegen das Schah-Regime stellte der Schleier anfangs auch in Ägypten ein wirksames Symbol des Protestes dar. Dabei nicht zu unterschätzen für die verarmten unteren Mittelschichten waren ökonomische Vorteile durch sinkende Kleidungs- und Friseurkosten bei der zeitlosen islamischen Tracht gegenüber der westlichen Mode mit ihren ständig wechselnden Trends. Die soziale Frustration über verwehrte gesellschaftliche Aufstiegschancen und die Angst vor drohendem Einkommens- und Statusverlust konnten mit der Hinwendung zum Islam im wahrsten Sinne des Wortes „verschleiert" werden. Mittlerweile ist die islamistische Bewegung jedoch zu einem Machtfaktor geworden und hat eine Eigendynamik entwickelt, die sich zunehmend gegen Frauen richtet. Was anfangs ihrem neuen Selbstverständnis entsprach, entwickelte sich bald zum gesellschaftlichen Druck, der nunmehr islamische Kleidung auch Frauen aufzwingt, die sich mit der damit verbundenen „Botschaft" gar nicht identifizieren können. Sei es aus Überzeugung oder Anpassung – längst ist islamische Kleidung nicht mehr nur in den unteren Mittleschichten verbreitet, sondern in vielerlei modischen Spielarten auch in besseren Kreisen gesellschaftsfähig geworden. Seit kurzem haben sogar französische Couturiers den expandierenden Markt entdeckt, und spätestens dann hat noch jede „Gegen-Mode" ihren Protestcharakter verloren.

Die revoltierenden Frauen der 70er Jahre haben mit Schleier und islamischer Kleidung eine Symbolsprache gewählt, die nicht nur mit kultureller Identität, sondern vor allem mit einem traditionellen Frauenbild und den damit verbundenen Rollenerwartungen besetzt ist. Ungewollt ordneten sie sich damit ausgezeichnet in die Strategie jener Kräfte ein, die die Berufstätigkeit von Frauen einschränken und die Familie als Hort der Tradition und als verläßliches soziales Netz stärken wollten. In der allgemeinen Krise scheint allein die Familie verhindern zu können, daß die ägyptische Gesellschaft noch stärker auseinanderfällt, als dies in den letzten Jahren bereits geschehen ist. Trotz seines Wiederauflebens in einer Protestphase ist der Schleier für die Ägypterinnen wieder zu dem geworden, was er ursprünglich war: ein Symbol ihrer Abhängigkeit von patriarchalischen Strukturen.

Werner Ende

Die „Herrschaft des Gottesgelehrten" – Khumainīs Staatsdoktrin

Mit der Vorstellung vom zwölften Imam als dem zu erwartenden Erlöser und Mahdi ist in der Zwölferschia aufs engste die Lehre verbunden, daß bis zu seiner Rückkehr aus der

Verborgenheit jegliche politische Herrschaft – auch die eines Herrschers, der sich zur Zwölferschia bekennt – nur bedingt legitim sein kann. Die Einstellung der Gläubigen zu einer derartigen Herrschaft hängt davon ab, ob und in welchem Maße sie die Prinzipien des (zwölferschiitischen) Islams respektiert. Die Entscheidung darüber, ob dies der Fall ist, liegt – jedenfalls theoretisch – bei den schiitischen Gelehrten. Diesen kommt insofern eine Autorität zu, die direkt in den Bereich der Politik hineinragt. Die Vorstellung von einem konkreten Wächteramt der obersten *mujtahids* hat sich allerdings erst allmählich herausgebildet, war auch unter Theologen nie unumstritten (es gab stets eine quietistische, ja sogar eine „royalistische" Strömung) und hat erst im 20. Jahrhundert zu eindeutigen Forderungen hinsichtlich der Kontrollfunktion der qualifiziertesten Rechtsgelehrten geführt. Ihre bisher extremste Ausprägung hat diese Vorstellung in der Lehre Khumainīs von der (für den zwölften Imam, den Mahdi) stellvertretenden, direkten Machtausübung des bestqualifizierten Rechtsgelehrten (pers. *wilāyat-i faqīh)* gefunden. Diese Institution ist auch in der Verfassung der Islamischen Republik von 1979 verankert worden, hat aber, was die Auslegung durch Khumainī und seine Anhänger betrifft, inzwischen auch durch schiitische Theologen Kritik erfahren.

Khumainī hat versucht, seine Doktrin aus der Tradition des schiitischen Staatsdenkens herzuleiten. Bei den „Kirchenvätern" des 10. und 11. Jahrhunderts findet sich diese Lehre allerdings noch nicht. Vielmehr hatten diese die Konsequenz aus der Tatsache zu ziehen, daß, vom vierten Imam an, alle Imame, und ganz besonders der sechste Imam Jaʿfar aṣ-Ṣādiq, eine quietistische Haltung eingenommen haben. Die Gemeinde hatte sich, da die Wiederkehr des zwölften Imams auf sich warten ließ, mit der andauernden Realität illegitimer Herrschaft abzufinden. Ihre Rechtsgelehrten mußten somit auch die Frage entscheiden, inwiefern für einen Zwölferschiiten eine Tätigkeit im Dienste eines (unter dem Gesichtspunkt der Abwesenheit des zwölften Imams zwangsläufig) illegitimen Herrschers (sei er nun Sunnit oder Schiit) erlaubt sein könne. Dabei mußte zwischen dem illegitimen, aber gerechten, und dem illegitimen, und zugleich ungerechten Herrscher unterschieden werden. Die Antworten der Gelehrten sind im Zusammenhang mit der konkreten historischen Situation zu sehen, in der sie gegeben wurden: Ihr Inhalt reicht von strikter Ablehnung jeglicher Zusammenarbeit bis zu der Entscheidung, daß ein Zwölferschiit selbst einem ungerechten illegitimen Herrscher dienen dürfe, wenn dies der Sicherheit bzw. Stärkung der zwölferschiitischen Gemeinde dienlich sei. Unter bestimmten Umständen könne dieser Dienst sogar zur Pflicht werden.

In der Tat haben Zwölferschiiten nicht nur unter Herrschern ihrer eigenen Konfession, sondern auch unter Sunniten hohe Positionen im Staat eingenommen. In diesem Zusammenhang erwies es sich als vorteilhaft, daß die Gelehrten der Zwölferschia die Lehre vom Erlaubtsein des bewußten Verschweigens des eigenen Bekenntnisses *(taqīya* oder *kitmān)* entwickelt haben. *taqīya* ist erlaubt, ja dringend geboten, wenn dies der persönlichen Sicherheit in einer feindlichen Umwelt oder dem Schutz der zwölferschiitischen Gemeinde und ihrer Interessen dient.

Khumainī hat sich bemüht, die in der soeben skizzierten Lehre angelegte Tendenz zum Quietismus zurückzudrängen. Er geht von der These aus, die Verborgenheit des zwölften Imams könne nicht bedeuten, daß die Gesetze des Islams bis zu dessen Wiederkehr außer Kraft gesetzt seien. Die Gegenwart der islamischen Welt sei aber gerade durch die weitgehende Zurückdrängung der *sharīʿa* gekennzeichnet. In dieser Situation werde Revolution zur Pflicht. Ziel dieser Revolution müsse die Etablierung einer wahrhaft islamischen Ordnung sein, wie sie zur Regierungszeit des Imams ʿAlī (656–61) bestanden habe. Die Regierung dieses islamischen Staates müsse durch einen anerkannten, gerechten Rechtsgelehrten *(faqīh)* oder ein Kollegium solcher Gelehrter kontrolliert werden. Hinsichtlich ihrer *Funktion* als Inhaber von Regierungsgewalt und Herren der Rechtssprechung unterscheiden sich diese Gelehrten, so Khumainī, nicht vom Propheten oder von den Imamen. In *dieser* Eigenschaft sind sie deren Nachfolger und Erben.

Khumainī untermauert seine Argumentation durch eine sehr weitgehende Auslegung von Koran 4:60 bzw. einer Äußerung des Imams Jaʿfar aṣ-Ṣādiq dazu. Demzufolge ist es den Gläubigen eindeutig verboten, sich zur Entscheidung ihrer strittigen Angelegenheiten an (den oder die) Götzen *(ṭāghūt)* zu wenden – worunter, wie Jaʿfar aṣ-Ṣādiq anläßlich eines bestimmten Falles gesagt haben soll, auch jeder Vertreter der illegitimen Staatsgewalt zu verstehen sei. Khumainī identifiziert nun Regime wie das des Schahs eindeutig mit dem *ṭāghūt*, erklärt also Gehorsam gegenüber diesem und ähnliche Regimes zu einer Art Götzendienst.

Mit dieser Interpretation und mit dem gleichzeitigen Versuch, den legitimen Anwendungsbereich der *taqīya* zu begrenzen, hat Khumainī einem militanten Fundamentalismus zum Durchbruch verholfen, wie er in dieser Form im zwölferschiitischen Bereich bisher nicht bekannt war. Seine langfristige Wirkung im schiitischen und außerschiitischen Bereich ist noch nicht abzuschätzen.

Der von Khumainī repräsentierte schiitische Fundamentalismus ist auch durch ein auffallendes (zumindest verbales) Engagement für die sozial Unterdrückten gekennzeichnet. Er teilt dieses Engagement mit dem, von Intellektuellen mit westlicher Ausbildung beeinflußten, schiitischen Modernismus. Zu ihm bekennen sich große Teile des linken Flügels der islamischen Revolutionsbewegung im Iran sowie entsprechende zwölferschiitische Bewegungen im Irak, im Libanon etc. Ideologische Kultfigur dieser Strömungen ist der 1977 in England verstorbene iranische Religionssoziologe ʿAlī Sharīʿatī. In seinen Schriften findet sich immer wieder der Hinweis auf den Prophetengefährten und Anhänger ʿAlīs, Abū Dharr al-Ghifārī, als Vorkämpfer eines eigenständigen, echt islamischen (schiitischen) Sozialismus.

Die Diskrepanz zwischen dem Islam- und Schia-Verständnis Khumainīs und Sharīʿatīs ist offensichtlich. Im Rausch der Revolution wurde sie zeitweilig verdrängt. Inzwischen sind die Gegensätze in praktisch-politischen Fragen, die sich daraus ergeben, offen zutage getreten.

Klemens Ludwig

Verfolgung der Bahai nach der iranischen Revolution von 1979

Überzeugte Moslems betrachten den Bahaismus als Irrlehre und verweigern ihm sogar die Anerkennung als Religionsgemeinschaft. Die Ursachen dafür reichen in das Jahr 1844 zurück. Damals verkündete ein junger Reformer der schiitisch-moslemischen Glaubensrichtung in der persischen Stadt Schiras eine Erneuerung des Islam, die über Mohammed als Propheten hinausging. Er selbst nannte sich Bab, das Tor, durch das sich Gott den Menschen offenbart. In kurzer Zeit erhielt die Bewegung großen Zulauf und entwickelte sich damit zu einer Gefahr für die etablierte islamische Geistlichkeit. Sie ließ den Bab deshalb festnehmen und am 9. Juli 1850 in Täbris öffentlich erschießen.

Unter seiner Anhängerschaft setzte sich ein persischer Adeliger durch, der Baha'ulla (= Glanz Gottes) genannt wurde und heute als eigentlicher Begründer des Bahaismus gilt. Nach seiner Lehre hat sich Gott an verschiedenen Orten und in unterschiedlichen Epochen durch Propheten offenbart, zu denen er Abraham, Moses, Buddha, Zarathustra, Jesus und Mohammed zählte. Nun sei die Zeit gekommen, alle Religionen zu vereinen. Neben dem religiösen Aspekt enthielt seine Lehre einen starken sozialen Anspruch. Arm und reich müsse überwunden werden; alle Menschen sollten gleich sein und denselben Anteil an den Reichtümern der Erde erhalten. Konsequenterweise forderte er auch eine bessere Stellung der Frau in der Gesellschaft, die seine Anhänger – verglichen mit dem Islam – verwirklichten. Auf der Flucht vor den iranischen Herrschern verkündete der Baha'ulla seine Lehre zuerst in Bagdad und später in Akka bei Haifa, Palästina, wo er 1892 starb.

Diese neue Lehre stand allein aufgrund ihrer Existenz im Widerspruch zum Islam, der Mohammed als den letzten und entscheidenden Propheten betrachtet und seine Offenbarung als bis zum Ende der Welt gültig. Nur gegenüber Angehörigen der Verkündigungen vor Mohammed (Juden, Christen, Parsen) praktiziert der Islam eine gewisse Toleranz. Die „ketzerischen" Bahai traf sein Absolutheitsanspruch dagegen von Beginn an.

Schon im ausgehenden 19. Jahrhundert fielen Hunderte Bahai islamischen Exzessen zum Opfer. 1925 verschlechterte sich mit der Einführung des Islam als Staatsreligion die öffentliche Stellung der Bahai im Iran weiter. Staatsbeamte und Armeeoffiziere, die sich zum Bahaismus bekannten, verloren ihre Stellung; die Ehen der Bahai fanden keine Anerkennung mehr. Selbst unter dem weltlichen Regime des Schah Reza (1941–1979) nahm die Verfolgung und Diskriminierung kein Ende. Die Regierung verbot die „Bahai-Sekte" sogar im Mai 1955 und verfügte die Schließung ihres Heiligtums in der Hauptstadt Teheran.

Mit der islamischen Revolution im Februar 1979 nahm der Terror gegen die Bahai neue Dimensionen an. Kurz vor seiner Rückkehr nach Teheran erklärte Ayatollah Khomeini auf die Frage, ob er die Bahai als religiöse Gruppe anerkenne und respektiere: „Sie sind eine politische Gruppe. Sie sind bösartig. Sie werden nicht anerkannt werden."

Seine Anhänger setzten die unheilvollen Ankündigungen in die Praxis um. Bereits im September 1979 zerstörten fanatische Moslems das „Haus des Bab“ in Schiras, eines der bedeutendsten Heiligtümer der Bahai. In mehreren Landesteilen wurden soziale Einrichtungen der Bahai geschlossen, Gläubige vom aufgeputschten Pöbel oder Revolutionsgardisten öffentlich ermordet, einige Hundert inhaftiert, gefoltert und hingerichtet. Nicht einmal die Toten blieben vor der Vernichtungswut verschont, denn iranische Zeitungen bieten Grabsteine geschändeter Friedhöfe der Bahai nach Entfernung der Inschriften zum Verkauf an.

Offiziell begründen die iranischen Mullahs den Terror zumeist mit politischen Delikten. Die Bahai würden für ausländische Mächte, vor allem die USA, spionieren. [...]

Als Bedingung für die Beendigung der Verfolgung verlangt die Regierung heute wie in der Vergangenheit den Übertritt zum Islam, eine Forderung, mit der sie den Spionagevorwurf selbst widerlegt. Einige Bahai gaben dem Druck nach und schlossen sich dem Islam an; eine große Zahl entzog sich der Vernichtung durch die Flucht. Somit sank ihre Anzahl von mindestens 500000 in den sechziger Jahren auf 300000.

Hans Wassmund

Dimensionen des Nahost-Konflikts

Der Nahost-Konflikt besteht in Wirklichkeit aus *vier* eng miteinander verwobenen *Konfliktebenen:* Dem Konflikt zwischen dem im Mai 1948 gegründeten Staat Israel auf der einen Seite und den 21 Mitgliedern der Arabischen Liga sowie der Palästinensischen Befreiungsorganisation auf der anderen. Eine der großen Schwierigkeiten besteht darin, daß in den jahrzehntelangen Auseinandersetzungen nicht etwa Recht gegen Unrecht gestanden hätte, sondern Recht gegen

Recht: das Existenzrecht Israels gegen das Recht der Palästinenser auf ihr angestammtes Siedlungsgebiet. Die *zweite Konfliktebene* ist in den innerarabischen Auseinandersetzungen zu suchen. Die arabische Welt ist im Grunde durch nichts geeint als durch den gemeinsamen Kampf gegen Israel. Die Uneinigkeit und Heterogenität kommt in den Diskussionen um die Wahl der Mittel für diesen Kampf, die Integration oder Ablehnung der Palästinenser und das Ausmaß der direkten Kampfbereitschaft (Frontstaaten und Ölscheichtümer) zum Ausdruck.

Auf einer *dritten Konfliktebene* geht es um den Einfluß auswärtiger Mächte in dieser Region. War es zunächst die geostrategische Bedeutung des Nahen Ostens (Suezkanal, Zugang zum Indischen Ozean, Durchgang nach Afrika und Asien), die das Engagement fremder Mächte in der Gegend auslöste, so wurde es später mehr und mehr der immense Reichtum an Erdöl. Die sich allmählich zurückziehenden alten Vorherrschaftsmächte in der Region, Frankreich und vor allem Großbritannien, wurden durch die Sowjetunion und die USA ersetzt. Sie traten in einen harten Konkurrenzkampf ein, wobei die USA auf seiten Israels stand, die Sowjetunion sich mit einzelnen arabischen Staaten verbündete. Jeder Fehlschlag der einen Seite wurde sofort von der anderen für die eigenen Interessen genutzt (z.B. sowjetische Finanzierung des Assuan-Staudammes nach amerikanischer Weigerung; an Ägypten amerikanische Kredite und Waffen nach Vertreibung sowjetischer Helfer und Experten von dort Anfang 1976).

Auf einer *vierten Konfliktebene* stehen die Interessen des Staates Israel sowie der in der Welt verstreuten jüdischen Bevölkerungsteile (insgesamt fast 12 Millionen) auf der einen Seite und die Interessen der Industriestaaten an arabischen Öllieferungen auf der anderen Seite gegeneinander. Mit Israel eingegangene Verträge, die Einsicht in die Notwendigkeit der Erhaltung einer Heimstätte für das einzigartig geschundene jüdische Volk und die geschickt durch Appelle von einflußreichen Juden aus der ganzen Welt immer wieder erneuerten Verpflichtungen auf den jüdischen Staat mußten politisch-diplomatisch mit der Tatsache in Einklang gebracht werden, daß eine extreme und wachsende Abhängigkeit von den Öllieferungen der arabischen Feinde Israels bestand und weiterhin gegeben ist. Das Ergebnis war ein mehr oder weniger geschicktes Lavieren der Industrienationen und der (letztlich vergebliche) Versuch, den gegensätzlichen Ansprüchen und unvereinbaren Interessen gleichermaßen gerecht zu werden.

Die *Arten der Austragung des Nahost-Konfliktes* bestehen zum einen in der Anwendung *politischer Mittel.* Hierzu gehören propagandistisch werbende und verurteilende Bemühungen aller Seiten, die Versuche, Koalitionen und Bündnisse zu schaffen und Infiltrations- sowie Subversionsmaßnahmen einzuleiten. Das älteste politische Mittel in der nahöstlichen Auseinandersetzung dürfte die Verweigerung der Integration der palästinensischen Bevölkerung in die arabischen Nachbarstaaten Israels sein. Die Probleme der Flüchtlinge und die Existenz von Lagern mit etwa 600 000 palästinensischen Insassen soll als eine Art permanent blutende und offene Wunde die Ungelöstheit der Konflikte demonstrieren.

Zu den *ökonomischen Mitteln,* mit denen der Nahost-Konflikt ausgetragen wird, zählen zum einen die verschiedenen Hilfsprogramme, Kreditgewährung, Einräumung von Vorzugsbehandlung usw., die alle Seiten für ihre jeweiligen Partner bereithalten. Dazu zählt auch, über die Schaffung von Stabilität und Wirtschaftswachstum, die eigene Überlegenheit und Vorbildhaftigkeit in der Region unter Beweis zu stellen. Zweifellos stellten aber die Einstellung von Öllieferungen und die Anhebung der Rohölpreise 1973/74 sowie bereits die Drohung, Öl als Druck- und Kampfmittel zu verwenden, das bei weitem wirkungsvollste ökonomische Instrument dar.

In erster Linie allerdings wurde der Nahost-Konflikt mit

militärischen Mitteln ausgetragen. Bereits sofort nach der Staatsgründung Israels auf erobertem Territorium kam es 1948/49 zu einem Krieg zwischen Israel, den arabischen Staaten und den Palästinensern. Danach wurde ein Waffenstillstand geschlossen, der auf dem Provisorium der militärisch erkämpften Grenzen beruhte.

Im Oktober/November 1956 erfolgte die zweite militärische Auseinandersetzung, die von den Israelis als Präventivschlag hingestellt wurde. Der Krieg führte zu einer schweren Niederlage für Ägypten. Durch das Zusammenwirken Israels mit dem gleichzeitig stattfindenden Vormarsch der Franzosen und Engländer auf den Suezkanal zur Rettung ihrer Interessen an der Wasserstraße, die von *Nasser* verstaatlicht worden war, konnte Israel als imperialistischer Aggressor, der mit den alten kolonialen Mächten hier eine Ordnung wiederherstellen wollte, die längst der Vergangenheit angehörte, hingestellt werden. So wurde trotz der militärischen Niederlage für Ägypten die anti-israelische Front verstärkt. Der Gaza-Streifen und die Halbinsel Sinai waren in diesem Krieg von Israel erobert worden; beides wurde später wieder gegen eine Garantie der freien Schiffahrt im Golf von Akaba freigegeben.

Der dritte Krieg war dann der Sechs-Tage-Krieg oder Juni-Krieg von 1967. Israel besetzte ganz West-Jordanien bis zum Jordan, eroberte erneut den Sinai und den Gaza-Streifen und gewann die Golan-Höhen. Auch dies war nach israelischer Darstellung ein Präventivschlag, da die arabischen Staaten damit begonnen hätten, den Golf von Akaba zu sperren, obwohl sie die freie Schiffahrt dort garantiert hatten. Die UNO-Sicherheitstruppen seien von den Ägyptern gezwungen worden abzuziehen, und es habe einen Aufmarsch der arabischen Truppen sowie Aktionen der PLO gegen Israel gegeben. Israel sei also lediglich einem arabischen Angriff zuvorgekommen.

Der bisher letzte Krieg war der Jom-Kippur-Krieg vom Oktober 1973, in dem die arabische Seite das erste Mal militärische Erfolge erzielte, vor allem aber auch politisch und psychologisch offensiv wurde, da Israel von diesem syrisch-ägyptischen Angriff total überrascht wurde und erst nach mehreren Tagen überhaupt in der Lage war, zurückzuschlagen. Zu dieser Zeit hatten die Ägypter auf dem Ostufer des Suezkanals bereits einen großen Stützpunkt errichtet. Zum ersten Mal kam es in diesem Krieg nicht zu einem leichten und eindeutigen Sieg Israels. Praktisch durch das Zusammenspiel der Amerikaner und der Sowjetunion, die beide befürchteten, daß der Konflikt außer Kontrolle geraten könnte, wurde dieser Krieg beendet.

Bassam Tibi

Die Schande tilgen – der Oktober-Krieg von 1973

Als der vierte arabisch-israelische Waffengang, diesmal von der arabischen Seite als Blitzkrieg geplant, am Samstag, den 6. Oktober 1973, um 14 Uhr durch Luftangriffe eingeleitet wurde, hatten beide Kriegsparteien ihre religiöse Zeit. Die Araber befanden sich im islamischen Fastenmonat *Ramadan* und die Israelis begingen das *Jom-Kippur*-Fest. Die Araber nennen diesen Waffengang deshalb den Ramadan-Krieg, „*harb Ramadan*“, wie der Titel einer umfassenden, von drei ägyptischen Generälen auf arabisch veröffentlichten Darstellung lautet. Die Israelis bezeichnen ihn als *Jom-Kippur-Krieg* nach dem gleichnamigen religiösen Fest. In diesem Buch wird die wertfreie Bezeichnung *Oktober-Krieg* gewählt. [...]

Wenn man diesen Krieg (6. bis 22. bzw. 24. Oktober) nur in wenigen Worten beschreiben müßte, dann wären die Sätze adäquat, daß die nicht nur militärisch besiegten, sondern in jeder Hinsicht gedemütigt aus dem Juni-Krieg 1967 hervorgetretenen Araber – und damit sind nicht nur ihre politischen Führer gemeint – in einem Blitzangriff ihrem Gegner und vor allem sich selbst gegenüber gezeigt haben, daß sie nicht nur ernst zu nehmen, sondern daß sie auch einer Auseinandersetzung gewachsen sind. Gegenseitiger Respekt ist eine sehr wichtige Basis für die Aushandlung eines dauerhaften Friedens. Zwischen Über- und Untermenschen kann es Herrschaft und Demütigung, aber keinen Frieden geben. Der amerikanische, eingestandenermaßen auf der israelischen Seite stehende Militärexperte Aker kommentiert dennoch sachlich: „Die im Jom-Kippur-Krieg angreifenden Kräfte fand man besser ausgebildet, fähiger und bei weitem tapferer als jene mit Panik erfüllten Opfer, die vor den Israelis geflohen waren." Die wichtigste historische Funktion des Oktober-Krieges – gleich welchen Verlauf der Krieg genommen hat – besteht für die Betroffenen darin, daß sie ihre Selbst- und Fremdbilder geändert haben. Die Araber haben ihren Selbstrespekt wiedererlangt, und die Israelis haben gelernt, die Ägypter ernst zu nehmen Die epochale Bedeutung des Sechs-Tage-Krieges erreicht der Oktober-Krieg jedoch nicht. Das gilt allerdings nur für die regionale Bedeutung des Oktober-Krieges, nicht aber für dessen militärischen und internationalen Stellenwert. [...]

Die Kriegshandlungen begannen am Samstag, den 6. Oktober 1973, um 14 Uhr an der syrischen und ägyptischen Grenze zu Israel. Damals hatte Israel eine 90 Meilen lange Grenze mit Ägypten entlang den Ufern des Suezkanals von Port Said bis zum Golf von Suez. Im Norden war und ist die Grenze mit Syrien nur 40 Meilen lang, während sie mit Jordanien 225 Meilen umfaßt. An der syrisch-israelischen Grenze hat es – abgesehen von dem Graben – keine Pufferzone gegeben, so daß 700 syrische Panzer, begleitet von Planierraupen mit Dreschflegeln, zur Entfernung der Minen die Waffenstillstandslinie überschritten und unbehindert vormarschieren konnten. Bei Einbruch der Nacht des ersten Angriffstages waren die gesamten Golan-Höhen, die

Israel im Sechs-Tage-Krieg besetzt hatte, zurückerobert worden.

An der ägyptischen Grenze war die Lage viel komplexer, da der stillgelegte Suezkanal beide kriegführenden Parteien voneinander trennte. Seit seiner Eröffnung und bis zum Juni-Krieg 1967 mußte der Suezkanal als Wasserstraße 110 Jahre lang regelmäßig ausgebaggert werden, um schiffbar zu bleiben. Die Sandmassen mußten stets am Ostufer abgelagert werden, da das Westufer des Kanals besiedelt und keine Wüste ist. Aus diesen Sandmassen hatten die Israelis einen Verteidigungswall gebaut, der den Namen des Generals Bar-Lev trug. Der Sand war stellenweise bis zu zwanzig Meter hoch aufgeschüttet; aus Sand- und Steinbunkern konnte jede Bewegung am anderen Ufer beobachtet werden; im Sand waren Flammenwerfer installiert, die den Kanal mit Feuer überziehen sollten, falls ein Angreifer ihn überqueren wollte. Hinter dem Wall lagen 25 Festungsanlagen, die mit Infanteriemörsern und panzerbrechenden Waffen ausgerüstet waren, sowie israelische Panzer und Artillerie. Auch in den Konflikten der internationalen Politik haben Symbole ihren Stellenwert. Die Bar-Lev-Linie symbolisierte für die Araber die unbezwingbare israelische Überlegenheit. Die ägyptische Überquerung des Suezkanals und die darauf folgende Zerstörung der Bar-Lev-Linie kehrte das Symbol um. Die Bezwingung dieser Linie hatte den Ägyptern ihren Selbstwert wiedergegeben. Der große, auch in Deutschland bekannte ägyptische Schriftsteller Taufiq al-Hakim schrieb nach der Überquerung des Kanals durch die ägyptischen Streitkräfte in der Kairoer Zeitung *al-Ahram:* „Indem wir nach Sinai hinüberquerten, haben wir die Niederlage überquert... Ägypten wird diesen Moment seiner Geschichte stets mit Stolz und Dankbarkeit vergegenwärtigen." Die ägyptischen Generäle Badri/Maǧdub/Zahdi schreiben in einer quasi-rituellen Sprache: „Unsere Streitkräfte hatten in weniger als sechs Stunden die Bar-Lev-Linie zerstört... sie haben sich dadurch von der Schande des Sechs-Tage-Krieges reingewaschen." [...]

Die von Ägypten und Syrien am Samstag, den 6. Oktober, eingeleitete militärische Offensive eines neunzehntägigen Krieges wurde von der arabischen Seite *„Ma'rakat Badr"* (Die Badr-Schlacht) bezeichnet. Diesem Krieg den Namen *Badr* zu geben, illustriert das Ineinandergehen von Religion und Politik im Nahen Osten. Im 7. Jahrhundert, am 19. März 624, hatte der Prophet Mohammed die Schlacht von Badr ausgefochten, aus der er siegreich hervorging. Der Rekurs auf jene Badr-Schlacht im Jahre 624 dreizehn Jahrhunderte später, im Oktober 1973, hat nicht nur eine Legitimationsfunktion. Dieser historische Rückgriff auf die glorreiche Vergangenheit belegt auch, daß die politischen Entscheidungsträger der regionalen Akteure oft die Tatsache verdrängen, daß heute die Supermächte den Ausgang regionaler Kriege entscheiden, wenngleich sie sie nicht steuern können. Weder Islam noch Judentum waren von Bedeutung im Oktober-Krieg. Gezählt hat die Militärtechnologie und die Fähigkeit der regionalen Akteure, mit ihr umzugehen, sowie die Bereitschaft der Supermächte, ihren Klienten Zugang zu den ihnen zur Verfügung stehenden Potentialen zu gewähren.

Jochen Hippler

Krieg am Golf – Krieg des Nordens gegen den Süden?

Es ist darüber gestritten worden, ob der Golfkrieg Ausdruck des Nord-Süd-Konfliktes gewesen sei, ob er gar als Krieg des Nordens gegen den Süden begriffen werden müsse, wie er sich in der Zeit nach dem Kalten Krieg öfter ereignen könne. Vor einer schnellen Antwort sollte man sich hier hüten. Einerseits trifft es offensichtlich zu, daß der Krieg wichtige Bestandteile eines Süd-Süd-Konfliktes enthielt. Der Irak hatte einen Nachbarn der Dritten Welt überfallen – wenn auch keinen typischen. Die irakischen Nachbarländer Saudi-Arabien, Syrien, Ägypten und die kleineren Golfstaaten sowie zahlreiche andere Staaten der Dritten Welt nahmen gegen den Irak Stellung. Das zu ignorieren und den Golfkrieg auf die Kategorie des Nord-Süd-Konfliktes zu reduzieren, würde bedeuten, die Staaten des Südens nicht als relevante, eigenständige Faktoren ernst zu nehmen. Es würde bedeuten, den regionalen Konflikten nun nicht mehr das überholte Ost-West-Schema überzustülpen, sondern ein neues, nicht unbedingt präziseres. Als Ausgangslage des Konflikts müssen die Zwistigkeiten innerhalb der Dritten Welt zur Kenntnis genommen werden.

Andererseits wäre es ebenfalls vereinfacht, den entscheidenden Anteil der Länder des Nordens – vor allem der USA – an der Krisendynamik und am Krieg ignorieren oder herunterspielen zu wollen. Ohne die massive Reaktion der USA wäre es zum Krieg am Golf nicht gekommen, die arabischen Nachbarn hätten sich wohl oder übel mit dem Irak arrangiert. Selbst die Rolle Frankreichs oder Großbritanniens war militärisch nebensächlich und politisch nicht entscheidend, die Teilnahme der arabischen Alliierten für die Legitimation des Krieges wichtig, militärisch aber bedeutungslos. Auch der politische Einfluß der Regierungen in Kairo, Riad oder Damaskus auf den Gang der Ereignisse war sehr begrenzt. Im machtpolitischen Kern stellte der Krieg am Golf den Kampf zweier Mächte um die Hegemonie in einer strategisch wichtigen Weltregion dar, den Kampf zwischen einer Macht des Nordens und einer des Südens. Angesichts dieser Tatsache wäre es höchst willkürlich, den Konflikt als bloßen Süd-Süd-Konflikt betrachten zu wollen. Auch die Einschätzung des Golfkriegs als Kampf des Nordens und des Südens gegen einen einzelnen Außenseiter, der eher zufällig aus der Dritten Welt stamme, trifft nicht den Punkt. Einerseits verlagerte sich zwischen August 1990 und Januar/Februar 1991 das Gewicht innerhalb der anti-irakischen Koalition immer eindeutiger auf die Staaten des Nordens, auf die USA, die schließlich allein über Krieg und Frieden entschieden. Außerdem ist es schwer vorstellbar, daß eine so breite Koalition zustande gekommen wäre, wenn sie sich nicht gegen ein Land des Südens gerichtet hätte: Völkerrechtsverletzungen – beispielsweise – Frankreichs, der USA, Israels oder auch der Sowjetunion hätten mit Sicherheit nicht zu einem Krieg des Restes der Welt gegen den jeweiligen Staat geführt. Zusammengenommen läßt sich formulieren, daß der Golfkrieg eine Konfliktform gewesen ist, die von einer Konfrontation innerhalb der Dritten Welt ausging und bei der sich die Dominanzstrategie des mächtigsten Industrielandes gegen die einer Regionalmacht der Dritten Welt durchsetzte, unter Beteiligung weiterer Länder des Nordens und des Südens, die aber auf den Gang der Ereignisse keinen entscheidenden Einfluß hatten. Eine pauschalisierende Einordnung des Krieges in die Kategorie des Nord-Süd-Konfliktes würde nicht nur seinen Ausgangspunkt und die Rolle arabischer Staaten ignorieren, sondern auch Saddam Hussein indirekt zum Repräsentanten der Dritten Welt ernennen. Saddam als Vorhut der Dritten Welt gegen die Vormacht des Nordens – diese These wäre nicht nur grob vereinfachend, sondern auch gefährlich. Sie würde die Dritte Welt mit einer der repressivsten Diktaturen der Welt gleichsetzen und die Tendenz fördern, die Dritte Welt insgesamt, den Nahen und Mittleren Osten oder islamische Gesellschaften zum neuen Feindbild nach dem Ende des Kalten Krieges zu machen.

Heinrich Bergstresser/Sibylle Pohly-Bergstresser

Rivalisierende Muslimgruppen in Nigeria

Wie das Christentum paßte sich auch der Islam der afrikanischen Tradition an, wobei die Missionierung außerhalb des klassischen islamischen Verbreitungsgebietes in den südlichen Zentren zu völlig neuen Formen geführt hat. Im nördlichen Yoruba-Land, wo der Islam seit über 150 Jahren bekannt ist, sind die neuen islamischen Sekten besonders erfolgreich.

Die „Mashad Monastery and Mosque of Nigeria" und die „Ruhamau Islamic Society of Nigeria" sind typische Beispiele für die neuen, selbstbewußten islamischen Gemeinschaften in Nigeria. Auch sie richten ihre Bemühungen, wie ihre christlichen Konkurrenten, auf das Diesseits. So sieht sich der Führer der „Mashad Monastery" als erwählter Prophet Gottes, der weder Mohammed noch Jesus braucht, um mit Gott Verbindung aufzunehmen und Wunder zu vollbringen. Das Oberhaupt der „Ruhamau" greift nach Bedarf auf alte Kultformen und traditionelle Riten zurück, um seinen Gebeten zu Allah Nachdruck zu verleihen.

Kliniken gehören ebenso zum Besitzstand der Sekten wie großzügig errichtete Moscheen, riesige Wagenparks und ganze Straßenzüge mit Häusern. Sichtbarstes Zeichen von Reichtum, Einfluß und Selbstbewußtsein der Muslime im südlichen Nigeria ist die neue Moschee in Lagos, erbaut im Stil der traditionellen islamischen Architektur.

Diese Sekten stoßen auf den heftigen Widerspruch einiger islamischer Gruppen in den Universitäten des Nordens, die sich als Vertreter der reinen Lehre verstehen. Sie pflegen enge Beziehungen zu Saudi-Arabien und bekämpfen die Sekten und Bruderschaften als spiritistische Abweichler vom wahren Glauben. Sie sind allerdings eine Minderheit, die von der Bevölkerung mit großer Skepsis betrachtet wird, erweckt doch ausländischer Einfluß immer Mißtrauen. Das gilt auch für einige kleine schiitische Gruppen, die sich an den weiterführenden Schulen im Gefolge der iranischen Revolution gebildet haben. Diese Gruppen haben erheblich zu den religiösen Spannungen in den nördlichen Landesteilen beigetragen.

In Nigeria kommt es immer wieder zu religiös motivierten Unruhen zwischen verschiedenen Gemeinden. In Erinnerung sind die blutigen Maitatsine-Unruhen, die zwischen 1980 und 1985 die Bewohner der städtischen Zentren des Nordens in Angst und Schrecken versetzten. Ihr Anführer Muhammadu Marwa, genannt Maitatsine, ein begnadeter und allseits bekannter Prediger, hatte in Kano Tausende von Anhängern um sich geschart. Die meisten waren Arbeitslose und Jugendliche ohne Ausbildung, also Opfer des neuen Reichtums. Marwa, der die Neureichen, die saturierten Gelehrten und die alteingesessenen islamischen Verbände für diese Entwicklung verantwortlich machte, trat im Namen Allahs mit seinen Anhängern gegen die islamische Oberschicht und die Regierung an. Die Sicherheitskräfte konnten den Aufruhr in Kano nur mit Waffengewalt niederschlagen, wobei 4000 Menschen ums Leben kamen, unter ihnen auch Marwa. Einige seiner Anhänger konnten dem Gemetzel entkommen und zettelten neue Aufstände in Maiduguri, Yola und Gombe an, die wiederum Hunderte von Opfern forderten.

Almut Seiler-Dietrich

Samba Diallo im Zwiespalt

Zu einem der berühmtesten frankophonen Autoren Senegals ist Cheikh Hamidou Kane (geb. 1928) durch einen einzigen Roman geworden, in dem er die drei Religionen Senegals – Islam – Christentum – Animismus – einander gegenüberstellt. „L'aventure ambiguë" („Der Zwiespalt des Samba Diallo") erschien 1961, war aber schon zehn Jahre vorher geschrieben worden. Er enthält zahlreiche autobiographische Züge bis hin zum Namen: Cheikh Hamidou Kane wird von seiner Familie „Samba" genannt, das ist der Vorname, den die Fulani dem zweitgeborenen Sohn geben. Wie der Romanheld Samba Diallo hat auch Cheikh Hamidou Kane zunächst die Koranschule und dann die französische Grundschule mit anschließendem Gymnasium besucht. In seinem Roman gibt er die Argumente wieder, die seine Familie damals bewogen, ihn in die Schule des ungeliebten Kolonialherren zu schicken. Diese Entscheidung ist wegweisend für das fiktive Volk der Diallobe, weil Samba Diallo dem Adel angehört. In manchen Gegenden Westafrikas pflegten adlige Familien Sklavenkinder in die französische Schule zu schicken, um dem Drängen der Kolonialbehörde formal nachzugeben, aber die Grande Royale, die Schwester des Fürsten und Sambas Tante, macht klar, daß die Zukunft dieses Opfer von den eigenen Kindern erfordert. Samba Diallo verläßt also seinen heißgeliebten Meister, den Lehrer der Koranschule, der ihn zwar hart züchtigte, aber gleichzeitig den Grundstein für eine mystische Beziehung legte, die nie mehr völlig gelöst werden kann. In der Koranschule hat Samba Diallo eine Geistigkeit kennengelernt, die dem naturverbundenen Denken des traditionellen Afrika zwar ursprünglich fremd ist, aber durch den jahrhundertelangen islamischen Einfluß den Adel der westafrikanischen Feudalgesellschaft geprägt hat. Die französische Schule und die Bekanntschaft mit einer französischen Familie stürzen Samba Diallo in tiefe Zweifel: nach der Kindheitswelt, in der er sich eins wußte mit der Natur, nach der strengen, von der Umwelt losgelösten Erziehung im Sinne des Koran versucht Samba Diallo nun, das schwer zu durchschauende Wertesystem der allem überlegenen technischen Zivilisation des Kolonialherren zu begreifen. Er geht – wie auch der Autor

Kane – nach Paris, um dort Philosophie zu studieren, wo er außer mit Sokrates und Descartes auch mit den Ideen von Marx und Hegel bekannt wird. Immer tiefer in den Zwiespalt verstrickt, wird Samba Diallo vor Beendigung seines Studiums nach Hause zurückgerufen. Hier trennen sich die Schicksale Cheikh Hamidou Kanes und seines Protagonisten. Während der Autor Diplome erwarb und eine Reihe hoher Posten innehatte, läßt er seinen Helden am Kulturkonflikt zerbrechen: Samba Diallo kann den Gott seiner Väter und seines Meisters nicht wiederfinden; es ist ihm unmöglich geworden zu beten. Der Tod seiner Seele provoziert seinen physischen Tod, der aber – wie in fast allen afrikanischen Romanen – nicht Ende, Pessimismus bedeutet, sondern Warnung, prophetisches Wirken für die Nachwelt.

Rolf Hanisch

Muslimische Rebellen auf den Philippinen

Der islamische Separatismus in Mindanao, ein seit fast zwei Jahrzehnten militant ausgetragener Konflikt, hat seine Wurzeln in der kulturellen und militanten Widerstandskraft der islamischen Sultanate gegen die Herrschafts- und Missionsansprüche der spanischen Kolonialherren. Die Spanier hatten bis zuletzt Schwierigkeiten gehabt, sich in den Kernlanden der Moros – so genannt nach den Mauren, in ihrer Heimat – durchzusetzen. Das gelang erst den Amerikanern, die nach heftigen Kämpfen die islamische Oberschicht geschickt in ihr Herrschaftssystem integrierten. Die Moros sahen ihren Gegner weniger in der amerikanischen Kolonialmacht, als in den christlichen Filipinos, die sich in Manila anschickten, auch für Mindanao die Zentralgewalt zu übernehmen. In mehreren Petitionen versuchten die Moslems, die Trennung Mindanaos vom philippinischen Staatsverband zu erreichen, und selbst eine permanente Annexion durch die USA schienen sie zeitweise einer Regierung in Manila vorzuziehen. Die USA bereiteten jedoch die formale Selbständigkeit des ungeteilten Landes unter einer christlichen Mehrheitsregierung vor.

Mindanao war in der ersten Hälfte dieses Jahrhunderts noch dünn besiedelt und weithin menschenleer. Aus den übervölkerten Visayas und aus Luzon strömten nun christliche Siedler in diese Frontier-Provinzen, so daß die ortsansässige islamische und animistische Bevölkerung bald in der Minderheit war. Als das Land knapp zu werden begann, wurden die Konflikte mit christlichen Siedlern, transnationalen Plantagenkonzernen und Holzunternehmen immer heftiger und militanter und eskalierten schließlich in einer Reihe von überwiegend an Moslems verübten Massakern durch pseudoreligiöse christliche Sekten, Schlägertruppen und das Militär in den 50er und 60er Jahren.

Ende der 60er Jahre kam es daher zur Gründung verschiedener islamischer Unabhängigkeitsbewegungen zunächst durch etablierte Politiker, dann auch durch junge linke Studenten und Akademiker. Zunächst setzte sich die 1969 gegründete Moro National Liberation Front (MNLF) von Nur Misuari durch. Anders als die CPP/NPA erhält sie relevante Unterstützung aus dem Ausland: Von dem islamischen Nachbarstaat Malaysia (dessen Teilstaat Sabah auf Borneo mehrere hunderttausend Flüchtlinge aufnahm), von dem Libyen des Oberst Ghadafi sowie der Konferenz der Islamischen Staaten.

Der Krieg brach 1972 mit der Verhängung des Kriegsrechts durch Ferdinand Marcos aus. Er verlief überaus blutig und kostete in den ersten vier Jahren 50000–100000 Menschen das Leben, vertrieb zwei Mill. Menschen aus ihren Heimatdörfern und Städten, zerstörte 35 Städte, 200 Schulen, 535 Moscheen. [...]

Eine Friedensregelung, um die sich die Aquino-Regierung erneut verstärkt bemüht, erweist sich bis heute als äußerst schwierig. Sie kommt nicht daran vorbei, daß Moslems im gesamten von der MNLF beanspruchten Bereich der südlichen Philippinen nur noch 14 Prozent der Bevölkerung und in nur vier Provinzen eine Mehrheit stellen. [...]

Die Ursachen des Konflikts sind widersprüchlich: Es ist einerseits der Anspruch auf den Schutz der traditionalen Kultur und des althergebrachten Lebensraumes der islamischen und animistischen Bevölkerung vor einer rücksichtslosen kapitalistischen Modernisierung. Es ist andererseits aber auch die Forderung, an den Früchten einer gelenkten Modernisierung teilzuhaben, an einer besseren infrastrukturellen Ausstattung mit Straßen, Schulen und Gesundheitseinrichtungen, mit Arbeits- und Einkommensmöglichkeiten. Ganz Mindanao, und hier insbesondere die islamische und animistische Bevölkerung, wurde in dieser Hinsicht bisher stark vernachlässigt. Weder durch Autonomie noch durch verstärkte Entwicklungsanstrengungen Manilas können diese Widersprüche und die kulturell-sozialen und wirtschaftlichen Probleme gelöst werden, wenn nicht sichergestellt ist, daß die administrativen Lösungen nicht wieder nur Beute von Interessengruppen und Politikern werden, seien diese christlich oder islamisch.

Oskar Weggel

Religiöser Kommunalismus in Malaysia*

Im Gegensatz zu Indonesien ist der Islam durch die Verfassung der „Malaiischen Föderation“ von 1957 zwar zur offiziellen Religion erklärt worden, doch handelt es sich gleichwohl nicht um einen echten islamischen Staat, da die Shariah nicht Grundlage der Gesetzgebung ist. Hauptproblem

Malaysias ist der Kommunalismus, der sich auch auf das Verhältnis von Staat und „Kirche“ unmittelbar ausgewirkt hat. Auslösendes Moment dafür ist die wirtschaftliche Überlegenheit und Hybris der Chinesen gegenüber ihren „brown neighbours“, also den fast ausnahmslos muslimischen Malaiien, den sogenannten Bumiputras.

Bei einer Analyse der malaysischen Klassen kommt man zu dem Ergebnis, daß der Hauptwiderspruch nicht zwischen „Bourgeoisie und Proletariat“ liegt, sondern daß sich die eigentliche Gefechtslinie zwischen den Communities hinzieht; die armen maliischen Bauern, die indischen Kautschukkulis und die chinesischen Zinnminenbergleute einfach zum „Proletariat“ zusammenzuaddieren, hieße, die Gegebenheiten in Malaysia auf den Kopf stellen. Auch hier greifen marxistische Kategorien nicht.

Die Frage nach der eigenen Identität („Was ist malaiisch?“) ist eine Dauerfrage der Bumiputras („Söhne der Erde“), die im allgemeinen dreifach beantwortet wird.

– Da ist einmal die Formel „Malaientum = Islam“, womit die Religion einen höchst „kommunalistischen“ Zuschnitt erfährt.

– Ein weiteres Symbol des Malaientums ist das Sultanatssystem, das zwar einen höchst altertümlichen Eindruck macht, das allerdings von den Bumiputras als Waffe gegen die Überfremdung und als sichtbares Symbol der eigenen „Vorrechte“ betrachtet wird.

– Drittes Kriterium ist die Wiederbelebung alter Rituale, die der Remalaiisierung dienen. Es werden Titel verliehen, Nichtmalaien in das malaiische Zeremoniell einbezogen, Loyalitätsversprechen gegenüber dem König abgegeben und pompöse Auftritte der Sultane bei Staatsveranstaltungen inszeniert. Gleichzeitig übt das Sultanat einen mäßigenden Einfluß auf die Community-Konflikte aus.

Einzigartig der Aufbau der politischen Führung in Malaysia: In echter Verschichtungsmanier stehen dort eine moderne und eine traditionelle Säule unvermittelt nebeneinander. Da gibt es einmal das auf fünf Jahre gewählte Parlament, das sich aus einem Abgeordnetenhaus (Vertretung des Bundes) und einem Senat (Vertretung der einzelnen Staaten) zusammensetzt, sowie eine weltliche Regierung, geführt von einem Ministerpräsidenten. Daneben aber erhebt sich das traditionelle Sultanatssystem, das aufs engste mit dem Bundesstaatensystem verquickt ist: Neun der 13 Bundesstaaten sind Sultanate, an deren Spitze die traditionellen malaiischen Regenten stehen, die anderen vier dagegen Gouvernements mit „Gouverneuren". Die neun erblichen Sultane wählen alle fünf Jahre unter sich einen König (den Yang di Pertuan Agung) zum verfassungsmäßigen Staatsoberhaupt. Die formale Konsultation zwischen den neun Sultanen findet viermal jährlich anläßlich einer Regentenkonferenz statt, der vor allem religiöse und rituelle Fragen vorbehalten bleiben. In allgemeinen politischen Fragen erteilen sie „Ratschläge", die kein Parlament und kein Ministerpräsident ungestraft „überhören" kann. In den einzelnen Sultanaten bestehen „Räte für die islamische Religion", die den Sultan in Religionsfragen und malaiischem Brauchtum beraten und Rechtsgutachten abgeben, religiöse Stiftungen verwalten, religiöse Abgaben und die vom Sultan ernannten Imame, Richter und den jeweils höchsten religiösen Amtsträger des Bundesstaates, den Mufti, überwachen. Die Rolle der islamischen Gerichtshöfe ist beschränkt: Sie dürfen lediglich solche muslimischen Vergehen aburteilen, die eine Strafe unter sechs Monaten Gefängnis oder unter 1000 malaiischen Dollars nach sich ziehen. Dies ist eine verhältnismäßig klare Zuständigkeitsabgrenzung zwischen säkularer und „kirchlicher" Rechtsordnung.

Klaus Hillenbrand

Griechische und türkische Cyprioten

Obwohl die Verfassung von 1960 den Cyprioten quasi verboten hat, sich als solche auch politisch zu artikulieren und sie statt dessen auf ihre Zugehörigkeit zu einer ethnischen Gruppe – entweder Türken oder Griechen – reduzierte, obwohl die Nationalisten beider Seiten bis heute nicht müde werden, die Zugehörigkeit zum jeweiligen „Mutterland“ zu beschwören, haben die Cyprioten einen Teil ihrer Eigenständigkeit bewahrt. Sie konnten gar nicht anders, denn eine gemeinsame Geschichte über rund 400 Jahre läßt sich nicht so einfach ausradieren. In den ersten 300 Jahren unter osmanischer Herrschaft waren sie von Griechenland weitgehend isoliert, in den darauffolgenden 100 Jahren wurden sie Untertanen des britischen Weltreichs. Unter den Osmanen wechselten viele Cyprioten ihre ethnische Zugehörigkeit: Aus Christen wurden Moslems und damit später Türken, andere entschieden sich für eine Mixtur aus beiden Religionen. Noch heute ist die Muttersprache einiger weniger türkischer Cyprioten das Griechische. Während der britischen Herrschaft unterlagen die Inselbewohner anders als die Einwohner Athens oder Istanbuls mitteleuropäischen Kultureinflüssen. Der adaptierte griechische und türkische Nationalismus kann nicht darüber hinwegtäuschen, daß sich die Cyprioten in vielen Bereichen von den Bewohnern ihrer „Mutterländer“ deutlich voneinander unterscheiden und mehr Gemeinsamkeiten aufweisen, als manche von ihnen selbst wahrhaben wollen.

Im Alltagsverhalten unterscheiden sich griechische und türkische Cyprioten kaum voneinander, sieht man einmal von der Religion ab, doch auch sie weist heute einen vergleichsweise geringen Einfluß auf. In Nordcypern bevölkern höchstens die türkischen Siedler die Moscheen. Manche der aus dem Süden vertriebenen Dorfgemeinschaften haben in ihren neuen Heimatdörfern darauf verzichtet, überhaupt eine Moschee zu bauen. Das auffällige religiöse Desinteresse der türkischen Cyprioten ist nicht neu und hauptsächlich Folge der britischen Herrschaft, die die Bewohner der Insel von der islamischen Gemeinschaft im arabischen Raum und der heutigen Türkei abkoppelte. [...]

Die Unterschiede zwischen griechischen und türkischen Cyprioten ergeben sich nicht aus unterschiedlichen Lebensweisen oder kulturellen Wertmaßstäben. Die Differenzen sind vielmehr Ausdruck einer konträren politisch-nationalen Entwicklung. Die ethnische Identität ist weitgehend mit der nationalen identisch. Der importierte Nationalismus aus Griechenland und der Türkei trennt beide Gruppen nachhaltiger als das die Religion tun könnte. Hinzu kommen die traumatischen Erinnerungen, die jede Seite mit den gewalttätigen Auseinandersetzungen der Vergangenheit verbindet. [...]

Die Frage, ob griechische und türkische Cyprioten ein gemeinsames Volk darstellen, müssen die Cyprioten durch ihr eigenes Verhalten selbst entscheiden. Es ist eine Güterabwägung, vor die die Inselbewohner gestellt sind: Ist für sie die politische und kulturelle Anbindung an Griechenland bzw. die Türkei wichtiger, wird der Trennungsstrich zwischen ihnen dicker. Verstehen sie sich in erster Linie als Cyprioten, dann sind sie es auch. Die Entscheidung über diese Frage ist noch nicht gefallen.

12. Muslime unter uns

Faruk Şen

Zwischen Integration und Ghetto – Türken in der Bundesrepublik

Die Situation der in der Bundesrepublik Deutschland lebenden Türken läßt sich anhand von vier verschiedenen Integrationsansätzen messen, nämlich dem einer beruflichen, politischen, sozialen und wirtschaftlichen Integration. Die ersten positiven Integrationsansätze, im Gegenzug zu der rapiden Verschlechterung der türkischen Wirtschaft, wurden seit 1979 bei den Versuchen einer wirtschaftlichen Eingliederung der Türken in Deutschland erkennbar. Die Instabilität der türkischen Währung, das geringe Vertrauen in die türkische Wirtschaft und die dadurch bedingte Abnahme des Rückkehrwillens haben dazu beigetragen, daß die Türken inzwischen Kapitaleinlagen in Deutschland bevorzugen. Dabei spielt natürlich auch die Stabilität der deutschen Währung eine Rolle. Gleichzeitig wurde eine abnehmende Tendenz beim Sparverhalten bemerkbar. Zwischen 1975 und 1978 betrug das Sparvolumen 45 Prozent des Einkommens, während es 1981 auf 35 und 1987 auf 16 Prozent sank. Ursache ist wohl in erster Linie der Umstand, daß die Erwerbsquote der türkischen Wohnbevölkerung nicht sehr hoch ist und die Erwerbstätigen die im Rahmen der Familienzusammenführung nachgereisten Familienmitglieder miternähren müssen. Die Distanzierung von dem Gedanken an eine Rückkehr in die Türkei hat aber auch das Konsum- und Sparverhalten verändert. Mit zunehmender Aufenthaltsdauer in Deutschland nimmt die Nachfrage nach langlebigen Konsumgütern zu. [...]

Als zweiter Aspekt einer beginnenden wirtschaftlichen Integration ist die Zunahme von selbständigen Erwerbstätigkeiten der Türken in Deutschland zu erwähnen. In jüngster Zeit versuchen zahlreiche Türken, sich in der Bundesrepublik Deutschland selbständig zu machen. [...] Immer mehr Türken bemühen sich bei den Industrie- und Handelskammern um eine Gewerbeerlaubnis.

Begleitet wird diese Tendenz von einem wachsenden Interesse an Bausparverträgen und Lebensversicherungen. Seit 1979 bemühen sich immer mehr Bausparkassen um türkische Kunden. 1980 haben zahlreiche Bausparkassen unter den Türken in Deutschland eine neue Zielgruppe gefunden. Nach Schätzungen haben in den Jahren 1980 bis 1987 135000 Türken einen Bausparvertrag abgeschlossen. Eine ähnliche Entwicklung zeichnet sich bei den Lebensversicherungen ab. Diese Tendenz ist ein verhältnismäßig zuverlässiger Indikator dafür, daß Türken in zunehmendem Maße hier im Land investieren wollen und werden.

Während also die wirtschaftliche Integration fortschreitet, stehen der beruflichen, sozialen und politischen Integration noch große Hemmnisse entgegen. Im Vordergrund sind dabei die Probleme der zweiten Türkengeneration hinsichtlich ihrer beruflichen Eingliederung. Die erste Generation, die für bestimmte Hilfsarbeitertätigkeiten von der deutschen Industrie angeworben worden war, hatte schon bei der Einreise in die Bundesrepublik einen Arbeitsplatz. Abgesehen von den Rezessionsphasen hatte diese Gruppe in der Vergangenheit nur wenig Probleme mit der Sicherheit des Arbeitsplatzes. Die jüngsten Entwicklungen auf dem deutschen Arbeitsmarkt haben zwar auch diese Arbeitsplätze in Frage gestellt, doch leidet zur Zeit am stärksten die zweite Generation unter den schwierigen beruflichen Eingliederungsmöglichkeiten. [...]

Zur Zeit besteht für Ausländer in der Bundesrepublik Deutschland keine Möglichkeit der politischen Partizipation. Die in zahlreichen Städten existierenden Ausländerbeiräte konnten diese Funktion in der Vergangenheit nicht erfüllen. Wenn wir davon ausgehen, daß mehr als die Hälfte der Türken in Deutschland seit mindestens 17 Jahren hier leben und daß viele von ihnen langfristig hierbleiben wollen, ergibt sich zwangsläufig die Forderung nach Gewährung politischer Rechte wie des kommunalen Wahlrechts. Mehrere von SPD und Grünen regierte Bundesländer beschlossen dementsprechend Ende der 80er Jahre die Einführung des kommunalen Wahlrechts für bestimmte Gruppen von Ausländern. Dagegen legte die CDU Beschwerde beim Bundesverfassungsgericht ein. Das BVG entschied Anfang November 1990, daß in Art. 20 des Grundgesetzes, in dem es heißt, „Alle Staatsgewalt geht vom Volke aus“, mit Volk nur Deutsche gemeint seien. Dieses Urteil zerstörte die letzte Hoffnung darauf, daß wenigstens diese unterste Stufe des Wahlrechts den Menschen, die hier zum großen Teil schon mehr als 17 Jahre leben, zugesagt werden würde. Die Gewährung des kommunalen Wahlrechts hätte das gegenseitige Interesse der Türken und Deutschen steigern können. [...] Laut einer Umfrage von Hürriyet, der größten türkischen Tageszeitung in der Bundesrepublik Deutschland mit einer bundesweiten Gesamtauflage von über 100000 Exemplaren, bei der im März 1983 14551 Türken befragt wurden, würden diese im Falle einer Gewährung des kommunalen Wahlrechts in der Bundesrepublik zu 63,2 Prozent SPD wählen, zu 27,7 Prozent CDU, zu 3,9 Prozent die Grünen, zu 3,3 Prozent FDP und nur zu 1,9 Prozent andere Parteien. Drei Jahre danach führte das Zentrum für Türkeistudien (im März 1986) unter 647 Befragten in acht Städten der Bundesrepublik Deutschland eine Untersuchung durch. Danach würden 67 Prozent die SPD wählen, 9 Prozent die Grünen, 4 Prozent die CDU, und 1 Prozent die FDP, 16 Prozent gaben keine Antwort, 3 Prozent würden andere Parteien wählen. Auffallend bei dieser Umfrage war das schlechte Abschneiden der CDU/CSU, das hauptsächlich auf die restriktive Ausländerpolitik des damaligen Innenministers Zimmermann von der CSU zurückzuführen ist. [...]

Generell erfordert eine Integration der Türken eine gesetzliche Absicherung. Auf dem Hintergrund des derzeitigen Ausländergesetzes und der heute praktizierten restrikti-

Abb. 11. Türkische Jungen in einem Korankurs in der Bundesrepublik.

ven Ausländerpolitik können sich die Türken in der Bundesrepublik Deutschland nur wenig sicher fühlen. Die Zurückhaltung bei der Gewährung von Aufenthaltsberechtigungen und die restriktive Handhabung des Ausländergesetzes durch die Ausländerbehörden verunsichern die hier lebenden Türken. Zunächst müßte diese Unsicherheit über den eigenen Status abgebaut werden. Solange dies nicht geschieht, bleibt das Interesse der Türken an einer sozialen Integration gering. [...]

Soziale Integration erfordert von den Türken zwingend eine Anpassung an die äußeren Lebensumstände in der Bundesrepublik Deutschland und die Respektierung der hiesigen Gesetze. Dies setzt zunächst bessere Kenntnisse der deutschen Sprache voraus. Durch eine Intensivierung von Sprachkursen könnten gezielt auch die türkischen Frauen angesprochen werden, die zur Zeit in Deutschland eine doppelte Diskriminierung, als Frau und als Ausländerin, erfahren. Für die türkischen Frauen und Mädchen stellt sich die soziale Integration am problematischsten dar. Die Frauen, die seit 1974 im Rahmen der Familienzusammenführung hierher kamen, mußten zunächst vier Jahre lang auf die Erteilung einer Arbeitserlaubnis warten. Während dieser Zeit waren ihre Kontakte mit der deutschen Umwelt auf ein Minimum beschränkt. Die Rolle der Frau ist nach dem türkischen Wertmuster durch eine starke Abhängigkeit vom Mann gekennzeichnet, die in Deutschland aufgrund der fehlenden Außenkontake noch verstärkt wird und zur Isolation führt. Für die Lösung der speziellen Probleme türkischer Frauen fehlen entsprechende Angebote der Sozialbetreuung. Türkische Frauen sind bundesweit in den türkischen Sozialbetreuungsstellen der Arbeiterwohlfahrt äußerst selten zu sehen. Ihre Probleme sind in Deutschland noch ungelöst; sie werden auf die Kinder, speziell die Mädchen, reflektiert. Die Sozialisation der zweiten Generation in Ghettos mit diskriminierten Müttern ist ein großes Hemmnis auf dem Weg zur sozialen Integration.

Carmine Chiellino

Aras Ören – fast ein deutscher Dichter

In der Danksagung für den Chamisso-Preis, der Ihnen 1985 verliehen worden ist, haben Sie mit einem Zitat von Chamisso von sich gesagt: „Ich bin fast ein deutscher Dichter." Bezieht sich dieses „fast" auf das Trennende der Sprache oder der Nationalität?

Ich möchte ein bißchen weiter vorn anfangen. Jeder Mensch hat das Recht, seine neue Umgebung neu zu gestalten, um zu leben. Das ist sein legitimes Recht. Wenn wir z.B. längere Zeit in einem Hotelzimmer leben, fangen wir an, diesen anonymen Raum nach unserem Geschmack zu verändern, damit wir uns wohler fühlen. Bei einem Ortswechsel ist es das gleiche. Wenn wir von einem Land ins andere gehen, sind wir dort fremd, und wir versuchen, uns dort einzurichten. Aber indem wir uns einrichten, verändern wir auch die andere Kultur, besonders wenn wir in so großer Zahl in der Bundesrepublik leben. Wir wollen nicht so wie die Deutschen werden, das paßt nicht zu uns, und das bringt auch den Deutschen nichts. Aber wir wollen uns hier einrichten und damit auch dieser Gesellschaft etwas geben. Unser Mitbringsel ist unsere Kultur, unsere Kunst, und mit ihr wollen wir auch diese Gesellschaft ein wenig ändern oder ihr einen Impuls geben, sich zu ändern. Dazu gäbe es auch andere, politische Mittel. Wenn wir hier das Wahlrecht hätten, könnten wir auf demokratische Weise die Politiker wählen, die für uns arbeiten wollen. – Kunst und Literatur der Ausländer haben für mich hier eine doppelte Funktion. Sie sollen unsere Umgebung hier so verändern, daß wir uns hier wohl fühlen, daß wir nicht unsere Identität zu verlieren brauchen. Unsere Kunst und Literatur ist insofern zu einem Problem von Sein oder Nicht-Sein geworden. Um unsere ethnische Identität nicht zu verlieren, müssen wir hier unsere Kultur schaffen. Das wäre auch für die Bundesrepublik ein Gewinn, denn es gibt keine Kultur, die aus sich selbst heraus eigene neue Impulse bekommt. Diese Chance hat diese Gesellschaft aus Blindheit bislang nicht richtig wahrgenommen. Das zweite ist, daß wir mit den gleichen Qualitätsmaßstäben gemessen werden wollen wie die anderen. Bei den Deutschen soll es nicht heißen: Was die schaffen, ist minderwertige Kultur, aber für die Ausländer ist das schon gut so. Und uns dabei wohlwollend auf die Schultern klopfen. [...]

Wir sind in einem Übergang. Es könnten sich zwei Richtungen entwickeln. Ich habe meine erste Arbeit, obwohl ich türkisch schreibe, in Deutsch veröffentlicht und nicht in Türkisch. Das heißt, ich wollte betonen, daß das, was ich hier geschaffen hatte, zu diesem Sprachraum hier gehört, es ist Teil dieser Gesellschaft. Ich erzähle von dieser Gesellschaft, von fremden Menschen, die in dieser Gesellschaft leben und diese Gesellschaft verändern. Und da die hier herrschende Sprache Deutsch ist, habe ich Wert darauf gelegt, daß mein Buch in Deutsch veröffentlicht wird. Das ist der erste Aspekt. Andererseits muß man bedenken, daß es hier mittlerweile eine große türkische Minderheit gibt, und es ist wünschenswert, daß diese ethnische Minderheit auch ihre eigene Sprache bewahrt. Aber dieses Türkisch wird in zwanzig Jahren nicht mehr die gleiche Sprache sein wie die im Mutterland. Es wird die Sprache einer Minderheit sein. Als Schriftsteller der ersten Generation ist es meine Pflicht und Verantwortung gegenüber den kommenden Generationen, daß diese Sprache weiter lebt. Das ist nichts Neues. In Rumänien z.B. gibt es eine deutsche Minderheit, die seit Jahrhunderten deutsch spricht, aber man sieht deutlich, daß sich ihre Sprache von der deutschen Sprache hier unterscheidet, sie haben einen anderen Dialekt, sie haben andere Ausdrucksformen, aber es ist eben deutsche Sprache, und die Deutschen sind stolz darauf. Und genauso wird das hier bei uns sein. Die italienischen, griechischen, türkischen Minderheiten werden ihre eigene Sprache behalten und durch sie zusammengehalten werden.

Yüksel Pazarkaya

deutsche sprache*

die ich vorbehaltlos liebe –
die meine zweite heimat ist
die mir mehr zuversicht
die mir mehr geborgenheit
die mir mehr gab als die
die sie angeblich sprechen

sie gab mir lessing und heine
sie gab mir schiller und brecht
sie gab mir leibniz und feuerbach
sie gab mir hegel und marx
sie gab mir sehen und hören
sie gab mir hoffen und lieben
eine welt in der sich leben läßt

die in ihr verstummen sind nicht in ihr
die in ihr lauthals reden halten sind nicht in ihr
die in ihr ein werkzeug der erniedrigung
die in ihr ein werkzeug der ausbeutung sehn
sie sind nicht in ihr sie nicht

meine behausung in der kälte der fremde
meine behausung in der hitze des hasses
meine behausung wenn mich verbiegt die
bitterkeit
in ihr genoß ich die hoffnung
wie in meinem türkisch

Werner Herzog

Nordafrikanische Arbeiter im „kalten Frankreich"

Ali ist 40 Jahre und stammt aus Marrakesch. Zu Hause war er Friseur, in Paris fand er im Gastgewerbe als „Mädchen für alles" und als Koch Arbeit. Nach vier Jahren stieg er in den Handel ein und kaufte sich später ein Geschäft. Ali ist nicht sicher, ob er richtig gehandelt hat. Er kehrt jeden Sommer nach Marokko zurück und hat „einen Fuß in beiden Ländern". Er zählt sich zu der „verlorenen Generation", der man vorgegaukelt hatte, die Emigration bedeute Vergnügen und Reichtum. Die Einsamkeit, die Härte der Arbeit – Ali ist sich nicht sicher.

Mohammed stammt von Bizerta im Norden Tunesiens und ist ebenfalls rund 40 Jahre alt. 20 Jahre lebt er schon in Frankreich. Zu Hause war er Kellner in einem Strandhotel. Eines Tages erschienen einige „Patrons" aus Frankreich und warben ihn als Landarbeiter an. Mohammed arbeitete 12 Stunden am Tag auf den Feldern. Nach der Ernte suchte er Arbeit in Paris: Hochbau, Tiefbau, Fabriken und Druckereien waren seine Stationen. Nach 19 Jahren konnte er ein Ladengeschäft kaufen. Ob er nach Tunesien heimkehren wird? Er würde schon gerne, aber für seine vier Kinder zwischen neun und fünfzehn Jahren würde die Rückkehr eine Entwurzelung bedeuten, und Mohammed hat deswegen aufgehört, von der Heimkehr zu träumen; er will, daß die Kinder eine gute Schulbildung erhalten. „Wissen Sie, ich bin nicht zur Schule gegangen", gesteht er. Rassismus? Mohammed spürt ihn „wie jedermann hier", er ist überzeugt, daß es 30 Prozent rassistische und 70 Prozent freundliche Franzosen gibt. Mohammed hat eine Frage: Warum sind es immer die Emigranten gewesen, wenn etwas Schlimmes geschehen ist?

Die Emigration beeinflußt das wirtschaftliche, soziale

und auch kulturelle Leben der Heimatländer beträchtlich. Mit ihren Geldüberweisungen ergänzen die Auswanderer die Einkünfte ihrer zurückgelassenen Familien und Verwandten. Diese leben in abgelegenen Dörfern manchmal so arm, daß sie ohne die Unterstützung aus dem Ausland ebenfalls zur Abwanderung gezwungen wären. Viele Emigranten lassen sich auch Häuser bauen, kaufen Land und Geschäfte, um sich später auf höherer sozialer Stufe in ihrem Dorf niederlassen zu können. In vielen Ortschaften des Rifs, des Atlas und der Kabylei sind die meisten neuen Häuser mit Geld aus dem Ausland entstanden. Die Emigration ermöglicht demnach, was der Wirtschafts- und Sozialpolitik der Regierungen nicht gelingt: die Erhaltung und die Festigung der Dörfer und der Landbevölkerung. [...]

Die Emigration bindet die Maghreb-Länder 30 Jahre nach der Unabhängigkeit weiter stark an Westeuropa. In vielen Landesgegenden gibt es kaum eine Großfamilie, in der nicht ein Vater, Bruder, Cousin oder Onkel in Frankreich lebt. Sie sind das Tor zur Welt, bieten die Möglichkeit, Einblick in die westliche Lebensart zu erhalten, und sei es auch nur auf einer kurzen Reise. Diese Erfahrung ist nicht unbedingt positiv. Die größeren Konsummöglichkeiten und das ungewohnte Ausmaß an Individualismus und Toleranz verlokken zwar, denn die Familienangehörigen kommen aus Frankreich mit Kassettengeräten, Radios und anderem zurück, manchmal aber auch mit einem Schock, dem Gefühl, einer „kalten“ Gesellschaft ausgeliefert zu sein.

Der marokkanische Schriftsteller Tahar Ben Jelloun hat diesen Schock in mehreren Büchern, z.B. in „La réclusion solitaire“ und „Hospitalité française“ beschrieben. Während des Fastenmonats Ramadan finden sich die Maghrebiner in Europa zusammen; sie beten, fasten und essen miteinander und spüren besonders deutlich, daß sie einem anderen Kulturkreis angehören. Ihre Zerrissenheit zwischen finanzieller Notwendigkeit und dem Wunsch nach Geborgenheit wird ihnen bewußt. Mohammed aus Bizerta sagte es in seinem

Spezereiladen in Paris so: „Sagt ihnen, sie sollen zu Hause bleiben und nicht hierherkommen.“

Durán Khálid

Gott ist schwarz, der Teufel weiß: Die Black Muslims

Elijah Muhammad, ein Fabrikarbeiter aus Detroit, gelangte wahrscheinlich durch einen orientalischen Mystiker *(ṣūfī)* in Berührung mit dem Islam. Die neue Religion war ihm ein ideologisches Mittel zu ganz konkreten Zwecken. Ihm ging es um die Bekämpfung der Nöte, unter denen die schwarze Bevölkerung der USA besonders litt, nämlich Alkoholismus, der sich daraus ergebende Familienzerfall und die Kriminalität sowie die Vermarktung der Schwarzen im weißen Schaugeschäft.

Elijah Muḥammad nannte seine Anhänger die „im Westen verlorengegangene und wiedergefundene schwarze Nation des Islams“. In dieser amerikanischen Version des Islams war Gott schwarz und der Teufel weiß. Elijah Muḥammad wurde als Prophet bezeichnet, eine Ungeheuerlichkeit für den orthodoxen Muslim; denn laut Koran ist der Araber Muḥammad das „Siegel der Propheten“. Die Gotteshäuser der Sekte hießen damals nicht Moscheen, sondern Tempel. Statt auf den Koran bezogen sie sich meist auf die Bibel. Sie verschanzten sich nicht nur gegen Weiße, sondern waren auch orientalischen Muslimen gegenüber abweisend. Der Begründer wollte die Regierung in Washington dazu veranlassen, den Afro-Amerikanern als Entschädigung für die Sklaverei ein unabhängiges Territorium in den USA abzutreten. Von diesem „Schwarzen Separatismus“ hört man nach Elijah Muhammads Tod wenig. Seine Jünger fühlen sich mittlerweile doch wieder mehr als Amerikaner denn als Afrikaner oder Orientalen.

Die Bewegung der schwarzamerikanischen Islam-Konvertiten ist ein einzigartiges Unternehmen der sozialen Rehabilitierung, weil ein Großteil ihrer Anhänger in den Gefängnissen der USA für den Islam gewonnen wurde. Sie haben sich anerkanntermaßen um die gesellschaftliche Wiederaufnahme von Vorbestraften verdient gemacht und können für sich in Anspruch nehmen, mehr für die Genesung Rauschgiftsüchtiger getan zu haben als die staatlichen Stellen. Eine ihrer inzwischen legendären Führerfiguren, Al-Hajj Malik Shāhbāz (Malcolm X), einstmals selbst ein „Kleinhändler“, richtete bisweilen Herausforderungen an die Behörden, es seiner Bewegung gleichzutun. Die Ermordung des Malcolm X wird denn auch meist der Rauschgiftmafia angelastet, obwohl es nach außen so schien, als sei er das Opfer einer Rivalität mit Elijah Muḥammad geworden.

1987 wurde die Zahl der schwarzamerikanischen Muslime auf mindestens drei Millionen geschätzt. Dazu kamen noch fast zwei Millionen Sympathisanten. Wie von Kennern islamischer Geschichte erwartet, hat die ursprünglich höchst eklektische Bewegung eine „Läuterung“ erfahren und sich der Orthodoxie angenähert. Elijah Muhammads Islam war orientalischen Muslimen als solcher kaum erkennbar, doch ließ er einen seiner Söhne orthodox erziehen. Unter dessen Leitung hat seit 1972 eine Angleichung an den Islam der arabischen Ursprünge stattgefunden. Warith Din (Wārith ad-Dīn) Muḥammad ist ein gemäßigter „Kirchenführer“, ein gebildeter Vertreter der amerikanischen Mittelklasse. Seine soziale Ausgangsposition ist grundlegend anders als die seines weniger privilegierten Vaters. Elijah Muḥammad hatte die Fabrikarbeiter Detroits und später Chicagos, des Zentrums der Bewegung, zum „Schwarzen Kapitalismus“ aufgerufen, lange bevor Präsident Nixon seinerzeit mit diesem Schlagwort vor die Öffentlichkeit trat. Als Folge ihres wirtschaftlichen Aufschwungs schien die afro-amerikanische Islam-Bewegung Ende der achtziger Jahre in mancher Hinsicht konservativ. Die schwarzamerikanischen Konvertiten stehen heute exemplarisch für schwarzes Unternehmertum. In ihrer Presse liegt der Nachdruck auf Familie, Bildung und Busineß.

Verglichen mit der von W. Din Muḥammad geleiteten Mehrheit steht die kleine Anhängerschaft des Malcolm X in engerem Kontakt zu nichtmuslimischen Gruppen afro-amerikanischer Sozialrevolutionäre. Malcolm X wird heute von allen schwarzamerikanischen Muslimen in Ehren gehalten, sein engerer Anhängerkreis ist intellektuell und steht links von den übrigen Gruppen. Seine Autobiographie wurde seinerzeit zu einem Bestseller und die Kassetten mit seinen feurigen Reden verkaufen sich noch immer gut. Die Abfassung des Buches wurde von Alex Haley vorgenommen, der später zum Autor des epochemachenden Werkes *Roots* wurde.

Autoren- und Quellenverzeichnis

Alle genannten Titel sind im C.H. Beck Verlag erschienen

Stuart Atkins, Literaturwissenschaftler und Universitätsprofessor für Germanistik in Harvard und California at Santa Barbara (em.); ehemaliger Präsident der Modern Language Association of America; Träger des Friedrich-Gundolf-Preises der Deutschen Akademie für Sprache und Dichtung.
Bei C. H. Beck erschienen: Heinrich Heine. Werke, herausgegeben und kommentiert von Stuart Atkins, Bd. 1: 1973; Bd. 2: 1978.

Aus: Heinrich Heine, Werke. Bd. 2, S. 737f; Bd. 1, S. 710

Hans-Georg Beck, geb. 1910; von 1960–1975 Ordinarius für Byzantinistik an der Universität München. Er war langjähriger federführender Herausgeber der Byzantinischen Zeitschrift, u.a. Mitglied der wissenschaftlichen Akademie von München, Wien, Athen und London.
Bei C. H. Beck erschienen: Das byzantinische Jahrtausend, 1978; Ferdinand Gregorovius, Geschichte der Stadt Athen im Mittelalter. Von der Zeit Justinians bis zur türkischen Eroberung, 1980.

Aus: Das byzantinische Jahrtausend, S. 319

Aus: Geschichte der Stadt Athen im Mittelalter, S. 536f.

Dieter Bellmann, geb. 1934; Prof. Dr. phil. habil., Orientalist/Arabist; Professor für arabische Kultur und Literatur an der Universität Leipzig.
Bei C. H. Beck erschienen: Ibn Qayyim al-Ǧauziyya. Über die Frauen, Liebeshistorien und Liebeserfahrung aus dem arabischen Mittellalter, herausgegeben von Dieter Bellmann, 1986.

Aus: Über die Frauen, S. 77f.

Heinrich Bergstresser, Dipl.-Politologe und Afrikanist; Redakteur bei der Deutschen Welle; tätig für die Friedrich-Naumann-Stiftung in Nigeria.
Bei C. H. Beck erschienen: Nigeria, 1991 (zusammen mit Sibylle Pohly-Bergstresser)

Aus: Nigeria, S. 24f., 86f.

Karl Bertau, geb. 1927, ist ordentlicher Professor der Deutschen Philologie an der Universität Erlangen.
Bei C. H. Beck erschienen: Deutsche Literatur im europäischen Mittelalter. Band 1: 800–1197, 1972, Band 2: 1195–1220, 1973; Wolfram von Eschenbach: Neun Versuche über Subjektivität und Ursprünglichkeit in der Geschichte, 1983.

Aus: Deutsche Literatur im europäischen Mittelalter, Bd. 1, S. 685–687.

Aus: Deutsche Literatur im europäischen Mittelalter, Band 2, S. 857

Helmut Beumann, geb. 1912, hatte zunächst an der Universität Bonn, von 1964–1981 an der Universität Marburg den Lehrstuhl für Mittelalterliche Geschichte inne; er gehört mehreren Akademien, wissenschaftlichen Gesellschaften, Historischen Kommissionen und Arbeitskreisen an.
Bei C. H. Beck erschienen: Helmut Beumann (Hrsg.), Kaisergestalten des Mittelalters, [3]1991.

Stefano Bianca, geb. 1941 in Lissabon; Promotion und Gastprofessur an der ETH in Zürich; langjährige Tätigkeit als Architekt, Städteplaner und Forscher in der islamischen Welt; Direktor des von der Aga Khan Stiftung in Genf gegründeten „Historic Cities Support"-Programms.
Bei C. H. Beck erschienen: Hofhaus und Paradiesgarten. Architektur und Lebensformen in der islamischen Welt, 1991.

Aus: Hofhaus und Paradiesgarten, S. 22–26, 126–130, 157–161.

Helmut de Boor, 1871–1976; Germanist und Altphilologe.
Bei C. H. Beck erschienen: Die Deutsche Literatur, Texte und Zeugnisse, herausgegeben von Walther Killy. Band 1: Mittelalter, herausgegeben von Helmut de Boor. 1. Teilband: [2]1988, 2. Teilband [2]1988; Geschichte der deutschen Literatur. Von den Anfängen bis zur Gegenwart, begründet von Helmut de Boor und Richard Newald. Band 1: Die deutsche Literatur von Karl dem Großen bis zum Beginn der höfischen Dichtung, [9]1979, bearbeitet von Herbert Kolb. Band 2: Die höfische Literatur, Vorbereitung, Blüte, Ausklang (1170–1250), [11]1991, bearbeitet von Ursula Hennig. Band 3: Die deutsche Literatur im späten Mittelalter (1250–1370). 1. Teil. Epik, Lyrik, Didaktik, geistliche und historische Dichtung (1250–1350), [5]1987, vollständig überarbeitet von Johannes Janota. 2. Teil: Reimpaargedichte, Drama, Prosa (1350–1370). 1987, herausgegeben von Ingeborg Glier.

Aus: Geschichte der deutschen Literatur, Band 2, S. 241–243.

Johann Christoph Bürgel, seit 1970 Professor für Islamwissenschaften an der Universität Bern und Fribourg; Hauptarbeitsgebiete: arabische und persische Literatur, islamische Kulturgeschichte.
Bei C. H. Beck erschienen: Allmacht und Mächtigkeit. Religion und Welt im Islam, 1991.

Aus: Allmacht und Mächtigkeit, S. 302–304

Aus: Allmacht und Mächtigkeit, S. 81–84, 280–282.

Heribert Busse, geb. 1926. Dr. phil. 1956, Habilitation für das Fach Islamkunde in Hamburg 1965; seit 1973 Professor und Direktor des Seminars für Orientalistik in Kiel.

Aus: Der Islam in der Gegenwart, herausgegeben von Werner Ende und Udo Steinbach, ^{3}1991, S. 17–18.

Friedemann Büttner, Professor für Politik und Zeitgeschichte des Vorderen Orients an der Freien Universität Berlin.
Bei C. H. Beck erschienen: Ägypten, 1991 (zusammen mit Inge Klostermeier).

Aus: Ägypten, S. 51–54, 181–183.

Carmine Chiellino, geb. 1946 in Carlopoli, Süditalien. Studium der Italianistik und der Soziologie in Rom; seit 1970 in der Bundesrepublik. Studium der Germanistik in Gießen. Zur Zeit wissenschaftlicher Mitarbeiter an der Universität Augsburg. Chamisso-Preisträger 1987 mit Franco Biondi.
Bei C. H. Beck erschienen: Die Reise hält an. Ausländische Künstler in der Bundesrepublik, 1988; Italien, ^{2}1989 (zus. mit Fernando Marchio und Giocondo Rongoni); Kleines Italien-Lexikon. Wissenswertes über Land und Leute, 1989.

Aus: Die Reise hält an, S. 167–169.

Aus: Die Reise hält an, S. 101.

Niketas Choniates, st. 1213, byzantinischer Historiker.

Aus: Hans-Georg Beck, Das byzantinische Jahrtausend, 1978, S. 319.

ALAIN DEMURGER, lehrt an der Université de Paris I; Forschungsschwerpunkt: Spätmittelalter.
Bei C. H. Beck erschienen: Die Templer. Aufstieg und Untergang 1118–1314, 1991.
Deus non vult – Zweifel am Sinn der Kreuzzüge 249
Aus: Die Templer, S. 219–223.

KONRAD DILGER, geb. 1935. Studium der Geschichte und Kultur des Nahen Ostens, Semitistik und Rechtswissenschaft in Berlin, Freiburg i. Br., Bonn, Istanbul, Kairo und München; Professor für Arabistik und Islamwissenschaft an der Universität Osnabrück, wohnhaft in Hamburg.
Islamische Strafjustiz 68
Aus: Der Islam in der Gegenwart, herausgegeben von Werner Ende und Udo Steinbach, ³1991, S. 188–191.

CHRISTOPHER DUGGAN, Fellow des All Souls College, Oxford, lehrt italienische Geschichte an der Universität Reading; er ist Direktor des Zentrums for the advanced Study of Italian Society, ebenfalls an der Universität Reading.
Bei C. H. Beck erschienen: Geschichte Siziliens und der Sizilianer, 1989 (zusammen mit Moses I. Finley und Denis Mack Smith).
Sizilien unter arabischer Herrschaft 100
Aus: Geschichte Siziliens und der Sizilianer, S. 75–78.

EINHARD, um 770–840, Chronist und Biograph Karls des Großen.
Die Gesandtschaft Hārūn ar-Rašīds zu Karl dem Großen........... 214
Aus: Dokumente zur Geschichte der europäischen Expansion, herausgegeben von Eberhard Schmitt, Band 1, 1986, S. 82–84.

WERNER ENDE, geb. 1937; Studium der Islamkunde in Halle/Saale, Hamburg und Kairo sowie der Geschichte der Soziologie in Hamburg; seit 1981 Prof. für Islamkunde in Hamburg, seit 1983 Professor für Islamwissenschaft an der Universität Freiburg.
Bei C. H. Beck erschienen: Der Islam in der Gegenwart, herausgegeben von Werner Ende und Udo Steinbach, ³1991.
Die Ursprünge der Zwölferschia 41
Volksfrömmigkeit bei den Schiiten 46
Die „Herrschaft des Gottesgelehrten“ – Khumainīs Staatsdoktrin 320
Aus: Der Islam in der Gegenwart. S. 71–74, 82–84, 85–87.

GERHARD ENDRESS, geb. 1939; seit 1975 Professor für Arabistik und Islamwissenschaft an der Ruhr-Universität Bonn.
Bei C. H. Beck erschienen: Der Islam. Eine Einführung in seine Geschichte, ²1991.

Aus: Der Islam, S. 37–43, 67–69, 20–22.

SIGRID FAATH

Aus: Jahrbuch Dritte Welt 1992. Daten. Übersichten. Analysen, herausgegeben vom Deutschen Überseeinstitut, 1991, S. 165–167.

MOSES I. FINLEY, war bis zu seinem Tod 1986 Professor für Alte Geschichte an der Universität Cambridge.
Bei C. H. Beck erschienen: Das antike Sizilien. Von der Vorgeschichte bis zur arabischen Eroberung, 1979. Geschichte Siziliens und der Sizilianer, 1989 (zusammen mit Denis Mack Smith und Christopher Duggan).

Aus: Geschichte Siziliens und der Sizilianer, S. 75–78.

FRIEDRICH VON HAUSEN, st. 1190. Minnesänger und Diplomat im Dienst des Stauferhofes.

Aus: Hans-Herbert S. Räkel, Der deutsche Minnesang. Eine Einführung mit Texten und Materialien, 1986, S. 55.

PETER GANZ, geb. 1920, war Professor für deutsche Sprache und Literatur an der Universität Oxford und Fellow of St. Edmund Hall. Seit 1985 ist er Resident Fellow des Forschungsprogramms der Herzog-August-Bibliothek Wolfenbüttel und Honorarprofessor an der Universität Göttingen.
Bei C. H. Beck erschienen: Jacob Burckhardt, Über das Studium der Geschichte. Der Text der „Weltgeschichtlichen Betrachtungen" auf Grund der Vorarbeiten von Ernst Ziegler nach den Handschriften herausgegeben von Peter Ganz, 1987.

Aus: Über das Studium der Geschichte, S. 304–306.

JOHANN WOLFGANG VON GOETHE, 1749–1832
Bei C. H. Beck erschienen: Werke. Hamburger Ausgabe in 14 Bänden, herausgegeben von Erich Trunz, 1982f.; Goethes Briefe und Briefe an Goethe. Hamburger Ausgabe in 6 Bänden, 1988; Maximen und Reflexionen, 1989; Corpus der Goethezeichnungen, herausgegeben von den nationalen Forschungs- und Gedenkstätten der Klassischen Literatur in Weimar, 7 Bände in 10 Teilbänden.

Lob des Ostens 219
Das Große im Kleinen 269
Aus: Werke, Band 2, S. 56, 57, 101.

GUNTHER VON PAIRIS, um 1150 – nach 1210, Erzieher des Barbarossasohnes Konrad von Schwaben; über Literaturgeschichte. Höfische Epik um 1200, 1983
Aufruf zum Kreuzzug 226
Aus: Karl Bertau, Deutsche Literatur im europäischen Mittelalter, Band 2, 1973, S. 857.

ULRICH HAARMANN, geb. 1942; Professor für Islamwissenschaft an der Universität Freiburg; Hauptarbeitsgebiet: Mittelalterliche Geschichte des Vorderen Orients.
Bei C. H. Beck erschienen: Geschichte der arabischen Welt, herausgegeben von Ulrich Haarmann, ^{2}1991.
Ein Gelehrtenschicksal im mamlukischen Kairo 135
Aus: Der Aquädukt. 1763–1988. Ein Almanach aus dem Verlag C. H. Beck im 225. Jahr seines Bestehens, 1988, S. 207–216.

ḤĀLĪ, ALṬĀF ḤUSAIN, 1837–1914. Erneuerer der Urdudichtung in Indien.
Die Schwäche der indischen Muslime 294
Aus: Johann Christoph Bürgel, Der Islam im Spiegel zeitgenössischer Literatur islamischer Völker, in: Der Islam in der Gegenwart, herausgegeben von Werner Ende und Udo Steinbach, ^{3}1991, S. 600.

HEINZ HALM, geb. 1942; Studium in Bonn (Islamkunde, Geschichte, Semitistik); seit 1980 Professor für islamische Geschichte am Orientalischen Seminar der Universität Tübingen; 1978–1989 Professor associé an der Université de Paris IV (Sorbonne).
Bei C. H. Beck erschienen: Das Reich des Mahdi. Der Aufstieg der Fatimiden (875–973), 1991; Mitarbeiter von U. Haarmann (Hrsg.), Geschichte der arabischen Welt, ^{2}1991.
Heilige Männer 57
Die Wissenschaften der Alten 156
Aus: Das Reich des Mahdi, S. 205f., 262f.

JOSEPH VON HAMMER-PURGSTALL, 1774–1856. Orientálist, Dichter und Historiker.
Alle Düfte Arabiens 272
Aus: Die Deutsche Literatur. Texte und Zeugnisse, herausgegeben von Walther Killy, Band 5/1, S. 540–542.

Rolf Hanisch, geb. 1942, ist Dozent und Privatdozent für Politische Wissenschaft an der Universität Hamburg.
Bei C. H. Beck erschienen: Philippinen, 1988.

Aus: Philippinen, S. 95–97.

Leonhard Harding, geb. 1936; Studium der Theologie und Geschichte in Leuven, Saarbrücken, Köln und Berlin; Dr. phil. und Privatdozent.

Aus: Franz Nuscheler/Klaus Ziemer, Politische Herrschaft in Schwarzafrika. Geschichte und Gegenwart, 1980, S. 25–28.

Alfred Haverkamp, geb. 1937, studierte Geschichte, Germanistik und Philosophie an den Universitäten Münster, Würzburg und München; seit 1970 o. Professor für mittelalterliche Geschichte an der Universität Trier.
Bei C. H. Beck erschienen: Aufbruch und Gestaltung. Deutschland 1056 bis 1273, 1984. (Band 2 der Neuen Deutschen Geschichte, herausgegeben von Peter Moraw, Volker Press und Wolfgang Schieder).

Aus: Aufbruch und Gestaltung, S. 71–73.

Werner Herzog, geb. 1942 in Zürich; Dr. phil., Korrespondent der Frankfurter Rundschau und anderer Tageszeitungen in Madrid. Bereist von dort aus seit 15 Jahren die Länder des Maghreb und berichtet über politische und gesellschaftliche Probleme.
Bei C. H. Beck erschienen: Der Maghreb. Marokko, Algerien, Tunesien, 1990. Spanien, [2]1989.

Aus: Der Maghreb, S. 80–82, 31–33.

Klaus Hillenbrand, geb. 1957; Redakteur bei der „tageszeitung“ (taz).
Bei C. H. Beck erschienen: Cypern. Aphrodites geteilte Insel, 1990.

Aus: Cypern, S. 104–108.

Jochen Hippler, geb. 1955; seit 1988 zuerst nebenberuflich, seit 1990 hauptberuflich freie journalistische Tätigkeit bei Hörfunk, Fernsehen und Privatmedien; seit 1992 Wissenschaftlicher Mitarbeiter des Hamburger Instituts für Sozialforschung.

Aus: Jahrbuch Dritte Welt. Daten. Übersichten. Analysen, herausgegeben vom Deutschen Überseeinstitut, 1991, S. 99–101.

EDGAR HÖSCH, geb. 1935; seit 1975 Lehrstuhl für Geschichte Osteuropas und Südosteuropas an der Universität München und Leiter der Historischen Abteilung des Osteuropa-Instituts München; seit 1990 Leiter des Südost-Instituts in München.
Bei C. H. Beck erschienen: Geschichte der Balkanländer. Von der Frühzeit bis zur Gegenwart, 1988.

Aus: Geschichte der Balkanländer, S. 98–101.

IBN BAṬṬŪṬA, 1304–1368/69 oder 1377, bereiste zwischen 1325 und 1353 Afrika, Asien und Europa. Seine Reiseerlebnisse ließ er nach der Heimkehr niederschreiben.

Aus: Dokumente zur Geschichte der europäischen Expanison, herausgegeben von Eberhard Schmitt, Bd. 1, 1986, S. 296–299.

IBN QAYYIM AL-ĞAUZIYYA, 1292–1350 (Damaskus), Rechtsgelehrter und Autor schöngeistiger Werke.
Bei C. H. Beck erschienen: Über die Frauen. Liebeshistorien und Liebeserfahrung aus dem arabischen Mittelalter, herausgegeben von Dieter Bellmann, 1986.

Aus: Über die Frauen, S. 77f.

KARL LEBRECHT IMMERMANN, 1796–1840. Jurist und Schriftsteller.

Aus: Die Deutsche Literatur. Texte und Zeugnisse, herausgegeben von Walter Killy, Bd. 6, ²1984, S. 996.

OTTO JASTROW, geb. 1942; Studium der Semitistik, Islamwissenschaft, Phonetik und Phonologie in Saarbrücken und Tübingen, Turkologie in Istanbul, Arabistik in Beirut; Professor an der Universität Heidelberg.

Aus: Der Islam in der Gegenwart, herausgegeben von Werner Ende und Udo Steinbach, ³1991, S. 582–584.

DURAN KHALID, geb. 1944; Studium der Arabistik, Islamwissenschaft, Soziologie und Ethnologie in Leiden und Kairo; seit 1987 Inhaber des Lehrstuhls für Islamische Sprache und Kultur an der Universität Utrecht.

Aus: Der Islam in der Gegenwart, herausgegeben von Werner Ende und Udo Steinbach, ³1991, S. 467–469.

Friedrich-Karl Kienitz, geb. 1925, studierte Ägyptologie, Orientalistik und Alte Geschichte. Er lebt als freier Schriftsteller in Appen/Holstein. Im Selbstverlag (Haupstr. 99 A, 2081 Appen/Holstein) veröffentlichte er das Buch „Der Kapitän und Pascha. Ein Leben im Zeitalter Süleymans des Prächtigen."
Bei C. H. Beck erschienen: Das Mittelmeer. Schauplatz der Weltgeschichte von den frühen Hochkulturen bis ins 20. Jahrhundert, 1976. Völker im Schatten, 1981.

Aus: Das Mittelmeer, S. 225.

Inge Klostermeier, Mitarbeiterin des Deutschen Entwicklungsdienstes in Berlin; ägyptenerfahrene Studienreiseleiterin und Reiseautorin.
Bei C. H. Beck erschienen: Ägypten, 1991 (zusammen mit Friedemann Büttner).

Aus: Ägypten, S. 51–54, 181–183.

Christine von Kohl, Dänin, verbrachte siebzehn Jahre als Südosteuropa-Korrespondentin in Jugoslawien; sie lebt heute in Rom.
Bei C. H. Beck erschienen: Jugoslawien, 1990.

Aus: Jugoslawien, S. 171–173.

Walther Lammers, 1914–1990, war Professor für mittlere und neuere Geschichte an der Johann-Wolfgang-Goethe-Universität Frankfurt.

Aus: Kaisergestalten des Mittelalters, herausgegeben von Helmut Beumann, ²1985, S. 217–219.

Bernard Lewis, geb. 1916 in London; Professor für Geschichte des Vorderen Orients an der Princeton University (em.).
Bei C. H. Beck erschienen: Die Juden in der islamischen Welt. Vom frühen Mittelalter bis ins 20. Jahrhundert. 1987.

Aus: Die Juden in der islamischen Welt, S. 13 f., 19–26.

Heath Lowry hat einen Forschungsauftrag in Dumbarton Oaks, Washington DC. Er war Direktor des American Research Center in Istanbul und lehrte osmanische Geschichte an der Bosporus-Universität.

Aus: Kunst und Kunsthandwerk unter den Osmanen, herausgegeben von Yanni Petsopoulos, 1982, S. 169 f.

Klemens Ludwig, freiberuflicher Journalist und Publizist.
Bei C. H. Beck erschienen: Bedrohte Völker. Ein Lexikon nationaler und religiöser Minderheiten, 1990; Das Baltikum. Estland, Lettland, Litauen, 1991; Der neue Tourismus. Rücksicht auf Land und Leute, herausgegeben von Klemens Ludwig, Michael Has, Martina Neuer. Mit einem Nachwort von André Heller, ^{2}1990; Tibet. 1989. Augenzeugen lügen nicht. Journalistenberichte: Anspruch und Wirklichkeit, 1992.
Von der Arabisierung bedroht – die berberische Minderheit in Algerien 302
Verfolgung der Bahai nach der iranischen Revolution 324
Aus: Bedrohte Völker, S. 47–49, 39–41.

Nagib Machfus, geb. 1911 in Kairo, ist einer der großen Erzähler der arabischen Literatur; er schrieb mehr als 20 Romane und viele Kurzgeschichten.
Bei C. H. Beck erschienen: Der Dieb und die Hunde, 1989.
Im Haus des Sufi-Scheichs 55
Aus: Der Dieb und die Hunde, S. 19–21, 160–163.

Jean Marteilhe
Bei C. H. Beck erschienen: Galeerensträfling unter dem Sonnenkönig. Memoiren, herausgegeben mit Erläuterungen und Nachwort von Eberhard Wesemann, 1989.
Türkische Leidensgenossen auf der Galeere 229
Aus: Galeerensträfling unter dem Sonnenkönig, S. 156–160.

Hannes Möhring, geb. 1949; Dr. phil., Akademischer Rat an der Abteilung für mittelalterliche Geschichte der Universität Bayreuth.
Wie wurden die Kreuzzüge finanziert? 226
Aus: Mit dem Zehnten fing es an. Eine Kulturgeschichte der Steuer, herausgegeben von Uwe Schultz, 1986, S. 87–96.

Roy Mottahedeh, geb. 1940 in New York City; lehrt an der Princeton University Orientalistik und gilt international als Spezialist für islamische Geschichte.
Bei C. H. Beck erschienen: Der Mantel des Propheten oder Das Leben eines persischen Mullah zwischen Religion und Politik, ^{2}1988.
„Du wirst das Licht sehen“ 51
Aufruhr im Basar 141
Jugend eines Mullah 181
Die islamische Welt schaut auf Algerien 300
Aus: Der Mantel des Propheten, S. 122–125; 31–34; 17f., 27f., 62–64, 67, 99–101; 101–103.

TILMAN NAGEL, geb. 1942; Studium der Islamwissenschaft in Bonn; Promotion 1967, Habilitation 1971; seit 1981 o. Professor der Arabistik in Göttingen.
Bei C. H. Beck erschienen: Der Koran. Einführung – Texte – Erläuterungen, 1983; Die Festung des Glaubens. Triumph und Scheitern des islamischen Rationalismus im 11. Jahrhundert, 1988.
Der Koran – das Wort Gottes 27
Aus: Der Koran, S. 15–18, 20f., 30f.
Ist Schachspielen religiös zulässig? 62
Ein gesetzesstrenges Elternhaus 64
Aus: Die Festung des Glaubens, S. 325–327; 83f.
Bagdad und die Kultur des Islams 84
Aus: Geschichte der arabischen Welt, herausgegeben von Ulrich Haarmann, ²1991, S. 136–140.

ANNEGRET NIPPA, Studium der Vorderasiatischen Archäologie und Ethnologie; Habilitiert 1991 an der Universität Bern (P. D.), Institut für Ethnologie, z. Zt. Mitarbeiterin am Museum für Völkerkunde, Berlin.
Bei C. H. Beck erschienen: Haus und Familie in arabischen Ländern. Vom Mittelalter bis zur Gegenwart, 1991.
Mekkanische Hochzeit im 19. Jahrhundert 187
Ein Muslim stirbt 195
Aus: Haus und Familie in arabischen Ländern, S. 204–214, 219–221.

ALBRECHT NOTH, geb. 1937; Professor für Kultur und Geschichte der islamischen Welt an der Universität Hamburg; Hauptarbeitsgebiet: Geschichte und Geschichtsschreibung der islamischen Welt im frühen und hohen Mittelalter.
Die Hiğra als Zeitenwende 26
„Und geht mit ihnen in rechtlicher Weise um" – die Frau im Koran . 32
Die arabisch-islamische Expansion 76
Aus: Geschichte der arabischen Welt, herausgegeben von Ulrich Haarmann, ²1991, S. 11f., 51f., 59–65.

ADAM OLEARIUS, um 1599–1671. Mathematiker und Astronom, nahm an Handelsexpeditionen nach Persien teil.
Audienz beim Safawiden-Schah 106
Aus: Die Deutsche Literatur. Texte und Zeugnisse, herausgegeben von Walther Killy, Bd. 3, S. 734–737.

NABIL OSMAN, geb. 1934, studierte Deutsche Philologie in München; er ist heute Leiter des Usrati-Instituts für Arabisch in München.
Bei C. H. Beck erschienen: Kleines Lexikon deutscher Wörter arabischer Herkunft, herausgegeben von Nabil Osman, ³1991; Kleines Lexikon unter-

gegangener Wörter. Wortuntergang seit dem Ende des 18. Jahrhunderts, herausgegeben von Nabil Osman. Mit einer Vorbemerkung von Werner Ross, [6]1992.

Aus: Kleines Lexikon deutscher Wörter arabischer Herkunft, S. 22, 71, 73.

Yüksel Pazarkaya, geb. 1940 in Izmir (Türkei); seit 1958 in der Bundesrepublik; Studium der Chemie, Literaturwissenschaft und Philosophie.

Aus: Carmine Chiellino, Die Reise hält an. Ausländische Künstler in der Bundesrepublik, 1988, S. 101.

Yanni Petsopoulos (Hrsg.), Architekt und Fachmann für islamische und byzantinische Kunst
Bei C. H. Beck erschienen: (Hrsg.), Kunst und Kunsthandwerk unter den Osmanen, 1982.

Gerhard Podskalsky, geb. 1937; seit 1981 o. Professor für alte Kirchengeschichte, Byzantinische und Slavische Theologie an der Phil.-Theol. Hochschule St. Georgen, Frankfurt am Main.
Bei C. H. Beck erschienen: Christentum und theologische Literatur in der „Kiever Rus" 988–1237, 1982; Griechische Theologie in der Zeit der Türkenherrschaft 1453–1821. Die Orthodoxie im Spannungsfeld der nachreformatorischen Konfession des Westens, 1988.

Aus: Griechische Theologie in der Zeit der Türkenherrschaft 1453–1821, S. 1–3.

Sibylle Pohly-Bergstresser, Dipl.-Pädagogin und Ethnologin; freie Journalistin mit Schwerpunkt Afrika.
Bei C. H. Beck erschienen: Nigeria, 1991 (zusammen mit Heinrich Bergstresser)

Aus: Nigeria, S. 24 f., 86 f.

Friedrich Prinz, geb. 1928; seit 1976 Ordinarius für mittelalterliche Geschichte und vergleichende Landesgeschichte an der Universität München.
Bei C. H. Beck erschienen: Böhmen im mittelalterlichen Europa. Frühzeit, Hochmittelalter, Kolonisationsepoche, 1984; Grundlagen und Anfänge. Deutschland bis 1056, 1985. (Band 1 der Neuen Deutschen Geschichte, herausgegeben von Peter Moraw, Volker Press und Wolfgang Schieder).

Aus: Grundlagen und Anfänge, S. 28–30.

Bernd Radtke, geb. 1944; Studium der Islamwissenschaft, Semitistik, Psychologie und Slavistik an den Universitäten Hamburg und Basel; Stipendiat der Deutschen Forschungsgemeinschaft in Karlsruhe.
Islamische Rechtsquellen 59
Aus: Der Islam in der Gegenwart, herausgegeben von Werner Ende und Udo Steinbach, ^{3}1991. S. 63–66.

Hans-Herbert S. Räkel, Professor für deutsche Sprache und Literatur an der Universität Montreal, Quebec.
Bei C. H. Beck erschienen: Der deutsche Minnesang. Eine Einführung mit Texten und Materialien, 1986.
Kreuzzugslied (von Friedrich von Hausen) 240
Aus: Der deutsche Minnesang, S. 57.

Ludwig Reiners, geb. 1896 in Ratibor, Dr. jur. und Dr. rer. pol., schrieb zahlreiche vielgelesene Bücher, u.a. Biographien Friedrichs des Großen und Bismarcks.
Bei C. H. Beck erschienen: Der ewige Brunnen. Ein Hausbuch deutscher Dichtung. Gesammelt und herausgegeben von Ludwig Reiners, reich geschmückt von Andreas Brylka, 1990; Sorgenfibel oder Über die Kunst, durch Einsicht und Übung seiner Sorgen Meister zu werden, 1991; Stilfibel. Der sichere Weg zum guten Deutsch, 1990; Stilkunst. Ein Lehrbuch deutscher Prosa, 1991.
Prinz Eugen 259
Aus: Der ewige Brunnen, S. 459.

Johannes Reissner, geb. 1947; Studium der Islamwissenschaft, Philosophie und Religionswissenschaft in Berlin und Wien; seit 1982 Wissenschaftlicher Mitarbeiter am Nahostreferat Stiftung Wissenschaft und Politik, Ebenhausen.
Zinsverbot und Armensteuer 114
Aus: Der Islam in der Gegenwart, herausgegeben von Werner Ende und Udo Steinbach, ^{3}1991, S. 163–165.

Maxime Rodinson, geb. 1915, ist Directeur d'études an der Ecole pratique des Hautes Etudes, an der er seit 1955 altsemitische Sprachen lehrte.
Bei C. H. Beck erschienen: Die Faszination des Islam, ^{2}1991.
Der Orientale als exotisches Wesen 269
Aus: Die Faszination des Islam, S. 71–80.

Thomas Ross, geb. 1927; Auslandskorrespondent im Fernen und Nahen Osten sowie freier Schriftsteller.
Tanz in den Abgrund – die Einweihung des Suezkanals 289
Aus: Das Fest. Eine Kulturgeschichte von der Antike bis zur Gegenwart, herausgegeben von Uwe Schultz, 1988, S. 297–305.

Steven Runciman, britischer Historiker.
Bei C. H. Beck erschienen: Geschichte der Kreuzzüge, 27. Tsd. 1989; Die Eroberung von Konstantinopel 1453, ^{4}1990.
Der Patriarch und der Kalif 81
Saladins Triumph 231
Aus: Geschichte der Kreuzzüge, S. 3, 4, 5; 756–767.

Mušarrif ad-Din ibn Muṣliḥ Sa'di, um 1215–1292; persischer Dichter, berühmtestes Werk: Gulistan „Rosengarten".
Lobgedicht auf Muḥammad 18
Aus: Johann Christoph Bürgel, Allmacht und Mächtigkeit. Religion und Welt im Islam, 1991, S. 330.

Mohamed Scharabi, geb. 1938 in Kairo; Studium der Architektur an der Technischen, Philosophie an der Freien Universität Berlin; seit 1988 Professor für Baugeschichte am Fachbereich Architektur der TH Darmstadt.
Bauen für eine moderne islamische Gesellschaft: das Projekt Klein-Jubail 173
Aus: Der Islam in der Gegenwart, herausgegeben von Werner Ende und Udo Steinbach, ^{3}1991, S. 628, 632–635.

Heinrich Schipperges, geb. 1918; Dr. med., Dr. phil., Dr. med. h. c.; von 1961–1986 Direktor des Instituts für Geschichte der Medizin der Universität Heidelberg.
Bei C. H. Beck erschienen: Die Kranken im Mittelalter, ^{2}1990.
Das chirurgische Lehrbuch des Abulcasis 160
Der Kranke als Glied der Gemeinde Muḥammads 192
Aus: Die Kranken im Mittelalter, S. 159–162; 27–29.

Eberhard Schmitt, geb. 1939, ist Inhaber des Lehrstuhls für neuere Geschichte unter besonderer Berücksichtigung der Geschichte der europäischen Expansion sowie Leiter eines entsprechenden Forschungszentrums an der Universität Bamberg.
Bei C. H. Beck erschienen: Einführung in die Geschichte der Französischen Revolution, ^{2}1980; Dokumente zur Geschichte der europäischen Expansion, 7 Bde., hrsg. v. Eberhard Schmitt, Bde. 1–4, 1986–1988.

Alexander Schölch, 1943–1986, war Professor für Geschichte und Politik des Vorderen Orients an der Universität Erlangen; Hauptarbeitsgebiet: Geschichte und Geschichtsschreibung der islamischen Welt im frühen und hohen Mittelalter.
In der Euphorie des Fortschritts 280
Aus: Geschichte der arabischen Welt, herausgegeben von Ulrich Haarmann, ^{2}1991, S. 387–390.

Uwe Schultz, geb. 1936, ist Leiter der Hauptabteilung Kulturelles Wort beim Hessischen Rundfunk.
Bei C. H. Beck erschienen: Das Fest. Eine Kulturgeschichte von der Antike bis zur Gegenwart, 1988; Mit dem Zehnten fing es an. Eine Kulturgeschichte der Steuer, 1986.

Gerhard Schulz, geb. 1928 in Löbau/Sachsen, ist Professor für Deutsche Sprache und Literatur an der University of Melbourne.
Bei C. H. Beck erschienen: Geschichte der deutschen Literatur. Von den Anfängen bis zur Gegewart, begründet von Helmut de Boor und Richard Newald, Bd. 7: Die deutsche Literatur zwischen Französischer Revolution und Restauration (1789–1830). Erster Teil: Das Zeitalter der Französischen Revolution (1789–1806), 1983. Zweiter Teil: Das Zeitalter der Napoleonischen Kriege und der Restauration (1806–1830), 1989; Novalis. Werke, herausgegeben und kommentiert von Gerhard Schulz, ^{3}1987; Arno Holz, 1974.
Goethes West-östlicher Diwan im Urteil der Zeitgenossen 265
Aus: Die Deutsche Literatur zwischen Französischer Revolution und Restauration (1789–1830), 2. Teil, S. 725–728, 737.

Winfried Schulze, studierte Mittlere und Neuere Geschichte sowie Politische Wissenschaften an der Universität zu Köln und an der FU Berlin; seit 1978 Professor für Europäische Geschichte der Frühen Neuzeit an der Ruhr-Universität Bochum.
Bei C. H. Beck erschienen: Reich und Türkengefahr im späten 16. Jahrhundert. Studien zu den politischen und gesellschaftlichen Auswirkungen einer äußeren Bedrohung, 1978.
Türkenfurcht im 16. Jahrhundert 256
Aus: Reich und Türkengefahr im späten 16. Jahrhundert, S. 54–57.

Salomon Schweigger, 1551–1622, von 1577–1580 Gesandtschaftsprediger in Konstantinopel.
Türkische Pantoffelhelden 151
Auff hernach verzeichnete Art gehen die Türkischen Weiber von Fuß auff gekleydt 178
Aus: Die deutsche Literatur. Texte und Zeugnisse, herausgegeben von Walther Killy, Bd. 2/2, S. 810f, 811f.

Kerrin Gräfin von Schwerin, geb. 1941; Dr. phil. habil.; Privatdozentin für Neuere Geschichte Südasiens an der FU Berlin.
Bei C. H. Beck erschienen: Indien, 1988.
Islamische Reformhochschulen in Indien 294
Aus: Indien, S. 120f.

Almut Seiler-Dietrich, geb. 1947.
Bei C. H. Beck erschienen: Die Literaturen Schwarzafrikas, 1984.
Samba Diallo im Zwiespalt 337
Aus: Die Literaturen Schwarzafrikas, S. 108f.

Faruk Sen, geb. 1948, ist Wirtschafts- und Sozialwissenschaftler und lebt seit 1971 in der Bundesrepublik. Seit 1990 Professor an der GHS-Universität Essen.
Bei C. H. Beck erschienen: Türkei. Land und Leute, ^{3}1991.
Patriarchale Familientraditionen in der Türkei 147
Zwischen Integration und Ghettodasein: Türken in der Bundesrepublik 348
Aus: Türkei, S. 76–79, 150–156.

Heinrich Simon, geb. 1921 in Berlin; o. Professor (em.) für Hebraistik und arabische Philosophie an der Humboldt-Universität zu Berlin.
Bei C. H. Beck erschienen: Geschichte der jüdischen Philosophie, zusammen mit Maria Simon, 1984.
Göttliche Allmacht und menschliche Freiheit 39
Aus: Geschichte der jüdischen Philosophie, S. 37f.

Maria Simon, geb. 1922 in Berlin; o. Professorin (em.) für griechische Literatur- und Kulturgeschichte an der Humboldt-Universität zu Berlin.

Hans-Rudolf Singer, Prof. für arabische Sprachwissenschaft an der Universität Mainz; Hauptarbeitsgebiet: Arabische Sprachwissenschaft und Dialektologie, Geschichte des islamischen Nordafrikas und Spaniens.
Die Nasriden und das Ende der islamischen Herrschaft in Spanien .. 252
Aus: Geschichte der arabischen Welt, herausgegeben von Ulrich Haarmann, ^{2}1991, S. 319–321.

Peter von Sivers, Professor für islamische Geschichte an der University of Utah in Salt Lake City; Hauptarbeitsgebiet: Sozialgeschichte der islamischen Welt, insbesondere Nordafrikas.
Überlebensstrategien des tunesischen Handwerks 291
Aus: Geschichte der arabischen Welt, herausgegeben von Ulrich Haarmann, ^{2}1991, S. 546–549.
Trommeln gegen die Angst – Volksmedizin und sozialer Wandel im Maghreb 303
Aus: Der Islam in der Gegenwart, herausgegeben von Werner Ende und Udo Steinbach, ^{3}1991, S. 400–403.

Denis Mack Smith, Fellow des All Souls College, Oxford; Verfasser u. a. einer Geschichte Italiens zur Zeit des Risorgimento; Biographien von Cavour, Vittorio Emmanuele, Garibaldi und Mussolini.

Bei C. H. Beck erschienen: Geschichte Siziliens und der Sizilianer, 1989 (zusammen mit Moses I. Finley und Christopher Duggan).
Sizilien unter arabischer Herrschaft 100
Aus: Geschichte Siziliens und der Sizilianer, S. 75–78.

Udo Steinbach, geb. 1943; Studium der Orientalistik und Klassischen Philologie in Freiburg i. Br. und Basel; seit 1976 Direktor des Deutschen Orient-Instituts, Hamburg.
Bei C. H. Beck erschienen: Der Islam in der Gegenwart, herausgegeben von Werner Ende und Udo Steinbach, ^{3}1991; Politisches Lexikon Nahost, herausgegeben von Udo Steinbach, Rolf Hofmeier und Mathias Schönborn, ^{2}1981.
Re-Islamisierung 312
Aus: Der Islam in der Gegenwart, S. 198f., 205–211.

Günter Stemberger, geb. 1940, ist Professor für Judaistik an der Universität Wien.
Bei C. H. Beck erschienen: Das klassische Judentum. Kultur und Geschichte der rabbinischen Zeit (70 n. Chr. bis 1040 n. Chr.), 1979; Der Talmud. Einführung – Texte – Erläuterungen, ^{2}1987; Die Juden. Ein historisches Lesebuch, ^{3}1991; Geschichte der jüdischen Literatur. Eine Einführung, 1977; Juden und Christen im Heiligen Land. Palästina unter Konstantin und Theodosius, 1987; Midrasch. Vom Umgang der Rabbinen mit der Bibel. Einführung – Texte – Erläuterungen, 1989; Hermann L. Strack und Günter Stemberger, Einleitung in Talmud und Midrasch, ^{7}1982.
Jüdisches Erbe im Islam 207
Aus: Das klassische Judentum, S. 234–238.

Rifā'a al-Ṭahṭāwī, 1801–1873, Schriftsteller und Reformer des Bildungswesens in Ägypten; begleitete 1826 als geistlicher Betreuer die erste große ägyptische Studienmission nach Paris.
Bei C. H. Beck erschienen: Ein Muslim entdeckt Europa. Die Reise eines Ägypters im 19. Jahrhundert nach Paris, herausgegeben von Karl Stowasser, 1989.
Arabische Tugenden 83
Der Arabist Silvestre de Sacy 264
Die Überlegenheit der Franken 284
Aus: Ein Muslim entdeckt Europa, S. 12–16, 87, 275f.

Bassam Tibi, geb. 1944 in Damaskus; studierte Sozialwissenschaft, Philosophie und Geschichte in Frankfurt; Habilitation in Hamburg; seit 1973 Professor für Internationale Beziehungen in Göttingen.
Bei C. H. Beck erschienen: Konfliktregion Naher Osten. Regionale Eigendynamik und Großmachtinteressen, ^{2}1991.

Ernst Weisenfeld, seit 1951 Pariser Korrespondent und langjähriger Leiter des Frankreichstudios der ARD, jetzt Chefredakteur der Zeitschrift für deutsch-französischen Dialog „Dokumente".
Bei C. H. Beck erschienen: Charles de Gaulle. Der Magier im Elysee, 1990; Frankreichs Geschichte seit dem Krieg. Von de Gaulle bis Mitterand, [2]1982; Welches Deutschland soll es sein? Frankreich und die deutsche Einheit seit 1945, 1986.
Die französische Armee im algerischen Unabhängigkeitskampf 298
Aus: Frankreichs Geschichte seit dem Krieg, S. 109–111, 125 f.

Yāqūt ar-Rūmī, st. 1229, arabischer Geograph, Verfasser des geographischen Lexikons Mu'ğam al-buldān.
Im Goldland al-Tibr 123
Aus: Dokumente zur Geschichte der europäischen Expansion, herausgegeben von Eberhard Schmitt, Bd. 1, 1986, S. 306–308.

Eberhard Wesemann, geb. 1941; Studium der Romanistik und Germanistik; Übersetzer und Nachdichter von französischen Werken vor allem des 18. Jahrhunderts; Verlagslektor.
Bei C. H. Beck erschienen: Jean Marteilhe, Galeerensträfling unter dem Sonnenkönig. Memoiren, herausgegeben mit Erläuterungen und Nachwort von Eberhard Wesemann, 1989.
Türkische Leidensgenossen auf der Galeere 229
Aus: Galeerensträflinge unter dem Sonnenkönig, S. 156–160.

Abbildungsverzeichnis

Buchanzeigen